『女の世界』

大正という時代

尾形明子

藤原書店

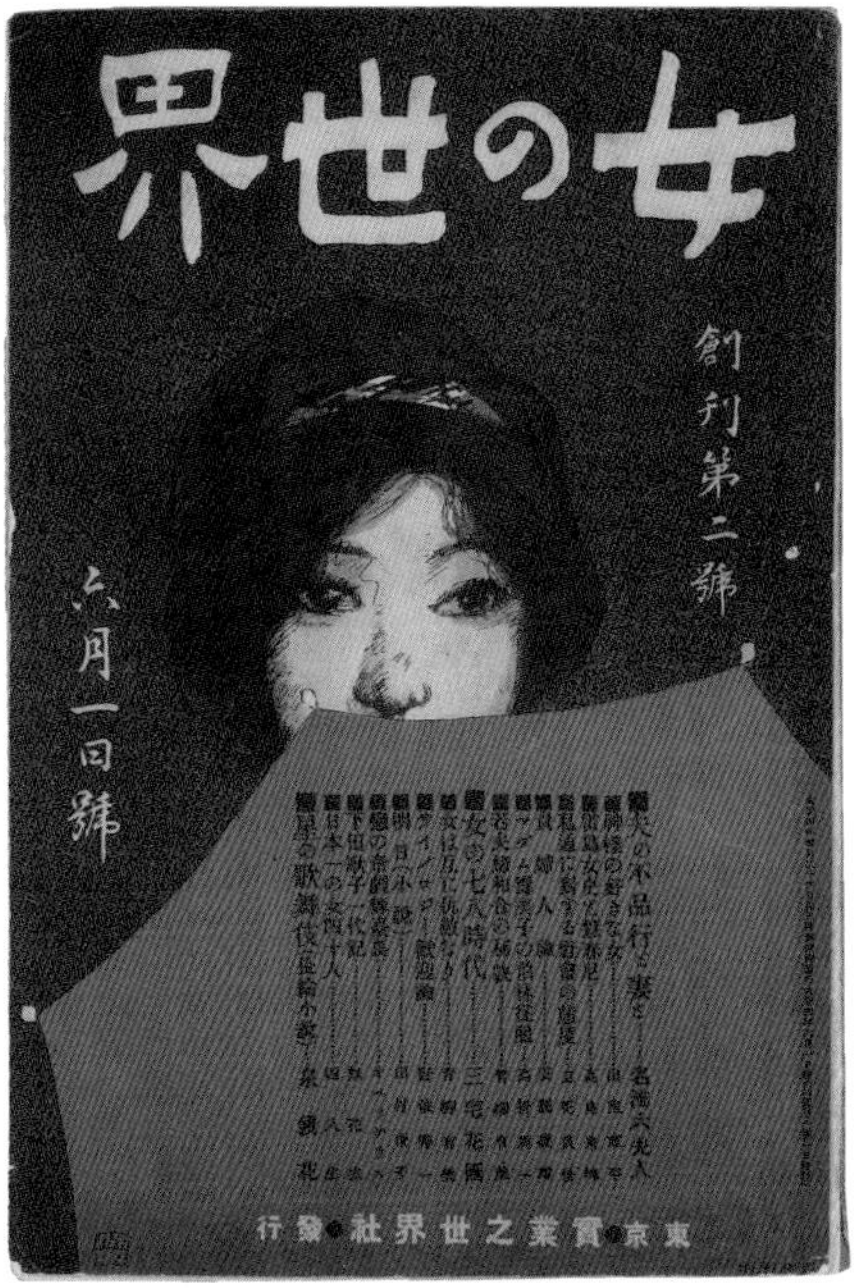
女の世界
創刊第二號
六月一日號
東京實業之世界社發行

女の世界
五月一日發行

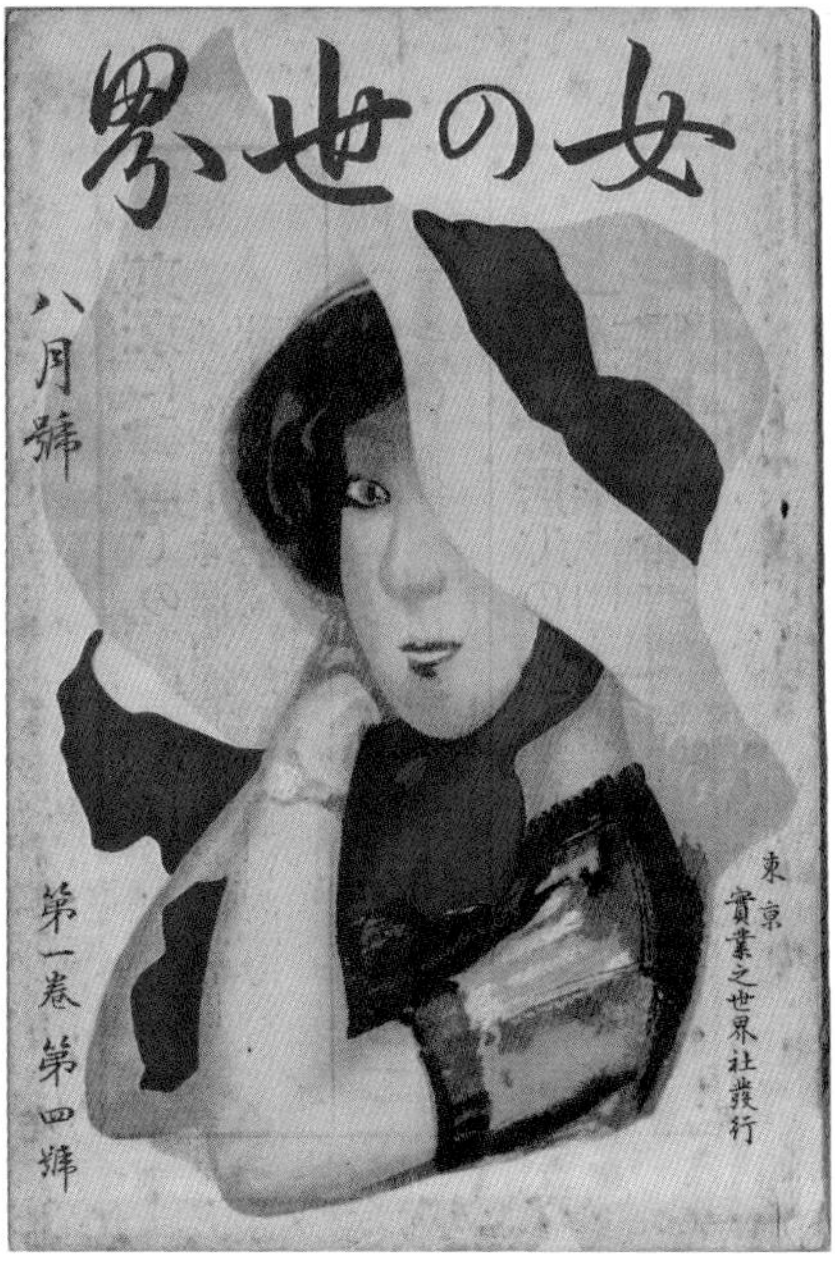
女の世界
八月號
第一巻第四號
東京
實業之世界社發行

女の世界
七月號
第一巻第三號
東京實業之世界社發行

女の世界
定期増刊
戀物語

女の世界
十月號

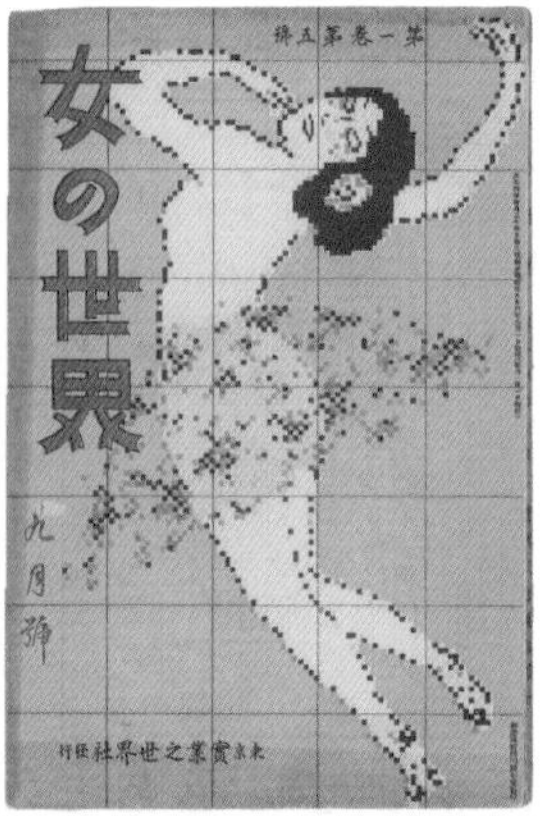
第一巻第五號
女の世界
九月號
東京實業之世界社發行

女の世界
新年號

第一巻第九號
女の世界
十二月號
東京實業之世界社發行

女の世界
十一月號
東京實業之世界社發行

女の世界
第二巻第四號
四月號
東京實業之世界社發行

女の世界
三月號
第二巻第三號
東京實業之世界社發行

女の世界
一月號
第二巻第二號

女の世界
六月號
第二巻第七號

女の世界
地方の女
第二巻
定期増刊
五月十日
東京實業之世界社發行

女の世界
五月號

女の世界
第二巻第十號
九月號

女の世界

女の世界
七月號
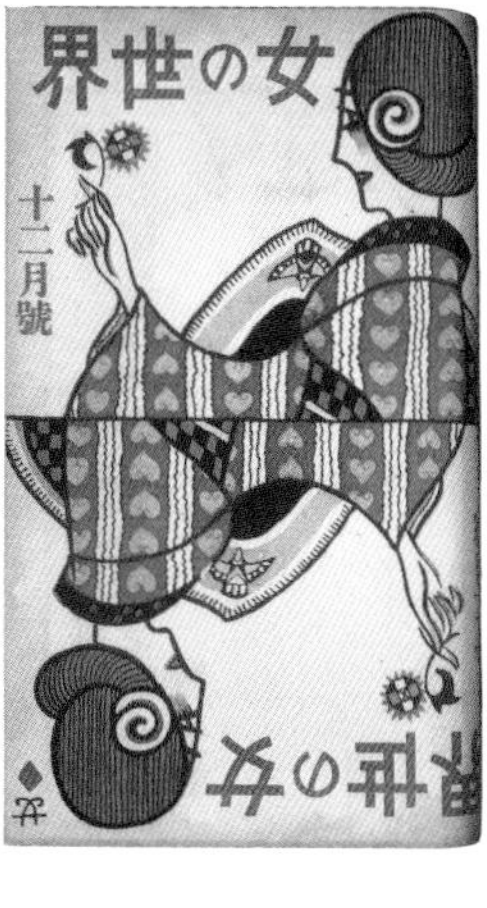
女の世界
十二月號
女の世界

女の世界
結婚注意號

女の世界
十月號

女の世界
三月號
第三巻第三號

女の世界
二月號
第三巻第二號

女の世界
新年號

女の世界
九月號
第三巻第九號

女の世界
百美人寫眞號
八月號

女の世界
男女闘爭號
七月號

女の世界
十二月號
第三巻第十二號

女の世界
第三巻第十一號
十一月號

女の世界
十月號
第三巻第十號

女の世界
四月號
情死物語號

女の世界
性慾問題號
十一月號

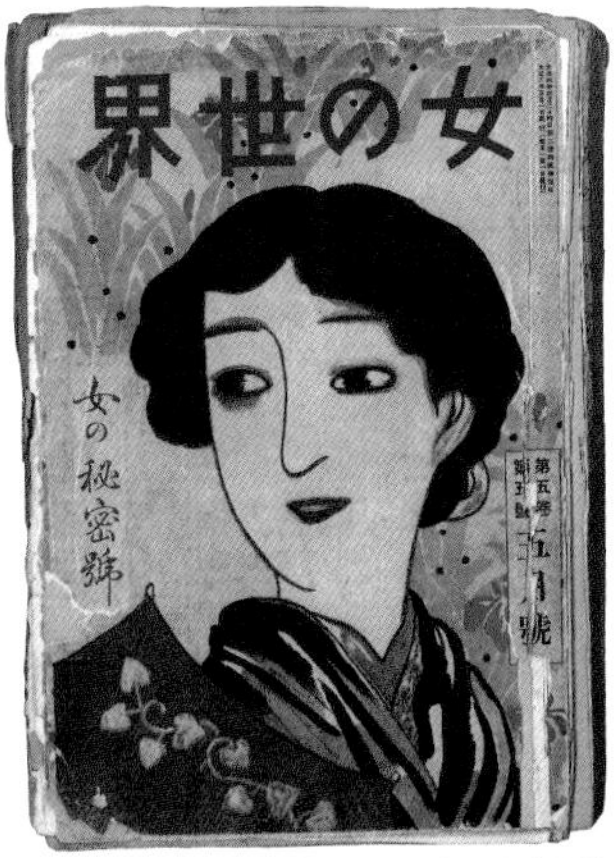
女の世界
女の秘密號
五月號

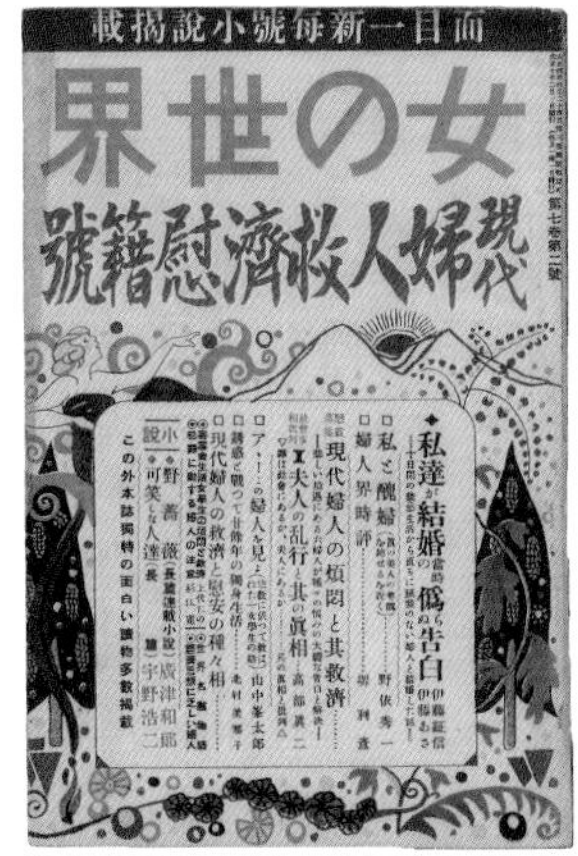
面目一新毎號小説掲載
女の世界
現代婦人救濟慰籍號
私達が結婚の僞らぬ告白
現代婦人の煩悶と其救濟
この外本誌獨特の面白い讀物多數掲載

面目一新毎號小説掲載
女の世界
世界戀愛號
私がM氏と別れる迄
この外本誌獨特の好文字多數掲載
新年號

女の世界
處女號

女の世界
濱田榮子問題眞相號
八月號

男女睨み合ひ號
女の世界
七月號

女の世界
六月號
男女品行問題號
贈呈

女人藝術
第弐号

番紅花
創刊號

ビアトリス
創刊號

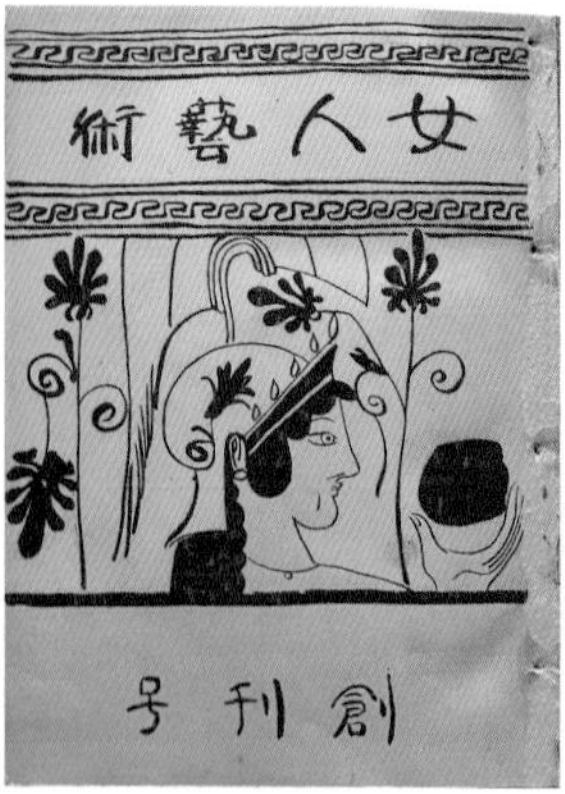
女人藝術
創刊号

女流文藝雑誌
ビアトリス
十一月號

女性改造
新年號

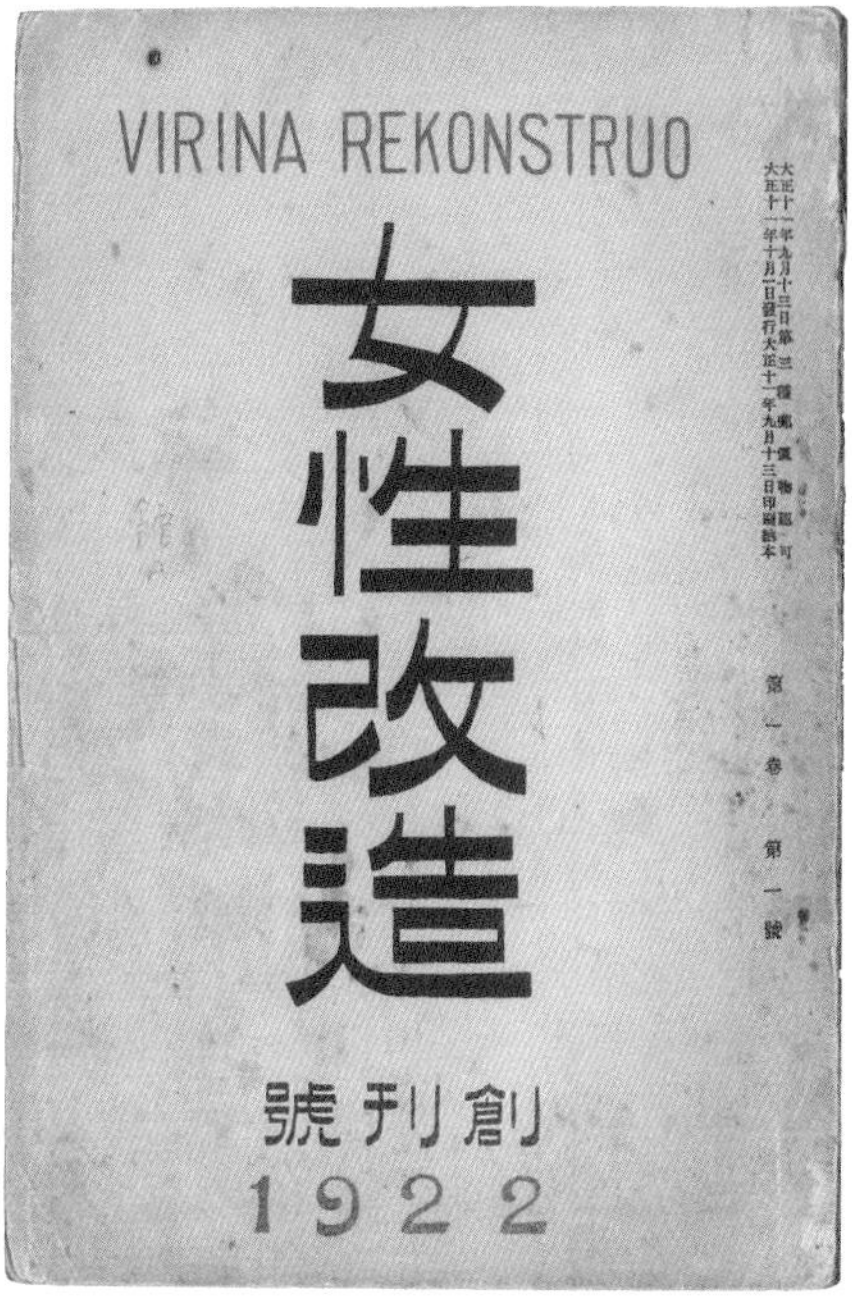
VIRINA REKONSTRUO
女性改造
創刊號
1922
大正十一年九月十三日第三種郵便物認可
大正十一年十月一日發行大正十一年九月十三日印刷納本
第一卷第一號

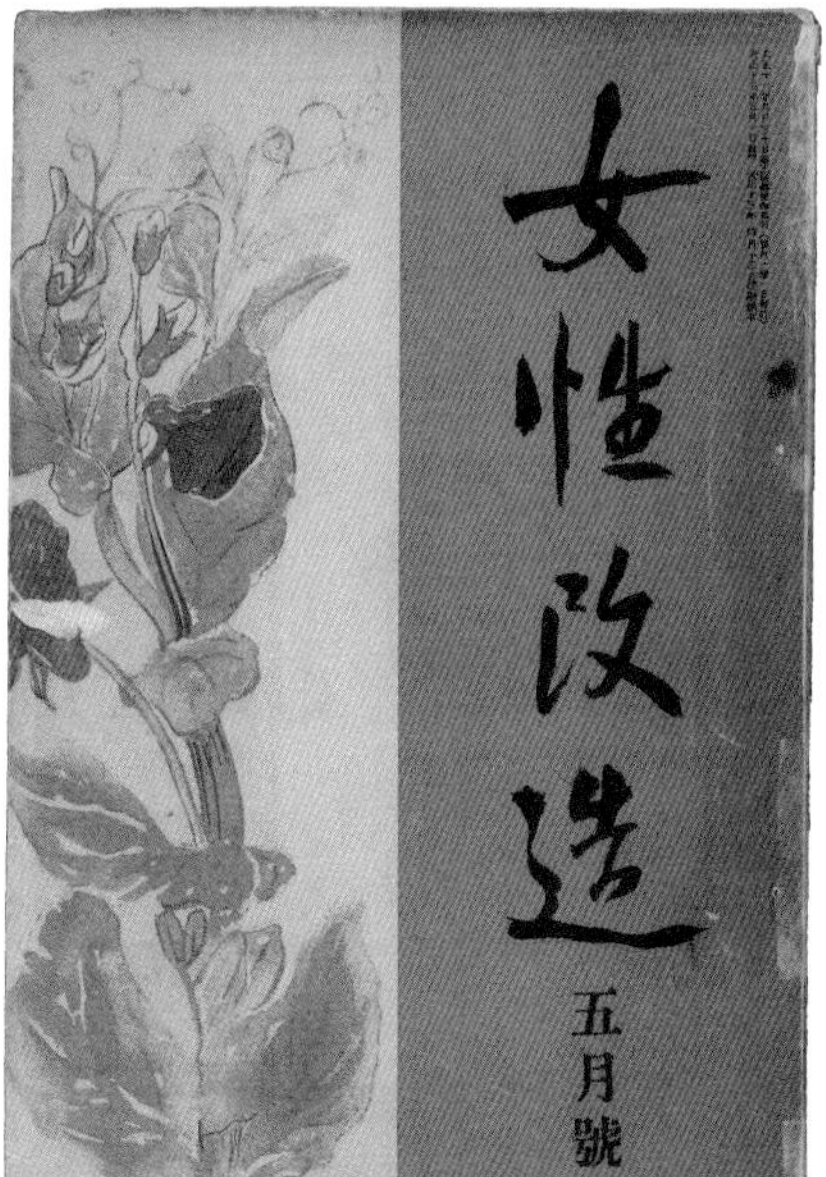
女性改造
五月號

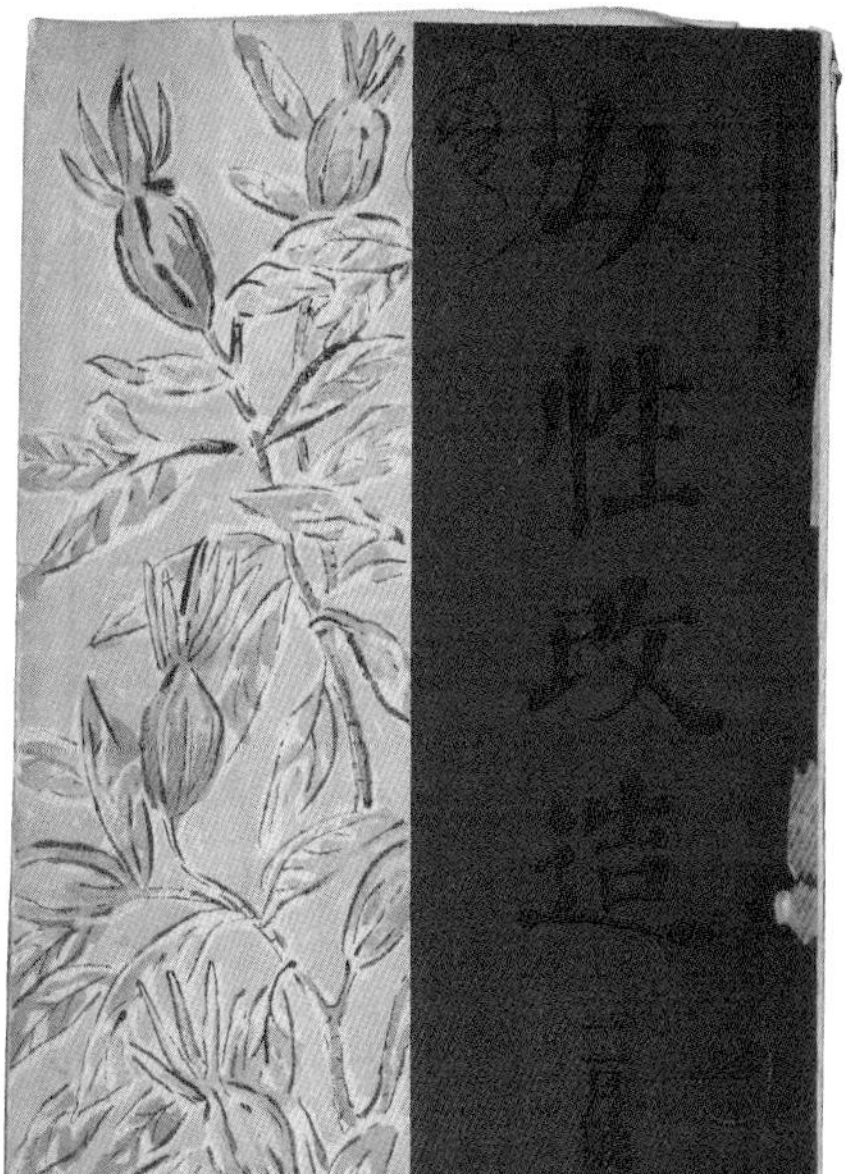
女性改造

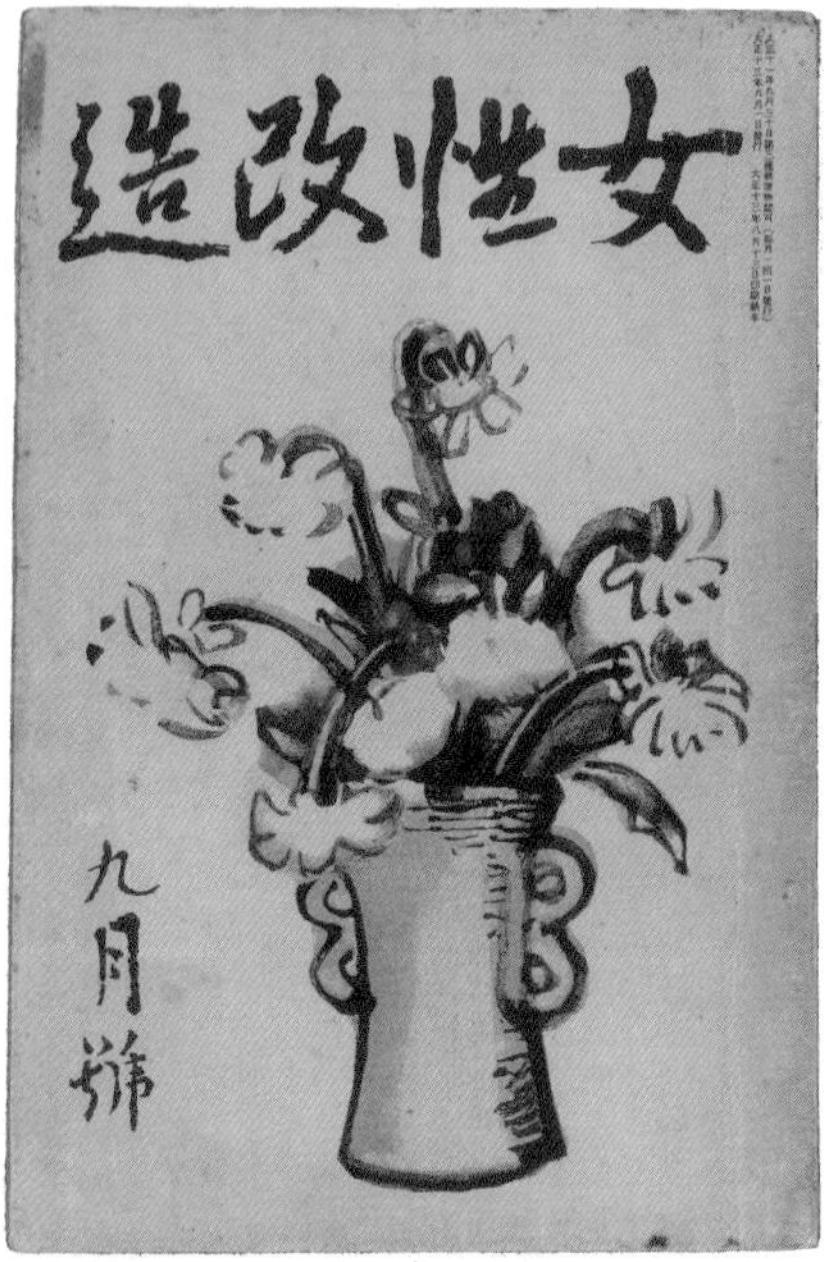
女性改造
九月號
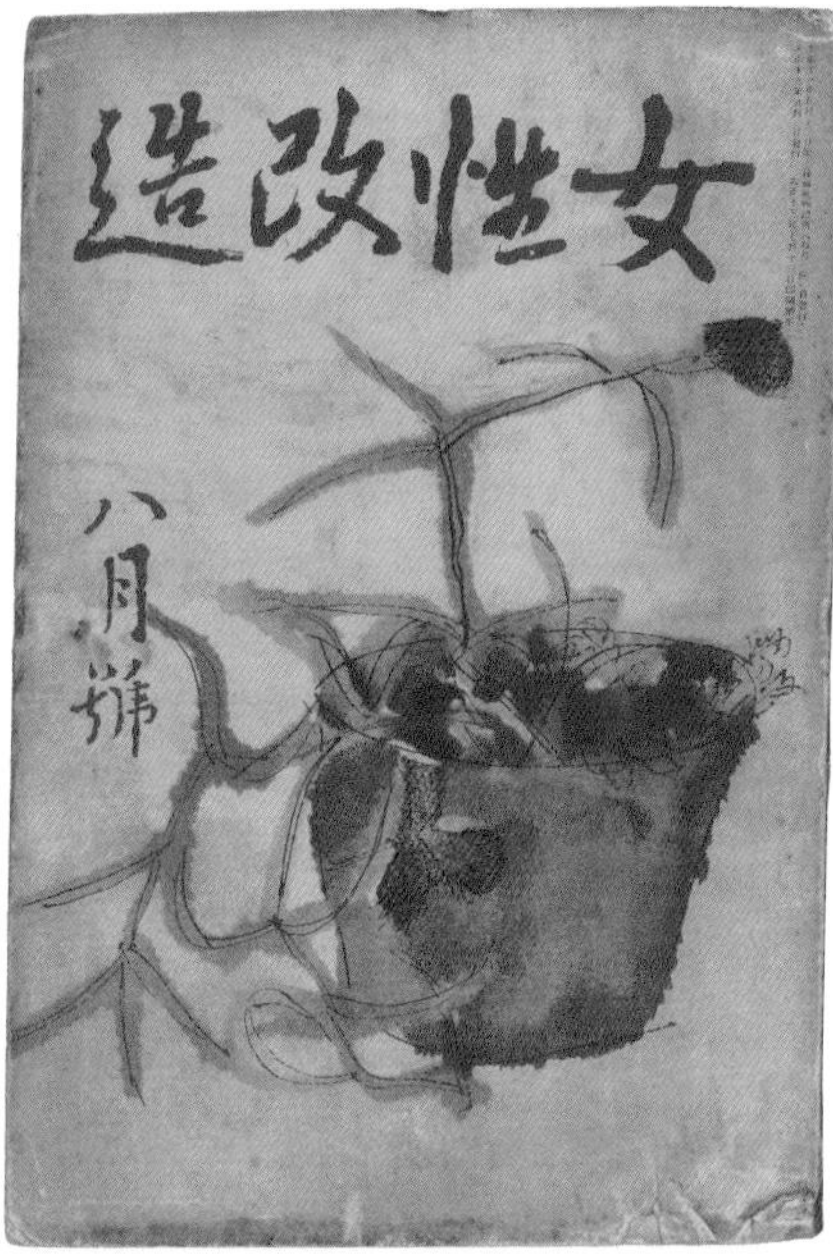
女性改造
八月號
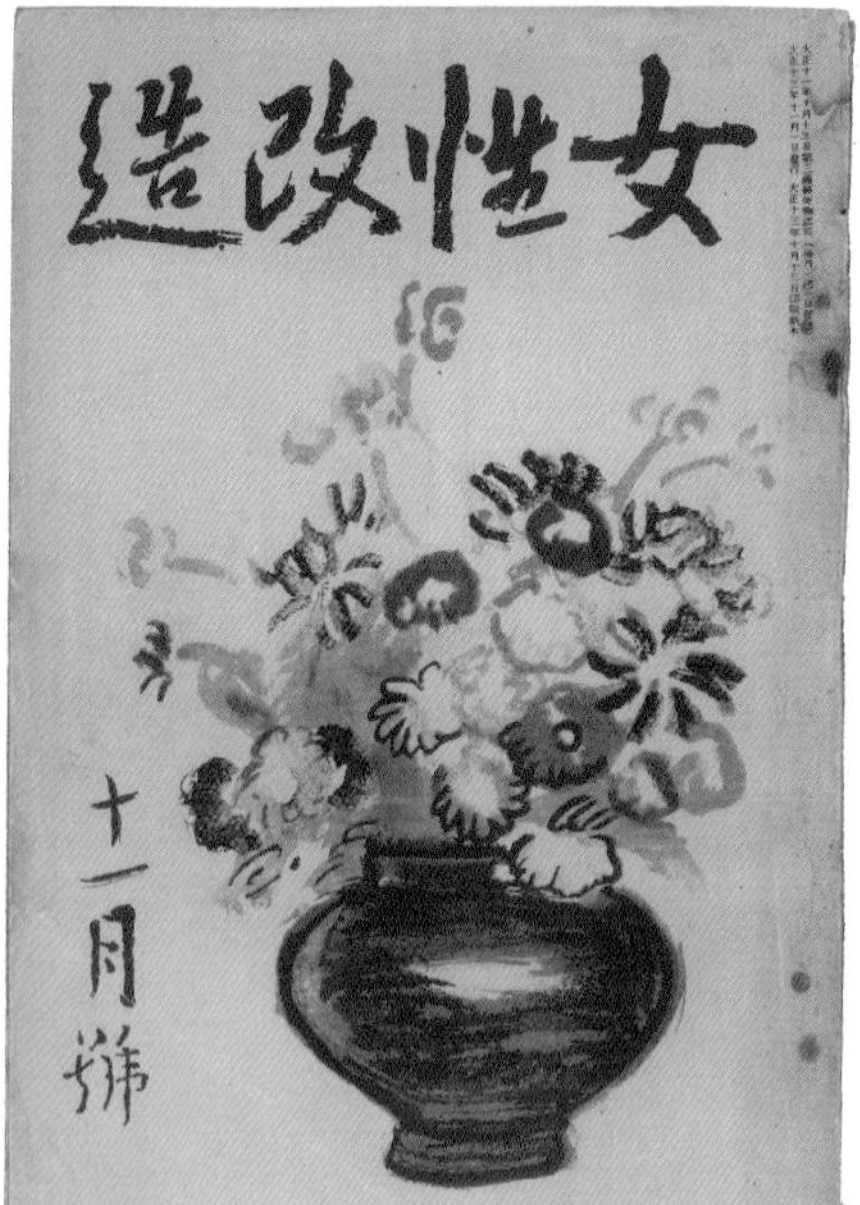
女性改造
十一月號
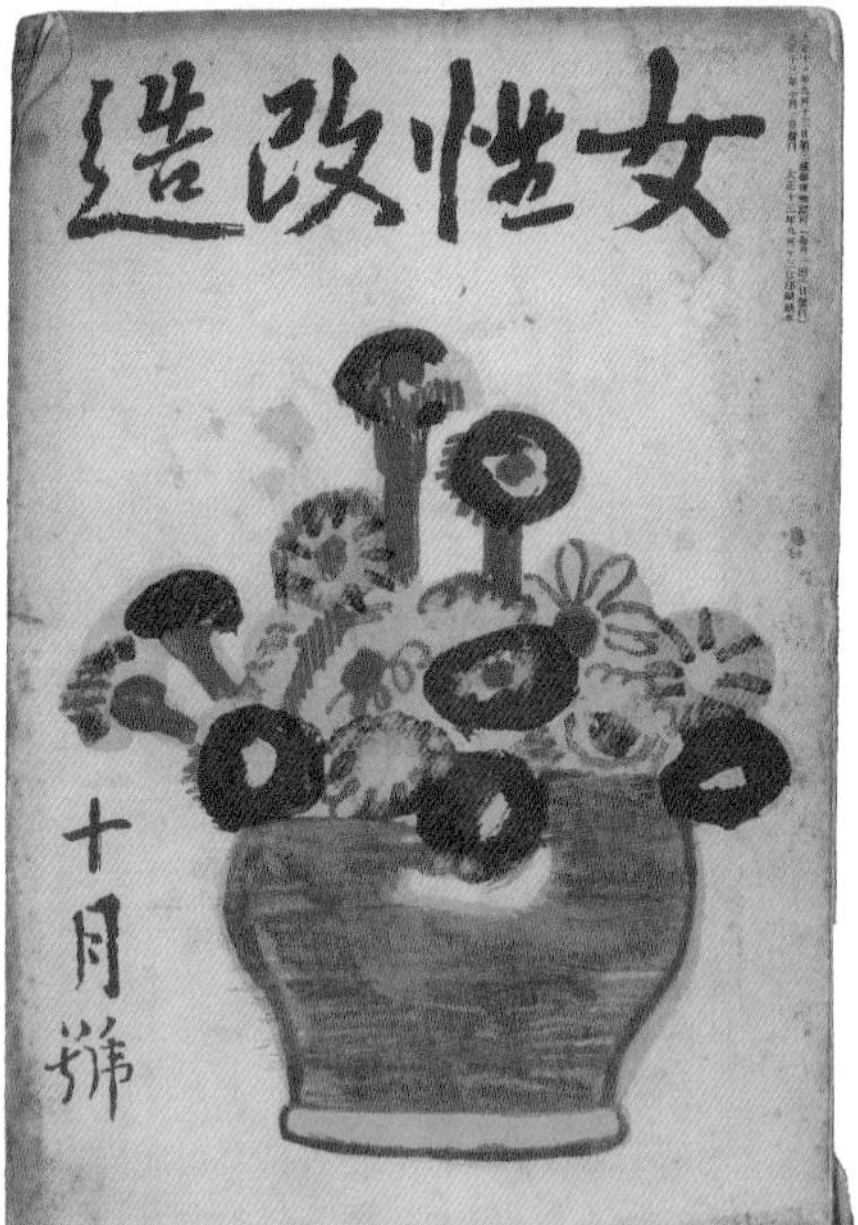
女性改造
十月號

はじめに

一九一五（大正四）年から二一年まで六年間、大正まっただ中に発行された、ユニークな女性雑誌があった。『女の世界』と名付けられたその雑誌は、創刊号の巻頭に「女の独立自尊」を主張する鎌田栄吉・慶應義塾塾長の論文を掲げ、女性による「廃娼運動」を鼓吹した。続けて幸田露伴が「女性へ参政権を与えよ」と主張し、野依秀一《のよりひでいち》（秀市）は「女性の味方たる事を断じて辞せぬ、この決心を以て『女の世界』を発行した」と宣言している。

といって、天下国家を論じる総合雑誌でも、女性の啓蒙を意図した教養雑誌でもない。「男でも読む」「毛色の変った」女性誌として出発し、それを最後まで貫いた。

『実業之日本』に対抗して『実業之世界』を刊行、言論界に殴り込みをかけた「異端のジャーナリスト」野依秀一による発刊だった。右翼的言動がしばしば物議をかもした野依は、その一方で「大逆事件」の後、社会主義者たちが生活のよりどころとしていた「売文社」の堺利彦、大杉栄、荒畑寒村、安成《やすなり》貞雄、二郎などとも親しく、堺や安成兄弟を『女の世界』編集の中心に据えた。

野依秀一が、一六年五月から二〇年三月まで、恐喝罪で豊多摩刑務所に収監されていたこともあって、「冬の時代」を生き延びてきた社会主義者たちの、いわばたまり場となった雑誌だった。『実業之世界』を支援していた渋沢栄一、頭山満、福沢桃介、三宅雪嶺らも、『女の世界』の愛読者だった。

田村俊子、長谷川時雨、与謝野晶子ら当代の人気作家の作品と並べて、『女の世界』は多くの新人女性作家に発表の場を与えた。女性の権利を主張する『青鞜』(一九一六年二月休刊)とも、『婦人公論』(一九一六年一月創刊)的教養主義とも異なり、といって『主婦之友』(一九一七年二月創刊)や『婦人倶楽部』(一九二〇年一〇月創刊)のような実用性をも目指していなかった。

編集方針は自由奔放、何物にもとらわれないアナーキーなゴッタ煮。高度成長期の一時期の週刊誌のような猥雑さ、と思えば、真正面から教育、文化、文学と向かい合って徹底的に論ずる。さらに異色だったのは、創刊月を記念して、一六年から二一年まで六回にわたって、「紳士録」の女性版ともいえる「大正婦人録」を編集・掲載したことだ。歴史の中に消えた女性の消息を今に伝え、貴重な資料となっている。

肩ひじ張らない自由な姿勢で、社会的問題ばかりか、政治、経済、思想、文化、文学に向き合いながら大衆性を獲得していた。堺利彦の「新聞三面記事評論」、松崎天民の探訪記、島村抱月と松井須磨子の恋愛、岩野泡鳴と清子の離婚問題。大杉栄、神近市子、伊藤野枝の三人の手記の独占掲載など、歴史的記録といえる。

あるいはさまざまな番附表、「当代四十二美人点取表」、文壇や政治家、実業界などの「好男子番附」等々、名誉棄損もセクハラの意識もない勝手気ままな採点に、当時の読者は、どれほど盛り上がったことだろうか。

発刊された全七八冊のうち、現存しているのは六七冊、一一冊が欠けているのが残念である。※1

大正期の女性作家を調べるための資料として、わたしは、しばしば『女の世界』を手にしてきたが、そのたびに、雑多な記事の魅力に惹かれて夢中になって読んでいた。例えば「探訪記者」としてよく知られた松崎天民のルポルタージュ。女学校の校長にインタビューを申し込み、教育論を拝聴した後、校内の売店にたち寄り、女学生に人気のリボンや雑誌、化粧品まで調べて細かに報告する。さらに都会の裏町へ出かけて私娼窟をルポ、同時に真正面から大逆事件にこだわる。死刑判決がくだった瞬間の、法廷での管野須賀子の姿を書きとめ、刑が執行されるや、関係者に成りすまして内山愚童の遺体を追って落合火葬場に入り込む。

女学校の校長の教育論と衝撃的なルポルタージュとが並べて掲載される。人間が持っている真面目さと猥雑さ、その両面を並べた『女の世界』を辿ることによって、大正という時代があらたな貌を見せる。その時代の底辺で、陽炎のように揺れている淫靡な魅力までもが浮上する。

知識、文明、教養、正義——それらに惹かれる同じ人間が、好色、野卑、悪——に惹かれてどこが悪いのか、という居直りがこの雑誌の基調にある。『青鞜』（一九一一年九月創刊）のような女性の手による女性誌にも、女性の啓蒙という名目で男に都合よい中流家庭婦人の育成を目指した『婦人公論』（一九一六年一月創刊）や『女性改造』（一九二二年一〇月創刊）、あるいは実用重視の『主婦之友』（一九一七年二月創刊）などにも、けっして顕れることのなかった大正という時代が、多色刷りの絵画のように浮き上がってくる。

東京駒場の日本近代文学館で『女の世界』の原本を、そっと見せてもらう。そっと、というのは、すでに雄松堂から現存する六七冊（日本近代文学館、早稲田大学図書館、大宅壮一文庫所蔵）がマイクロフィッシュになっているのだが、原本は手にしたら崩れそうな状態だからである。

なんという魅力的な表紙なのだろう。目にするたびに感動する。たとえば、一九一五（大正四）年五月の創刊号（カバー表参照）は、上段四分の一が朱色、白抜きで大きく横書きで「女の世界」とある。モスグリーン地の下段いっぱいに、踊る女性の上半身が描かれている。椿の半襟、藤の花を散らした黒地の着物、帯は地の色といっしょで幾何学模様が散る。帯締め、帯揚げの配色の見事さ。斜め上を向いた女性の顔は、どこかあいまいで、恋に狂っているようにも、狂うことのできない哀しみに漂っているようにも見える。

人物も配色も、すべてに江戸の情緒と近代のモダニズムとが溶けあって、これぞまさしく大正浪漫。表紙絵の魅力は、最終号まで続く。

自由奔放、アナーキーで、矛盾に充ち満ちた『女の世界』のバックナンバーをたどりながら、大正とは何なのか、と問い続けてきた。デモクラシー、モダニズム、退廃、悪魔主義、社交ダンス、モガ、モボ——さまざまなテーマ、言葉と色彩が、無限の可能性を示しているようにも見える。しかしながら、私たちが思い描くデモクラシーもモダニズムも、第一次世界大戦の終息から関東大震災発生までの数年間のことである。

経済不況が日本全体を覆い、福祉・厚生など未《いま》だしの時代。餓死者、路上の凍死者が、連日、新聞に報じられる。劣悪な労働環境に争議が頻発し、富山県の漁村で起こった米騒動は、瞬時にして日本中に広がった。大正浪漫などと表現するにはあまりに過酷な時代でもあった。

日清・日露の二つの戦争、大逆事件とそれに続く「冬の時代」があぶり出したさまざまな矛盾と亀裂が、絶対的な権力だった明治天皇の死と病弱な大正天皇の即位のあと噴出した。と同時に、一九一七年のロシア革命によって、世界の思想と文学が大激動を迎えた。時代の波はスペイン風邪を捲き込んで、「丸善の二階」を飛び越え、日本全体に流れ込んだ。[※2] 西欧の思想に依拠していた知識階級の文化が、それまで残存していた武家社会、封建社会、漢文体の枠組みから抜け出し、新たな中産階級による柔軟なひらがなの時代を出現させた。

「新しい女」は、男たちにも影響を与え、「新しい男」を輩出した。近代国家への道を急ぎ過ぎたあまりに、無理やり消し去った江戸が、世紀末の退廃と結びついて、あらたな花を咲かせたようにも見える。しかしながら、出番が早すぎたため、何もかもがあまりに脆弱で、あだ花として終わった。軍国主義の流れの中で、時代はさらに強固な「男の時代」に突入する。

※1　現存六七冊。第五巻六・七・八・九・一〇・一二号　第六巻一・二・三・六号　第七巻五号の一一冊が欠号。

※2　「一九世紀の欧州大陸の澎湃《ほうはい》とした思潮は、丸善の二階を透して、この極東の一孤島にも絶えず微かに波打ちつゝあつたのであつた。」　田山花袋「丸善の二階」（『東京の三十年』一九一七・六　博文館）

『女の世界』

目次

II　さまざまな大正女性雑誌……157

五　『女性改造』──「新しい男」による女性誌の行方……226

『女の世界』

大正という時代

凡例

一　単行本名・雑誌名は『　』で括った。
一　巻末の注にある語は、該当語の右に、初出時（「はじめに」を除く）に＊を付した。
一　該当語の右に※を付した語は、項末の注を参照。
一　『女の世界』の巻・号の標記は、原則として「〇巻〇号」を使用した。但し、一巻は全九号、二巻は全一三号のため、適宜「〇月号」とした。

I

『女の世界』

清濁併せ呑む猥雑な魅力

一　ゴシップから評論まで

「男でも読む」「毛色の変った」女性誌

『女の世界』は一九一五（大正四）年五月第一巻一号から一九二一（大正一〇）年八月第七巻八号まで、全七八冊実業之世界社から発刊された。『三田商業界』を引き継いだ『実業之世界』（一九〇五・一一―一九八五・一二）と同じく社長の野依秀一《のよりひでいち》（秀市）が編集兼発行人となり、『女学雑誌』の最後の編集人・青柳有美《あおやぎゆうび》*を主筆として出発するが、二巻三号から編集長として安成二郎*の名前が入る。二巻六号（大正五年五月）以降、編集兼発行者が安成二郎となる。野依秀一の名が消えたのは、一九一五（大正四）年五月に禁錮四年の実刑が確定し、二六日に豊多摩刑務所に収監されたためである。一九一四年一二月に愛国生命保険会社恐喝容疑で逮捕、一二月に保釈され、翌年五月に収監される間の『女の世界』創刊だった。

主な執筆者には慶應義塾塾長の鎌田栄吉*、経済学者の和田垣謙三、幸田露伴、与謝野晶子、

發《はつ》刊《かん》の辭《じ》

今《いま》の所謂婦人雜誌《いはゆるふじんざつし》の多《おほ》くは、幇間雜誌《ほうかんざつし》、乳母雜誌《うばざつし》、お芝居雜誌《しばゐざつし》、おすもじ雜誌《ざつし》、お汁粉雜誌《しるこざつし》である。即《すなは》ち、たゞもう奥様方《おくさまがた》や令孃《れいぢやう》方《がた》の御機嫌《ごきげん》を損《そこ》ねない樣《やう》に、お樂《たの》しみになる樣《やう》に、お口《くち》に甘《あま》い樣《やう》にと、何處《どこ》までも婦人《ふじん》を甘《あま》く見《み》たお膳立《ぜんだて》がしてある。然《しか》し之《これ》が眞《しん》に婦人《ふじん》の爲《た》めになるか否《いな》かは疑問《ぎもん》である。ただッ子《こ》に飴《あめ》を舐《なめ》させて、其《そ》の齒《し》牙《が》を損《そん》じ、胃腸《ゐちやう》を害《がい》するのと同《おな》じ結果《けつくわ》になりはしまいか。と云《い》つて、或《あ》る種《しゆ》のもの〻如《ごと》く、鑛物的道徳《くわうぶつてきだうとく》を主張《しゆちやう》して、嫁入前《よめいりまへ》の娘《こ》を姑根性《しうとめこんじやう》にするやうな、又《また》はイヤに新《あた》らしがつて、後足《あとあし》で踊《をど》る犬《いぬ》の眞似《まね》をする樣《やう》なものでは到底《たうてい》婦人本來《ふじんほんらい》の性質《せいしつ》に合《あ》は無《な》い。本誌《ほんし》は其《そ》の間《あひだ》に立《た》ちて、眞《しん》に婦人《ふじん》の同情者《どうじやうしや》となり、味方《みかた》となり、相談相手《さうだんあひて》となり、又《ま》た一面《めん》其《そ》の指導者《しだうしや》たり、警戒者《けいかいしや》たり、鞭撻者《べんたつしや》たらんが爲《た》めに生《うま》れたものである。新時代《しんじだい》の婦人《ふじん》らしき婦人《ふじん》たらんとするものには勿論《もちろん》、眞《しん》に婦人《ふじん》を理解《りかい》せんとする男子《だんし》にも、本誌《ほんし》は唯一の寶庫《はうこ》である。

泉鏡花、島村抱月、田村俊子、長谷川時雨、岡田八千代、水野仙子《せんこ》*、永代《ながよ》美知代*、素木《しらき》しづ*、原田琴子など大正知識人・文壇人を網羅する。同時に編集の中心には大逆事件*後の〈冬の時代〉*を生き続けた堺利彦、白柳秀湖《しらやなぎしゅうこ》*、安成貞雄、安成二郎、安成くら、小口みち子などがいる。松崎天民、大杉栄、伊藤野枝、坂本紅蓮洞《ぐれんどう》*、円覚寺派管長・釈宗演《しゃくそうえん》、中平《なかひら》文子*、山川菊栄*なども主要な執筆者だった。

『実業之世界』が『実業之日本』に対抗して命名されたように、実業之日本社の女性雑誌『婦人世界』が野依の念頭にあったことは言うまでもない。一八九七（明治三〇）年平岡威一郎によって創刊された『実業之日本』は、増田義一の手に移り臨時増刊号『征露戦報』（一九〇四）で大きく発展し、やがて実業之日本社は、大正期を代表する出版社となった。

『婦人世界』は一九〇六（明治三九）年一月に同社から出版された。大衆作家で料理研究家の村井弦斎を編集顧問に迎え、料理・育児等の実用記事、家庭婦人のための修養、教養記事を幅広く載せた。河井酔茗が詩を、与謝野晶子が短歌を担当し、鏑木清方《かぶらききよかた》を中心に、川端龍子《りゅうし》、山村耕花、竹久夢二、高畠華宵《かしょう》、伊東深水等々、一流の画家が口絵挿絵を描いた。

小杉天外、田山花袋らの小説を連載したり、たとえば「会津戦争と夫を語る　男装して会津城に入りたる当時の苦心」を「故新島襄夫人新島八重」に連載させるなど興味深い。一九三三（昭和八）年五月に終刊するが、それまでの雑誌販売の小売店買い切り制度を改め、返品自由の委託販売としたことでも知られている。現在は近代女性文化史研究会編『近代婦人雑誌目次総覧』九・一〇巻（一九八五・一〇　大空社）で大要を知ることができる。

『婦人世界』を十分に意識した『女の世界』だったが、同時に『女の世界』の命名は、『婦人世界』とともに実業之日本社から一九〇八（明治四一）年に創刊された少女向け雑誌『少女の友』を意識したのではないか。北大路魯山人《ろさんじん》が揮毫したと言われるが、「少女之友」ではなく「少女の友」としたところに、時代の新しさがある。

二つの誌名をあわせて『女の世界』としたことが思われる。当時、『女学世界』『婦人世界』『世界婦人』など、「世界」は流行語だった。

表紙絵の妖しさ

原本を目にするたびに、私は溜息をつく。なんと魅力的な表紙なのだろう。

創刊号の目次に画家の名は記されていないが、同じ筆と思われる口絵〈オールを持てる女〉には小川治平《おがわじへい》とある。小川治平は一八八七（明治二〇）年埼玉生まれ、北沢楽天に弟子入りしたことしか、今はわからない。

北沢楽天は、福沢諭吉の『時事新報』絵画部員として政治・社会の風刺漫画を担当、「日曜版時事漫画」は一世を風靡し、岡本一平と並んで近代漫画の祖といわれた。自《みずか》らもカラー漫画雑誌『東京パック』『家庭パック』を創刊した。楽天とその門下が、『女の世界』の表紙、挿絵を担当したのかもしれない。どの号の表紙もそれぞれすばらしい。

『女の世界』を発刊した実業之世界社は、当時勢いのある出版社だった。社長の野依秀一については、佐藤卓己『天下無敵のメディア人間——喧嘩ジャーナリスト・野依秀市』（二〇一二・四　新潮選書）に詳しい。本名秀市だが、『女の世界』では一貫して秀一の筆名を使っている。『女の世界』は、実業之世界社創立七周年を記念して企画され創刊された。

当時、野依は三一歳、「五尺に足らない小男」であり独身、獄中に二年を過ごし、渋沢栄一に可愛がられたようだ。

同じく七周年記念として出版した自著『愚人の力』に、「愚かなるが故に、無学なるが故に、年少にして能《よ》く、今日の地歩を占め得たのである」と書いている。一代の快男児だったのであろう。

男性フェミニスト結集

一九一六（大正五）年五月、『女の世界』が創刊される。「発刊の辞」は、これまでの婦人雑誌を、幇間《ほうかん》雑誌・乳母《うば》雑誌、あるいは芝居・相撲・おすもじ（寿司の女言葉・御酢文字）・お汁粉雑誌とこき下ろし、それらに対して「真に婦人の同情者となり、味方となり、相談相手となり、又一面其の指導者たり、警戒者たり、鞭撻者たらんが為に生まれたものである。新時代の婦人たらんとするものには勿論、真に婦人を理解せんとする男子にも、本誌は唯一の宝庫である」と宣言する。

巻頭論文「女の独立自尊」は慶應義塾塾長・鎌田栄吉による。「独立自尊」こそが福沢諭吉の教えの根幹であり、「貞操の徳は男女共に」求められる。女性は婚家に入っても「自ら凛乎《りんこ》として犯すべからざるの威厳がなくてはならぬ」し「廃娼運動」も女性主導でなされなければならない、ときわめてリベラルな女性論を展開する。

続いて幸田露伴が「女学校よりも雑巾掛け」と題して、自分は女学校出のギスギスした女は御免だが、昨今そうした女性が増えてきたのは「男がケチだから」である。「女には参政権を与へぬなぞ、とそんな下らぬ事を云ふから、女も負けて居ては堪らぬから尖り出して来たのだ」として、参政権も家庭の統治権も、歳入も月給も「女が欲しがるものは何も彼も遣るがよい。左様すると男もやっと男らしくなる代り、女もやっと女らしくなるだろう」と結ぶ。

社長の野依秀一も「女らしき女には僕らは飽迄《あくまで》同情して、その味方たる事を断じて辞せぬ。女らしき女に対して横暴する男があればドシドシやっつけてやる覚悟である。此決心を以て『女の世界』を発行したのだ」(「強き者よ汝の名は女なり」)と書く。

どうやら愛しき女性たちのために、男性フェミニストが結集した感があるが、彼らが描く女性像を結ぶことは難しい。そもそも「女らしき女」とはどのような女なのか。毎月一回発行、頁数一六〇頁内外、定価二〇銭、郵税一銭五厘。ちなみに同じ年に創刊された『婦人公論』は二〇銭、『中央公論』は二五銭、『青鞜』『ビアトリス』は二五銭である。二〇銭は今の千円くらいだろうか。

水野仙子「二つの魂に」

『女の世界』は月刊誌ではあるが、イメージとしては現在の週刊誌の趣きがある。評論、時事、ゴシップ、ルポルタージュ、インタビュー、小説、その他なんでも入っている。切り口も硬軟あわせ、お茶を飲みながら、あるいは乗り物の中で、家事や仕事の合間に、就寝前にと、気楽に手に取ることができる。
一九一五（大正四）年五月の創刊号には、泉鏡花の連載小説「星の歌舞伎座」と並んで、水野仙子の短篇「二つの魂に」が載った。母親の気まぐれに振り回されて、死のうとする幼女の心を描いた佳品である。かつて水野仙子の作品を新聞・雑誌に探した時があったが、看過していた。

水野仙子

『水野仙子集』

仙子は一八八八（明治二一）年福島県須賀川市に生まれ、地元の裁縫女学校を卒業。『女子文壇』『文章世界』に投稿する中で作家として認められ、田山花袋に弟子入りする。明治末から大正にかけて、田村俊子と並ぶ人気女性作家だった。結核で一九一九（大正八）年、三一歳の生を閉じた。俊子の江戸情緒漂う作品に比して、自らの結婚生活を題材に〈男女相克〉をテーマに書き続けた。死後、夫の実業之世界社記者、川浪《かわなみ》道三*によって『水野仙子集』が編まれた。田山花袋序文、有島武郎跋文、岸田劉生装幀の美しい一冊である。
「田村俊子女史との会見記」は、俊子に夫田村松魚との関係を遠慮なく問いただし、「現

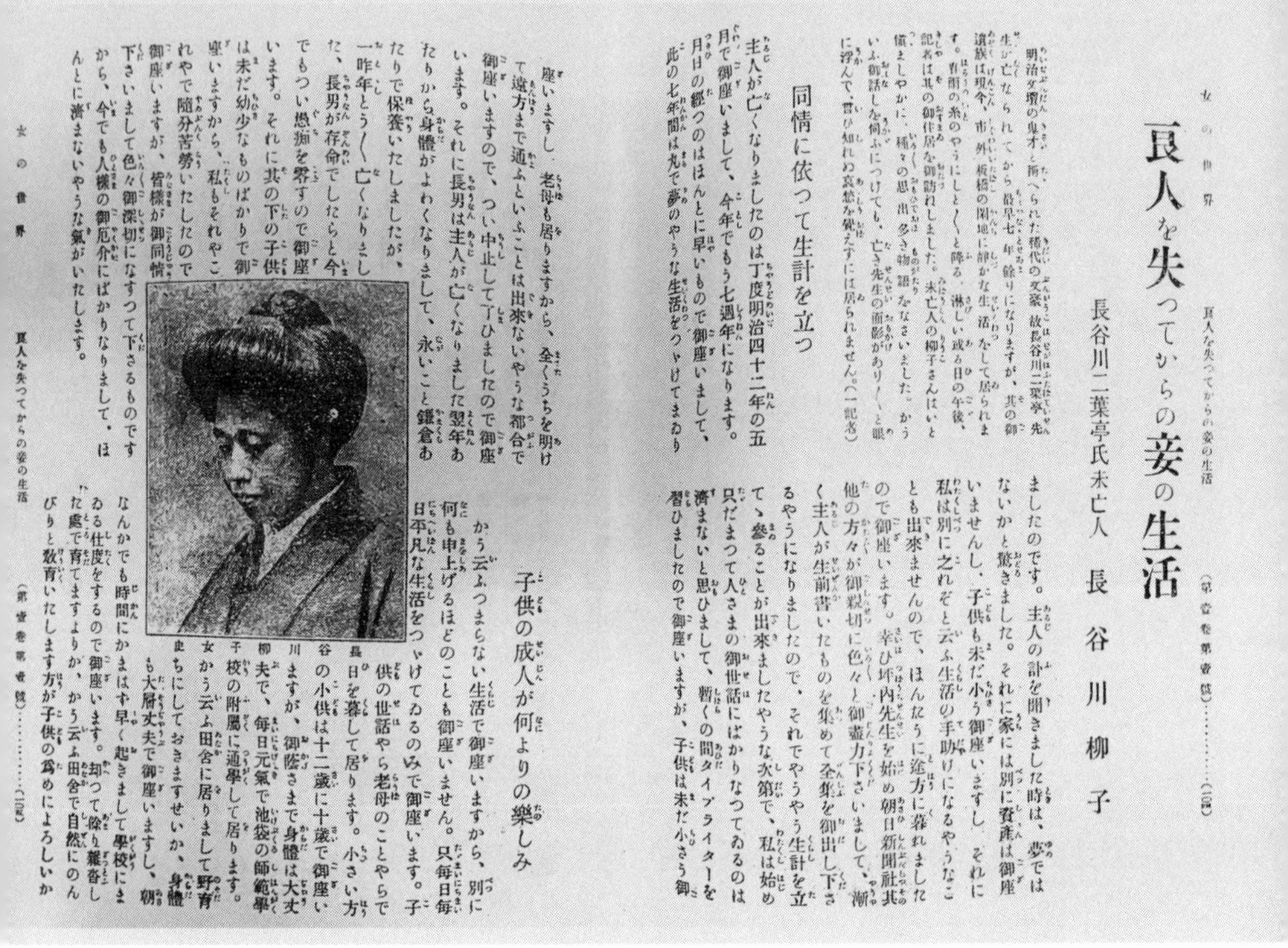

良人を失つてからの妾の生活

長谷川二葉亭氏未亡人　長谷川柳子

明治文壇《ぶんだん》の鬼才《きさい》と称《たゝ》へられた稀代《きだい》の文豪《ぶんがう》故長谷川二葉亭《はせがはふたばてい》先生《せんせい》が亡《な》くなられてから最早《もはや》七年《ねん》餘《あま》りになりますが、其《そ》の御遺族《ごゐぞく》は現今《げんこん》、市外《しぐわい》板橋《いたばし》の閑地《かんち》に静《しづ》かな生活《せいくわつ》をなして居《を》られます。春雨《はるさめ》の糸《いと》のやうにしと〳〵と降《ふ》る、淋《さび》しい或《あ》る日《ひ》の午後《ごご》、記者《きしや》は其《そ》の御住居《おすまゐ》を御訪《おたづ》れしました。未亡人《みばうじん》の柳子《りうこ》さんはいとつゝましやかに、種々《いろ〳〵》の思出《おもひで》多《おほ》き物語《ものがたり》をなさいました。かういふ御話《おはなし》を伺《うかゞ》ふにつけても、亡《な》き先生《せんせい》の面影《おもかげ》があり〳〵と眼《め》に浮《うか》んで、言《い》ひ知《し》れぬ哀愁《あいしう》を覚《おぼ》えずには居《ゐ》られません。（一記者）

同情に依つて生計を立つ

主人《あるじ》が亡《な》くなりましたのは丁度明治四十二年《ちやうどめいぢしじふにねん》の五月《ぐわつ》で御座《ござ》いまして、今年《ことし》でもう七週年《しうねん》になります。月日《つきひ》の經《た》つのはほんとに早《はや》いもので御座《ござ》いまして、此《こ》の七年間《ねんかん》は丸《まる》で夢《ゆめ》のやうな生活《せいくわつ》をつゞけてまゐりましたのです。主人《あるじ》の訃《ふ》を聞《き》きました時《とき》は、夢《ゆめ》ではないかと驚《おどろ》きました。それに家《うち》には別《べつ》に資産《しさん》は御座《ござ》いませんし、子供《こども》も未《ま》だ小《ちひ》さう御座《ござ》いますし、それに私《わたくし》は別《べつ》に之《こ》れぞと云《い》ふ生活《くらし》の手助《てだす》けになるやうなことも出來《でき》ませんので、ほんたうに途方《とはう》に暮《く》れましたので御座《ござ》います。幸《さいは》ひ坪内先生《つぼうちせんせい》を始《はじ》め朝日新聞社《あさひしんぶんしや》其《その》他《た》の方々《かた〴〵》が御親切《ごしんせつ》に色々《いろ〳〵》と御盡力《ごじんりよく》下《くだ》さいまして、漸《やうや》く主人《あるじ》が生前《せいぜん》書《か》いたものを集《あつ》めて全集《ぜんしふ》を御出《おだ》し下《くだ》さるやうになりましたので、それでやうやう生計《くらし》を立《た》てゝ參《まゐ》ることが出來《でき》ましたやうな次第《しだい》で、私《わたくし》は始《はじ》め只《た》だまつて人《ひと》さまの御世話《おせは》にばかりなつてゐるのは濟《す》まないと思《おも》ひまして、暫《しばら》くの間《あひだ》タイプライターを習《なら》ひましたので御座《ござ》いますが、子供《こども》は未《ま》だ小《ちひ》さう御座《ござ》いますし、老母《らうぼ》も居《を》りますから、全《まつた》くうちを明《あ》けて遠方《ゑんぱう》まで通《かよ》ふといふことは出來《でき》ないやうな都合《つがふ》で御座《ござ》いますので、つい中止《ちうし》して了《しま》ひましたので御座《ござ》います。それに長男《ちやうなん》は主人《あるじ》が亡《な》くなりました翌年《よくねん》あたりから身體《からだ》がよわくなりまして、永《なが》いこと鎌倉《かまくら》あたりで保養《ほやう》いたしましたが、一昨年《おとゝし》とう〳〵亡《な》くなりました、長男《ちやうなん》が存命《ぞんめい》でしたらと今《いま》でもつい愚痴《ぐち》を零《こぼ》すので御座《ござ》います。それに其《そ》の下《した》の子供《こども》は未《ま》だ幼少《えうせう》なものばかりで御座《ござ》いますから、私《わたくし》もそれやこれやで随分苦勞《ずゐぶんくらう》いたしたので御座《ござ》いますが、皆様《みなさま》が御同情《ごどうじやう》下《くだ》さいまして色々《いろ〳〵》御深切《ごしんせつ》になすつて下《くだ》さるものですから、今《いま》でも人様《ひとさま》の御厄介《ごやくかい》にばかりなりまして、ほんとに濟《す》まないやうな氣《き》がいたします。

子供の成人が何よりの樂しみ

かう云《い》ふつまらない生活《くらし》で御座《ござ》いますから、別《べつ》に何《なに》も申上《まをしあ》げるほどのことも御座《ござ》いません。只毎日毎日《たゞまいにちまいにち》平凡《へいぼん》な生活《くらし》をつゞけてゐるのみで御座《ござ》います。子供《こども》の世話《せは》やら老母《らうぼ》のことやらで日《ひ》を暮《くら》して居《を》ります。小《ちひ》さい方《はう》の小供《こども》は十二歳《さい》に十歳《さい》で御座《ござ》いますが、御蔭《おかげ》さまで身體《からだ》は大丈夫《だいぢやうぶ》で、毎日元氣《まいにちげんき》で池袋《いけぶくろ》の師範學《しはんがく》校《かう》の附屬《ふぞく》に通學《つうがく》して居《を》ります。かう云《い》ふ田舎《ゐなか》に居《を》りまして野育《のそだ》ちにしておきますせいか、身體《からだ》も大層丈夫《たいそうぢやうぶ》で御座《ござ》いますし、朝《あさ》なんかでも時間《じかん》にかまはず早《はや》く起《お》きまして學校《がくかう》にまゐる仕度《したく》をするので御座《ござ》います。却《かへ》つて餘《あま》り雜沓《ざつとう》した處《ところ》で育《そだ》てますよりか、かう云《い》ふ田舎《ゐなか》で自然《しぜん》にのんびりと教育《けういく》いたします方《はう》が子供《こども》の爲《た》めによろしいか

長谷川柳子女史

在では私が家長で、田村はまるで家従」「弱者の田村は強者の私に勢ひ支配されている」と答えさせている。『中央公論』『新潮』に特集された人気絶頂の女性作家へのこうしたインタビューは読者を喜ばせたことだろう。記者「五尺に足らぬ男」は、実業之世界社長・野依秀一である。

「長谷川二葉亭氏未亡人長谷川柳子」へのインタビュー、「良人を失ってからの私の生活」も興味深い。「浮雲」の作家で朝日新聞社ロシア特派員だった二葉亭四迷（長谷川辰之助）が、一九〇九年、帰国途中、ベンガル湾上で客死して七年。続けて長男を失いながらも、坪内逍遥や内田魯庵等の世話を受けて暮らしている一家の様子

が浮かぶ。生前は煙草と濃茶、ツルゲーネフを愛していたという。二葉亭四迷研究にとっても貴重な資料である。

堺利彦「新聞三面記事評論」

大逆事件後、言論界は文字通り「冬の時代」に入るが、大正四年ともなると、少し恐怖が緩んできたのかもしれない。創刊号には、社会主義者の堺利彦が「売文社々長」の肩書きで「新聞三面記事評論」を書いている。さまざまな犯罪、病疾、死傷の大半は生活苦難の結果であり、新聞を読むときはこの事実を深く考えなくてはならないと指摘する。

「其の恐しい浅ましい生活困難を此儘に棄て置いて善いものかどうか。若し棄て置かれぬとすれば、一体どうすればそれを救ふ事が出来るものか」と書く。この時代、新聞には凍死、餓死者の記事が毎日のように載っていたが、関東大震災を経て、昭和にはいると、個々の死者ではなく、「昨日の凍死者数」と記されるほどに増加していく。

大正デモクラシーの気運の中で、イギリスから始まったセツルメント*の思想・運動が、大学生やキリスト教団体を中心に広がりはじめていたが、国の福祉対策は貧しかった。堺利彦の気骨ある連載は一巻五号まで続く。

探訪記者・松崎天民の「生活の不安と恋の甘酒」も面白い。「妻を亡つて一年有半、新聞社を退いて半歳」、中学生から幼稚園児まで三人の子どもを抱えた三八歳の男の、新たな恋の成り行きを赤裸々に書いている。かつて東京朝日新聞社の同僚だった石川啄木は天民を敬愛し、夏目漱石は、天民の妻の死にこまやかな配慮をしめした。『青い酒と赤い恋』（一九一五　磯部甲陽堂）を出版してまもなく退社。その後も毎夕新聞、都新聞、二六新聞等々の社会部記者として、一貫して下層階級の人びとに「友愛と正義の目」を注ぎ続けた。一九二八（昭和三）年、雑誌『食道楽』を主宰、現在の食・料理評論家の草分けとなった。天民については、坪内祐三『探訪記者松崎天民』（二〇一一・一二　筑摩書房）が詳しい。

青柳有美「男の警句集」がすごい。「男子の脳髄は頭骨内にあり。女の脳髄は子宮内にあり」と書く。もとよりセクハラの意識など無縁の時代ではあるが、多くの女性論を書き人気絶頂の評論家であり、『女の世界』主筆・青柳のこの種の警句には驚かされた。

長谷川時雨「田村俊子評」

明治末から大正期、新聞、雑誌といった活字媒体は、今の私たちが想像する以上に、一般の人びと、とりわけ女性に身近な存在だった。明治三〇年代に急増した高等女学校は、「良妻賢母」を掲げてはいたが、確実に知識と教養を身につけた若い女性を輩出していた。

にもかかわらず、その後の進路はきわめて限られていて、多くは家庭に入るしかない。彼女たちは、家事・育児の合間に手にすることができ、知的好奇心をも満足させてくれる雑誌を求めていた。女性雑誌の隆盛をささえたのは、こうした女性たちだった。

『女の世界』（一九一五・五）創刊号は好調な滑りだしを見せ、とくに田村俊子へのインタビュー

書斎に於ける田村俊子女史

に対する反響が大きかった。「誓言《せいごん》」「木乃伊《ミイラ》の口紅」「炮烙《ほうらく》の刑」――と、自我に覚醒し、自由奔放に女としての命を燃焼させる主人公を描いた田村俊子は、その美貌とあいまって、当時もっとも人気のある作家だった。

が、現実の俊子が、インタビューに応えて、自分の家庭のありさまを赤裸々に語り、夫を「家長」の「私」に従う「気の毒な存在」と発言するや、女性たちは猛然と反発した。『女の世界』は二号を田村俊子の小特集とした。さらにインタビューし、面白おかしく記事をまとめ、俊子の小説「明日」を掲載した。新聞社に勤める二人の女性記者を描いた短篇だった。

本文中に玄関前の俊子の立ち姿、口絵に書斎での写真が掲げられる。『女の世界』のカメラマンが撮ったいきさつはインタビューに詳しいが、現在流布している写真

野依秀一

よりもはるかにすっきりとしている。同じ号に長谷川時雨の俊子評が載り、「眼の美しい方」で「ふつくらした中に、どこか鋭い処《ところ》が」あり、花にたとえるなら、薔薇よりももっと艶な「熱い国の花」のようだと語っている。

さらに翌七月号では、立花貞世が「エライ女と其夫の関係」を書き、俊子はそんなにエライ女なのかと反駁している。

実業之世界社社長・野依秀一

『女の世界』を読むうちに、いたるところに顔を出す編集兼発行人であり実業之世界社社長・野依秀一の存在が気になってきた。前述の『天下無敵のメディア人間』（新潮選書）で、佐藤卓己が「喧嘩ジャーナリスト」の異名を取ったその生涯をつぶさに追っている。『実業之世界』で、三井、三菱、東京電燈等の大資本や大資本家を相手に徹底的な攻撃キャンペーンを繰り広げ、自らも恐喝罪で拘留、入獄を繰り返しながらも部数を伸ばしていく。「広告取り東洋一」といわれる『実業之世界』が野依の表の顔なら、『女の世界』は私的な顔ともいえる。

「良人をして家庭を疎んぜしめぬやうにし、優秀子女を産むで、之を非凡《えら》い人物にすれば、敢て五色の酒を飲むで気焔を挙げずとも、強いものである。女は徹頭徹尾女らしく挙動《ふるま》ふ処に強さがある」と、創刊号でフェミニズム宣言した野依は、「婦人記者募集」に応募してきた女性と、同年七月に三宅雪嶺夫妻の媒酌で結婚式を挙げた。

七月、八月号は、三〇歳の野依の恋と結婚の様子が特集され、口絵に結婚式の写真が載る。キャプションに「四尺八寸の野依に対して新婦・武田のぶ子は五尺二寸」とある。

五年前『時事新報』に写真入で「妻を求む　実業之世界社長」の広告を出し、『実業之世界』の宣伝と知名度アップをはかった野依が、今回も自身の結婚を『女の世界』の話題作りに供したと言えないこともない。が、次々と事業を拡大し、人を集める独特の才能と魅力があったのだろう。『ビアトリス』と同じ書き手の作品が、『女の世界』では、はるかにのびやかであることに気がつく。同人誌と商業誌の違いというより、闊達《かったつ》な野依の存在が、編集全体に活気を与えていたことが思われる。

一八八五年大分県に生まれた野依は、郷里の英雄である福沢諭吉に傾倒し、苦学しながら慶應義塾商業学校夜学部に通う。『実業之世界』前身の『三田商業界』創刊は二〇歳の時だった。一九六八（昭和四三）年、八二年の生涯を閉じるまで、毀誉褒貶の中を生き貫いたジャーナリストだった。

ワイドショーとしての『女の世界』

読者対象をインテリ層に絞ったとはいえ、彼らもまた教養とともに娯楽を求めるし、いつの時代も娯楽といえば著名人のスキャンダル。テレビもラジオもない時代、『女の世界』は、現在のワイドショーの役割をいち早く取り入れた。

一九一五（大正四）年九月号から「問題の御夫婦」の連載が始まる。第一回は島村抱月と松井須磨子、二人並んだ口絵写真が載る。抱月は羽織袴姿だし、縞の着物を着た須磨子の手には扇があるから、「御夫婦」としての記念写真とも思われる。時代をリードする劇作家・演出家の抱月と人気絶頂の舞台女優・須磨子との関係は、抱月に家庭があったために不倫として世間の注目を集めた。この三年後、一九一八年一一月、抱月はスペイン風邪で急逝する。二カ月後の一九年正月、須磨子は後追い自殺を遂げ、『女の世界』二月号は、「須磨子号」となった。

一九一五年一〇月号、二回目の「問題の御夫婦」は、自然主義の作家・岩野泡鳴と「新しい女」の代表格岩野清子。口絵写真には、口髭の立派な泡鳴の下段に、幼い民雄を抱いた清子が硬い表情で写っている。糟糠《そうこう》の妻と離婚した泡鳴は、清子と正式に結婚、民雄が生まれる。泡鳴の文名も上がり、一家で温泉に行く余裕もできた。が、同棲当初から二人の間では性をめぐっての暗闘が繰り返されていた。極端な精神主義者の清子と、人間を「半獣」と捉える泡鳴を「変物同士の同棲　霊が勝つか　肉が勝つか」（『万朝報』一九〇九年一二月一二日）と新聞は揶揄した。

一九一五年夏、泡鳴は清子に『青鞜』社員・蒲原英枝《かんばらふさえ》*との関係を告白する。ただちに新聞雑誌にスキャンダルは広まり、そのなかでの『女の世界』の特集だった。「泡鳴事件の是非（泡鳴夫妻の告白）」の見出しのもとに、泡鳴は「姦通に非ず――別居の理由」、清子は「なぜ私は離婚しない乎《か》」を書く。別居について清子が書いた最初のものである。二人の関係はこの後泥沼化し、離婚が成立したのは一九一七年二月だった。清子は、離婚騒動の最中に、泡鳴との出会いから同棲、別居までを『愛の争闘』（一九一五　米倉書店）に赤裸々にまとめた。

問題の御夫婦

島村抱月氏と松井須磨子丈

問題の御夫婦

岩野泡鳴氏

岩野清子夫人

「大杉栄恋愛特集号」

一九一六（大正五）年六月号の『女の世界』は、「新しき思想と吾人の態度　大杉栄君の恋愛事件の真相を報ずるに就て」を特集する。編集兼発行者である安成二郎は、特集の趣旨を「思想上、道徳上の厳正なる批評を要求すべき事件の真相」の提供とする。野依秀一「野枝サンと大杉君の事件」ほか、識者が感想を述べている。目玉は、大杉の「一情婦に与へて女房に対する亭主の心情を語る文」神近市子「三つの事だけ」伊藤野枝「申訳けだけに」の当事者三人の手記だった。

一九一五年一月、平塚らいてうから『青鞜』を引き継いだ野枝だが、辻潤との結婚生活はすでに危機にあった。野枝はその理由を、性格や思想の違いに加えて、たとえば足尾鉱毒事件で立ち退きを迫られた谷中村民の話に辻があまりに冷淡であったこと等をあげている。

社会への関心を深め、エンマ・ゴールドマン*『婦人解放の悲劇』（一九一四　東雲堂書店）を翻訳（辻潤の翻訳と当初から言われている）する野枝にとって、大杉の存在は日々に大きくなっていったのだろう。発売禁止の続く大杉の『近代思想』*を手伝ってもいた。

野枝は、『青鞜』を一九一六年二月号を出した後、四月に大杉のもとに走る。『青鞜』は無期休刊となった。二一歳の野枝にとっては、ごく自然な感情のたかまりだったが、長男を辻のもとに残し、生まれて間もない次男を養子に出した野枝を世間は糾弾する。しかも「フリーラブ」を唱える大杉には、友人から奪った妻の保子《やすこ》*、東京日日新聞記者の愛人神近市子がいた。

思想上、道德上の嚴正なる批評を要求すべき事件の眞相

伊藤野枝氏

大杉榮氏

神近市子氏

大杉榮君《おほすぎさかえくん》の戀愛事件《れんあいじけん》

安成二郎

（一）

越後《ゑちご》にて、相馬御風君《さうまぎよふうくん》。
大阪《おほさか》にて、安成貞雄君《やすなりさだをくん》。

一別久濶《べつきうくわつ》、忙《いそ》がしい日《ひ》を送《おく》つて居《ゐ》るので、御無沙《ごぶさ》汰《た》して居《ゐ》る。大杉君《おほすぎくん》の戀愛事件《れんあいじけん》は君等《きみら》も耳《みゝ》にして居《ゐ》るだらうが、僕《ぼく》の知《し》つて居《ゐ》るほどに詳《くは》しくはあるまいと思《おも》ふから、それを報告《はうこく》して御無沙汰《ごぶさた》のお詫《わ》びにしよう。事件其物《じけんそのもの》は云《い》ふまでも無《な》く、今《いま》の社會《しやくわい》に投《な》げ出《だ》された大《おほ》きい問題《もんだい》で、僕《ぼく》が、更《さ》らに次號《じがう》に於《おい》て識者《しきしや》の嚴正《げんせい》なる批評《ひひやう》に待《ま》つ爲《た》めに、本號《ほんがう》に於《おい》て先《ま》づ五十頁《ページ》を割《さ》いて眞相《しんさう》を公《おほや》けにしたのも、可《か》なり大《おほ》きい問題《もんだい》を思想界《しさうかい》に提供《ていきよう》する事件《じけん》と考《かんが》へたからである

大杉は自分を中心にした「放射状の関係」を言う。が、当事者三人の手記は弁明に終始し、なかでも大杉の身勝手な手記はその「乱行と無茶」を浮き上がらせた。

神近市子が、葉山日蔭茶屋旅館で大杉栄を刃物で切りつけたのは、この特集から五カ月後の一一月九日深夜だった。重傷を負った大杉に付き添うことで、野枝は自分の愛を貫いた。一大スキャンダルとして新聞・雑誌をにぎわせた事件だったが、『女の世界』は、一九一七年一月号に平塚らいてうが「私の知つてゐる神近市子さん」を書いただけで、沈黙を守る。

男と女、恋愛をテーマにして来た『女の世界』に、現実の殺傷事件はそぐわないと判断したのかも知れない。「新しい女」の凋落を印象づける事件だった。

私《わたし》の知《し》つてゐる神近《かみちか》市子《いちこ》さん

らいてう

私《わたし》が彼女《かのぢよ》の名《な》を知《し》つたのはもう五年《ねん》ほど前《まへ》のことで、無論《むろん》青鞜社《せいたふしや》の社員《しやゐん》の一人《ひとり》としてであります。けれど私《わたし》が彼女《かのぢよ》の名《な》をはつきりと記憶《きおく》するやうになつたのは、彼女《かのぢよ》から「手紙《てがみ》の一《ひと》つ」といふ短篇《たんぺん》を私《わたし》の手《て》許《もと》に郵送《いうそう》されてからのことでした。その小説《せうせつ》はその當時《たうじ》の青鞜《せいたふ》で發表《はつぺう》し、後《のち》に「青鞜小説集《せいたふせうせつしふ》」の中《なか》にも入《い》れましたから御記憶《ごきおく》の方《かた》もあるかも知《し》れませんが、それは戀愛事件《れんあいじけん》を取扱《とりあつか》つたもので、手紙《てがみ》の形式《けいしき》によつて可成《かな》り大膽《だいたん》にそして力強《ちからづよ》く書《か》かれてありました中《なか》には只々《たゞ〳〵》思《おも》ひ上《あが》つてゐるやうな獨《ひと》り合點《がてん》な箇所《かしよ》もあつて、幼稚《えうち》と言《い》へば幼稚《えうち》なものに相違《さうゐ》ありませんが、何《なに》かしら人《ひと》に迫《せま》るやうな緊張《きんちやう》した氣分《きぶん》が作全體《さくぜんたい》に溢《あふ》れて居《を》りました。そしてその力強《ちからづよ》さがどうしても作者《さくしや》の想像《さうぞう》になつたものでなく、總《すべ》てが作者《さくしや》の經驗《けいけん》――しかも近《ちか》い過去《くわこ》の生々《なま〳〵》しい經驗《けいけん》であり、實感《じつかん》であることを語《かた》つてゐるやうに私《わたし》に思《おも》はれてなりませんでした。それで私《わたし》は自然《しぜん》その作者《さくしや》である彼女《かのぢよ》に對《たい》して好奇心《かうきしん》と興味《きようみ》をもつやうになり、まだ見《み》ぬ彼女《かのぢよ》の上《うへ》に色々《いろ〳〵》の想像《さうぞう》を描《ゑが》いたりいたしました。その上作《うへさく》を通《つう》じて見《み》た彼女《かのぢよ》が非常《ひじやう》にきび〳〵した情意《じやうい》と

二　「新しい女」たち

中村孤月「新しい女の印象」

一九一五（大正四）年九月号に、中村孤月《こげつ》が「新しい女の印象」と題して、平塚明子（らいてう）、田村俊子、荒木郁子、*生田花世、伊藤野枝をとりあげる。印象記の範疇を出ないが、写真でしか知らない女性たちが、リアルに生々しく浮かび上がってくる。

らいてうを「色の赭《あか》黒い、顔の長い、大きな口をぐつと引きしめて、上半身を真直ぐにして座つて居る氏を見ると私は氏を女と思ふよりも、行ひすました一人の、腹をしつかりとさして居る人間として見た」と書く。

田村俊子を「着物の着こなし顔のつくりの巧み」で誰にでも「懐かしく感ぜさせやう」とする女とし、生田花世を「頭脳は必ずしも悪い方でもないと思はれるが、何処か病的だと思はせる暗い、いじけた感じ」の女と書く。

中村孤月

坂本紅蓮洞

伊藤野枝に対してはよほど好意を持っていたらしく、「よく見ると何とも言はれない美しい、愛らしい、懐かしい顔」であり、「理知」に富み「頭脳明晰」、「真面目に思想の有る男の対者になれる人は少なくとも日本では此人一人であらう」と絶賛している。筆者の中村孤月（一八八一―没不詳）は東京浅草生れ。早稲田大学英文科を卒業。翻訳・小説・文芸評論と幅ひろく活躍していた。坂本紅蓮洞らと並ぶ蓬髪垢衣の大正文壇の奇人として知られる。『現代作家論』などの作品がある。野枝のファンとして有名だったと望月百合子から聞いたことがある。

「新しい女」という言葉は、一九一二（明治四五）年、坪内逍遥が演劇論において松井須磨子が演じたイプセン「人形の家」のノラを指して使ったのが始まりといわれるが、またたく間に流行語となり、明治末から大正初期には『青鞜』の女性たちの代名詞となった。「自己主張し、自由恋愛し、家や秩序を破る女」として、嘲笑とバッシングに包まれることになる。同じように因襲・旧套《きゅうとう》打破を掲げた田山花袋ら自然主義の作家たちが、文学史に地歩を占めたのと対照的である。

が、家制度を国家の基とする天皇絶対体制下では、女性が家から飛び出すことは、国の体制を揺るがしかねない大問題だった。そのことに「新しい女」自身、気付かないままそれぞれの恋愛に流され、国家の壁と相手の男が身につけている男尊女卑の壁に、まもなく捉えられ、したたかに傷つけられることになる。

女性作家の登用

明治末から大正にかけて女性作家が次々と登場する。女というだけで、男の何倍もの桎梏《しっこく》に繋がれていた時代、文学は、彼女たちにとって、身の内にあふれる感情に形を与え得るひとつの手段だった。

文学投稿誌『女学世界』『女子文壇』等の愛読者や作家を目指す少女たちの多くが、『青鞜』に参加する。一人の人間として生きたいと願うだけで、バッシングを受けなくてはならない理不尽な時代だった。打ちのめされながらも、家や社会への反抗と抵抗の中で彼女たちは文学に向うことを決意する。

与謝野晶子、田村俊子、水野仙子、長谷川時雨、岡田八千代、尾島菊子*、吉屋信子、素木しづ、野上弥生子――すでに多くの女性作家が活躍していた。彼女たちは一般の商業雑誌にとっても目玉になったし、女性読者の獲得に繋がった。『女の世界』もまた、女性作家の登用を編

永代美知代

集方針の一つとする。

創刊号の水野仙子「二つの魂に」以降、田村俊子、尾島菊子、山田邦子＊、永代《ながよ》美知代、素木しづ、中平《なかひら》文子等々が続く。田村俊子、岡田八千代、長谷川時雨の長篇情話も連載された。毎号、女性作家の口絵写真が巻頭を飾った。

今は忘れ去られた作家もいる。たとえば永代美知代。自然主義作家・田山花袋が一九〇七年九月『新小説』に発表した「蒲団」は、私小説の嚆矢として日本近代文学の方向を定めたが、美知代は、ヒロイン芳子のモデルである。作家志望の芳子は憧れの師のもとで修業に励むが、同世代の青年と恋に落ち、ひそかに彼女を恋していた師の不興と妨害にあい、失意の中、帰郷する。

私は若い時代、田山花袋を研究対象にしていた。その関係で花袋の女弟子・水野仙子と永代美知代の作品をずいぶん集めたが、美知代の「二つの家」（二巻六号）は未見だった。口絵の写真も初めて見る。雑誌記者となった永代静雄＊と駆け落ちし、子どもが生まれるが、間もなく離婚。岡山の実家にいられなくなった美知代を、花袋は養女にして作家の道を歩ませた。これまで不明だった永代との結婚生活、離別の原因となった永代の母親の存在が作品を通して浮かび上がってくる。

一周年記念増刊号「地方の女」

『女の世界』は、実は調べながらの同時進行で書いている。これまでも資料として手にしていたが、一九一五（大正四）年五月から一九二一（大正一〇）年八月まで、全七八冊と思われる全体像を摑むことは難しい。私が目にしているのは日本近代文学館所蔵が中心だが、五巻から七巻に亘って一一冊の欠本がある。

漠然とした全体像の中で、見えてきた部分をランダムに追う作業は、研究者としてはルール違反なのかもしれない。が、『女の世界』には、それでも追いかけてみたいと思わせる魅力がある。大正がその底辺で陽炎のように揺らす淫靡な魅力とでもいおうか。

繰り返しになるが、知識、文明、教養、正義――はもちろんすばらしいが、それらに惹かれる同じ人間が、好色、猥褻、野卑、悪――に惹かれてどこが悪いか、という居直りが、この雑誌の基調にある。

『青鞜』『ビアトリス』はもちろん、『婦人公論』や『女性改造』、あるいは『主婦之友』等にも、決して浮上してこない大正という時代を感じる。

一九一六（大正五）年五月一〇日発売の『女の世界』は一周年記念の定期増刊号として「地方の女」を特集する。増刊の意図を、社長の野依秀一は「帝国勢力の膨張」にしたがって遠隔地への移住や結婚が増加したこと、そのためにも各地の人間性の理解が必要であると説く。

さらに情熱を込めて、「田舎の女」は都会の華美に染まることなく、「色情を制御」し、質朴

『地《ち》方《はう》の女《をんな》』増《ぞう》刊《かん》の趣《しゆ》旨《し》

實業之世界社長
野依秀一

人情風俗《にんじやうふうぞく》の相違《さうゐ》

世界何《せかいいづ》れの地《ち》に往《い》つても、人間《にんげん》に二《ふた》つは無《な》い。鼻《はな》が一《ひと》つ、眼《め》が二《ふた》つで、口《くち》が一《ひと》つ、耳《みゝ》が二《ふた》つ。まさかに三《み》つ目小僧《めこぞう》があるでも無《な》ければ、一本足《ほんあし》の女《をんな》があるものでも無《な》い。國《くに》が如何《いか》に異《ちが》つても、何《いづ》れの國民《こくみん》にも人情《にんじやう》があり喜怒哀樂《きどあいらく》がある。時《とき》に國民性《こくみんせい》の相違《さうゐ》などと稱《しよう》せらるゝ現象《こと》が無《な》いでも無《な》いが、動物學上《どうぶつがくじやう》より人類《じんるゐ》のうちに細《こま》かに種目《しゆもく》を設《まう》けて分類《ぶんるゐ》し得《え》らるるほどの大《おほ》きな相違《さうゐ》は無《な》いのである。況《いは》んや一國内《こくない》に於《お》ける民族間《みんぞくかん》の特異點《とくいてん》の如《ごと》きは、實《じつ》に微々《びゝ》たるものだ。殊《こと》に、我《わ》が大日本帝國《だいにほんていこく》の如《ごと》く、民族《みんぞく》を一にする邦家《はうか》にあつては、何處《どこ》に往《い》つても、何《なに》から何《なに》までが皆《み》な似《に》たり寄《よ》つたりである。

であるべしと主張し、「労働に従事し自ら汗して自ら衣食する女の階級を眼下に卑視《みくだ》す」都会の貴婦人の罪悪を縷々《るる》述べている。男女を問わず有閑階級批判として興味深いが、『女の世界』を「僕の刊行主宰する変態婦人雑誌」と称する。本音がこぼれたのだろう。

各地の名流夫人から芸者まで、幅広く地方の女がルポされていて面白いが、この号の圧巻は三六ページから七九ページまで、上部三分の一を占めて編纂された〈大正婦人録〉である。作家、歌人、編集者、名流婦人、画家、さらに名妓等、伊藤燁子（柳原白蓮）から小説家鈴木秋子*まで一八四人の女性が、いろは順に記されている。

「大正婦人録」

一八八九（明治二二）年、福沢諭吉の提唱で設立された「交詢社」から、納税額を基準に人選された『日本紳士録』のミニチュア女性版ともいえる。日本における最初の女性人名事典はかなりユニークな体裁を取っている。

紳士録と同じく、出自、出身校、職業、配偶者、住所が記されているのだが、例えば伊藤野枝は「明治二十八年一月福岡県糸島郡今宿町に生る。上野高等女学校卒業。翻訳『婦人解放の悲劇』の著、小説『動揺』の作あり。辻潤氏との間に子女二人あり。大杉栄氏の情人。雑誌『青鞜』経営。現住所、神田区三崎町玉茗館」とある。玉茗館は『青鞜』社員で作家・荒木郁子の経営する旅館であり、逃避行の場所である。

あるいは、「いくよ　吉原芸妓。姓は西村、名はあい。明治二十七年四月生れ。浅草に育つ。

青柳有美

現住所、浅草区千東町二丁目幾島家」。

職業記載が無かったり、名流婦人が名誉職をかねたりして、単純に分類はできないが、多数を占めるのは日本画・洋画あわせて画家二九名、作家二四名、女優一九名、名流婦人二二名、教育関係二〇名、肩書不明が二七名、もっとも多いのが吉原、赤坂、新橋を中心とした芸妓四三名となる。

婦人録の下段に、主筆の青柳有美《あおやぎゆうび》が煩悶引受所長の肩書きで「女の職業は唯一つ」とし、「男の職業は千差万別種々さまざまだが、女の職業は結局、唯一つで、男を悦ばし男に仕へる」と言い切っている。まさにその代表格に「芸妓」がいた。「女の自立自尊」を掲げてスタートした『女の世界』だったが、一年を経て大きく変貌したのか、本音が出たと見るべきか。

歌人とされているのが、与謝野晶子ら六名だけなのは意外だった。和歌は女性のたしなみの範疇ということだったのかもしれない。日本画家が多いのは、趣味の延長ということで、家庭内でも許容されやすい仕事であったようだ。

与謝野晶子「婦人堕落の最大原因」

一九一六（大正五）年六月、〈大杉栄君の恋愛〉を特集した第二巻七号はただちに発売禁止になった。姦通罪（一五九頁参照）のあった時代、有夫の野枝の出奔と大杉栄による多角的恋愛の主張だけでも物議を醸すのに充分だった。さらに神近市子を含めた当事者三人の赤裸々な手記を載せ、それらに同情、共感した論調を貫いたのだから、良俗紊乱《びんらん》で発禁になることも覚悟の上だったのだろう。が、発禁が惜まれるほど興味深い評論・記事が満載の号だった。

与謝野晶子の巻頭論文「婦人堕落の最大原因」は、一九一六年を代表する評論といえる。晶子は「婦人の堕落」を、「素行の貞潔を欠いたり」「奢侈と虚栄に偏したり」することではなく、「過去数千年間思想的にも経済的にも男子と対等に独立することを得ないで居る」ことにあるとする。

その原因として「感傷主義に傾いた教育」をあげる。親が女子に与える安易な「少女小説」から始まり、学校でも感傷的教育を受けた教員による「修身談」や「賢母良妻」教育、あるいは「不正確と迷信」にみちた歴史教育が蔓延していると指摘する。一例として「空想的、迷信的、飯事《ままごと》的」な「天孫降臨」を事実として教えていることをあげる。

晶子は福沢諭吉の「女大学評論」「新女大学」に全面的に賛同して、女子教育は、福沢が主張するように「在来の国文和歌趣味に偏した感傷的教育」を排し、男子と同じく「物理、化学、経済、法律」等を中心とするべきだと主張する。

この期の与謝野晶子の評論は徹底的な男女平等思想に貫かれ、「大輪の紅薔薇」と称された歌人とは別の側面が鮮やかに浮かぶ。一一人（一三人のうち双子の一人は死産、一人は生後二日で死去）の子どもを産み育て、生活を背負いながらも芸術に生きる自信が、大正の比較的自由な雰囲気の中で、晶子にこうした発言をさせたのだろう。

しかしながら「婦人の堕落」が、「感傷的な教育」の是正で収まるはずもない。教育をも含

婦人墮落の最大原因

與謝野夫人

與謝野晶子

私《わたし》は一部《ぶ》の若《わか》い婦人《ふじん》が素行《そかう》の貞潔《ていけつ》を缺《か》いたり、多《た》數《すう》の婦人《ふじん》が奢侈《しやし》と虚榮《きよえい》に偏《へん》したりすることばかりを婦人《ふじん》の墮落《だらく》だとは考《かんが》へて居《ゐ》ません。一般《はん》の婦人《ふじん》が過《くわ》去《こ》數《すう》千年間《ねんかん》思想的《しさうてき》にも經濟的《けいざいてき》にも男子《だんし》と對等《たいとう》に獨立《どくりつ》することを得《え》ないで居《ゐ》るのが何《なに》よりも甚《はなは》だしい婦人《ふじん》の墮落《だらく》だと考《かんが》へて居《を》ります。この意味《いみ》で世界《せかい》の婦人《ふじん》は最少數《さいせうすう》の優秀《いうしう》な婦人《ふじん》を除《のぞ》いて他《た》は悉《ことごと》く墮落《だらく》して居《ゐ》る人間《にんげん》です。

日本《にほん》の婦人《ふじん》は他《た》の文明國《ぶんめいこく》の婦人《ふじん》と比《くら》べて特《とく》に獨立《どくりつ》心《しん》を鈍《にぶ》らせて居《を》ります。其《そ》れにはいろ〳〵の原因《げんいん》を數《かぞ》へることが出來《でき》ますが、私《わたし》は感傷主義《かんしやうしゆぎ》に傾《かたむ》いた教《けう》育《いく》がその最大原因《さいだいげんいん》であつて、之《これ》を除《のぞ》かない以上《いじやう》、私《わたし》達婦人《たちふじん》の向上《かうじやう》は到底空想《たうていくうさう》に過《す》ぎないと考《かんが》へます。この事《こと》は十數年《すうねん》の昔《むかし》に福澤諭吉先生《ふくざはゆきちせんせい》が既《すで》に警告《けいこく》せられめた日本の政治社会の在り方、天皇制の問題にまで目を向けることをし得なかった晶子の限界が、戦時下、晶子に大日本帝国賛美、天皇賛歌をうたわせたことを思う。

歌人・佐佐木信綱の竹柏会

一九一六（大正五）年七月号『女の世界』（第二巻第八号）の巻頭グラビアに「女職業番附」として、それぞれの職業の代表格の写真が載る。芸者（音丸）音楽家（三浦環）女医（吉岡弥生*）髪結（伊賀虎）女優（松井須磨子）小説家（田村俊子）、他に無名で看護婦と美顔術師の写真が並ぶ。番附の一、二位は芸者と音楽家だった。

同じ号に「竹柏会の女流の群れ」と題して、その誕生、歴史を評論家の〈白葉生〉が細述する。主宰者佐佐木信綱の「歌風の平明」「社交術」「古《いにしえ》の大宮人《おおみやびと》」を思わせる「風采都雅《ふうさいとが》」があいまって、「上流貴顕《きけん》の人々」、とりわけ「華族の夫人令嬢」及び「女学生と学者の夫人」をひきつけているとする。

佐佐木信綱

「竹柏会」出身者として故大塚楠緒《くすお》子《こ》、長谷川時雨をあげ、現在の「閨秀作家」として片山廣子、柳原白蓮、女

女職業番附

音樂家（三浦環）
藝者（音丸）
女醫（吉岡彌生）
髮結（伊賀虎）
看護婦
女優（松井須磨子）
美顔術師
小說家（田村俊子）

（本文第七十三頁參照）

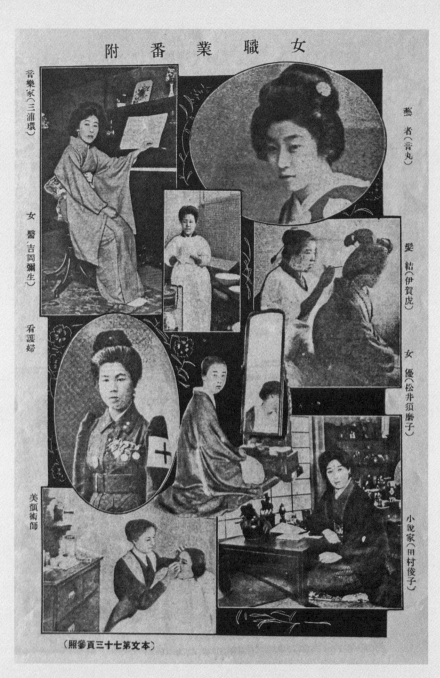

優の森律子*をあげる。「竹柏会」会費は月に五〇銭、添削・指導は御礼として会員各自に任される。門下生の夢は自身の「家集」(歌集)を「心の華叢書」の一巻として出すことだった。信綱の許しを得て、選歌と序文を信綱に依頼する。

たとえば、(柳原)白蓮の第一歌集『踏絵』(一九一五年三月)は、竹久夢二装幀・挿画の一六〇頁、三五九首。出版費用は五〇〇円といわれる。その他に御礼、出版祝会の費用等々、一〇〇〇円近くかかったのではないか。小学校教員の初任給が六〇円の時代だった。『翡翠』の歌人片山廣子は日本銀行調査局長夫人、『白楊』の白岩艶子は日清汽船専務取締役夫人。上流階級の夫人令嬢の社交場といわれた由縁なのだろう。

日本近代文学館で、女性作家の書簡『文学者の手紙5　近代の女性文学者たち』(二〇〇七・九博文堂新社)を編纂する機会があった。佐佐木信綱と女性たちの間に交わされたおびただしい書簡に息を呑んだ。短歌添削から古典の解釈、身の上相談まで細やかな師弟の関係があふれていた。白蓮が当時住んでいた福岡県飯塚の穂波川河川敷には、「師の君の来ますむかふと八木山の峠の若葉さみどりのして」と刻まれた白蓮の歌碑がある。信綱を迎える心の弾みが聞こえる。現在に至るも脈々と続く竹柏会と歌誌『心の花』の歴史を改めて思う。

なお〈白葉生〉が誰れなのかはわからない。当時ロシア文学者中村白葉が活躍していたが、別人であろう。

第二期の「新らしい女」

一九一六（大正五）年九月号の巻頭グラビアに「第二期の『新らしい女』」（「新しい」が一般的だが、「新らしい」も併用された）と題して、山田邦子　加藤みどり　小野美智子＊　素木しづ　久保田富江　生田花世　岡田幸子　遠藤琴子　三宅安子＊の九人の顔写真が載る。本文では同じ題名で〈花葉生〉が、『青鞜』から『ビアトリス』までの歴史と女性作家を辿っている。

『青鞜』を中心とした「第一期　新らしい女」が、恋愛やスキャンダルで四散した後、「拠り所のなくなつた若い女は、其後散り散りばらばらに方面を異にして頭を出しかけて居る」として、彼女たちを「第二期　新らしい女」

とした。

和歌では歌集『涙痕』を出した原阿佐緒《あさお》*、『かろきねたみ』の岡本かの子、『無花果《いちじく》』の若山喜志子*、『女の世界』の選者で『片々』の山田（今井）邦子、『ふるえる花』の遠藤（原田）琴子、杉浦翠子《すいこ》*をあげる。彼女たちは単なる歌人ではなく、「新らしい歌を作る新らしい女」であり、「未来の婦人界を刺激する思想」と「詩の力」を所有していると高く評価する。

小説では森田草平門下の素木しづ、新免《しんめん》さかゑ、村岡たま*をあげ、特に「松葉杖をつく女」「三十三の死」を書いた素木を「天才」と認める。五明倭文《ごめいしず》（子）、吉屋信子、久保田富江、小野美智子、尾崎紅葉の娘で徳田秋聲門下の荒木三千代、夏目漱石門下の三宅安子の名もあがる。

評論家としては宮島麗子《うらこ》、山田わか*、斎賀琴子《さいがことこ》*、生田花世、青山菊栄、神近市子をあげて「今後新らしい女の中心を形成するのは此等の評論界の人々であろう」と予言する。さらに創刊されたばかりの『ビアトリス』と会員を紹介しているが、この時代の女性作家の動きが公平に正確に記されている。

さらに「平塚雷鳥《ひらつからいてう》は自分よりも年少の愛人画家奥村博君と共同生活を初めて、年少の男性愛人の異称『若い燕』の新語を作り、岩野清子は良人泡鳴氏に棄てられ、扶助料の請求から裁判沙汰を惹起して、新らしい女案外新らしからざるを明かにし」、などのゴシップも満載である。『女の世界』たる所以であろう。筆名〈花葉生〉も誰なのかいまだわからない。

三　番附と点取表

「新旧女内閣番附」

明治末から大正初め、女性文芸誌『青鞜』に集い、旧弊打破を主張する若い女性たちを、マスコミや学者が、軽い揶揄と怖れを持って「新（ら）しい女」と称した。当然それに対する「旧い女」がいるわけだが、一九一六（大正五）年九月号は「新旧女内閣番附」を載せる。

巻頭の口絵に「首相」新・平塚明子（らいてう）旧・鍋島侯夫人、「検事総長」新・岩野清子旧・鳩山春子、「警視総監」新・中平文子　旧・矢島楫子《かじこ》が並び、本文には「内相」新・与謝野晶子　旧・山口女将《おかみ》、「文相」新・田村俊子　旧・小笠原貞子、「衆議院議長」新・長谷川時雨　旧・三輪田《みわだ》真佐子、＊「東京帝大総長」新・野上弥生子　旧・下田歌子、「参謀総長」新・伊藤野枝　旧・吉岡弥生などが、一覧表になっている。

「検事総長」の岩野清子は泡鳴との離婚訴訟の最中であり、「警視総監」の矢島楫子は、婦人

新舊女内閣番附

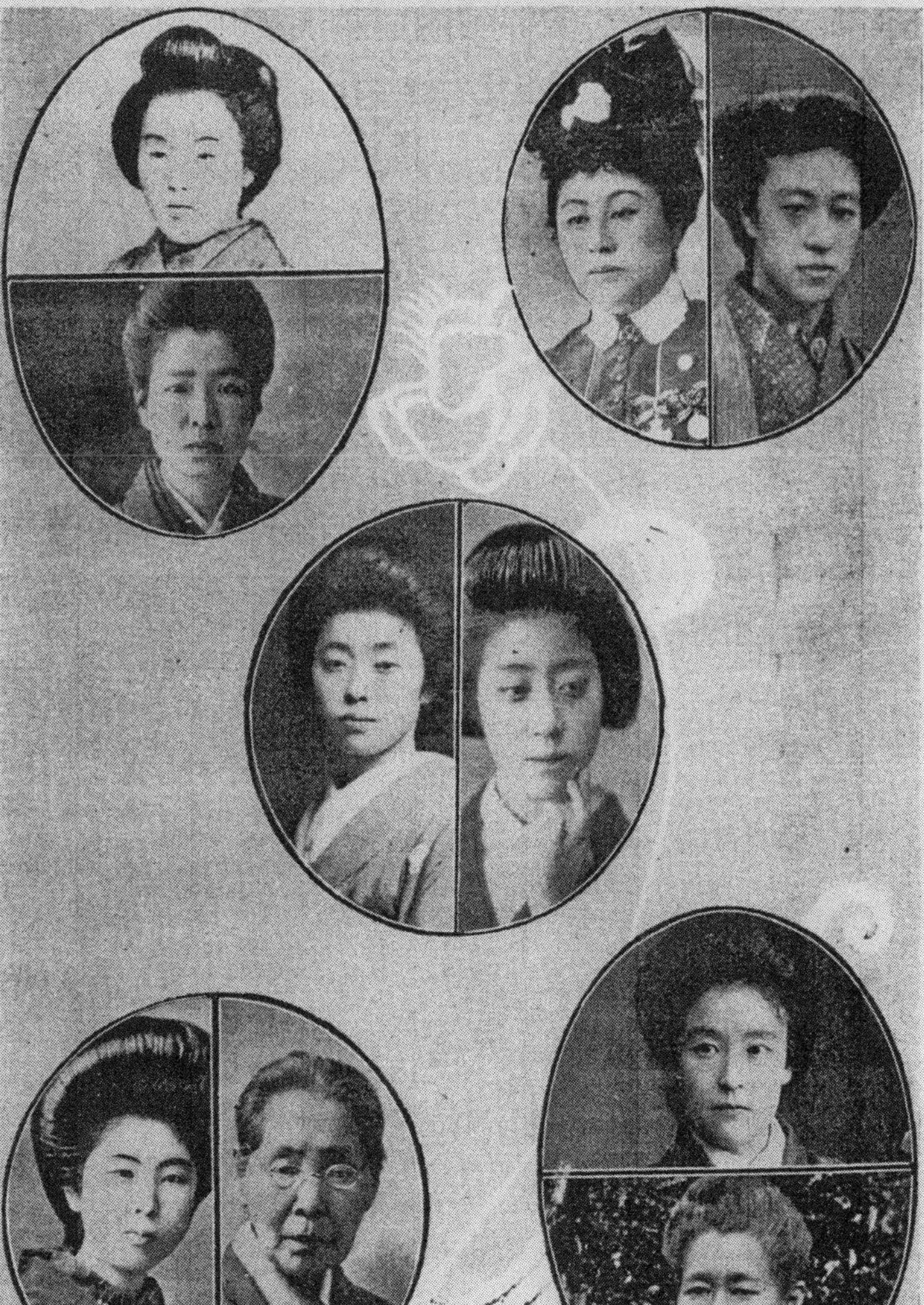

首相　平塚明子　鍋島侯夫人

遞相　宮田屋八千代　丹いね子

東京市長　小口みち子　濱尾作子

檢事總長　岩野清子　鳩山春子

警視總監　矢島楫子　中平文子

（本文第七十頁參照）

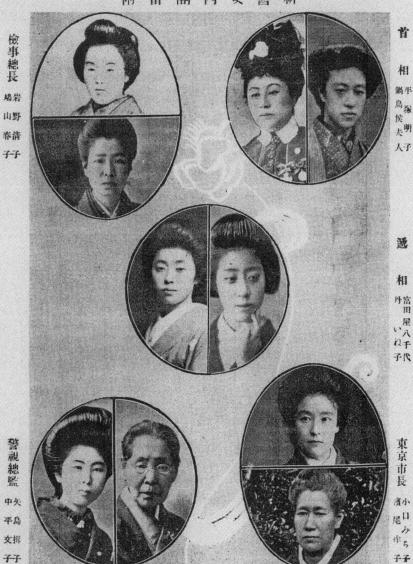

新舊女内閣番附

役職	新	舊
首相	平塚明子	鍋島榮子
内相	與謝野晶子	山口女將
外相	森律子	花月女將
藏相	松井須磨子	廣岡淺子
陸相	江木榮子	山脇房子
海相	日向欣子	嘉悦孝子
法相	高木德子	豐竹呂昇
農相	下山京子	貞奴
遞相	丹いね子	富田屋八千代
文相	田村俊子	小笠原貞子
内閣翰長	大倉久美子	羽仁モト
朝鮮總督	本巴家八重次	三宅花圃
臺灣總督	蔦寺島夢子	跡見花蹊
警視總監	中平文子	矢嶋揖子
檢事總長	岩野清子	鳩山春子
鐵道院總裁	三浦環	ぽんた
日本銀行總裁	原信子	西川文子
貴族院議長	岡田八千代	棚橋絢子
衆議院議長	長谷川時雨	三輪田眞佐子
樞密院議長	音丸	毛利公母堂
南滿鐵道總裁	神近市子	津田梅子
東京帝大總長	野上彌生	下田歌子
參謀總長	伊藤野枝	吉岡彌生
東京市長	小口みち子	濱尾作子

蒙御免

行司	『女の世界』一愛讀者（投）
取締役	阿部篤子 松旭齋天勝 池田蕉園
勸進元	女の世界發行所

矯風会会頭で禁酒運動の中心。対する中平文子は潜入記者として人気があった。「文相」に小笠原流作法宗家夫人の貞子と自由奔放な女性作家田村俊子を並べるなど、ひねりのきいた取り合わせである。

新には、松井須磨子「蔵相」、神近市子「南満鉄道総裁」、岡田八千代「貴族院議長」、音丸「枢密院議長」（旧は毛利公母堂）などが並ぶ。新は作家、演劇関係者が多く、旧は教育家、名流夫人が多い。ともに花柳界の女性が入っているのも勧進元『女の世界』らしい。

新旧世代の対立は、女性だけにとどまらない。同年七月号の「若き未亡人の貞操について」の特集が興味深い。堺利彦は「未亡人の名称を排斥せよ」と言い、女子商業学校学監の嘉悦《かえつ》孝子*は「両夫に見《まみ》えずといふ道徳は、日本の婦人の最も誇るに足る道徳」と言う。アメリカに遊学していたという評論家立花貞世は、夫婦関係は一方の死によって解消されるのだから、「未亡人の貞操」などあり得ないとし、弁護士の宮島次郎もまた、貞操は「有夫の婦人のみに必要」とする。作家・斎賀琴子や思想家望月百合子に大きな影響を与えた成女女学校長宮田 脩《しゅう》*が、「生命より貴い貞操はその夫たる第一人のみに許すべきである」と言い切っているのが意外だった。

「美人号」

〈美人〉は、時代とともに変わるのだろうか。一九一七（大正六）年一月号の『女の世界』は「新らしい女達の美人観」を特集し、七人の作家や歌人がそれぞれの〈美人〉論を展開している。庇髪《ひさしがみ》を思い切り前に出した岡本かの子は「大柄の人」と題して、まず「高貴な九条武子姫に驚異を感じ」「長谷川時雨様《さん》がお若かかつたらばと惜しみ、岡田八千代様を見ればそのお若い時分の生々として浄烈な中にも肉感的にお見受けした美を忍び、田村俊子様にお遭ひすれば、忽ちあの豊な精力的な若々しい肉体の全部にチャームし盡される私」とした上で、「相当に肉の重み」のある「足の伸びた」健康的な美人をあげる。

さらに具体的に、かの子は「なめらかで艶やかな底に、稍々《やゝ》憂鬱《いううつ》な黄味を帯びた、東洋人特有な皮膚の色」をもった「中高な平顔」、しかも「華やかな其の中にも何所か犯し難い凛々《りゝ》しさが」あり、声も重みのある「艶」が好き、と情熱をこめる。当時、かの子は歌人だったが、後年、「生々流転」「女体開顕」等の小説に描いた女主人公を彷彿とさせる。

山田たづ*は「何所か斯《こ》う淋しみのある、意気な顔が好き」と書く。他の筆者も、実名を挙げて、髪の生え際、頬の色、目鼻立ちまで、細かに自分の「美人観」を披露しているが、いずれもバランスのとれた肢体をあげる。新しい時代を生きる女性に「柳腰」は無縁なのだろう。

歌人の山田邦子は美人の条件に「ノーブルな表情が生きて」いることを強調する。その観点から日本の美人を見るなら、彼女たちは「人形の顔」か「お面」のようで、「表情があるとすれば、それは貧弱な肉付きの上に、浅果《あさは》かに反射してゐる誇りか、さもなければ愚かな媚び」と言い切る。

大正三美人として名高い九条武子、柳原白蓮、日向きむ子*（あるいは江木欣々《えぎきんきん》*）は、たしかに正統派の美人だが、「表情が生きている」とは言い難い。

同じ号の口絵に〈當代二十四美人〉が写真入りで載る。三浦環、九条武子、松井須磨子、松《しょう》旭斎天勝《きょくさいてんかつ》*、柳勝子*、川上貞奴、下田歌子、林千歳《ちとせ》*、衣川孔雀《きぬがわくじゃく》*、鹿島ゑつ*（ぽんた）など、歴史

當代四十二美人

（一）新橋、老松。（二）新橋、菅丸。（三）岡田八千代夫人。（四）下谷、榮。（五）大阪北、秀奴。（六）新橋、音千代。（七）日向きた子夫人。（八）木下八百子、（九）梅田清子夫人。（一〇）新橋、里千代。（一一）三浦環夫人。（一二）鍋木照子夫人。（一三）秋元千代子夫人。（一四）櫻井鈴子夫人。（一五）大倉久美子夫人。（一六）九條男夫人武子。（一七）江木榮子夫人。（一八）松井須磨子。（一九）松旭斎天勝。（二〇）祇園、笑。（二一）名古屋、新旭八千代。（二二）秋田、末廣家ぼたん。（二三）柳かれ子夫人。

（二四）大阪、吉崎季枝子夫人。（二五）大阪、菅まさ子夫人。（二六）前田侯夫人漾子。（二七）マダム。高木徳子。（二八）鹿島以子夫人。（二九）初瀬浪子。（三〇）豐竹昇菊。（三一）小笠原伯夫人貞子。（三二）香川玉枝。（三三）恆川靜子夫人。（三四）豐竹呂昇。（三五）林千歳夫人。（三六）マダム、川上貞奴。（三七）衣川孔雀。（三八）下田歌子女史。（三九）花月園女將。（四〇）小原小春。

（本文第百八頁參照）

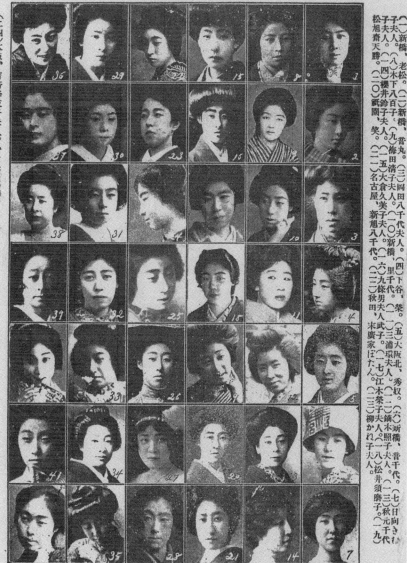

に残る女性たちがそろっている。いずれも濃い眉と意思的な面立ちが印象的な美女たちである。

「当代四十二美人点取表」

表紙に「美人号」のタイトルが入った『女の世界』は、発売と同時に売り切れ、すぐに増刷となった。主筆の青柳有美が巻頭に「美人進化論」を書き、「美人は進化するものだ。その進化の経路は、常に男の趣味の進化する経路と同一方向を取るのが法である」と断言する。その上で「現代は、丸顔で眼の大きい当世美人」が求められるという。

画家の石井柏亭が「西洋画に描かれた美人」を書き、馬場孤蝶が「美貌と愛と」と題して、モーパッサンの短篇の魅力を語る。男女の書き手いずれも〈わが美人論〉に情熱を傾けるが、ハイライトは「当代四十二美人点取表（採点者　女の世界編集局総出）」だろう。

眼・眉・唇・鼻・耳・頤《おとがい》（あご先）・髪・肉附・表情・化粧・姿・皮膚・額・声の一四項目をそれぞれ一〇〇点満点で評価し、総点と平均を出して一覧表にしている。一位は新橋芸者老松で平均点九七・四点、二位も新橋芸者の音丸、三位に劇作家の岡田八千代が平均点九五・二点で入っている。

三美人の日向きむ子は、九三・六点で七位。三浦環は一一位、九条武子は表情点が低くて一六位、江木栄子（欣々）は一七位。松井須磨子が一八位、川上貞奴は髪が薄くて三六位、下田歌子は三八位となっている。芸者、松旭斎天勝ら芸人、女優、大倉久美子*や小笠原貞子等の名流夫人が四二名に名を連ねている。

當代四十二美人點取表 (採點者女の世界編輯局總出)

姓名	眼	眉	唇	鼻	耳	頸	髪	肉附	表情	化粧	姿	皮膚	額	聲	總點	平均
(新橋)老松	一〇〇	九四	九二	九八	一〇〇	一〇〇	一〇〇	一〇〇	九九	一〇〇	一〇〇	一〇〇	八九	九三	一三六四	九七・四
(新橋)音丸	一〇〇	九四	一〇〇	一〇〇	九二	九四	一〇〇	九七	九三	一〇〇	一〇〇	九三	八九	九三	一三四六	九六・一
岡田八千代	九八	一〇〇	九〇	九四	九六	一〇〇	九四	一〇〇	一〇〇	一〇〇	八九	一〇〇	一〇〇	七三	一三三三	九五・二
(下谷)榮	九七	一〇〇	一〇〇	一〇〇	八七	一〇〇	九七	一〇〇	九〇	一〇〇	一〇〇	八九	九三	七三	一三二五	九四・七
(大阪北)秀奴	一〇〇	九二	八九	九三	八九	一〇〇	一〇〇	九二	八六	一〇〇	九一	一〇〇	九八	九七	一三二四	九四・五
(新橋)音千代	八九	一〇〇	九三	八二	一〇〇	一〇〇	九六	九四	一〇〇	八七	九九	一〇〇	一〇〇	八五	一三二三	九四・六
日向きむ子	九〇	九七	九八	八七	九七	一〇〇	八六	一〇〇	七五	一〇〇	一〇〇	一〇〇	八二	一〇〇	一三一一	九三・六
木下八百子	一〇〇	一〇〇	九四	九七	九八	九七	一〇〇	一〇〇	一〇〇	八四	七七	九八	八一	八三	一三〇九	九三・五
梅田清子	九二	九四	九八	八八	九六	九三	七九	八九	一〇〇	九三	一〇〇	九一	九六	一〇〇	一三〇九	九三・五
(新橋)里千代	九三	九八	一〇〇	一〇〇	九〇	九八	九七	九四	八五	九四	九六	九五	七一	八五	一三〇六	九三・二
三浦環	九四	八三	九八	七四	九七	一〇〇	一〇〇	一〇〇	九九	一〇〇	八三	一〇〇	七九	一〇〇	一三〇五	九三・二
鏑木照子	八九	九四	九三	一〇〇	九三	七八	一〇〇	八六	八六	九七	一〇〇	九三	一〇〇	九六	一三〇四	九三・一
秋元千代子	九九	九三	八九	九一	一〇〇	九一	九三	九四	一〇〇	九五	八三	八七	九四	九六	一三〇四	九三・一
櫻井鈴子	一〇〇	九七	八七	八五	八二	九一	八九	一〇〇	一〇〇	一〇〇	一〇〇	一〇〇	八八	八三	一三〇〇	九二・八
大倉久美子	一〇〇	一〇〇	八九	七八	七四	一〇〇	九四	八八	一〇〇	一〇〇	一〇〇	九七	八三	九三	一二九六	九二・五
九條武子	九四	九九	七六	九四	九二	八八	一〇〇	八七	七七	一〇〇	一〇〇	九四	八三	一〇〇	一二八三	九一・六
江木榮子	九三	九三	七八	九三	七八	一〇〇	八八	八六	九四	一〇〇	一〇〇	八八	八六	八九	一二六六	九〇・四
松井須磨子	九二	八七	一〇〇	七〇	九八	九八	八〇	一〇〇	一〇〇	八八	八三	八〇	八九	一〇〇	一二六五	九〇・三
松旭齋天勝	八六	九〇	九七	八一	八二	七七	九二	八七	一〇〇	一〇〇	一〇〇	八九	七八	九六	一二五五	八九・六
(祇園)芝池笑	九二	八七	九八	七九	九二	九二	八一	八四	一〇〇	八二	九三	九〇	九三	九四	一二五五	八九・六
(名古屋)新旭八千代	九一	九四	九二	八三	九二	一〇〇	一〇〇	一〇〇	八七	七九	一〇〇	八四	八三	六九	一二五三	八九・五
(秋田)末廣家ぼたん	九〇	一〇〇	一〇〇	八二	一〇〇	一〇〇	九六	一〇〇	八四	七三	七八	一〇〇	八六	八三	一二五一	八九・三
柳かね子	八六	八八	九三	九三	九七	九四	八八	一〇〇	七九	七六	六九	九三	九七	一〇〇	一二五〇	八九・二
吉崎李枝子	八八	九一	七九	九三	七八	六三	八一	一〇〇	九五	一〇〇	一〇〇	八八	九六	九七	一二四八	八九・一
富田屋八千代	一〇〇	九三	七八	八七	七五	八五	一〇〇	八九	八三	一〇〇	九六	八八	八三	八八	一二四五	八八・九
前田漾子	八九	八五	七三	八二	八三	一〇〇	八八	九三	七一	一〇〇	九六	一〇〇	一〇〇	七九	一二四五	八八・九
高木徳子	九三	八六	七五	四三	九一	一〇〇	八六	一〇〇	一〇〇	一〇〇	九八	七三	七三	一〇〇	一二四三	八八・七
鹿島悦子	一〇〇	八四	八七	九〇	一〇〇	八八	九二	八四	八四	一〇〇	一〇〇	八七	八七	八三	一二四一	八八・六
初瀬浪子	九〇	八五	九一	八八	八九	九二	九八	八五	八四	九六	九九	八七	九六	八七	一二三七	八八・三
豐竹昇菊	九三	九六	八七	八三	七八	九四	九三	九四	八一	八二	七八	八四	九三	九〇	一二三四	八八・一
小笠原貞子	九七	八八	七九	八三	九八	六〇	九八	一〇〇	七三	九三	七八	九三	九六	八八	一二二二	八七・三
香川玉枝	九一	一〇〇	四三	九五	九〇	七五	七〇	七九	八五	九三	七七	六八	九五	九〇	一二二一	八七・二
恒川静子	一〇〇	七三	七三	七三	九三	七六	一〇〇	一〇〇	七九	九一	七一	九四	九八	八七	一二一九	八七・〇
豐竹呂昇	九八	八三	九四	七四	七七	八三	七八	一〇〇	八六	八七	七六	九六	八七	一〇〇	一二一七	八六・九
林千歳	九三	八九	八三	九七	七九	一〇〇	九三	七六	八三	九六	八四	七八	六七	八九	一二〇七	八六・二
川上貞奴	一〇〇	一〇〇	八三	一〇〇	四六	九六	八九	五八	一〇〇	八三	一〇〇	七八	七八	九三	一二〇〇	八五・七
衣川孔雀	七三	六二	九一	六七	八六	九六	七六	九八	九九	九三	八九	九八	八三	九〇	一一九八	八五・五
下田歌子	九六	九八	六八	九六	九九	六七	九〇	一〇〇	六八	六七	七三	一〇〇	[illegible]	八七	一一九二	八五・一
花月園女將	九一	九七	一〇〇	九一	三三	八三	九三	九三	八四	九七	八三	七四	八三	七七	一一六八	八三・四
小原小春	九六	八七	八四	八九	八三	五五	九二	七六	七一	八六	八八	七七	九八	八三	一一六四	八三・一
立花家歌子	七三	七六	八三	七六	八四	九一	八三	七四	九六	七七	九四	七九	八〇	九三	一一五七	八二・六
下山京子	八六	七七	七九	七七	六四	四八	七二	一〇〇	八九	九七	一〇〇	一〇〇	九三	八五	一一三六	八一・一

七月号に岩野泡鳴と別れたばかりの遠藤清が、随筆「女よ美貌を持て生れよ」を書く。「男が女と相対して、直ちに其瞬間から感服せられるのは、美人の艶やかな容貌に対した時よりほかにはありますまい」「美貌を享けないで生れた女は悲しみの極みです」。

もちろん「美人賛美」の風潮への皮肉ではあるが、どこか悲しみがこもる。そういえば『青鞜』の「新しい女」として活躍した人たちは、誰も〈当代四十二美人〉に入っていない。江戸、明治に比べれば、はるかに女性の生き方は広がり、自由になったが、どこかに「男の許容範囲で」「男の嗜好の中で」のニュアンスが付きまとう。それを躊躇《ためら》うことなく如実に表に出したのが『女の世界』「美人号」だった。

自らを欺かず　遠藤清子

日本の女性解放運動は、明治三〇年代、女性の政治参加を禁じた「治安警察法第五条」改正請願運動から始まる。かつて私はその中心にいた遠藤清（子）を長い年月をかけて調べ、『自らを欺かず――泡鳴と清子の愛』（二〇〇〇年　筑摩書房）にまとめたが、当時『女の世界』は見ていなかった。今頃になって、『女の世界』に清子がしばしば登場することに気がつく。

請願運動に挫折した清子を、自然主義の作家岩野泡鳴が訪ね、同棲を持ちかけたのは、一九〇九（明治四二）年一二月だった。当時清子は、プラトニックな恋愛に破れ投身自殺を図るが未遂に終り、新聞に報じられて蟄居していた。泡鳴もまた樺太の蟹缶詰工場の経営に失敗し、すでに家庭は崩壊していた。二人ともに新たな出発を求めていた。

が、人間を〈半獣〉とする泡鳴と、〈霊的存在〉とする清子とでは齟齬が多く、子どもが生まれてからも諍いが続いた。『青鞜』の新しい女の代表格として、清子は小説・評論に活躍していたが、泡鳴と『青鞜』社員・蒲原英枝《ふさえ》との関係が発覚して別居する。

泡鳴は『男女と貞操問題』（一九一五年　新潮社）を出版し、清子は『愛の争闘』（一九一五年　米倉書店）を出して評判になった。離婚を主張する泡鳴と、同居を主張する清子との裁判は三年にわたり、清子の勝訴で終る。原因を作った側からの離婚請求は認められないという、ここで出された判例が、その後、どれだけ多くの妻たちを守ったか、計り知れない。

やがて清子は年下の画学生・遠藤辰之助*と同棲して女の子を生むが、泡鳴が急逝した同じ一九二〇（大正九）年暮、胆嚢炎が悪化し三九歳の生涯を閉じた。

『女の世界』には、一九一五（大正四）年一〇月号に「なぜ私は離婚しないか」を書き、一七年五月号「遠藤清子新たに情人を獲得す」として、哲学者の田中王堂との噂のあと、「幸ひに一羽の燕を捕へて愛養中」と揶揄されている。同年七月号「女よ美貌を持て生れよ」を書き、一〇月号の「新しい女歴訪記」に取り上げられた。

「旧道徳上の争《あらそひ》と新道徳上の争とを一身に引受け、大分世間に騒がれた」清子が、髪を長く伸ばした二五、六の青年と穏やかな日々を送っていることが記され、辰之助が描いた清子の肖像が同じページに載っている。みずみずしくて美しい清子を、初めて見た気がする。困窮の中にいた晩年の清子だったが、こうした一瞬があったことがうれしい。

なぜ私は離婚しないか

岩野清

私達《わたしたち》が今度《こんど》別居《べつきよ》した事《こと》に就《つい》て、世評《せひやう》紛々《ふんぷん》各人《かくじん》各自《かくじ》の自由《じいう》な判斷《はんだん》をしてゐられるやうです。此際《このさい》私《わたし》は私として、自分《じぶん》の思《おも》ふ所《ところ》考《かんが》へる所《ところ》を公衆《こうしう》の前《まへ》に告白《こくはく》するのは、當然《たうぜん》私《わたし》の責任《せきにん》だと思《おも》ひます。

私達《わたしたち》は御承知《ごしようち》の通《とほ》り、親々《おやおや》のさしづに從《したが》つて器物《きぶつ》のやうに親《おや》の家《いへ》から、夫《をつと》の家《いへ》へと送《おく》られた結婚《けつこん》ではありません。又《また》性慾《せいよく》の衝動《しようどう》に餘儀《よぎ》なくされて、盲目《まうもく》的《てき》に肉《にく》の結合《けつがふ》をし、而《しか》して後《のち》集《あつま》つて結婚《けつこん》の形式《けいしき》をとつたものでもございません。泡鳴氏《はうめいし》と私《わたし》は其當時《そのたうじ》の新聞《しんぶん》にも告白《こくはく》した通《とほ》り、友人《いうじん》としてお互《たがひ》に生活《せいくわつ》の便《べん》利《り》を助《たす》けるために一軒《けん》の家《いへ》に同棲《どうせい》したのでした。（これは私《わたし》の近著《きんちよ》泡鳴庵日記《はうめいあんにつき》にくはしく書《か》いてあります。）

さうして私《わたし》は泡鳴氏《はうめいし》が誠實《せいじつ》に私《わたし》に向《むか》つて、すべての犠牲《ぎせい》をはらひ、以後《いご》斷《だん》じて放蕩《はうたう》をしないと云《い》ふ誓《せい》言《ごん》を信《しん》じ

眞《しん》の意味《いみ》に於《お》ける純一《じゆんいつ》の愛《あい》

を以《もつ》て、私《わたし》に對《たい》するのを見《み》、又《また》私《わたし》の個人《こじん》の權利《けんり》と、思想《しさう》の自由《じいう》とを認《みと》めると云《い》ふ契約《けいやく》をした上《うへ》、月餘《げつよ》になつて始《はじ》めて夫婦《ふうふ》關係《くわんけい》まで進《すゝ》んだのでした。

然《しか》し泡鳴氏《はうめいし》は其當時《そのたうじ》の熱《ねつ》がさめると共《とも》に、私《わたし》に對《たい》して殆《ほとん》ど無法《むはふ》な壓制《あつせい》を加《くは》へ始《はじ》めました。家庭《かてい》に於《おい》て自分《じぶん》が家長《かちやう》だと云《い》ふのを盾《たて》として自我《じが》獨尊《どくそん》主義《しゆぎ》、專《せん》制主義《せいしゆぎ》、壓制主義《あつせいしゆぎ》をふりまはしました。私《わたし》は當時《たうじ》から泡鳴氏《はうめいし》のためにあざむかれたと云《い》ふ感《かん》じがありま

泡鳴事件の是非

（岩野氏夫妻の告白）

姦通に非ず

別居の理由

岩野泡鳴

今回《こんくわい》、僕《ぼく》が僕《ぼく》の妻《つま》と別居《べつきよ》して、新《あら》たに別《べつ》な婦人《ふじん》と同居《どうきよ》したに就《つ》いては、世人《せじん》のうはツ面《つら》な、彌次馬《やじうま》的《てき》な、無理解《むりかい》な、若《も》しくは僞善的《ぎぜんてき》な非難《ひなん》を豫《あらかじ》め覺悟《かくご》してかかつたが、一番《ばん》困《こま》つたのは國民新聞《こくみんしんぶん》の報《はう》道中《だうちう》に事實《じじつ》を取《と》り違《ちが》へて、姦通問《かんつうもん》題《だい》が伏在《ふくざい》してゐるとあつた點《てん》をだ。僕《ぼく》はこれに對《たい》する取《と》り消《け》し文《ぶん》を同《どう》社《しや》に送《おく》つたので、その文《ぶん》は國民新《こくみんしん》聞《ぶん》八月《ぐわつ》二十三日號《にちがう》の欄外《らんぐわい》に出《で》たことは出《で》たが、この事實《じじつ》相違《さうゐ》のことは知《し》らないで鬼《おに》の首《くび》でも取《と》つたやうに力味出《りきみだ》したり眞面目《まじめ》くさつた而《し》も淺薄《せんぱく》な憤慨《ふんがい》を漏《も》らしたりする人《ひと》人《びと》があつたのを見《み》ると、僕《ぼく》はをかしくもなつたり、氣《き》の毒《どく》にもなつたりした。

東京朝日新聞《とうきやうあさひしんぶん》にもこの問題《もんだい》を中心《ちうしん》として種々《しゆじゆ》な人《ひと》人《びと》の議論《ぎろん》が連載《れんさい》された。すべて『某文士《ぼうぶんし》』とあるのは、無論《むろん》、僕《ぼく》をさしてゐるに定《きま》つてた。そのうち、國民新聞《こくみんしんぶん》のかの最初《さいしよ》の誤解《ごかい》を特《とく》に根據《こんきよ》としたのがあつたから、それに對《たい》してはここに事實相違《じじつさうゐ》のところを辯明《べんめい》して置《お》けば足《た》ると思《おも》ふ。僕《ぼく》と同居《どうきよ》の婦人《ふじん》、（以《い》下《か》新婦《しんぷ》と呼《よ》ぶ）は、その先夫《せんぷ》がその家《いへ》を勝手《かつて》に引《ひ》き拂《はら》つた以來《いらい》、既《すで》に三ケ年間《ねんかん》、先夫《せんぷ》の扶助《ふじよ》を受《う》けず自

能力《のうりよく》を確信《かくしん》してゐる女《をんな》にとつては智《ち》であると云《い》へるし、物質的《ぶつしつてき》に云《い》へば、金持《かねもち》の女《をんな》は金《かね》であると云《い》へるし、名門《めいもん》に生《うま》れた女《をんな》は門閥《もんばつ》であると云《い》へるし、更《さら》に容貌《ようばう》に就《つい》て己惚《うぬぼ》れてゐる女《をんな》は美貌《びばう》であると云《い》ふであらう。

然《しか》しそれ等《ら》は皆女《みなをんな》によつて異《こと》るのであつて、また其《そ》の武器《ぶき》の効力《かうりよく》も對手《あひて》によつて異《こと》るのである。例《たと》へば智力《ちりよく》を武器《ぶき》としても、對手《あひて》が自分《じぶん》より以上《いじやう》に知識《ちしき》が優《すぐ》れてゐるものであれば、その武器《ぶき》の効力《かうりよく》は無効《むかう》となる。金《かね》でもさうである、對手《あひて》が自分《じぶん》より以《い》上《じやう》に金持《かねも》ちであれば、その金《かね》には少《すこ》しの魅力《みりよく》も伴《ともな》はない。門閥《もんばつ》に於《おい》てもさうであるし、美貌《びばう》に於《おい》てもさうである。

即《すなは》ち云《い》ひ換《か》へると、その武器《ぶき》の効力《かうりよく》は、自分《じぶん》より以下《いか》のものに對《たい》して有効《いうかう》で、以上《いじやう》のものに對《たい》しては無効《むかう》であると云《い》へる。

けれども玆《こゝ》に如何《いか》なる女《をんな》にとつても、即《すなは》ち容貌《ようばう》、智力《ちりよく》の如何《いかん》を論《ろん》せず、凡《すべ》ての女《をんな》が頼《たの》み得《う》る最《もつと》も強大《きやうだい》永續的《えいぞくてき》な力《ちから》といふことから云《い》へば、德操《とくさう》や情愛《じやうあい》は好《かう》個《こ》の武器《ぶき》でせう。然《しか》し双《やいば》の鋭《するど》さそのものから云《い》へば決《けつ》して峻鋭《しゆんえい》な武器《ぶき》とは申《まを》されないのであります。

男《をとこ》が女《をんな》と相對《あひたい》して、直《たゞ》ちに其瞬間《そのしゆんかん》から感服《かんぷく》せられるのは、美人《びじん》の艶《あで》やかな容貌《ようばう》に對《たい》した時《とき》より外《ほか》にはありますまい。これから考《かんが》へると、會《あ》つて直《たゞ》ちに突《つき》崩《くづ》す的《てき》の峻烈《しゆんれつ》なる武器《ぶき》は、矢張《やは》り美貌《びばう》であるといふのが適當《てきたう》であると思《おも》ひます。

女《をんな》として美貌《びばう》といふ峻鋭《しゆんえい》なる武器《ぶき》を持《も》たないで生《うま》れて來《き》たのは、實《じつ》に不幸《ふかう》なものであります。彼等《かれら》は已《や》むを得《え》ず德操《とくさう》、情愛《じやうあい》といふ武器《ぶき》を以《もつ》て男《をとこ》に對《たい》しなければなりません。而《し》かも醜《しう》なる顏《かほ》を提《さ》げて男《をとこ》を征《せい》服《ふく》することは却々《なかなか》骨《ほね》が折《を》れることです。多《おほ》くの男《をとこ》は殆《ほとん》ど見向《みむ》いても呉《く》れないでせう。無理《むり》もないことです、德操情愛《とくさうじやうあい》といふ武器《ぶき》の双《やいば》が男《をとこ》の心《こゝろ》を切《き》り崩《くづ》すことに於《おい》ては美貌《びばう》の峻鋭《しゆんえい》さに比《くら》べて甚《はなは》だしく鈍《にぶ》いからであります。

美貌《びばう》を享《う》けないで生《うま》れた女《をんな》は悲《かな》しみの極《きは》みです。

な、最《もつと》も有効《いうかう》な武器《ぶき》がある――。

女《をんな》よ美貌《びばう》を持《も》て生《うま》れよ

遠藤清子

何《な》んと申《まを》しましても女《をんな》の武器《ぶき》は美貌《びばう》です。成程《なるほど》近頃《ちかごろ》の男《をとこ》の中《なか》には美貌《びばう》ばかりでは參《まゐ》らぬ人《ひと》もあるかも知《し》れません。けれども一般的《いつぱんてき》に云《い》へば、どうしても美貌《びばう》が最《もつと》も男《をとこ》の心《こゝろ》を打擒《ちやうきん》く、最《もつと》も鋭《するど》い最《もつと》も強《つよ》い武器《ぶき》であると云《い》へやうと思《おも》ひます。

武器《ぶき》の力《ちから》の生命《せいめい》といふことから申《まを》しますると、美《び》貌《ばう》の力《ちから》は永續的《えいぞくてき》のものではないでせう。また美貌《びばう》の力《ちから》のみによつて男《をとこ》を何時《いつ》までも服《ふく》せしめて居《ゐ》ることは難《むづ》かしいことでせう。然《しか》し女特有《をんなとくいう》の情《じやう》や愛《あい》に依《よ》つて、或《あるひ》は獨特《どくとく》の聰明《そうめい》や德操《とくさう》によつて、男《をとこ》と相對《あひたい》して直《たゞ》ちにそれを擒《とりこ》とするといふこともまた難《むづ》かしいことと云《い》はなければなりません。それ等《ら》を以《もつ》て男《をとこ》を擒《とりこ》とするにはどうしても可《か》なりな時間《じかん》を要《えう》します。

思《おも》つても御覧《ごらん》なさい、古來《こらい》大《おほ》きな事《こと》を企《くはだ》て試《こゝろ》みた女《をんな》は、凡《すべ》て美貌《びばう》の所有者《しよいうしや》ではありませんか、クレオパトラにしても、楊貴妃《やうきひ》にしても、淀君《よどぎみ》にしても……。

女《をんな》よ、美貌《びばう》を持《も》て生《うま》れよ！　御身《おんみ》の美貌《びばう》の前《まへ》には如何《いか》なる男《をとこ》も跪《ひざまづ》くでありませう。美貌《びばう》といふ峻鋭《しゆんえい》なる武器《ぶき》の前《まへ》には、如何《いか》なる男《をとこ》の鐵腸《てつちやう》も打《う》ち碎《くだ》かれるでありませう。

史《し》は御良人《ごりやうじん》のことを、兄《にい》さん／＼と呼《よ》ゐるので、知《し》らない人《ひと》は本當《ほんたう》の御兄妹《ごけうだい》だつて居《を》ります。御結婚《ごけつこん》なすつて既《すで》に七年《ねん》なられますが、女史《ぢよし》の御容子《ごようす》はまだ未婚《みこん》女《ぢよ》のやうに初々《うひ／＼》しく、美《うる》はしく、御自身《ごじしん》も、御良人《ごりやうじん》とは小《ちひ》さい時《とき》から兄妹《きやうだい》のやにして育《そだ》つて來《き》た爲《た》め、今《いま》でも夫婦《ふうふ》といふうな感《かん》じを懷《いだ》いたことがないと云《い》ひます。常《つね》にドストウヰスキーの作《さく》を愛讀《あいどく》して居《を》らますが、特《とく》に興味《きやうみ》を以《もつ》てカラマゾフ兄弟《けうだい》、靈《れう》を讀《よ》まれたさうです。

△遠藤清子《ゑんどうきよこ》さんの養燕振《やうえんぶ》り

舊道徳上《きうだうとくじやう》の爭《あらそひ》と新道徳上《しんだうとくじやう》の爭《あらそひ》を一身《しん》に引受《ひきう》け、大分世間《だいぶせけん》に騷《さわ》がれた遠藤《ゑんどう》子《こ》さんも、今《いま》は至極無事《しごくぶじ》に泰平《たいへい》に暮《くら》して居《を》れます。

巢鴨町《すがもまち》の居《きよ》に案内《あんない》を乞《こ》ふと、取次《とりつぎ》に出《で》て來《こ》れたのは、髪《かみ》を長《なが》く伸《の》ばした二十五六と見《み》る男《をとこ》の人《ひと》、直《たゞ》ちに迎《むか》へ上《あ》げられて久方振《ひさかたぶ》り座《ざ》に侍《はべ》る。

『此方弟《このかたおとうと》さんですか？』不審晴《ふしんは》れぬまゝお伺《うかゞ》ひすると、清子《きよこ》さんは輕《かる》く笑《わら》ひを引《ひ》きながら、

『否《い》え、本當《ほんたう》の弟《おとうと》では……』と聲《こゑ》を吞《の》む。扨《さ》ては吾《わ》れながら迂遠《うゑん》であつた。此人《このひと》が即《すな》はち噂《うはさ》に聞《き》いた遠藤辰之助《ゑんどうたつのすけ》さんとか呼《よ》ぶ新《あたら》しい燕《つばめ》さん。

『美術學校《びじゆつがくかう》にでもお通《かよ》ひですか？』と話頭《わとう》をお向《む》けすると、辰之助《たつのすけ》さんは、『否《い》え、黒田清《くろだきよ》輝《てる》さんの所《ところ》に通つて研究《けんきう》してゐますよ』と言葉《ことば》を切《き》り、『女《をんな》の世界《せかい》は酷《ひど》いですね、私《わたし》を燕《つばめ》だなんて……私《わたし》と清子《きよこ》さんとのことを知《し》つてゐる人《ひと》は皆《みな》笑《わら》つてますよ』と直《す》ぐ續《つゞ》けられる。

『然《しか》しこの方《はう》が結句《けつく》いゝんですよ、一人《ひとり》て居《を》りますと、ありもしない人《ひと》との噂《うはさ》を矢鱈《やたら》に迷惑《めいわく》です。田中王堂《たなかわうだう》さんだつて、さうです。あの方《かた》となんか全然關係《ぜん／＼くわんけい》なんかありませんでした。何《なん》とかすると、人《ひと》は直《す》ぐ妾《わたし》が肉《にく》の解放《かいはう》をしてゐるやうに云《い》ひますけれど、妾《わたし》は決《けつ》して肉《にく》の解放《かいはう》なんかはして居《を》りません。かうして居《を》れば、噂《うはさ》の全部《ぜんぶ》を此人《このひと》が一手《ひとて》に引《ひき》受《う》けてくれますから、他人《たにん》にまで御《ご》迷惑《めいわく》は掛《か》けないで濟《す》みます。』

『泡鳴《はうめい》さんとの問《もん》題《だい》はどうなりました？』

『月々《つき／＼》十圓宛《ゑんづゝ》、五百圓貰《ゑんもら》ふことになりました。』

愛燕辰之助さんの描かれた
遠藤清子さんの肖像

『花屋《はなや》の方《はう》は如何《いかゞ》です。御景氣《ごけいき》は？』

『夏《なつ》は花屋《はなや》は駄目《だめ》ですから店《みせ》を閉《と》ぢてゐますが、秋《あき》になつたら始《はじ》めます。然《しか》し適當《てきたう》なところがあれば勤《つと》めたいとも思《おも》つてゐます。』

『では今《いま》の一日《にち》の御仕事《おしごと》は？』

『庭《には》いぢりが好《す》きでしたが、花屋《はなや》になつてか

和気律次郎「新婚の兄へ」

日本で最初の女性人名事典「大正婦人録」（本書附録参照）が『女の世界』に掲載されたのは、一九一六（大正五）年五月号（第二巻六号）だった。その後三回の補充、調査を経て、一年後の三巻五号に第二回が掲載される。一回目の一八四名から大幅に増えて二六九名となった。作家、編集者、記者、女優、画家、芸者、名流夫人とさまざまだが、「大正婦人録」に名前が載ることとは「活躍する女性」として名誉なことであり、それを夫も、家族、社会も認めはじめたということなのだろう。『女の世界』編集部から送られたハガキに各自が答える形式をとっている。とはいっても、一般女性の現実は厳しく、「大正婦人録」の下の段に、和気律次郎が「新婚の兄へ」と題して、皮肉なタッチの随筆を書いている。まず兄に『愛しき妻』を女中や家具扱いにしないやうに」と希望する。

「日本の女房階級」くらいみじめなものはないとし、「すべて男の奴隷」であり、「衣食住の為に殆んど名前も知らなかつた男に一生を託するのですからね」という。しかも長男である兄は両親を扶養し同居する義務を負う。新婚の妻は当然のこととして、全くの他人に「伝説的孝行を」要求される。

最初のうちだけでも別居を、と兄に勧め、兄の妻となった女性には『不如帰《ほととぎす》』や『金色夜叉』のやうなセンチメンタルな小説」ではなく、森鷗外「未練」や志賀直哉の「留女《るめ》」、柳宗悦「科学と人生」、さらには新聞を読むことを勧めている。

松本華羊

和気律次郎（一八八八―一九七五）は愛媛県松山生れ。慶應義塾大学予科を中退後大阪毎日新聞社に入社。すでに「オスカー・ワイルド」（一九一三年　春陽堂）の著書もあり、間もなく松本華羊《かよう》と結婚する。「大正婦人録」を繰ると「画家。名は新子。明治二七年一月八日、芝区新櫻田町に生る。池田蕉園《しょうえん》＊、尾竹《おだけ》竹坡《ちくは》＊両氏に就いて絵画を修む。土人形、和歌等の趣味に富む。現住所、大阪市東区東平野町二丁目五〇番地」とある。

今では忘れられた女性が浮かび上がってくる。師事した尾竹竹坡は、『青鞜』社員だった尾竹紅吉の叔父である。社会勉強をと、青鞜社員を吉原の馴染みの店に連れて行き、新聞が「新らしい女、吉原に登楼す」と書きたてた。『青鞜』バッシングのはじまりとして知られている。

なお、「大正婦人録」は、『女の世界』創刊を記念して、毎年五月号に補足分を含めて掲載される。一九一六年から二〇年、二巻五号から六巻五号までは確認したが、二一年七巻五号は欠号のために確かめられないでいる。が、七巻四号、六号に何の記載もないので、六回目の「大正婦人録」も出されたことと思われる。

六巻五号の「婦人録」の最後に「大正婦人録　編輯に就て」が載る。「本誌の一事業として、年々編輯し来つたもので、益々細に入り微を穿つを得るに至つたことを喜ぶのである。が、まだ中々その理想を達することが出来ないのを遺憾に思つてゐます。本誌同人は、この編輯に就いては、出来る丈けの努力をつくした積りですが、婦人が近来大に覚醒し来つて、社会的となつた様ですが、かうした事に當つて見ますと、自分の経歴や年齢等を公表されることすら厭がる方が多いのには驚きました」と記されている。

人気の番附表・点取表

『女の世界』の人気のひとつに「番附」がある。一九一五（大正四）年一巻二号の「実業家好男子番附」からはじまり、一六年二巻九号「新旧女内閣番附」、さらに「番附」を「点取表」にかえて「當代四十三女優点取表」（二巻一〇号）から「柳橋三十五名妓点取表」（三巻一〇号）まで、口絵をそえてにぎやかに展開する。江戸時代、木版印刷の発達とともに大相撲から始まった番附表はたちまちに広まり、温泉、名所、遊女、芸人、役者、長者番附まで、庶民の娯楽となった。

明治になってからも、小新聞『団団珍聞』（一八七九（明治一二）・五・三一）が演説家を相撲

好男子番附（實業家）

大關	東京	郷誠之助
關脇	埼玉	福澤桃介
小結	東京	古河虎之助
前頭	横濱	田中銀之助
前頭	大分	井上準之助
前頭	信州	今村繁三
前頭	東京	福井菊三郎
前頭	山形	池田成彬
前頭	岐阜	原富太郎
前頭	東京	山本唯三郎
前頭	群馬	林愛作
前頭	茨城	加納友之介
同	武州	久米良作
同	東京	米山梅吉
同	大分	和田豐治
同	大阪	川西清兵衛
同	廣島	三島彌太郎
同	香川	成瀬成恭
同	薩州	松方五郎
同	東京	村井五郎
同	大分	磯村豐太郎
同	大和	瀧川儀作
同	大阪	藤田平太郎
同	山城	西野惠之助
同	横濱	高田釜吉
同	山口	中山太市
同	山梨	小林一三
同	岡山	藤田讓
同	東京	大倉喜七
同	千葉	渡邊亨

蒙御免

當る六月一日より於『女の世界』誌上毎號番附發表仕候

行司　『女の世界』一愛讀者（投）

取締　近藤廉平　住友吉左衛門　莊田平五郎

勸進元　『女の世界』發行所

大關	東京	安田善三郎
關脇	横濱	中村房次郎
小結	横濱	鹽原又策
前頭	土佐	林民雄
前頭	志摩	門野重九郎
前頭	東京	中上川次郎吉
前頭	高知	江口定條
前頭	東京	串田萬藏
前頭	神戸	川崎芳太郎
前頭	大阪	松永安左衛門
前頭	長野	名取和作
前頭	高知	木村久壽彌太
同	名古屋	奥田正吉
同	岡山	川田鏧
同	岐阜	武藤山治
同	大阪	藤木清兵衛
同	播州	美濃部俊吉
同	東京	森村開作
同	薩州	松方乙彦
同	伊豫	高山長幸
同	大阪	増田信一
同	佐渡	谷田太郎
同	加賀	倉地誠夫
同	大分	朝吹常吉
同	名古屋	三輪善兵衛
同	福島	星一
同	愛知	神谷忠雄
同	三重	菊本直次郎
同	名古屋	伊藤守松
同	横濱	中島久滿吉

當代新らしい女點取表

採點者｛青柳有美　小野秀雄　西村陽吉　富田碎花　荒木しげ子　安成二郎（投書十六通）｝

人名	天分	學問	文章	熱	品行	容貌	魅力	精力	人氣	社交術	金	氣だて	合計	平均
與謝野晶子	一〇〇	八〇	一〇〇	一〇〇	九五	六五	八五	一〇〇	九五	八〇	八五	一〇〇	一〇八五	九〇・四
中條百合子	一〇〇	五五	八三	九〇	一〇〇	八一	七二	九五	九五	七二	一〇〇	一〇〇	一〇四三	八六・九
岡田八千代	九〇	七〇	八〇	六五	九三	九〇	八二	八五	七二	九二	八〇	一〇〇	九九九	八三・二
長谷川時雨	八八	七〇	八五	六八	七五	八五	七五	九〇	七〇	一〇〇	一〇〇	八九	九九二	八二・六
吉崎李枝子（大阪）	八七	七二	一七	六三	一〇〇	一〇〇	八七	六五	八七	一〇〇	一〇〇	一〇〇	九七七	八一・五
田村俊子	六〇	七二	八〇	八〇	一〇〇	一〇〇	八一	八八	七〇	九〇	六〇	八九	九七〇	八〇・八
日向きむ子	九三	七〇	一〇〇	九〇	九三	八一	一〇〇	九〇	一〇〇	八五	八五	七三	九六〇	八〇・〇
江木榮子	九七	七五	六五	一五	一〇〇	一〇〇	七八	六三	六一	一〇〇	一〇〇	一〇〇	九五三	七九・四
野上彌生	九二	八五	八五	一〇〇	一〇〇	七〇	三五	六〇	六八	五五	七五	八五	九一〇	七五・八
伊藤野枝	九一	六八	七二	一〇〇	六八	八〇	九五	七三	七一	六八	三〇	九一	九〇七	七五・五
水野仙子	八五	六五	七五	六八	一〇〇	七七	七二	五〇	五五	八四	六〇	一〇〇	八九一	七四・二
岡田幸子	九〇	七〇	五六	四五	一〇〇	七八	七一	七一	四二	七二	一〇〇	九〇	八八五	七三・七
松井須磨子	九一	五七	六六	二五	八九	九八	一〇〇	一〇〇	六〇	六八	一〇〇	三〇	八八四	七三・六
櫻井八重子	一〇〇	六〇	九〇	三五	一〇〇	六四	四五	九三	四二	八八	七五	一〇〇	八八二	七三・五
神近市子	六三	九三	七〇	九〇	七〇	六七	三七	九八	五五	九三	七五	六五	八七五	七二・九
五明倭文子	六五	六五	六七	七三	一〇〇	六八	八〇	六九	四七	七四	六七	九五	八七〇	七二・五
山田邦子	七五	六四	六三	七八	七〇	八四	七五	六七	六三	八七	六八	八六	八六八	七二・三
久保田富江	八〇	六二	七一	九三	八五	九〇	八四	六〇	三	七七	六三	七二	八六七	七二・二
京野世枝（秋田）	九〇	六四	五六	八九	一〇〇	六七	七五	七七	〇	八六	七一	九二	八六七	七二・二
平塚明子	八五	七五	九〇	九〇	六九	七五	七三	七〇	一〇	六〇	六三	三五	八六四	七二・〇
森律子	七一	七三	六五	一三	一〇〇	九〇	八五	七五	一二	一〇〇	一〇〇	七八	八六一	七一・七
山田たづ子	七六	六三	七〇	六五	九五	七八	七八	七五	四七	五四	六七	九二	八五八	七一・五
齋賀琴子	八二	九〇	六八	四四	一〇〇	六五	一六	五四	三	七二	一〇〇	一〇〇	八一三	六七・七
小口みち子	七五	六〇	六八	二五	九三	七八	六九	九三	一〇	六四	八二	九四	八一〇	六七・五
小林益子	五六	六三	四五	六〇	九二	七一	七三	六四	一七	八二	一〇〇	七八	八〇〇	六六・六
丹いね子	四五	五一	五五	三三	七二	七一	六八	七〇	八七	九五	七七	五七	七八一	六五・〇
矢澤孝子（大阪）	八二	六一	六〇	七五	四一	五四	六八	九八	三五	七〇	八五	四一	七七九	六四・九
山田わか子	三五	九五	四五	三五	一〇〇	八五	三五	三五	六〇	六三	八二	八四	七七四	六四・五
内藤千代子	九一	五八	六五	八七	七四	二七	三〇	七七	七五	五五	六七	六八	七七四	六四・五
鈴木秋子	六三	六八	七二	七五	八八	六八	三七	六四	九	五五	八五	八三	七六六	六三・八
村岡たま子	七七	六〇	七〇	七七	七六	七一	六五	五七	三九	五一	四〇	七八	七六一	六三・四
尾島菊子	四二	六三	六七	六〇	四七	六五	四〇	八五	四一	八〇	八二	八五	七五六	六三・〇
小野美智子	六五	六三	七〇	六七	一〇〇	八〇	三五	八〇	四〇	五〇	二〇	九五	七四四	六二・〇
遠藤琴子	八三	六〇	六一	六八	一〇〇	九	七	八八	二七	五九	六七	九五	七二四	六〇・三
青山菊榮	九六	一〇〇	九〇	九〇	一〇〇	七〇	〇	五七	二〇	〇	九〇	六〇	七一三	五九・四
荒木郁子	七〇	六〇	五〇	三〇	三〇	七五	六七	九〇	四五	七一	五〇	六五	七〇三	五八・五
若山喜志子	八〇	五〇	六五	三三	九八	四二	〇	六六	五七	六七	四二	一〇〇	七〇〇	五八・三
荒木しげ子	六三	六〇	六三	三五	三〇	八〇	七三	六八	五〇	七一	三〇	七三	六九二	五七・六
中平文子	四二	四七	五七	七一	三三	五八	二七	九五	七三	九〇	四五	五〇	六八七	五七・二
宮島麗子	八五	七〇	六六	九七	一〇〇	五八	五	六三	七	三	二六	九三	六七二	五六・〇
素木しづ	七六	六〇	七〇	七二	一〇〇	二〇	二	六五	四一	五〇	二〇	八七	六六三	五五・二
西川文子	五三	六三	四五	七〇	一〇〇	三〇	三	七一	三〇	六〇	四五	八八	六五六	五四・六
生田花世	六三	六〇	五〇	八五	一〇〇	二〇	〇	五〇	三六	四〇	三二	一〇〇	六二六	五二・〇
加藤みどり	四二	五八	五九	四七	八八	六五	一七	六九	一三	一五	四五	二一	五三八	四四・八
岩野清子	三〇	五五	六〇	六〇	六三	一四	〇	八〇	五一	三五	三〇	五	四九九	四一・五
蒲原英江	〇	四一	七	三〇	二一	四〇	三七	九五	三	三〇	四〇	三三	三七七	三一・四

女の世界　當代新らしい女點取表　（第貳卷第拾壹號）……（五）

の番附に見立てた。新聞雑誌の大関は福地源一郎（桜痴）、演説講談の大関は福沢諭吉、その他明治の言論人が勢ぞろいしている。現代では「長者番附」くらいしか思い浮かばないが、番附に心穏やかでない人たちも多かったことだろう。「文壇好男子番附」「新聞記者好男子番附」「古い女点取表」「闘争男女点取表」「新橋四十六名妓点取表」等々に「当代新らしい女点取表」（二巻一一号）が並ぶ。

四六人の「新らしい女」が天分・学問・文章・熱・品行・容貌・魅力・精力・人気・社交術・金・気だての一二項目それぞれ一〇〇点満点で評価され、合計・平均点が出されてランク順に並べられる。名誉棄損もプライバシーも無縁の時代とはいえ、思わず抗議の声をあげたくなる。

トップは与謝野晶子で天分・文章・熱・精力・気だてが一〇〇点、容貌は六五点だったが平均九〇・四点で一位になった。中條百合子は、天分・品行・金・気だてが一〇〇点で学問五五点を補って二位。岡田八千代、長谷川時雨が続く。田村俊子は文章・魅力・人気で一〇〇点を取りながら気だてで下がり七位。野上弥生子は熱・品行が一〇〇点、魅力が三五点で九位、伊藤野枝、水野仙子が続いている。平塚らいてうは熱・文章九〇点だが、人気〇点で二〇位。生田花世は品行・気だて一〇〇点なのに、容貌一〇点、魅力〇点で四三位。岩野泡鳴をめぐる岩野清子、蒲原英枝が最下位に並んだ。

ちなみに「政治家好男子番附」（一巻四号）の東の大関は後藤新平、対する西は原敬。取締・板垣退助、勧進元『女の世界』発行所とある。

政治家好男子番附

大關	岩手	後藤新平
關脇	佐賀	武富時敏
小結	愛知	加藤高明
前頭	越州	床次竹次郎
前頭	東京	高木益太郎
前頭	青森	菊池武德
前頭	東京	望月小太郎
前頭	武州	長島隆二
前頭	佐賀	大隈信常
前頭	佐賀	林毅陸
前頭	大分	元田肇
同	東京	杉山四五郎
同	福岡	白仁武
同	廣島	望月奎助
同	秋田	添田雄飛太郎
同	秋田	井上廣居
同	東京	井上勝之助
同	名古屋	小山松壽
同	靜岡	清崟太郎
同	東京	頼母木桂吉
同	東京	鄕樂馨六
同	武州	關直彦
同	長崎	伊東巳代治
同	愛媛	古谷久綱

蒙御免

行司 『女の世界』一愛讀者（投）

取締 板垣退助 渡邊國武

勸進元 『女の世界』發行所

大關	岩手	原敬
關脇	三重	尾崎行雄
小結	伊州	岡崎邦輔
前頭	山口	仲小路廉
前頭	備後	花井卓藏
前頭	東京	井上友一
前頭	靜岡	松本君平
前頭	東京	水野錬太郎
前頭	東京	鳩山一郎
前頭	福島	堀切善兵衛
前頭	武州	江間俊一
同	東京	秦豐助
同	東京	犬塚勝太郎
同	武州	森久保作藏
同	愛知	森田小六郎
同	北海道	久保田政周
同	大分	木下謙次郎
同	紀州	兒玉亮太郎
同	東京	黒須龍太郎
同	秋田	齋藤宇一郎
同	福島	河野廣中
同	宮城	菅原傳
同	福岡	末松謙澄
同	長州	佐々木照山

政治家好男子番附の三役

尾崎行雄氏

原敬氏

後藤新平男

岡崎邦輔氏

加藤高明男

武富時敏氏

文壇好男子番附中の文士

巖谷小波氏
島崎藤村氏
北原白秋氏
永井荷風氏
水野葉舟氏
相馬御風氏
楠山正雄氏
秋田雨雀氏
島村抱月氏
小山内薫氏
徳田秋江氏
土岐哀果氏

文壇好男子番附中の三役ばかりを出す積りでしたが寫眞が揃ひかねましたので手許にあつた文士の寫眞だけを掲げる事にしました

「新しい女近状号」

一九一七（大正六）年一〇月号は、表紙に「新しい女近状号」とあるのに、なぜか口絵には新橋の一〇名妓の写真が掲げられている。巻頭に馬場孤蝶「新らしい女の分岐点」。つづいて近親者や記者によってかつての「新らしい女」の消息が伝えられる。川浪道三「湖畔で保養する水野仙子」は、仙子の手紙を引用しながら結核で療養中の妻の様子を詳述する。猪苗代湖畔の宿で小康を得て、仙子は作家としての最後の豊穣の時を迎えていた。一年半後、三一歳の生を閉じた。

富田砕花《さいか》＊「新婚後の山川菊栄さん」は、山川均と結婚してまもなく、妊娠と結核が判明した青山菊栄を心配しながらも、それまでの「狂歓に近い読書欲の傾向が暫時、経済問題や社会問題に向けられて」来たことを喜んでいる。

大杉栄「野枝は世話女房だ」は、臨月近い野枝が、思いがけないほどに料理も裁縫もうまいとのろけを披瀝しているが気持ちがいい。与謝野晶子は「近く産褥に就きます」と題して、その準備と留守の間の生活費を稼ぐために仕事に追われている自身の様子を伝える。

「産は婦人の身に取って其度に新しい唯一の冒険の積りで死地に踏み入る覚悟を要することですから、自分の死後の子供達のことなどに就いても何かと及ばないながら母としての志だけのことを考へて置いてやらねばなりません」と切実である。

筆名有藻亜子による「新しい女歴訪記」は、山田たづ、加藤みどり、岡田幸子、素木しづ、

野《の》枝《え》は世《せ》話《わ》女《によう》房《ばう》だ

大杉　榮

もう今日《けふ》か明日《あす》か知《し》れない産月《うみづき》の大《おほ》きなお腹《なか》を抱《かゝ》へて、終日《いちにち》ごろ〳〵して呻《うな》つてゐるあいつに、何《な》んの近狀《きんじやう》など、書《か》き立《た》てる程《ほど》の大《たい》した事《こと》があるものか。

それや、書《か》けば、いくらでも書《か》ける。しかし『ねえ、ちよいと、又《また》こんなに動《うご》いてゝよ』などゝ、媚笑《びせう》の中《うち》に一寸眉《ちよつとまゆ》をしかめて、そつと手《て》を引《ひ》きよせて擦《さす》らせて見《み》る、と云《い》ふやうな光景《くわうけい》ばかり詳《つまび》らかにされちや、君《きみ》の方《はう》で迷惑《めいわく》だらう。

と云《い》つて、これだけで濟《す》ましたんぢや、折角《せつかく》のお賴《たの》みにも背《そむ》く譯《わけ》だらうから、とにかくあいつの日常《にちじやう》生活《せいくわつ》と近狀《きんじやう》とを結《むす》びつけた何《な》にかを書《か》いて見《み》よう。

あれで、君《きみ》、隨分《ずゐぶん》世話女房《せわにようばう》なんだ。實《じつ》のところ、僕《ぼく》もはじめは、何《な》んの女學生《ぢよがくせい》あがりが、と云《い》ふ風《ふう》に大《だい》ぶバカにしてゐたんだ。僕《ぼく》の身《み》のまはりの事《こと》だとか、家事《かじ》の事《こと》だとかには、あいつには何方《どつち》の期待《きたい》も持《も》つてゐなかつたんだ。若《も》し、おせつかいにも、何《な》にかの出《で》しやばりでもしようとするなら、とんでもない有《あ》りがた迷惑《めいわく》だらう位《くらゐ》に考《かんが》へてゐたんだ。勿論《もちろん》こんなに長《なが》い間《あひだ》一緒《しよ》に暮《く》らしてゐようとも思《おも》はなかつたね。

ところが、君《きみ》、すつかり當《あ》てが違《ちが》つちやつたんだ。まあ、年《とし》にすれば三十五六位《ぐらゐ》の、それも餘程《よほど》氣《き》のきいた、女房《にようば》ぶりを見《み》せるんだからね。前《まへ》の保子《やすこ》だつて、君《きみ》も知《し》つての通《とほ》り、隨分《ずゐぶん》いゝ世話女房《せわにようばう》だつた。そして其《そ》の世話女房《せわにようばう》ぶりに僕《ぼく》は惚《ほ》れこんだのだつた。しかしあの女《をんな》には、それ以外《いぐわい》に、牛《うし》を殺《ころ》す的《てき》の賢夫人氣質《けんぷじんかたぎ》があつた。あいつにはそれがない。そしてより以上《いじやう》に世話女房的《せわにようばうてき》なんだ。

伊藤野枝さん圖

まだ家《うち》を持《も》つたばかりで女中《ぢよちう》もみつからんものだから、水汲《みづく》みと掃除《さうぢ》とだけは僕《ぼく》が受持《うけも》つて、あとの萬事《ばんじ》はあいつが大《おほ》きなお腹《なか》を抱《かゝ》へながらやつてゐる。隨分無性者《ずゐぶんぶしやうもの》のなまけ者《もの》なんだが、いざ庖丁《はうちやう》を持《も》つとなると、うるさいとか面倒臭《めんだうくさ》いとか云《い》ふ事《こと》はまるで知《し》らない人間《にんげん》のやうになる。よつぽど喰《く》ひ意地《いぢ》が突《つ》つ張《ぱ》つてるんだね。せつせとやる。お手際《てぎは》もなか〳〵見事《みごと》なものだ。實際《じつさい》あいつの手料理《てれうり》に馴《な》れてからは、下手《へた》な料理屋《れうりや》の御馳走《ごちさう》はとてもまづくて口《くち》にはいらない。何《な》に？それや僕《ぼく》の直觀《ちよくくわん》のせいだらうつてのか。それもちつとやそつとはひつてるだらう。しかし實際甘味《じつさいうま》いんだ。家庭料理《かていれうり》なんぞと云《い》ふ野暮《やぼ》なもの

近《ちか》く産《さん》褥《じよく》に就《つ》きます

與謝野晶子

私《わたし》は近《ちか》く産褥《さんじよく》に就《つ》かうとして、いろいろと心忙《こゝろぜは》しく暮《くら》して居《を》ります。産《さん》に關《くわん》する設備《せつび》は是非必要《ぜひひつえう》な少《すこ》し許《ばか》りの産具《さんぐ》とそれから兒供《こども》の二三枚《まい》の着物《きもの》、襁褓《むつき》ぐらゐなものですから、簡單《かんたん》に濟《す》ませることが出來《でき》ましたが、産褥《さんじよく》に居《ゐ》る間《あひだ》は私自身《わたしじしん》に仕事《しごと》が出來《でき》ないのですから、[illegible]仕事《しごと》をも取越《とりこ》して今《いま》の内《うち》にして置《お》かねばならず、また産《さん》は婦人《ふじん》の身《み》に取《と》つて其度《そのたび》に新《あたら》しい唯一《ゆゐいつ》の冒險《ばうけん》の積《つも》りで死地《しち》に踏《ふ》み入《い》る覺悟《かくご》を要《えう》することですから、自分《じぶん》の死後《しご》の子供達《こどもたち》のことなどに就《つ》いても何《なに》かと及《およ》ばないながら母《はゝ》としての志《こゝろざし》だけのことを考《かんが》へて置《お》いてやらねばなりません。其等《それら》のことでまことに心忙《こゝろぜは》しく暮《く》らして居《を》るのですが、仕事《しごと》の手《て》はその割《わり》に捗取《はかど》らないので猶更《なほさら》いらいら致《いた》します。かう云《い》ふ中《なか》へお出《い》でになつた記者《きしや》の方《かた》が私《わたし》の近狀《きんじやう》を本誌《ほんし》のために書《か》くやうにとお云《い》ひになりました。産期《さんき》に近《ちか》づいた私《わたし》の肉體《にくたい》は從來《じうらい》の同《おな》じ時《とき》よりも非常《ひじやう》に衰弱《すゐじやく》を感《かん》じて居《ゐ》[illegible]否《いな》やを氣遣《きづか》はずに居《ゐ》られません。私《わたし》の實感《じつかん》は死刑囚《しけいしう》の心理《しんり》のやうにその絕對絕命《ぜつたいぜつめい》の時《とき》の一日《にち》でも延《の》びることを望《のぞ》んで居《を》ります。この點《てん》に就《つ》いて現在《げんざい》の私《わたし》が卑怯未練《ひけふみれん》な母《はゝ》であることを私《わたし》みづから承認《しようにん》して居《を》ります。

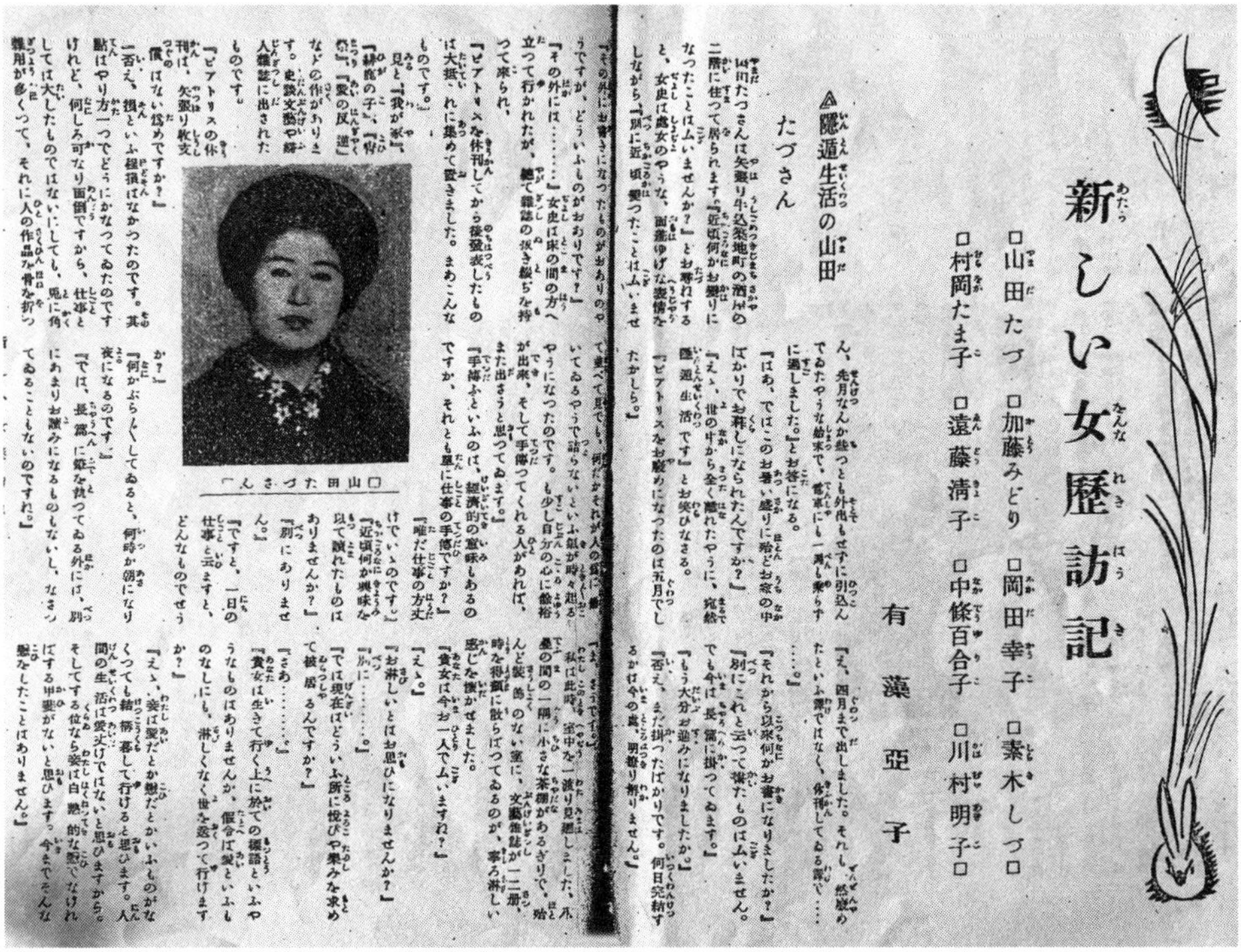

新《あたら》しい女《をんな》歷《れき》訪《はう》記《き》

□山田《やまだ》たづ　□加藤《かとう》みどり　□岡田《をかだ》幸子《さちこ》　□素木《しらき》しづ□
□村岡《むらをか》たま子《こ》　□遠藤《ゑんどう》清子《きよこ》　□中條《ちうでう》百合子《ゆりこ》　□川村《かはむら》明子《あきこ》□

有藻亞子

△隱遁《いんとん》生活《せいくわつ》の山田《やまだ》たづさん

山田たつさんは矢張り牛込築地町の酒屋の二階に住つて居られます。『近頃何かお書りになつたことは厶いませんか？』とお尋ねすると、女史は處女のやうな、面羞ゆげな表情をしながら『別に近頃變つたことは厶いませんでしたかしら。』

ん、先月なんか些つとも外出もせずに引込んでゐたやうな始末で、電車にも一遍も乗らずに過しました。』とお答になる。

『はあ、ではこのお暑い盛りに殆どお家の中ばかりでお暮しになられたんですか？』

『えゝ、世の中から全く離れたやうに、宛然隱遁生活です』とお笑ひなさる。

『ビアトリスをお廢めになつたのは五月でしたかしら。』

『え、四月まで出しました。それも、全然廢めたといふ譯ではなく、休刊してゐる譯で……。』

『それから以來何かお書になりましたか？』

『別にこれと云つて纏たものは厶いません。でも今は長篇に掛つてゐます。』

『もう大分お進みになりましたか。』

『否え、また掛つたばかりです。何日完結するか今の處、明確り解りません。』

『まあ、さうですか。』

私は此時、室中を一渡り見廻しました。八畳の間の一隅に小さな茶棚があるぎりで、殆んど裝飾のない室に、文藝雜誌が一二冊、時を得顔に散らばつてゐるのが、寧ろ淋しい感じを懷かせました。

『貴女は今お一人で厶いますね？』

『えゝ。』

『お淋しいとはお思ひになりませんか？』

『別に……。』

『では現在はどういふ所に悦びや樂みを求めて被居るんですか？』

『さあ……。』

『貴女は生きて行く上に於ての標語といふやうなものはありませんか、假令ば愛といふものなしにも、淋しくなく世を送つて行けますか？』

『えゝ、妾は愛だとか戀だとかいふものがなくつても結構暮して行けると思ひます。人間の生活は愛丈けではないと思ひますから。そしてする位なら妾は白熱的な戀でなければする甲斐がないと思ひます。今までそんな戀をしたことはありません。』

『その外にお書きになつたものがおありのやうですが、どういふものがおありです？』

『その外には……。』女史は床の間の方へ立つて行かれたが、總て雜誌の抜き綴ぢを持つて來られ、

『ビアトリスを休刊してから後發表したものは大抵これに集めて置きました。まあこんなものです。』

見ると『我が家』、『緋鹿の子』、『[illegible]祭』、『愛の反逆』などの作があります。史談文藝や婦人雜誌に出されたものです。

『ビアトリスの休刊は、矢張り收支償はない爲めですか？』

『否え、損といふ程損はなかつたのです。其點はやり方一つでどうにかなつてゐたのですけれど、何しろ可なり面倒ですから、仕事としては大したものではないにしても、兎に角雜用が多くつて、それに人の作品が骨を折つて並べて見ても、何だかそれが人の畑に棲いてゐるやうで詰らないといふ氣が時々起るやうになつたのです。も少し自分の心に餘裕が出來、そして手傳つてくれる人があれば、また出さうと思つてゐます。』

『手傳ふといふのは、經濟的の意味もあるのですか、それとも單に仕事の手傳ですか？』

『唯だ仕事の方丈けでいゝのです。』

『近頃何か興味を以て讀れたものはありませんか？』

『別にありません。』

『ですと、一日の仕事と云ますと、どんなものでせうか？』

『何かぶら／＼してゐると、何時か朝になり夜になるのです。』

『では、長篇に筆を執つてゐる外には、別にあまりお讀みになるものもないし、なさつてゐることもないのですね。』

□山田たづさん」

村岡たま子（森田たま）、遠藤（岩野）清子、中條百合子、河村明子の八名を取り上げる。後に『ビアトリス』で詳述するので割愛するが、中條百合子の探訪記が興味深い。

当時百合子への面談は母親が取り仕切っていて、「三十五六、色の白い、肉付きの好い、整ったお顔立ち、どっしりと落付いた物腰言葉使、流石噂に違はぬ確かりした母君」が近状を語る。「悠然とした口調で、而も流るゝやうに、淀みなく明快に」話す母親を通して、「貧しき人々の群」（一九一六・九『中央公論』）でデビューして間もない一八歳の百合子と母親があざやかに浮かぶ。母の葭江《よしえ》は西村茂樹*の娘で、「華族女学校出の才媛」として名高かった。

四　実業之世界社とは

安成貞雄と野依秀一

『女の世界』編集の中心は、実は社会主義者たちだった。一九一五（大正四）年五月、実業之世界社社長・野依秀一（のちに秀市）を編集発行人、青柳有美を主筆として出発したが、翌年三月（二巻三号）から編集長として安成《やすなり》二郎の名前が入る。

さらに二巻六号以降は、安成二郎が編集兼発行者となった。野依秀一の名が消えたのは、五月に禁錮四年の実刑が確定し、二六日に豊多摩刑務所に収監されたためである。愛国生命保険会社恐喝容疑で逮捕され、保釈中に『女の世界』を創刊した。

すでに野依は、一九一〇（明治四三）年、東京電燈会社（現在の東京電力）に対する料金値下げキャンペーンを開始する中で、社長に出刃包丁を送りつけたことが問題化して、一一年にかけて二年間巣鴨刑務所に入獄していた。この時に、大杉栄や荒畑寒村と知り合っていた。二度目の入獄である。

野依は入獄にあたって、実業之世界社の経営を、安成貞雄、二郎の妹くらと結婚した金子幸吉に託した。金子は台湾協会学校（現・拓殖大学）在学中から田岡嶺雲*、幸徳秋水*の書生となり、実業之世界社に入社。青柳有美が『実業之世界』編集局長に招かれたのは、青柳が安成貞雄の中学時代の恩師であったことによる。金子、青柳、安成二郎への野依の信頼はすべて安成貞雄に発している。

安成貞雄は一八八五年秋田県生まれ。野依と同年である。早稲田大学英文科在学中から荒畑寒村らと平民社に出入りし、社会主義運動にかかわった。卒業後、隆文館『新声*』編集部にいた折に、編集主任となった野依と意気投合する。やがて野依が『実業之世界』を発刊すると、編集長となり弟の二郎、三郎、妹くらを入社させた。

安成二郎は、大正三奇人のひとりに貞雄をあげ、「与太大王」と命名。ちなみにあとの二人は「遊蕩文学者の取巻き」坂本紅蓮洞《ぐれんどう》、「新らしい女の箱屋」中村孤月で、三奇人ともに『女の世界』の主要な執筆者である。

「学東西に亘り、識古今を貫く」と称された貞雄は、天才的な英語力の持ち主だった。他人の誤訳を指摘し、自宅に「原稿鑑定所」の看板を掲げた。自ら「高等幇間」を名乗り、「与太の大将」として権威に噛みついた。一九二四年大酒とコカイン中毒のために三九歳で死去した。野依は九月号の『実業之世界』を「安成貞雄追悼号」として、その当時の自分の著述の口述筆記はほとんど安成貞雄によるとして、「天下に二人なき親友」と記している。

実業之世界社の内部紛争

『女の世界』の魅力は、その猥雑さにあった。一九一六(大正五)年五月号の「編集だより」では『女の世界』には芸娼妓の記事があるから家庭に入れられないと被仰る方もありますが『女の世界』の思想は芸妓、娼妓が少しも卑しむべきものでないといふのですから、皆さんもどうぞもつと深く此の問題をお考へになられん事を切にお勧め致します。間違つた思想を持つて居る事は其人にとつて大変不幸だと思ひます」と居直っている。

その一方で、貧困と飢餓、貧富の差がますます広がる社会への、筆鋒鋭い評論が毎号掲載される。それらが混然一体、『女の世界』の面白さになった。

前年五月に豊多摩刑務所に収監されていた野依秀一が、細かな指示を与えたとは思われない。編集の中心は安成二郎と青柳有美だったが、二巻一〇号(一九一六年九月)の奥付から、主筆・青柳有美の名前が外れる。社長の金子幸吉が二九歳の若さで急逝し、『実業之世界』が忙しくなったためか。三巻六号には「女の世界主筆」と肩書があり、毎号複数の原稿を書いていたが、四巻六号(一九一八年六月)以降、執筆者から青柳の名が消える。

金子の没後、社長代理は武井文夫になる。武井についてはよくわからないが、あまりにも社会主義的傾向の誌面に危惧を感じ、「実業」を重んじることで野依の留守を守ろうとしたようだ。武井と安成二郎らとの路線対立が浮上し、青柳は武井の側についた。実業之世界社の内部紛争は、社会主義者たちを巻き込み、裏切り者としての青柳へのバッシングが強まり、一九一九

□武井文夫氏□

婦《ふ》人《じん》と人《じん》物《ぶつ》の目《め》きゝ

實業之世界社
社長代理　武井文夫

一、事務家《じむか》の世俗觀《せぞくくわん》

私《わたし》は元來《ぐわんらいじむ》事務の人間《にんげん》である。學問《がくもん》の人間《にんげん》でもなく、思想《しさう》の人間《にんげん》でもなく、文筆《ぶんぴつ》の人間《にんげん》でもない。從《したが》つて自分《じぶん》の經營《けいえい》してゐる『實業之世界《じつげふのせかい》』にでも、『女《をんな》の世界《せかい》』にでも、何一《なにひと》つ自分《じぶん》の意見《いけん》を發表《はつぺう》した事《こと》がない。然《しか》し私《わたし》も生《い》きた人間《にんげん》であるから、多少《たせう》は物《もの》を考《かんが》へる事《こと》もあり、物《もの》に感《かん》ずる事《こと》もある。それで今後《こんご》は折々《をり〳〵》、何《なに》かにつけて少《すこ》しづゝ感想《かんさう》を述《の》べて見《み》る事《こと》にした。固《もと》より文士論客《ぶんしろんかく》の間《あひだ》に伍《ご》するなどいふ了簡《れうけん》は微塵《みぢん》もないが、事務者《じむしや》の世俗觀《せぞくくわん》も亦讀者諸君《またどくしやしよくん》に取《と》て幾許《いくはく》かの參考《さんかう》にはならうかと考《かんが》へる丈《だけ》の事《こと》である。

二、婦人《ふじん》への要求《えうきう》の第《だい》一

先《ま》づ今回《こんくわい》は『婦人《ふじん》と人物《じんぶつ》の目《め》きゝ』といふ事《こと》を少《すこ》し話《はな》して見《み》る。

一體《いつたい》『人物《じんぶつ》の目《め》きゝ』といふ事《こと》は大變《たいへん》に六かしいもので、それが相當《さうたう》に出來《でき》さへすれば、世間《せけん》に顏出《かほだ》しをして滅多《めつた》に恥《はぢ》をかく事《こと》もなく、如何《いか》なる事務《じむ》に當《あた》り、如何《いか》なる地位《ちゐ》に立《た》つても、先《ま》は一人前《いちにんまへ》として通用《つうよう》する次第《しだい》である。大抵世間《たいていせけん》で人《ひと》に馬鹿《ばか》にせられ、或《あるひ》は大味噌《おほみそ》をつけて引下《ひつさが》つたりする連中《れんちう》は、自分《じぶん》の同輩《どうはい》なり、目上《めうへ》なり目下《めした》なりに對《たい》して、それ〳〵の人物《じんぶつ》の目《め》きゝの出來《でき》ない結果《けつくわ》である。

（大正八）年、安成二郎、青柳有美とともに社を退いた。五巻一一号から六巻一〇号まで、編集兼発行者は井上実雄となるが、井上の名前は執筆者陣にはない。

安成二郎は『読売新聞』に転職し婦人欄を担当したが、『女の世界』にも毎号複数の原稿を書いている。青柳はその後、宝塚音楽学校嘱託となって、生徒監兼修身を担当する。

安成二郎というキーパーソン

安成二郎『花万朶《はなばんだ》』（一九七二年、同成社）の序文に荒畑寒村が、二郎の本領は歌人だ、と書いている。歌集『貧乏と恋』（一九一六年、実業之世界社）から「豊葦原瑞穂《とよあしはらみずほ》の国に生れ来て／米が食へぬとは／嘘のよな話」「言霊《ことだま》の幸《さき》はう国に生れ来て／ものが言へぬとは／嘘のよな話」を引用して、その「ユーモラスでしかも時代に対する皮肉で痛烈な風刺批評」を絶賛している。

一八八六（明治一九）年、秋田に生れた二郎は県立大館中学校を中退して一歳年上の兄貞雄を頼って上京、徳田秋聲に師事する。早稲田大学文科予科に入学、社会学会に所属して平民社に近づき、『火鞭《かべん》』*『新声』『近代思想』等に生活短歌を多く発表した。兄の貞雄は、大逆事件で処刑された管野スガ*の遺体を引き取る等、社会主義に深くかかわったが、二郎はその影響を誰よりも濃く受けていた。

『女の世界』第三巻一二号（一九一七＝大正六年一二月）に、安成貞雄と仲間たち——佐藤緑葉*、土岐哀果《ときあいか》*、白柳秀湖、若山牧水等々をモデルに、短篇「雑木林」を発表。故郷に許嫁がいながら下宿先の娘（のち『青鞜』社員の小笠原貞子*）と恋に落ちる佐藤緑葉の青春を中心に「明治四

安成二郎（「雑木林」掲載時）

安成貞雄

拾年一月下旬」、卒業間近の早稲田の学生群像を描いている。第四巻一二号（大正七年一二月号）に発表した短歌一二首「戦《たたかい》は終りぬ」もすばらしい。第一次世界大戦終了直後である。

「戦は今ぞをはりぬよろこびの杯《さかづき》を挙げ世界は唄ふ。／戦は終りぬ今ぞ日の下に地球の上に砲煙とばず／たゝかひは終りぬ今ぞ空の雲しづかに流れ海は狂はず／千九百十六年の暮れ近くあゝ大戦は終りたるかな／痛ましき戦の跡を清むると雪白く降る冬は来りぬ／戦は終りぬ高く美しき永久の平和の声は挙りぬ／戦は終りぬ世界最終の戦として終りあらしめよ／日よ出でよ千萬人を殺したるたゝかひ終る戦ひ終る／戦に荒れたる土は栄ゆべし死にたる魂を返すすべなし／戦の跡に緑の草生うるそのごとく世に平和あらしめ／厳そかに戦ひの跡にかゞやける冬の太陽の光り尊し／戦ひは今ぞ終りぬ天も地も草木も人もよろこび踊る」

『実業之世界』『女の世界』編集長の後、『読売新聞』『大阪毎日新聞』記者、のち平凡社に入社。一九七四（昭和四九）年四月、八七歳の生涯を閉じた。二郎は妹くら、弟四郎を実業之世界社に入社させている。永代美知代が『女の世界』常連だったのは、夫の永代静雄と二郎の関係による。人が人を呼び、人脈が広がり、相互関係の中で成り立ってきたジャーナリズムの一端を垣間見た思いがする。

五　心中、駆け落ち

伯爵夫人・芳川鎌子心中未遂事件

一九一七（大正六）年三巻一二号の『女の世界』に、「煩悶引受所長」の肩書で青柳有美が「大正六年女の世界回顧」を書いている。大正六年に入って「日本婦人界の傾向が著しく知的となり、漸次情的方面より遠ざか」ってきた結果、これまで「不品行不行状のあるつ丈けを盡くし」てきた「新しい女」が凋落し、あるいは「結婚、出産」に向かった。そうした中で起った「芳川鎌子心中未遂事件」を「日本婦人界における星霧でありアメーバ」とし、有閑夫人に言及する。

三月七日千葉駅で若い男女が列車に飛び込み、女は重傷を負い、助かった男は自ら短刀で喉をついて果てた。事件は女が伯爵若夫人であり、男がお抱え運転手だったことから、マスコミの取材競争は過熱し、収まる所を知らなかった。

芳川鎌子

前年一一月九日、「青鞜社員」神近市子が、就寝中の大杉栄の首を刺した「葉山日蔭茶屋事件」以上の嵐が巻き起こっていた。

庶民にとっては、アナーキストよりも華族の方がはるかに魅力的な存在であり、「特権階級のスキャンダル」に興奮した。

『女の世界』はすでに六月号に、和気律次郎が「鎌子夫人を憐れむ」として「日本語が有する有らゆる侮蔑の言葉でもつて焼印を」捺され、「人非人」「畜生」とまで罵られている鎌子を弁護する。まず「姦通」は罪悪かと問い、マスコミ、民衆挙げての鎌子糾弾を、彼女が「華族」で「美人」であり、しかもすべてを擲《なげう》って心中するに至った「激しい情熱」の持ち主であることへの「嫉妬的私憤」と断じる。

その上で一文を「先づ彼女の夫芳川寛治氏を打て」と結んだ。子爵家から養子として芳川家に入り爵位を継ぎながら、放蕩三昧にふける夫の責任が問われないことを、怒りを込めて指摘している。

それに対して「一平民　安成貞雄」が「鎌子夫人と『多数の平民』」を次の七月号に書き、「姦通」は重大な罪悪であり、「皇室の藩屏」たる華族は、それなりの責任を持たなくてはならないと、反論する。きわめて平凡な論だが、ノブレス・オブリージュは、当時の識者を代表した意見だった。そして、華族女性のノブレス・オブリージュは、婦徳、なによりも貞操を守ることだったのだろう。

後年、長谷川時雨が『近代美人伝』(一九三六　サイレン社)に、深い同情をもって「芳川鎌子」を描いている。

「新しき女」松井須磨子

一九一八(大正七)年一月号(四巻一号)は、「大正七年に於いて本誌は誰を推賞すべきか」として読者投票を呼びかけた。「新しき女の中」から一名の氏名を葉書に記して投函する。締め切りは三月末日、発表は五月号。総数一万通余が届き、記念の銀製置時計は森律子、松旭斎天勝、松井須磨子の三人に贈られた。女優、芸能人の人気投票の感があり、作家は中條(宮本)百合子、尾島菊子がわずかにはいった。六月号は「三女史に捧ぐ」として特集が組まれた。

現在の私たちが納得できるのは松井須磨子くらいだろうか。坪内逍遥の文芸協会で「ハムレット」のオフィーリア、「人形の家」のノラを演じ、さらに島村抱月と共に芸術座をおこし新劇普及に各地を興行。「復活」で歌われた「カチューシャの唄」は全国を風靡した。

華やかに活躍する女優とその指導者との恋は、不倫ではあっても、世間はさほど抵抗をもたなかったようだ。女優や芸人は、芸者と同じく「玄人」とみなされていたからなのかもしれない。すでに『女の世界』(一九一七年四月号)は「松井須磨子の生立ち」を載せている。筆者の三楽流子は不明だが、父母のこと、二度の結婚、須磨子の性格などと詳しい。

大正七年に於て本誌は誰を推賞すべきか

揮つて投票せよ！

誰を推賞すべきか

松井須磨子　八二一點
森律子　八一六點
櫻井八重子　七七九點
中村歌扇　七三三點
花柳はるみ　七一八點
小原小春　六二四點
宇治龍子　六一一點
村田榮子　五七六點
中條百合子　五三一點
村田嘉久子　四九八點
河合澄子　四二八點
日稲初枝　三九四點
松旭齋天華　三九一點
初瀬浪子　三七九點
木下八百子　三七二點
栗原玉葉　三四七點
竹本昇菊　三四一點
松旭齋天勝　三三六點
中村歌江　三一五點
島成園　二八九點
衣川孔雀　二六四點
丹いね子　二四一點
日向きむ子　二二六點
玉村歌路　一一四點
芳川鎌子　一一二點
矢木小百合　一一〇點
川勝歌蝶　一〇九點
松本華羊　一〇六點

田中孤夜子　二二四點
河村菊江　二一七點
柳家さん子　二〇六點
原信子　二〇三點
尾島菊子　一九八點
和歌浦糸子　一九七點
荒熊幽美子　一八二點
東日出子　一七九點
澤もりの　一七七點
竹本綾香　一七三點
音羽兼子　一七〇點
立花家歌子　一六八點
藤間房子　一六二點
岡本更園　一六一點
竹本昇之助　一五六點
安藤文子　一四三點
岸澤式多津　一四一點
林千歳　一三六點
吉崎季枝子　一三四點
秀しげ子　一三三點
吉岡千種　一二九點
久保田富江　一二八點
鈴木稲子　一二五點
河嶋園香　一一七點
村田美禰子　一〇四點
內藤千代子　一〇一點

以上。二月十八日までに到着の分。一〇〇點以下は保留。前號締切後に到着總數凡そ一萬通。內保留數約二百五十通。

〔投票規定〕

大正《たいしやう》七年《ねん》に於て我《わ》が『女《をんな》の世界《せかい》』は誰《たれ》を推賞《すゐしやう》すべきか。これを廣《ひろ》く新《あたら》しき女《をんな》の中《うち》に求《もと》め、併《あは》せて讀者《どくしや》に計《はか》る。何人《なんぴと》も自己《じこ》の推賞《すゐしやう》したき女《をんな》の氏名《しめい》（一人《にん》）を明記《めいき》して、左《さ》の規定《きてい》により『女《をんな》の世界《せかい》』投票係宛《とうへうがかりあて》に送《おく》らるべし。

用紙　葉書
但毎月一枚に限る。投票者は自己の住所氏名を記すべし。

總締切　大正七年三月三十一日
毎月紙上に投票點數を發表し、大正七年五月號誌上に總結果を發表す。

〔銀製置時計を贈呈す！〕

高點者《かうてんしや》には二名《めい》を限《かぎ》りて記念《きねん》の爲《た》め、推賞《すゐしやう》の意味《いみ》を鏤刻《るこく》したる

銀製置時計

を各《かく》一箇《こ》づゝ贈呈《ぞうてい》す。なほ、

『女の世界』六月號

を二人者《にんしや》の爲めにデヂケートして、讀者《どくしや》と共《とも》に厚《あつ》く我《わ》が『女《をんな》の世界《せかい》』推賞《すゐしやう》の實《じつ》を示《しめ》す。

〔推賞〕

〔女の世界六月號を贈る！〕

誰を推賞するか？

競《きやう》爭《さう》者《しや》が欲《ほ》しい

松井須磨子

△同時代《どうじだい》の人《ひと》は皆《みな》退《ひ》いた

此頃《このごろ》は古《ふる》い女優《ぢよいう》の方々《かたがた》は大抵舞臺《たいていぶたい》を退《ひ》いてしまはれたやうで、何《なん》だか私一人《わたしひとり》が取殘《とりのこ》されてゐるやうに思《おも》はれてなりません。尤《もつと》も帝劇《ていげき》の一期生《きせい》の方々《かたがた》は、私《わたし》などよりも寧《むし》ろ古《ふる》い方々《かたがた》で、今《いま》でもやはり女優《ぢよいう》として立派《りつぱ》に劇界《げきかい》を賑《にぎ》はしてゐらつしやいますが、しかし私《わたし》などの立場《たちば》とは同《おな》じ女優《ぢよいう》としても少《すこ》し意味《いみ》が違《ちが》ふやうで、競爭者《きやうさうしや》としては世《よ》の中《なか》でも認《みと》めてくれませんし、私自身《わたしじしん》にしましても、何《なん》となく世界《せかい》の違《ちが》ふ方々《かたがた》のやうに思《おも》はれてなりません。

藝《げい》といふ上《うへ》から見《み》ますれば律子《りつこ》さん、嘉久子《かくこ》さん、浪子《なみこ》さん、菊江《きくえ》さん、房子《ふさこ》さん、龍子《たつこ》さんなど、皆《みな》立派《りつぱ》な藝《げい》をお持《も》ちで、皆《みな》さまともに押《お》しも押《お》されもせぬ一枚看板《まいかんばん》の方々《かたがた》ですが、それよりも私《わたし》の希望《きばう》から云《い》ひますれば、私等《わたしども》と同《おな》じ新劇《しんげき》の女優《ぢよいう》でもう少《すこ》し古《ふる》い方々《かたがた》に、舞臺《ぶたい》に殘《のこ》つていたゞきたいのです。新劇《しんげき》の女優《ぢよいう》と云《い》ひますれば、以前《いぜん》は山川浦路《やまかはうらぢ》さん、林千歳《はやしちとせ》さん、秋元千代子《あきもとちよこ》さん、都郷道子《とがうみちこ》さんなど、同《おな》じ文藝協會《ぶんげいけふくわい》出《で》の方々《かたがた》で、劇壇《げきだん》が非常《ひじやう》に賑《にぎは》つてゐまして、みんな我《われ》こそと云《い》ふやうに競爭的《きやうさうてき》に技藝《ぎげい》に熱心《ねつしん》だつたのです。衣川孔雀《きぬがはくじやく》さんは上山《かみやま》さんの近代劇協會《きんだいげきけふくわい》でお生《うま》れになつた方《かた》ですが、私《わたし》はこの方《かた》が最近舞臺《さいきんぶたい》を退《ひ》かれたのを、何《なに》よりも殘念《ざんねん》に思《おも》つてゐます。藝《げい》もお立派《りつぱ》でしたし、何《なに》かと云《い》ふと私《わたし》たちの競爭者《きやうさうしや》としていろ〳〵と勵《はげ》まされたものでした。その方《かた》にももう舞臺《ぶたい》を退《ひ》かれでしまひました。本當《ほんたう》に取殘《とりのこ》されたやうな氣《き》がして、何《なん》となく寂《さび》しみを感《かん》じます。

□松井須磨子さん□

△競爭者《きやうさうしや》が欲《ほ》しい

兎《と》に角古《かくふる》い立派《りつぱ》な方々《かたがた》はもう大抵皆舞臺《たいていみなぶたい》を退《ひ》いてしまはれました。今日《こんにち》の新劇壇《しんげきだん》の女優《ぢよいう》と云《い》ひますれば、殆《ほと》んど凡《すべ》ては私《わたし》だちよりはずつと後《あと》に出《で》られた方々《かたがた》で、年《とし》も大抵《たいてい》はお若《わか》い方々《かたがた》ばかりです。それは中《なか》には立派《りつぱ》な藝《げい》をお持《も》ちの方《かた》もありませう。けれども私《わたし》の己惚《うぬぼ》れからか知《し》りませんが、どうしても競爭者《きやうさうしや》として勵《はげ》まされるやうな方《かた》は、私《わたし》にはまだ見當《みあた》りません。實際《じつさい》な所《ところ》を申《まを》しますれば、今日《こんにち》の新劇壇《しんげきだん》の女優《ぢよいう》の大部分《だいぶぶん》――少《すくな》くも半《なか》ば以上《いじやう》は、みんな私《わたし》たちの藝術座《げいじゆつざ》で育《そだ》てられた方々《かたがた》と云《い》つても、あまり言《い》ひ過《す》ぎでは無《な》ささうに思《おも》はれるのですから。

こんな事《こと》を申《まを》しますと、又私《またわたし》の己惚《うぬぼ》れとか、傲慢《がうまん》とか思《おも》ふ方《かた》が無《な》いでもありますまいが、實際競爭者《じつさいきやうさうしや》、少《すくな》くも自分《じぶん》で競爭心《きやうさうしん》を刺戟《しげき》される方《かた》が見當《みあた》らないと――自分《じぶん》ではそんな氣《き》は毛頭《まうとう》ないのですが、自然藝《しぜんげい》に身《み》が入《はい》らなくなるやうな氣《き》がしてなりません。そして延《ひ》いては何《なん》となく寂《さび》しみさへ感《かん》ずるやうな事《こと》もな

一九一八年二月号の須磨子のエッセイ「競争者が欲しい」が興味深い。山川浦路《うらじ》*、林千歳ら文芸協会出身の女優が次々と引退し、近代劇協会出身の衣川孔雀も引退、もはや「競争者として励まされるやうな方」がいないことの寂しさを訴えている。地方公演では「伊藤燁子さま――この方は柳原伯爵のお妹様で、九州の素封家伊藤伝衛門さんの奥様」に始終お世話になっていると記し、秋になったらアメリカに渡りたいと書いている。

その八カ月後の一一月五日、島村抱月はスペイン風邪で急逝し、須磨子は翌年一月五日、自死した。『女の世界』は、一九一九年二月号を「須磨子号」として追悼した。秋田雨雀・仲木《なかぎ》貞一《ていいち》*によって書かれその年のベストセラーとなった『恋の哀史須磨子の一生――伝記・松井須磨子』（日本評論社）は、「松井須磨子の生立ち」をベースにしている。三楽流子は仲木貞一のペンネームなのかもしれない。

夭逝 作家・素木しづ

一九一八（大正七）年一月号『女の世界』に、「素木《しらき》しづ、良人上野《うえの》山清貢《やまきよつぐ》*と妥協せず」という小さなコラムが載る。「女流作家中の俊秀」で、その「純白なる感情と美しき筆致」を特色とする素木しづが、筆名に「上野山」姓を使わないことをめぐって「Poor painter」である夫との間にしばしば諍いが起きていることを伝える。「素木しづ」の署名を夫が「上野山しづ」と書き改め、さらにしづが取り返して「素木しづ」となおす。そのため「原稿常に其の闘争の痕跡歴々たり」とある。今に続く夫婦別姓闘争の始まりだろうか。

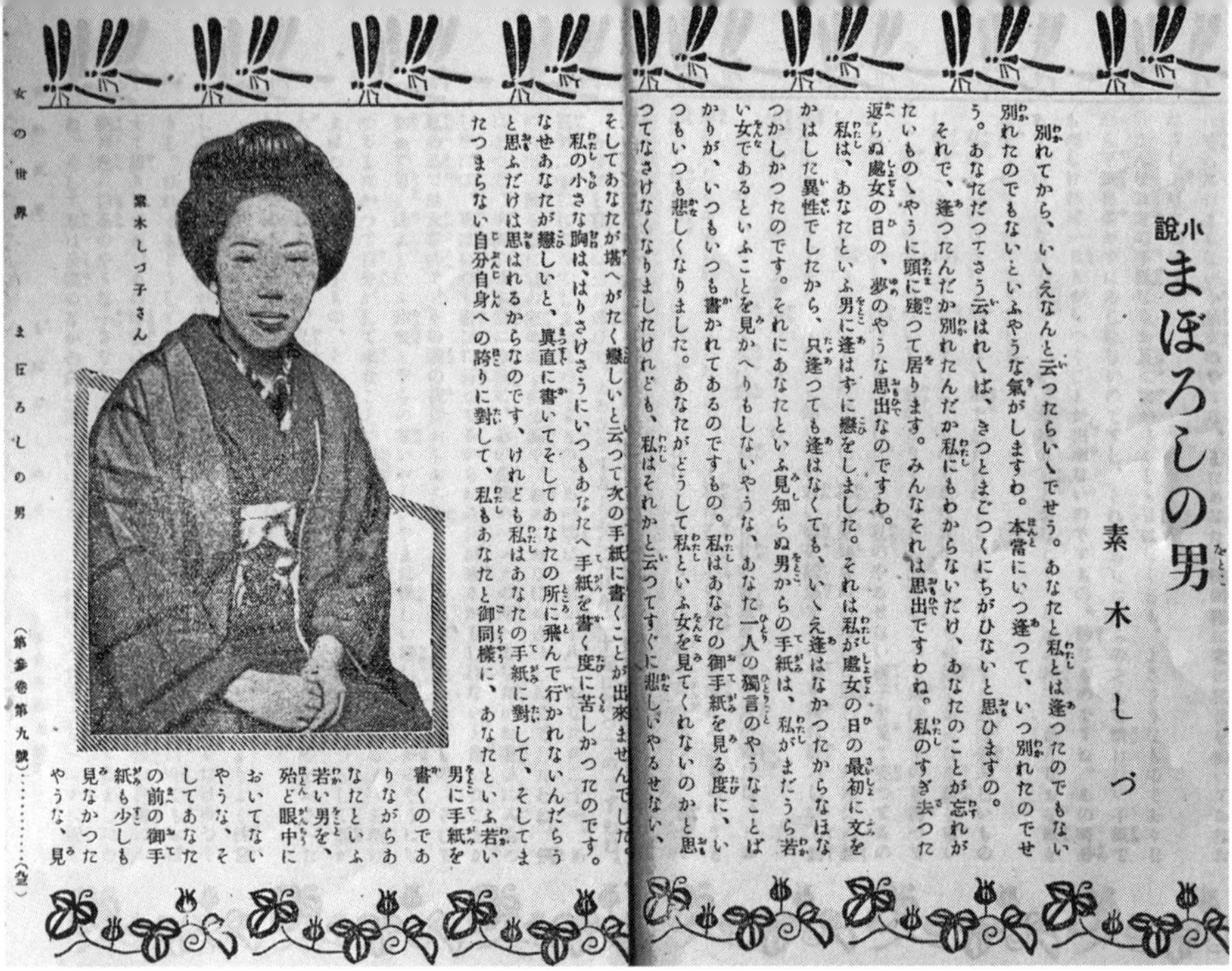

小説 まぼろしの男

素木しづ

別《わか》れてから、いゝえなんと云《い》つたらいゝでせう。あなたと私《わたし》とは逢《あ》つたのでもない別《わか》れたのでもないといふやうな氣《き》がしますわ。本當《ほんと》にいつ逢《あ》つて、いつ別《わか》れたのでせう。あなただつてさう云《い》はれゝば、きつとまごつくにちがひないと思《おも》ひますの。それで、逢《あ》つたんだか別《わか》れたんだか私《わたし》にもわからないだけ、あなたのことが忘《わす》れがたいもの〻やうに頭《あたま》に殘《のこ》つて居《を》ります。みんなそれは思出《おもひで》ですわね。私《わたし》のすぎ去《さ》つた返《かへ》らぬ處女《しよぢよ》の日《ひ》の、夢《ゆめ》のやうな思出《おもひで》なのですわ。

私《わたし》は、あなたといふ男《をとこ》に逢《あ》はずに戀《こひ》をしました。それは私《わたし》が處女《しよぢよ》の日《ひ》の最初《さいしよ》に文《ふみ》をかはした異性《いせい》でしたから、只逢《たゞあ》つても逢《あ》はなくても、いゝえ逢《あ》はなかつたからなほなつかしかつたのです。それにあなたといふ見知《みし》らぬ男《をとこ》からの手紙《てがみ》は、私《わたし》がまだうら若《わか》い女《をんな》であるといふことを見《み》かへりもしないやうな、あなた一人《ひとり》の獨言《ひとりごと》のやうなことばかりが、いつもいつも書《か》かれてあるのですもの。私《わたし》はあなたの御手紙《おてがみ》を見《み》る度《たび》に、いつもいつも悲《かな》しくなりました。あなたがどうして私《わたし》といふ女《をんな》を見《み》てくれないのかと思《おも》つてなさけなくなりましたけれども、私《わたし》はそれかと云《い》つてすぐに悲《かな》しいやるせない、そしてあなたが堪《た》へがたく戀《こひ》しいと云《い》つて次の手紙に書くことが出來《でき》ませんでした。

私《わたし》の小《ちひ》さな胸《むね》は、はりさけさうにいつもあなたへ手紙《てがみ》を書く度《たび》に苦《くる》しかつたのです。なぜあなたが戀《こひ》しいと、眞直《まつすぐ》に書《か》いてそしてあなたの所《ところ》に飛《と》んで行《い》かれないんだらうと思《おも》ふだけは思《おも》はれるからなのです、けれども私《わたし》はあなたの手紙《てがみ》に對《たい》して、そしてまたつまらない自分自身《じぶんじしん》への誇《ほこ》りに對《たい》して、私《わたし》もあなたと御同樣《ごどうやう》に、あなたといふ若《わか》い男《をとこ》に手紙《てがみ》を書《か》くのでありながらあなたといふ若《わか》い男《をとこ》を、殆《ほとん》ど眼中《がんちう》においてないやうな、そしてあなたの前《まへ》の御手紙《おてがみ》も少《すこ》しも見《み》なかつたやうな、見

素木しづ子さん

女の世界　まぼろしの男　（第參卷第九號）……（九二）

一八九五（明治二八）年札幌に生れたしづは、庁立札幌高等女学校を卒業。結核性関節炎治療のために一家をあげて上京するが、右足を切断。小学校以来の友人森田たまに誘われて森田草平の門に入り、「松葉杖をつく女」「三十三の死」「美しき牢獄」等々で「一葉以来の才筆」と評された。尾崎翠が『新潮』（一九一六年一〇月号）で「もつとも期待する作家・素木しづ氏について」を書き、『女の世界』も「第二期の『新らしい女』」（一九一六年八月号）で「天才」と評した。「新らしい女探訪記」（一九一七年一〇月号）には、下渋谷の家で夫に支えられながら家事と育児に励むしづの様子が描かれている。

『女の世界』には「咲いてゆく花」（一九一六年四月号）「まぼろしの男」（一九一七年九月号）の短篇二本を掲載。前者は初潮を迎えた少女の心と身体の微妙な揺らめきを

見事に描き、後者は淡い初恋を描いた。繊細でありながら強靭な文体は素木しづの作品すべてに共通するが、冒頭のコラムが書かれてまもない一月二九日、二二歳の生涯を終えた。『女の世界』（一九一八年四月号）に「旅人の頓智」が遺稿童話として掲載された。

才能を十分に開花させることなく逝った素木しづだが、その文学を愛する人々によって守られ、現在もインターネット「青空文庫」で「咲いてゆく花」はじめ十数編を読むことができる。夫の上野山も北海道江別出身。しづとの死別後、画家として大成。郷里の風景、静物等を多く描き、激しいタッチと鮮やかな色彩から〈和製ゴーギャン〉と呼ばれた。

画家・小川治平の消息

『女の世界』の最大の魅力は、実は毎号の表紙にある。『女の世界』表紙絵展をひらきたいほどにすばらしい表紙絵は、最終巻の七巻を除いて漫画家・小川治平による。連載『女の世界』第二回に、私は小川治平について「一八八七（明治二〇）年埼玉県生まれ、一九二五年三八歳で死去。北沢楽天に弟子入りしたことしかわからない」と書いたが、少しずつ消息が集まってきた。

どの表紙も女性が描かれているが、蜘蛛の巣にからめ捕らえられた女性、般若と鬼とが一体化した女性――美しさと危うさ、デカダンの気が漂う。大正期は、竹久夢二、伊東深水、上村《うえむら》松篁《しょうこう》、鏑木清方、川端龍子、高畠華宵ら多くの日本画家が雑誌の表紙絵や口絵に活躍した時代だった。その中でも、小川の配色のみごとさ、モダニズムは群を抜いている。風刺をきかせ

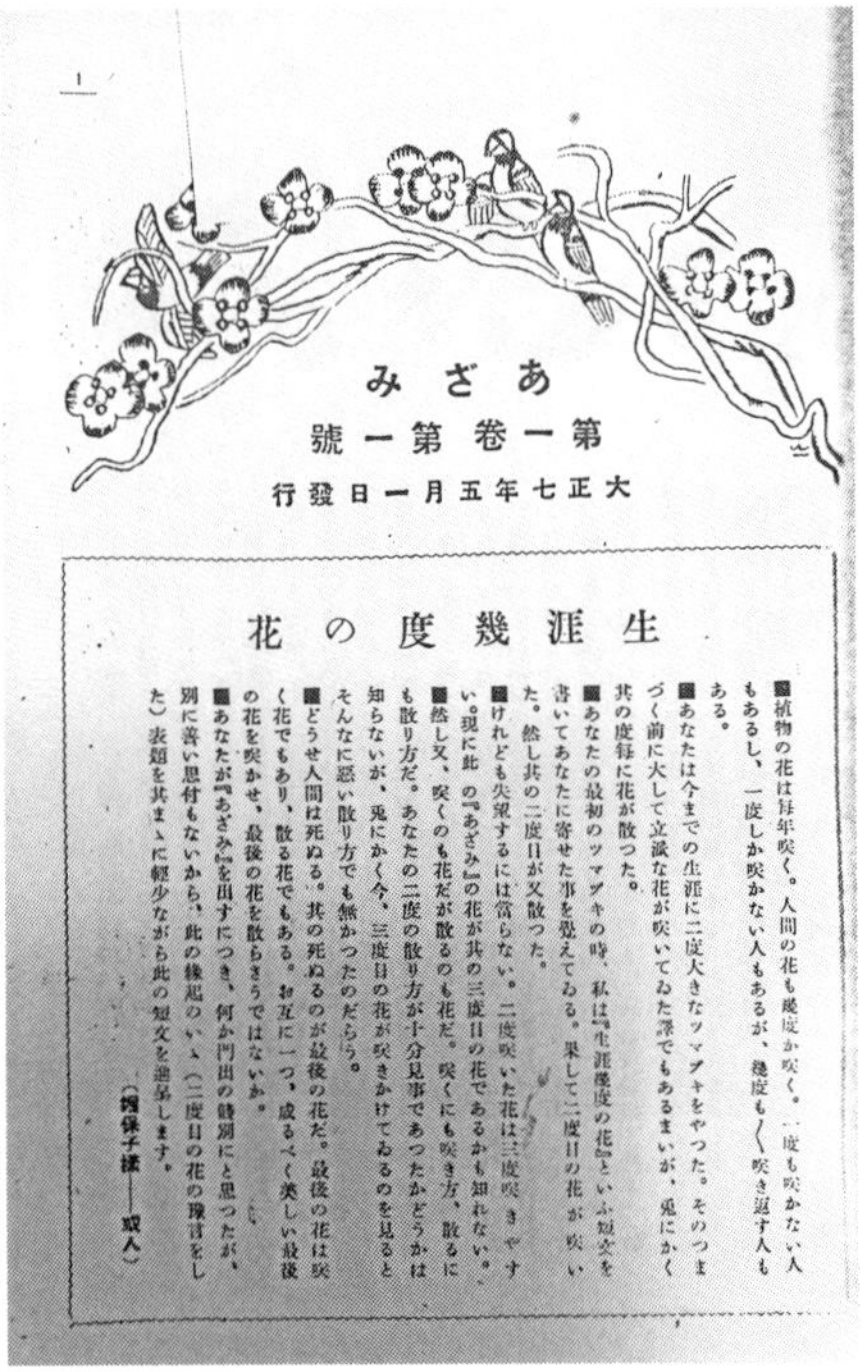
あざみ
第一巻第一號
大正七年五月一日發行

生涯幾度の花

■植物の花は毎年咲く。人間の花も幾度か咲く。一度も咲かない人もあるし、一度しか咲かない人もあるが、幾度もく\咲き返す人もある。
■あなたは今までの生涯に二度大きなツマヅキをやつた。そのつまづく前に大して立派な花が咲いてゐた譯でもあるまいが、兎にかく其の度毎に花が散つた。
■あなたの最初のツマヅキの時、私は『生涯幾度の花』といふ短文を書いてあなたに寄せた事を覺えてゐる。果して二度目の花が咲いた。然し其の二度目が又散つた。
■けれども失望するには當らない。二度咲いた花は三度咲きやすい。現に此の『あざみ』の花が其の三度目の花であるかも知れない。
■然し又、咲くのも花だが散るのも花だ。咲くにも咲き方、散るにも散り方だ。あなたの二度の散り方が十分見事であつたかどうかは知らないが、兎にかく今、三度目の花が咲きかけてゐるのを見るとそんなに惡い散り方でも無かつたのだらう。
■どうせ人間は死ぬる。其の死ぬるのが最後の花だ。最後の花は咲く花でもあり、散る花でもある。お互に一つ、成るべく美しい最後の花を咲かせ、最後の花を散らさうではないか。
■あなたが『あざみ』を出すにつき、何か門出の餞別にと思つたが、別に善い思付もないから、此の縁起のいゝ（二度目の花の豫言をした）表題を其まゝに輕少ながら此の短文を進呈します。
（堀保子様――取人）

た「男女闘争漫画」（三巻七号）「貧乏人の贅沢」（五巻三号）なども描いている。竹久夢二と岡本一平をあわせもった画家だった。

二〇一二年暮れに亡くなった初期社会主義の研究家・堀切利高*氏の遺稿『野枝さんをさがして』（學藝書林）を読んでいたら、神近市子による大杉栄刺傷事件の後、大杉の妻だった堀保子が雑誌『あざみ』を創刊。その表紙絵を小川治平が描いていることを知った。ご遺族の桑垣（堀切）里絵さんを訪ねて『あざみ』を拝見した。

実物は画家・望月桂《かつら》*の信州のお宅にあるということで、コピーだったが、壺を両手で左肩に担いだ少女が描かれ、足元にあざみの花が咲いている。左側に「堀保子編輯あざみ」とある。題字は保子の義兄にあたる堺利彦による。

一九一八（大正七）年五月に創刊され八月まで、四冊で終ったようだ。

興味深い内容と執筆陣なのだが、作家・尾島（小寺）菊子が小川治平を義弟と書いた一文があって驚かされた。『小寺菊子作品集』全三巻（金子幸代編集・解説、桂書房）が二〇一四年二月に出版されたが、第二巻収録の「ダリヤは黝《くろ》く」（初出『婦人公論』一九二七年一二月）は、夫小川治平が死去した後の、遺族（妹のちえ一家）の生活を描いたと思われる。

小川治平と尾島菊子

表紙画を描いた小川治平と安成二郎との関係もようやく判明した。貞雄と一歳違いの弟二郎は、一家の困窮に秋田の大館中学を中退し精錬所で働く。父の死後、一九〇五（明治三八）年一家で上京。二郎は、貞雄の同級生の妹と結婚した成女女学校長・宮田脩の世話で内田魯庵の口述筆記などをし、間もなく金尾文淵堂に勤めた。『早稲田文学』『日本及日本人』の編集雑務を担当。同時に貞雄に連れられて平民社に出入りした。その後も『大阪日報』、日本最初の週刊誌『サンデー』『二六新報』『近代思想』などの記者を経て、堺利彦の紹介で一九一二（明治四五）年、北沢楽天主宰の『楽天パック』『家庭パック』の編集者となる。

安成二郎が小川治平と出会ったのは、『家庭パック』の編集部だった。編集部には小川の他にも、石井鶴三など画家が多かったから、二郎が編集の中心となった。創刊号には堺利彦が渋六の筆名でエッセイを書き、三号には親友の永代静雄、五号には永代美知代の小説「虫干し」が載る。

尾島菊子

『楽天パック』『家庭パック』は間もなく廃刊となり、二郎は一九一四(大正三)年、実業之世界社に入社した。『女の世界』の表紙を小川治平に依頼したのは二郎であろう。二郎は最初の歌集『貧乏と恋と』(一九一六年　実業之世界社)の表紙も小川に依頼している。

小川が尾島菊子の妹ちえと結婚したのは、菊子の従姉ふさの夫・樽井藤吉《とうきち》*の縁ではないか。初期社会主義者として活躍した樽井は、のちに衆議院議員をつとめるが、大杉栄、堺利彦らを通して安成兄弟と親しんでいた。菊子と親しかった二郎が仲立ちしたのかも知れない。

銅《あかがね》御殿の女王・柳原白蓮登場

二〇一四年上半期、NHK朝の連続ドラマ「花子とアン」で、主人公・村岡花子の親友「蓮さま」が評判になった。「蓮さま」は、歌人柳原白蓮。永畑道子『恋の華・白蓮事件』(藤原書店)

が版を重ねているが、私が解説を書いた。二〇〇八年から二〇〇九年にかけて「柳原白蓮展」（朝日新聞社主催）が日本橋高島屋を皮切りに福岡三越まで全国五か所で開かれ、その監修もした。「愛を貫き自らを生きた白蓮のように」というメッセージを展覧会にこめた。

もちろん『女の世界』に、白蓮はリアルタイムで登場している。いろは順の「大正婦人録」は白蓮・伊藤燁子《あきこ》から始まる。「伯爵柳原義光氏の妹、明治一八年一〇月東京市麻布に生る。華族女学校（を経て）東京英和女学校卒業、竹柏園門下に遊び歌集『踏絵』『幻の華』詩集『几帳のかげ』の著あり。伊藤伝衛門夫人、福岡における新らしい女の随一人なり。現住所、福岡県幸袋町」（六巻五号）とある。

柳原白蓮

一九一八（大正七）年四月に筑豊疑獄事件の証人として法廷に立ち、『大阪朝日新聞』が一〇回にわたって「筑紫の女王燁子」を連載するなど、すでにマスコミをにぎわせていた。

同年七月の『女の世界』には村上知行「新しい博多の二名物＝久保よりえ夫人と伊藤燁子夫人＝」が載る。「九州帝国大学医科大学耳鼻咽喉科の久保猪之吉博士夫人よりえ」と「傅ねむと綽號《あだな》された富豪伊藤伝衛門氏夫人燁子」を並べ「よりえ夫人を水色の花とすれば燁子夫人はあの濃艶な紫の花です。悩ましげに誇る紫の花です」として、燁子の矛盾に満ちた陰影ある性格を『踏絵』から読み解いている。

「眞珠夫人」のモデル

菊池寛

「眞珠夫人《しんじゆふじん》」が、大阪毎日新聞と東京日々新聞に連載になる約束が整つて、その豫告を發表しまだ紙上には出なかつたころ突然福岡の大阪毎日支社の或る人から僕に宛てた手紙が來た。それには「眞珠夫人」と云ふのは伊藤燁子さんのことではないのか、もしさうだとすると、何んとかして掲載を見合せて貰ひたい。燁子さんは非常に氣にしてゐるからと書いてあつた。

「眞珠夫人」の主人公が、或る貧乏な華族の娘であつたのだが意地と金力のために、歳も大へんに違ふ或る成金の妻になつてゆくと云ふところがあるので、多分さうした點から、白蓮夫人の事を書いたのではないかと想つたのだらうが、隨分莫迦にした話で、少々癪に觸つたものだから、僕は直ぐその人に返事を書いた。「小說家は、いつも自分達のことを書くものだと云ふやうな自惚れはお止しなさいと白蓮夫人にお傳へ下さい。そして、おれは決して白蓮夫人のことを書いたのでも何んでもありませんから御安心なさいと附加へて下さい」さういつた意味のことを書いてやつた。これを聞いた白蓮夫人は、どんな顏をしたらうと想ふと、一寸愉快な氣がする。

「眞珠夫人」には全くモデルと云ふやうなものはない。たゞ今迄の女性は、どれ程強いと云つても、まだ薄弱だ。毒婦だと云つても必ず終りに於て後悔をしてゐる。それが僕には不滿であつた。そして徹頭徹尾強い女性を描かうとしたのがあの「眞珠夫人」である。だからあらゆる男を翻弄する主人公の瑠璃子を、決して悔悟させないであの小說は打ち切らうと思つてゐる。

大阪や東京で「眞珠夫人」が、四五の劇團に依て上演されて、また非常な評判になつてゐるといふことであるが、あれは川村花菱氏の脚色になつたもので、實をいふとあの作の、ホンの挿話《エピソード》に過ぎない部分である。主人公の瑠璃子即ち眞珠夫人が、不幸な結婚をしてゆくことより起る種々な事件を、面白く仕組んであるに過ぎない。「眞珠夫人」の本當の生命は、却てあれに仕組れてあるところから後の方にあるので、最初はあれ程純情的で、堅固な意志を有つてゐた瑠璃子が、自分の美貌と金力に任せて、世の男性に向つて徹底的復讐を試みるところ、あの作の山がある。しかしあれを單なる通俗小說的な結末を以て終らせやうとは思つてゐない。（[illegible]日記）

女の會[illegible]眞珠夫人

一九二一年一月（七巻一号）には菊池寛が『真珠夫人』のモデル」として、当時『大阪毎日新聞』『東京日日新聞』に連載中の「真珠夫人」について、白蓮が人を介して掲載見合わせの依頼をして来たことを明かす。それに対して「いつも自分たちのことを書くのだと云ふやうな己惚《うぬぼ》れはお止しなさい」と答えたという。貧乏華族の美しい娘が金のためにはるか年上の男に嫁ぐ物語に、白蓮を連想した読者も多かったのだろう。

つけ加えれば、「水色の花」にたとえられた久保より江（一八八四―一九四一）は四国松山出身。俳人。漱石が下宿し、正岡子規が寄宿していた「愚陀仏《ぐだぶつ》庵」の持主が祖父であったことから、当時一二歳のより江は、漱石、子規に愛された。「わが輩は猫である」の雪江のモデルといわれる。東京府立第二高等女学校卒業後、久保猪之吉と結婚。高浜虚子に師事。〈帰り来ぬ猫に春夜の灯を消さず〉など、猫の句が多い。随筆集『嫁ぬすみ』（一九二五年　政教社）、『より江句文集』（一九二八年　京鹿子社）。

久保猪之吉は日本を代表する耳鼻咽喉科医で歌人。より江とともに雑誌『エニグマ』（一九一三）を発行。福岡在住の間、夫妻の住まいは、白蓮はじめ九州文化人のサロンとなった。白蓮と猪之吉との関係が噂にのぼったこともあった。

芳川鎌子弁護

伯爵夫人・芳川鎌子がお抱え運転手と駆け落ちし、心中を図り未遂に終わった事件については、すでに述べた。

凄まじい罵詈雑言に包まれるが、華族階級に対する庶民の憧憬は、一転して、「堕ちた偶像」への過剰なバッシングとなる。今も昔も変わらない。鎌子はその後、やはりお抱え運転手だった男と同棲。伯爵家からは完全に縁を切られ、窮乏の中で一九二一（大正一〇）年四月に病死した。享年二九。

同年六月号『女の世界』は、出獄して間もない社長の野依秀一が「現代の男子は處女を望む資格無し」として鎌子の死に満腔の涙と同情を注ぐ。野依は、鎌子の父親も、養子に入った夫も妾を持ち、彼らの不品行は周知であったにもかかわらず、鎌子だけが排斥されたことに「男も女も同じ人間である」と憤る。

山川菊栄も「芳川鎌子と九条武子と伊藤白蓮」を書く。「同じ貴婦人でも、九条武子とか、伊藤白蓮とかいふ高慢チキな、そのくせ臆病な体裁屋、勿体ぶり屋、虚飾屋とちがつて、赤裸々で厭味がなく、遙かに人間らしく思はれます。鎌子が無能とは云へ、愚にもつかぬ腰折れを、恥《はずか》しげもなく並べたてるより外に能のない武子や白蓮とても運転手の女房にしてみたら鎌子以上に役に立つ譯でもありますまい」「鎌子と彼等との相違は、前者は恋故に富を捨て、爵位を捨て、世間を捨てたに引きかへて、後者は金故に恋を葬り、肉を売つたといふ点であります」と手厳しい。

白蓮が宮崎龍介に出会うのは一九二〇（大正九）年一月。龍介は当時、東大新人会に所属し、吉野作造らを中心とした総合雑誌『解放』（大鐙閣）の編集にかかわっていた。同誌に白蓮が発表した仏教小説「指鬘外道《しまんげどう》」を、舞台で上演することの許可を求めて、九州に白蓮を訪ねた。日常生活の不満を歌に詠み、信奉者たちとの火遊びで紛らわしていた白蓮にとって、龍介は恰好の相手だった。激しく燃えるような文面の手紙が一日何通も交わされ、京都の宿で逢瀬を重ね、翌年一〇月、妊娠した白蓮は龍介のもとに走る。白蓮三六歳、龍介二八歳だった。山川菊栄の評論はそれ以前に書かれた。

鎌子も白蓮も自分を閉じこめる場所からの脱出をひたすらに求めた。連れ出してくれるのであれば、運転手でも東大生でも誰れでもよかったのかも知れない、と思いながらも、でも白蓮や武子はやはり運転手を選ばなかった、と思う。自分と外界をつなぐ唯ひとつの存在が、お抱え運転手であったことに、鎌子の孤独の深さが胸にしみる。

松井須磨子の死——「須磨子号」1

一九一九年一月五日未明、松井須磨子が三三歳の生を閉じた。二か月前の一九一八年一一月五日、スペイン風邪で死去した島村抱月の後追い自殺だった。東京市牛込区横寺町の芸術倶楽部の道具部屋で、正装した舞台女優の死の衝撃は、日本中を走った。

『女の世界』は、すでに誌面ができていた二月号を急遽「須磨子号」に切り替える。サロメに扮した須磨子の似顔絵を表紙いっぱいに載せる。盛装した須磨子の写真と舞台写真三葉を口絵とし、巻頭に「須磨子号発刊の辞」が載る。二ページに亘って行替えなしの長文だが、全文記すことにする。

「新劇界の女王松井須磨子の死は、有ゆる意味に於て多くの人々の耳目を聳動させた。

そして其死の是非を説き、死因の如何を語る声は紛々として決する處がない。本誌は嘗て現代婦人界に於て推稱すべき人として読者と共に彼女を推したことがある。その記憶未だ新たなるに、彼女は忽焉として逝いた。而も其死が恋愛問題に関し、且つ女優界に於ける空前の出来事たるに於ては、本誌として、焉ぞまた彼女の為にその異常なる死を記念すべく、「須磨子号」なからんやである。説を為すもの、或は彼女の死は抱月氏を恋ひ慕へるが為めではないと云ひ、或は万事行詰つた挙句の死であると云ひ、或は性の悩みに堪へざるが為めの死であると云ひ、或は突然に決意し突然に決行したのであると云ふ。それ皆或は然らんである。然し乍らそれ等は拠る處悉く想像と推察に非ざるはなく、説く處如何程までに合理的なるかを示すに過ぎない。事実は彼女が死せりといふ事と、死に際して抱月氏を慕ふの情を表明したといふ事の外はない。仮令、その死の主因副因が何れにあるにせよ、兎に角彼女は死んだのである。そして死に際して抱月氏を慕ふの意を表明したのである。或は或者の云ふが如くその表明も芝居であるかも知れない、けれどもそれが仮令芝居であつたとしても、事実の示すが如く死にまで高潮した芝居であるならば、またその芝居は敬服に値すべきではないか。吾々は、現代人にとつ

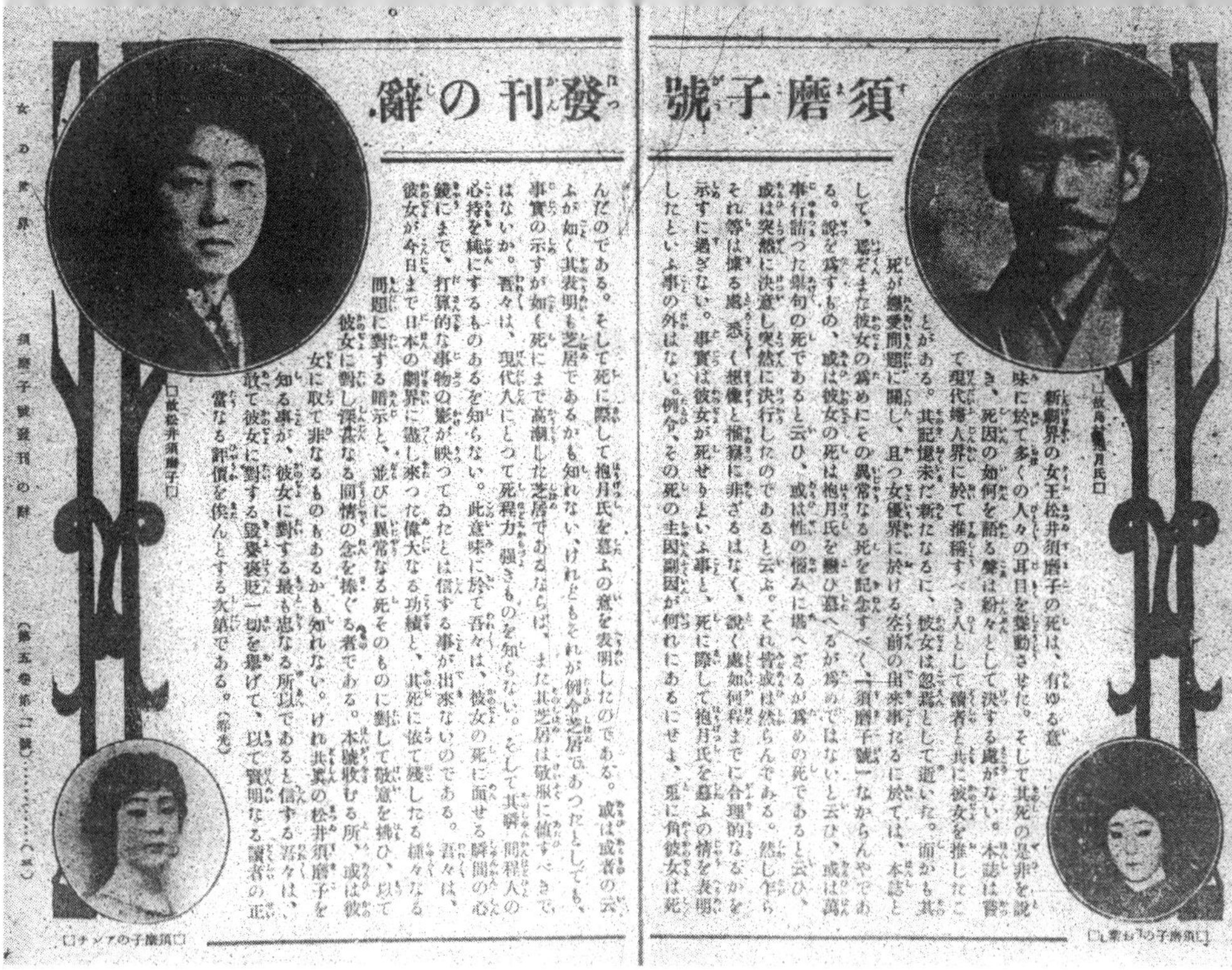

須磨子號發刊の辭

新劇界の女王松井須磨子の死は、有ゆる意味に於て多くの人々の耳目を聳動させた。そして其死の是非を說き、死因の如何を語る聲は紛々として決する處がない。本誌は嘗て現代婦人界に於て推稱すべき人として讀者と共に彼女を推したことがある。其記憶未だ新たなるに、彼女は忽焉として逝いた。而かも其死が戀愛問題に關し、且つ女優界に於ける空前の出來事たるに於ては、本誌として、豈ぞまた彼女の爲めにその異常なる死を記念すべく「須磨子號」なからんやである。說を爲すもの、或は彼女の死は抱月氏を戀ひ慕へるが爲めではないと云ひ、或は萬事行詰つた擧句の死であると云ひ、或は性の惱みに堪へざるが爲めの死であると云ひ、或は突然に決意し突然に決行したのであると云ふ。それ皆或は然らんである。然し乍らそれ等は據る處悉く想像と揣摩に非ざるはなく、說く處如何程までに合理的なるかを示すに過ぎない。事實は彼女が死せりといふ事と、死に際して抱月氏を慕ふの情を表明したといふ事の外はない。例令、その死の主因副因が何れにあるにせよ、兎に角彼女は死んだのである。そして死に際して抱月氏を慕ふの意を表明したのである。或は或者の云ふが如く其表明も芝居であるかも知れない、けれどもそれが例令芝居であつたとしても、事實の示すが如く死にまで高潮した芝居であるならば、また其芝居は敬服に値すべきではないか。吾々は、現代人にとつて死程力强きものを知らない。そして其瞬間程人の心持を純にするものあるを知らない。此意味に於て吾々は、彼女の死に面せる瞬間の心鏡にまで、打算的な事物の影が映つてゐたとは信ずる事が出來ないのである。吾々は、彼女が今日まで日本の劇界に盡し來つた偉大なる功績と、其死に依て殘したる種々なる問題に對する暗示と、並びに異常なる死そのものに對して敬意を拂ひ、以て彼女に對し深甚なる同情の念を捧ぐる者である。本號收むる所、或は彼女に取て非なるものもあるかも知れない。けれ共眞の松井須磨子を知る事が、彼女に對する最も忠なる所以であると信ずる吾々は、敢て彼女に對する毀譽褒貶一切を擧げて、以て賢明なる讀者の正當なる評價を俟んとする次第である。（春光）

□故島村抱月氏□

□故松井須磨子□

て死程力強きものを知らない。そしてその瞬間程人の心持を純にするものあるを知らない。此意味に於て吾々は、彼女の死に面せる瞬間の心境にまで、打算的な事物の影が映ってゐたとは信ずる事が出来ないのである。吾々は、彼女が今日まで日本の劇界に盡し来つた偉大な功績と、其死に依て残したる種々なる問題に対する暗示と、並びに異常なる死そのものに対して敬意を払ひ、以て彼女対し深甚なる同情の念を捧ぐる者である。本号収むる所、或は彼女に取て非なるものもあるかも知れない。けれ共真の松井須磨子を知る事が、彼女に対する最も忠なる所以であると信ずる吾々は、敢て彼女に対する毀誉褒貶一切を挙げて、以て賢明なる読者の正当なる評価を俟んとする次第である。（春光）」

上左右に須磨子と抱月の写真、下に二様の須磨子の舞台写真で挟み込むようにした「発刊の辞」には、ジャーナリストの良識と須磨子への敬意があふれている。そしてこの一文が、そうした姿勢で書かれたほとんど唯一つの須磨子への追悼文であることに、愕然とする。

「春光」の署名がある「発刊の辞」の筆者は不明だが、「編輯だより」に「(略)それは兎に角、松井須磨子さんが一月の五日に没くなられたので、それから俄かに二月号の既定の計画を捨てゝ取掛つた為に、吾々としては目が廻るやうな素晴らしく忙しい思ひをしました▲然し内容は御覧の通り可なり精細に多方面からのを集め得たので、内心少なからず得意になつて居る次第です▲特に『自殺に絡る怪事件』の記事に至つては、精を極め薇に亘り、一読彼女の死の真相を補促するかの如き感があって、興味盡くる所がなからうと思います」と書いた「多恵生」でないことは確かなようだ。

「須磨子は始終問題の女であつた。文芸協会の破壊者として芸術座の女王として、妻の夫の強奪者として、須磨子は行く所として問題を起さない所はなかつた」と始まる樹谷翩々子の「自殺に絡む怪事件——死に至るまでの真相」、あるいは大久保東圃「須磨子の自殺は変態性欲」、さらにいくつものゴシップ記事と並んで、まさに死者に対するセカンド・レイプを思わせる。大半は、男の目線で書かれた「須磨子号」だった。

毀誉褒貶――「須磨子号」2

もちろん公平に須磨子を評価した筆者も、女性の筆者もいる。青山斎場で女優界を代表して弔辞を読んだ森律子が「須磨子の死と女優界」を書く。「須磨子さんの死に対しては、古い言葉ではありますが、『屍《しかばね》に鞭《むちう》つ事は君子の道に非ず』で何事も申しますまい」と始める。須磨子の舞台を多く見たこともなく、個人的には一面識もない、と断りながらも「新劇を演ずるには最も適した精神、最も適した肉体をもつて、新劇振興の為に文芸家協会以来、世の先学者の間に交り、それに同化し三十四の今日まで熱心に努力してこられたのにこの先須磨子さんを失つた新劇が何うなるかといふ事も劇界の問題だらうと思はれます。考へて来ますと、須磨子さんは全く新劇をするに適しい女優であつたと思ひます。肉感的な表情、豊満な肉体、殊に腕の発達した筋肉等は舞台の須磨子さんにとつては何よりの味方であつたのであります」と含みある言葉で語る。

死の直前まで親しく交際していた相馬黒光《こっこう》*は「須磨子の男に対した態度と女に対した態度」と題して、同性に対しては、まじめな通り一遍の人で色気もないのに、異性と対するや「手の裏を返した様に変るのが常でした」と「非常に性的の女」であり、そのことが彼女を「舞台の女王」したのだろうと推測する。抱月の死後、「淋しい」「死にたい」と繰り返していたという。

安成二郎は「保護者的抱月氏を失つて、多数の凡人どもの反抗を抑へることが出来なくなつた悲劇的自殺である」とし、抱月が、須磨子の「芸術の天才」を、「凡人どもの反須磨子熱」

からいかに守っていたかを語る。抱月の死後、「須磨子は温和なしくなつて凡人どもに降伏するか、或ひはまるで役者を止めて商売でも始めるか、或ひは死ぬか、此の三つの外に方法がなくなつたのである。そして彼女は最後の手段を選んで、真実に生きたのである」と分析する。中村吉蔵は「演劇史上に於ける須磨子の地位」と題して、須磨子の死により「芸術座は自然消滅といふことにはなるが、それを以て直ちに新劇の消滅と見ることは出来ない」と結ぶ。

須磨子の自殺をめぐっては当時からさまざまな噂が飛び交っていた。抱月の死後、須磨子が新たな恋に落ちたという噂もそのひとつである。相手は芸術座の脚本部の楠山正雄だった。早稲田大学で坪内逍遥、島村抱月に師事した楠山は、かって長谷川時雨、中谷徳太郎、秋田雨雀らと演劇雑誌『シバヰ』（第一次・明治四五年一月―七月　第二次・大正二年二月―七月）に参加していた。須磨子との「風評」について自分が語るとさまざまな人に影響を及ぼすからと、歯切れが悪い。が、「女優としての松井君の技芸は、慥かに今の女優界に於ては一頭地を抜いていた」と認めている。

中村孤月は、「須磨子の死の責任者」で、抱月の死後、だれ一人須磨子に寄り添わなかったことが原因だとする。坂本紅蓮洞は「抱月須磨子・新比翼塚」と題して、芸術座に始終出入りしていた人間として、抱月と須磨子の関係は「愛人若もしくは情人などゝいふ」ような「艶めかしき感」を起させるようなものではなく「普通の愛遂行中の夫妻間に見るが如き」ものであり、「芸術比翼塚」の設立を提案する。

秋田雨雀は、「須磨子の死に就ての道徳的批判を排す」を書く。抱月の一番弟子として、芸術座脚本部に所属し、誰よりも抱月・須磨子の傍らにいた。須磨子の死後、ただちに同じ脚本

■死三態■

■上段　故乃木大将と静子夫人■
―中央　心中の片割れ芳川鎌子さん―
■下段　島村抱月氏と情人松井須磨子さん■

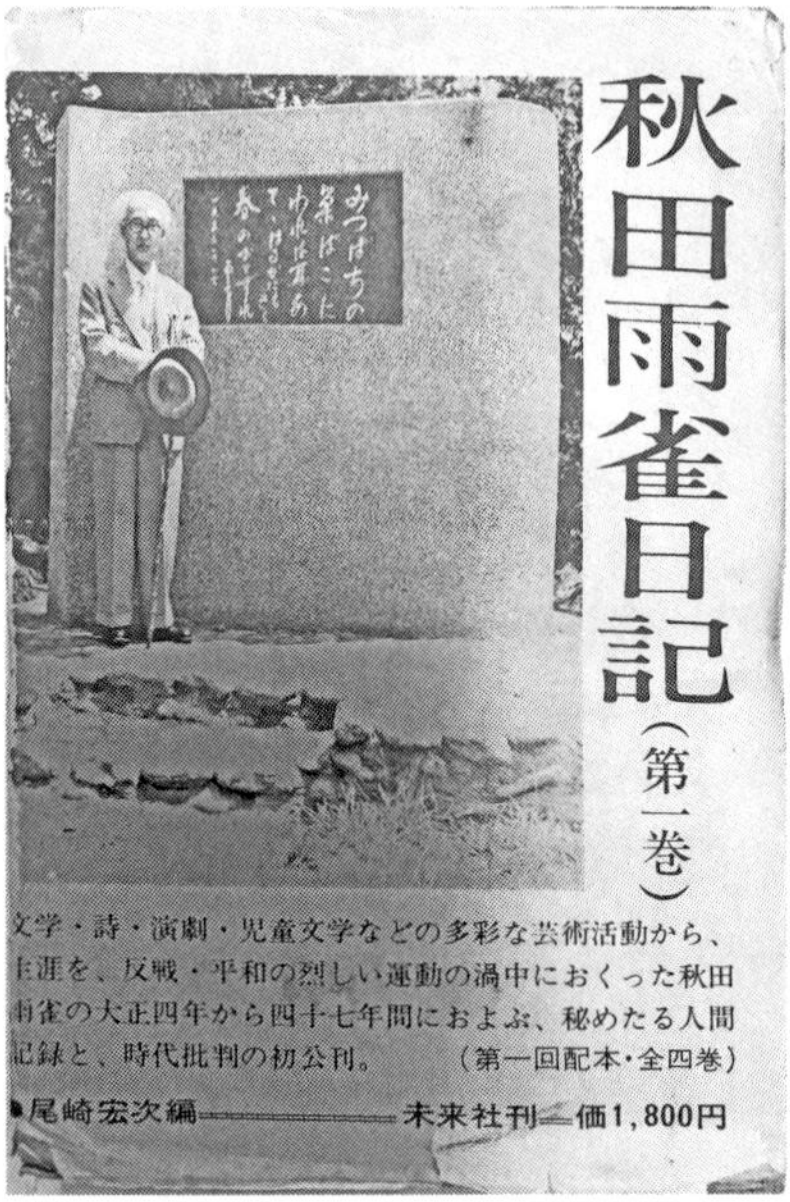
秋田雨雀日記（第一巻）
文学・詩・演劇・児童文学などの多彩な芸術活動から、生涯を、反戦・平和の烈しい運動の渦中におくった秋田雨雀の大正四年から四十七年間におよぶ、秘めたる人間記録と、時代批判の初公刊。（第一回配本・全四巻）
尾崎宏次編　未来社刊　価1,800円

部の仲木貞一と共著で『恋の哀史　須磨子の一生』（日本評論社）を出している。『女の世界』発売と同じ一月二七日付けである。秋田もまた長谷川時雨の『シバヰ』のメンバーだった。『シバヰ』解散後、中谷徳太郎が『孔雀夫人』（『文章世界』大正四年六月）を書き、時雨を彷彿とされる夫人に、それぞれが恋し、接吻されたことが記されている。

『秋田雨雀日記一』（一九六五年　未来社）は、大正文壇交友記の宝庫なのだが、時雨、三上於菟吉、島村抱月、須磨子らとの交友が克明に記されている。抱月の発病から死に至る日々、葬儀、須磨子をめぐってのトラブル、須磨子の縊死、通夜、葬儀、その後の様子が鮮明に浮かぶ。しかも日記を辿ると、一九一八（大正七）年一〇月一九日「夜、三上君を訪うと、長谷川女史はすこしはげしい風邪で寝ていた」、一〇月二三日「夜、稽古後、島村先生の室でみんな一杯のんだ」、一〇月二六日「風邪、ひじょうな発熱！苦しい。身体が痛んでしかたない」、一〇月二七日「風邪。ますますいけない。全身が痛む。発熱」、一〇月三〇日「僕は風邪がなおったが、島村先生は須磨子と共に流行性感冒に苦しめられている。すこし心臓が弱いので、島村先生は呼吸困難を感じていられる由だ。医者を呼んで診てもらったそうだ。須磨子はかなりよくなったようだ」。日記はこの後も延々と続く。

三上於菟吉から時雨、秋田雨雀から島村抱月と須磨子に、おそらくスペイン風邪は伝播し、結果的には二人のいのちを奪ったのだろう。知られていないスペイン風邪余波である。

これ程身近にいた人間の談話としては、やや物足りないが、須磨子にとっては「自殺ほど自然なものはなかつた様にも思はれる。自殺というものの道徳的批判は彼女の死に対して、何らの価値がない」と言い切る。

すべてを紹介する余裕はないが、不出世の舞台女優の死をめぐるスキャンダルの嵐は、身近な人から広がって、まさに炎上した。どのように活躍する女性であっても、清く、つましく、健気であることを要求する男社会が生みだしたスキャンダルを、今、目の当たりにして、過去のことと思うか、現在も続くと思うか。ともあれ一二五年の時間はあまり動いていないように見える。

のちに林芙美子と暮らすことになる俳優・田邊若男が、芸術座員の肩書で短歌六首「その夜の須磨子」を捧げる。「人知れず死出の旅路の化粧して舞台に立ちしその夜の須磨子」

長谷川時雨は『近代美人伝』に、須磨子の訃報を聞いた瞬間の衝撃、「死ねる人は幸せだ」と思った自分を書き、須磨子へのシンパシーにあふれた追悼文を残した。

六　女性作家たち

女性作家の活躍

『女の世界』は、創刊号から最終号まで、ほぼ毎号、女性作家の小説を掲載した。田村俊子「お七吉三」、岡田八千代「お夏清十郎」、長谷川時雨「貌世御前《かおよごぜん》」の〈長篇情話〉の連載をのぞいてはいずれも短篇小説であり、巻頭に作者の顔写真を掲げた。

水野仙子、尾島菊子、山田邦子、素木しづ、加藤みどり、国木田治子など、文学史に残る作家もいるが、大半は消えてしまった作家たちである。作品を読み、顔写真を眺め、さらに『女の世界』が編集した「大正婦人録」に彼女たちの姿を探す。「大正九年四月現在」と記された六巻五号が、私が見ることのできた「大正婦人録」の最後だから、その後の消息を知ることは難しい。

明治末から大正期、どれだけ多くの女性が『女学世界』『女子文壇』『青鞜』などの雑誌に心

萩桔梗

小説『かゝり合ひ』の作者安治孤夜子女史と、情話『顔世御前』の筆者長谷川時雨女史

小説 野《の》菊《ぎく》

（一）

國木田治子

『幸《さち》ちやん、もう寝《ね》やうぢやないか。如何《どう》せ義三《よし》は當《あて》にならないのだから……』

毎晩《まいばん》十時《じ》を打つと、きつと姑《はゝ》の絹子《きぬこ》は斯《か》う言《い》つて幸子《さちこ》を促《うな》がした。下町《したまち》の事務所《じむしよ》の方《はう》にばかり泊《とま》つて、めつたに此《こ》の目黒《めぐろ》の本宅《ほんたく》へ歸《かへ》つたことのない主人《あるじ》の義三《よし》を、

『でも、ひよつとお歸《かへ》りなさるかも知《し》れませんから……』と幸子《さちこ》は十一時前《じまへ》に床《とこ》に就《つ》いたことはなかつた。

遊《あそ》んで居《ゐ》ることの嫌《きら》ひな幸子《さちこ》は、仕立物のない晩《ばん》は義三《よし》の靴袋《くつした》を編《あ》んだり、絹子《きぬこ》に小説《せうせつ》を讀《よ》むで訊《き》かせたりした。

『オイ幸《さつ》ちやん。これを大急《おほいそ》ぎで賴《たの》むよ』

幸子《さちこ》が縫《ぬ》つた品《もの》でなければ、袖《そで》を通《とほ》さぬ義三《よし》は、よく折々《をりをり》斯《か》んな勝手《かつて》なことを言《い》ひながら反物《たんもの》を幸子《さちこ》の眼《め》の前《まへ》に投《はふ》り出《だ》したりすると、

『また大急《おほいそ》ぎですか』と笑《わら》つて、それを徹夜《よあかし》までして縫《ぬ》つた。

二時迄《じまで》も三時迄《じまで》も、せつせと針《はり》を運《はこ》ばせて居《ゐ》るのを見《み》ると、

『あんな我儘者《わがまゝもの》の衣服《きもの》まで、縫《ぬ》つて遣《や》るには及《およ》ばないよ。そんなに急《いそ》ぐのなら仕立屋《したてや》に遣《や》るが可《い》い……』と絹子《きぬこ》は腹立《はらだ》たしげに止《と》めるのだつた。すると幸子《さちこ》は、

『一晩《ひとばん》や二晩《ふたばん》、徹夜《よあかし》をしても、兄《にい》さんに叱《しか》られない方《はう》が、ようございますもの』と笑《わら》つて針持《はりも》つ手《て》を休《やす》めやうともしなかつた。

『彼《あ》んな者《もの》に叱《しか》られたつて、何《な》んで恐《こは》いことがあるものかね、幸《さつ》ちやんが餘《あんま》り大切《だいじ》にするから、義三《よし》が猶《なほ》つけあがるのです』

『母樣《かあさま》は兄樣《にいさま》のお母樣《かあさま》なのですもの、恐《こは》くないのはあたりまへですけれど、私《わたし》は恐《こは》いのですから』

何時《いつ》までも、こんな子供《こども》らしいことを言《い》つて居《ゐ》る幸子《さちこ》を、齒痒《はがゆ》くも憫然《いぢらし》くも絹子《きぬこ》は思《おも》ふのだつた。

幸子《さちこ》が、此家《こゝ》へ嫁入《よめい》つて來《き》た當座《たうざ》は、如何《ど》んなに會社《くわいしや》の用務《ようむ》が忙《いそ》がしい時《とき》でも、きつと歸《かへ》つて來《き》たが、一年《ねん》二年《ねん》と過《た》つうち、段々《だんだん》他《ほか》で泊《とま》る夜《よ》が多《おほ》くなつて、もう此頃《このごろ》では月《つき》のうち十日《か》も歸《かへ》ればいゝ方《はう》だつた。義三《よし》は事務所《じむしよ》へ泊《とま》つて來《く》ると言《い》ふが、絹子《きぬこ》も幸子《さちこ》も泊《とま》つて來《く》る處《ところ》をよく知《し》つて居《ゐ》る。然《しか》し絹子《きぬこ》は幸子《さちこ》がそれを知《し》つて居《ゐ》やうとは異逆《まさか》に思《おも》はなかつた。又義三《またよし》は義三《よし》で、母《はゝ》の絹子《きぬこ》は知《し》つて居《ゐ》やうが、それを幸子《さちこ》に告《つけ》るやうな人《ひと》でもなし、幸子《さちこ》がそれを又《また》知《し》つて居《ゐ》やうなどゝは夢《ゆめ》にも知《し》らなかつた。それで偶《たま》に歸《かへ》ると眼《め》が廻《まは》るほど忙《いそ》がしいやうな顏《かほ》をして見《み》せた。

を揺さぶられ、作家を夢見たことか。しかも一九〇六（明治三九）年、田山花袋が「蒲団」（『新小説』九月号）で、女弟子をめぐるトラブルをありのままに書き、センセーションをまきおこしていた。実体験をそのまま書けば文学なのだという風潮は、作家のハードルを一気に下げた。出版社もまた、日記を書く要領で書けばよかった。才能がなくとも若い作家を求めていた。新しく美しい女性作家たちは、雑誌の売り上げに貢献した。

『女の世界』の編集者安成貞雄、二郎兄弟には妹くらがいた。貞雄とは九歳、二郎とは七歳、三郎とは三歳離れたくらは、さらに四郎が生れたこともあり、兄たちから溺愛されて育った。秋田の古河製錬所副所長をしていた父親が死去するとまもなく、一家をあげて上京。くらは、成女女学校に入学する。校長の宮田脩が貞雄の友人だっ

た。

一九一一年に卒業すると、そのまま宮田家で家事見習として過ごした。伊多波英夫『安成貞雄を祖先とす——ドキュメント・安成家の兄妹』(二〇〇五　無明舎出版)は、二郎に取材して克明に安成家とその時代を追っている。気の強い母親と兄たちとの諍いに心痛めるくらを、貞雄は抱きしめ、二郎は「小妹《しょうまい》よ母と兄との争ひを離れて早く恋に行かずや」と詠んで励ました。くらもまた『女の世界』に深くかかわり、作家の道を歩もうとした。

未完の作家・安成くら

『女の世界』一九一六(大正五)年一一月号巻頭に、まだ少女の面影が残る安成くらの写真が載る。小説「おふさ」の作者としてのデビューだった。

生まれて間もない子と母親、郷里から雇った女中おふさとの日常生活を描いた短篇だが、習作の域を出ていない。が、同じ号に「実業之世界社社長代理　金子幸吉氏逝く」の記事が金子の写真とともに出ている。青森県八戸出身の金子は、苦学して朝鮮京城の専門学校を卒業、さまざまな職を経て実業之世界社に入社。一九一五年に二一歳の安成くらと結婚、一六年二月には娘の幸子が誕生する。

五月、社長の野依秀一が刑務所に収監されるに際して社長代理に任命され、その四カ月後に二九歳で急逝した。誰もがショックに、言葉もなく見送ったという。「おふさ」は金子との日々の記念ともいうべき作品である。

實業之世界社社長代理

金子幸吉氏逝く

大正《たいしやう》五年《ねん》九月《ぐわつ》二十九日《にち》は私《わたしら》等實業之世界社々員《じつげふのせかいしやくゐん》一同《どう》にとつては實《じつ》に悲《かな》しい日《ひ》であります。多分多《たぶんおほ》くの皆様方《みなさまがた》は新聞《しんぶん》によつて御承知《ごしようち》の事《こと》と思《おも》ひますが、其日《そのひ》は我《わ》が實業之世界社々長代理《じつげふのせかいしやくちやうだいり》兼《けん》「實業之世界《じつげふのせかい》」主筆金子幸吉氏《しゆひつかねこかうきちし》が急病《きふびやう》によつて俄然逝去《がぜんせいきよ》された日《ひ》であります。私《わたし》等《ら》は本誌《ほんし》の愛讀者《あいどくしや》である皆様方《みなさまがた》に此哀《このかな》しい事實《じじつ》を御知《おし》らせすると共《とも》に、同氏《どうし》の略歴《りやくれき》を掲《かゝ》げ、以《もつ》て深厚《しんこう》なる哀悼《あいたう》の意《い》を表《へう》しやうと思《おも》ひます。

故金子幸吉氏《こかねこかうきちし》は青森縣《あをもりけん》八戸《へ》の人《ひと》、郷里《きやうり》に於《おい》て中學《ちうがく》を卒《を》へ、直《たゞ》ちに笈《きふ》を負《お》ふて東京《とうきやう》に出《い》で、東洋協會《とうやうけふくわい》植民專門學校《しよくみんせんもんがくかう》の前身《ぜんしん》たる臺灣協會專門學校《たいわんけふくわいせんもんがくかう》に入《い》りましたが、學費豐《がくひゆた》かならず、爲《た》めに或《あるひ》は田岡嶺雲《たをかれいうん》、幸徳秋水等諸先輩《かうとくしうすゐとうしよせんぱい》の家《いへ》に寄寓《きぐう》して其客《そのきやく》となり、或《あるひ》は人力車夫《じんりきしやふ》、新聞配達等《しんぶんはいたつとう》の力役《りよくえき》に從事《じうじ》し、具《つぶさ》に辛酸《しんさん》を甜《な》め、苦刻奮勵《こくくふんれい》漸《やうや》く學《がく》を終《を》へたのであります。然《しか》し成績《せいせき》は極《きは》めて優良《いうりやう》、四十一年《ねん》四月《ぐわつ》朝鮮京城《てうせんけいじやう》の同專門學校分校《どうせんもんがくかうぶんかう》に留學《りうがく》を命《めい》ぜられ四十二年《ねん》四月《ぐわつ》首席《しゆせき》を以《もつ》て卒業《そつげふ》し、直《たゞ》ちに朝鮮銀行《てうせんぎんかう》に聘《へい》せられて故市原總裁《こいちはらそうさい》の信望《しんばう》を受《う》け拔擢重用《はつてきちうよう》せられました。大正《たいしやう》二年《ねん》八月《ぐわつ》同銀行《どうぎんかう》を辭《じ》して歸郷《ききやう》し、再《ふたゝ》び東京《とうきやう》に出《い》で、大志《たいし》を抱《いだ》いて江湖《かうこ》に放浪《はうらう》し、偶々《たま〳〵》エナメル會社創立《くわいしやさうりつ》の議熟《ぎじゆく》しまするや、その發起人《ほつきにん》となり東奔西走大《とうほんさいそうおほ》いに力《つと》めましたが事《こと》意《い》の如《ごと》くならず、遂《つひ》に其設立《そのせつりつ》を見《み》るに到《いた》らずして止《や》みました。恰《あたか》も此時《このとき》野依秀一氏《のよりひでいちし》に知《し》られ、大正《たいしやう》三年《ねん》七月《ぐわつ》聘《へい》せられて實業之世界社《じつげふのせかいしや》に入《い》り、精細《せいさい》なる調査《てうさ》と鋭敏《えいびん》なる觀察《くわんさつ》と堂々《だう〳〵》たる立論《りつろん》を以《もつ》て世人《せじん》の注目《ちうもく》を「實業之世界《じつげふのせかい》」誌上《しじやう》に聚《あつ》め、同誌《どうし》の紙價《しか》をして九鼎《てい》の重《おも》きに至《いた》らしめました。四年《ねん》十

くらはその後『女の世界』の編集を手伝い生計を立てるが、夫に急死された妻の悲哀と絶望を「悩みに培《つちか》ひて」（三巻一〇号）、「旅に行く」（四巻四号）などに切々と描く。兄の安成貞雄、二郎らに守られながらも、父親の面影すら知らない娘を抱きしめて涙するくらにとって、書くことはそのまま生きることだったのかも知れない。

六巻五号の「求職」の主人公三千代は、成女女学校を卒業して間もない頃の、くら自身を思わせる。婦人秘書募集の新聞広告を見た三千代は、雪の中を面接に向かう。会場には、すでに何人もの女性が順番を待っていた。当時の求職の状況、女学校出の女性たちの様子がリアルに描かれているが、末尾に「4・1」とある。

一九一五（大正四）年四月の結婚以前に書かれている。描写力もあり、視点も面白いが、その才能を開花させるには、あまりにあわただしい結婚後の日々だった。

安成くら

くらはその後、一九二一（大正一〇）年、宮田脩夫妻の世話で工学士と結婚する。が、関東大震災に夫を失い、一九二五（大正一四）年、画家窪田栄と結婚し、二男二女を得る。一九四五年に夫と死別。一九八四（昭和五九）年、くらは九〇歳の生を全うした。一九二二年に短篇小説集『花の鍵』（下出書店）刊行、と年譜（伊多波英夫作成）には記されているが、未見である。

文学史から消えた女性作家たち

『女の世界』に掲載された女性作家の小説を読みながら、新しい時代を生き、新しい文学を生み出すことの難しさをあらためて思う。『青鞜』には、家制度に反発し、〈私も、男と同じ人間です〉と叫んだ多くのノラがいた。彼女たちは、書くことを自らの生の証とし、生きる手段とした。

明治末から大正にかけて、田村俊子を先頭に、おおぜいの女性作家とその予備軍が文壇をにぎわす。高等教育を受けた女性たちにとって、かつて揶揄をこめて使われた〈新しい女〉は、名誉ある称号となった。マスコミの隆盛に伴って、女性作家の発表の場も格段に増えた。にもかかわらず、彼女たちの名も作品も、その大半は文学史に記されることなく消えた。毎号掲載される作品を読みながら、次第に息苦しくなってくる。テーマはほとんど家庭内に限定され、細々《こまごま》しい状況と心理状態がくだくだと綴られて終る。

たとえば、小野美智子の「最初の悶え」（一巻九号）は、結婚間もない夫に、朝帰りをされた妻の不安と懐疑、嫉妬に渦巻く心の内を描く。感情の起伏がていねいに描かれているが、夫の裏切りを、商売女との無邪気な過ちと諦め、涙をぬぐって夫に抱かれる。自らの意思で結婚したはずなのに、彼女が否定した〈古い女〉と何が違うというのか。

一八九〇年、現在の山口県岩国に生まれ、岩国高等小学校を出て一七歳で著述業の小野政方（小峡）と結婚、二児の母親であり、数冊の著作を出している。一九七七年没。郷里も小学校も宇野千代（一八九七―一九九六）の先輩にあたる。

齋藤富士子「眼鏡と時計」（二巻二号）もまた、結婚間もない夜、眼鏡と時計を身につけずに戻ってきた夫に、妻は過去の女の影を見る。夫もまた世慣れて美しい妻にかつての男性を想像する。互いの過去を探り合うさまが、突き詰めることもないままにただ描かれる。着物姿の写真が巻頭に掲載されている。

一八八九年甲府に生れ、山梨英和女学校を卒業後、山形の医師と結婚。しばらく暮らした東京での新婚生活を描いたようだ。日常生活をありのままに描けば文学になるという私小説の氾濫は、文学から理想や思想を遠ざけてしまった。

小野美智子

天才少女作家　中條（宮本）百合子

一九一七（大正六）年の『女の世界』三巻一二号に柴田勝衛《かつえ》*が「寂しかった閨秀文壇」として、印象に残ったのは「野上弥生子氏と素木しづ子氏と田村俊子氏と中條百合子氏」の四人だけだったと記している。なかでも百合子は、前年の『中央公論』九月号に坪内逍遥推薦で「貧しき人々の群」を掲載。〈十七歳の天才少女出現〉として一躍注目を集めていた。

一七年には「日は輝けり」「禰宜様宮田」を発表、いずれも好評だった。『女の世界』に作品を発表することはなかったが、三巻を繰っていくと、百合子の名前がしばしば登場する。

三巻四号には「女学生に及ぼした中條百合子嬢の影響」（碧山生）の見出しで、出身校の東京女子師範附属高等学校、都内の各女学校、および百合子の母親の葭江をインタビューして、百合子の活躍は「一種の刺激を（女学生に）与えて文学熱を煽つた」とする。さらにこれまで父母の監督下でしか読むことが許されなかった新聞雑誌を、三輪田女学校などが校内で読ませるようにしたのも、百合子の活躍が誘因だという。

八号には青柳有美が「噫《ああ》中條百合子」と題し、九ページに亘って、市村座で遭遇した百合子の「化け物」じみた印象を語る。一九歳（数え）にしては精神的には老成しているにもかかわらず、未だ肩上げのついた着物姿で、外見を小学生のように幼く見せようとしている。そのギャップは、デビュー以来娘を取り仕切っている母親の意図であるとし、保護者からの脱出を百合子の今後の課題と見ている。百合子の歩みと作品をよく知る現代の私たちにはきわめて的

大學《だいがく》講義《かうぎ》聽講《ちやうかう》婦人《ふじん》の群《む》れ

有藻亞子

△聽講者《ちやうかうしや》の概觀《がいくわん》

近來《きんらい》我國《わがくに》の婦人《ふじん》の間《あひだ》に高等教育熱《かうとうけういくねつ》の盛《さか》んになつて來《き》ましたことは蔽《おほ》ふ可《べか》らざる事實《じじつ》であります。去《さ》る八月《ぐわつ》一日《にち》から東京帝國大《とうきやうていこくだい》學《がく》に開《ひら》かれた文科大學《ぶんくわだいがく》の夏季公開講義《かきこうかいかうぎ》の趨勢《すうせい》に見《み》ましても、其一班《そのはん》は窺《うかゞ》ふことが出來《でき》ます。東京帝國大學《とうきやうていこくだいがく》が假令《たとひ》一週間《しうかん》の短《みじ》かい期間《きかん》にせよ、一般婦人《はんふじん》の爲《た》めに其門戸《そのもんこ》を開放《かいはう》したといふことは今回《こんくわい》が初《はじ》めてゞありますから、世人《せじん》の眼《まなこ》が齊《ひと》しくそれに向《むか》つて異樣《いやう》に注《そゝ》がれたのも無理《むり》のないことであります。男子《だんし》の大學《だいがく》に女子《ぢよし》が入《はひ》るといふことには、既《すで》に東北大學《とうほくだいがく》に例《れい》があり、而《し》かもそれは正式《せいしき》の入學《にふがく》で成《せい》績《せき》も優《すぐ》れてゐると云《い》ひますから、必《かな》ずしも今回《こんくわい》のことは驚異《きやうい》するには當《あた》らないかも知《し》れません。けれども今回《こんくわい》の結果《けつくわ》に依《よ》りまして、如《い》何《か》に多《おほ》くの婦人《ふじん》が大學教育《だいがくけういく》を熱望《ねつばう》してゐるかはあらまし知《し》ることが出來《でき》るのであります。

講義《かうぎ》を擔當《うけもつ》た教授《けうじゆ》は、何《いづ》れも大學《だいがく》の耆宿連《きしゆくれん》で之《これ》を擧《あ》げますれば、井上哲次郎《ゐのうへてつじらう》博士《はかせ》の東洋《とうやう》倫理學史概要《りんりがくしがいえう》、桑木嚴翼《くはきげんよく》博士《はかせ》のカントと現代《げんだい》の哲學《てつがく》、三上參次《みかみさんじ》博士《はかせ》の尊王論《そんわうろん》の略史《りやくし》、坪井九《つぼゐく》馬三《まさ》博士《はかせ》の十九世紀世界《せいきせかい》の大勢《たいせい》、及《およ》び上田萬年《うへだまんねん》博士《はかせ》の方言《はうげん》の研究《けんきう》、鹽谷溫《しほのやをん》博士《はかせ》の支那文學《しなぶんがく》概論《がいろん》であります。

さて聽講者《ちやうかうしや》の大勢《たいせい》を窺《うかゞ》ひますれば、聽講者《ちやうかうしや》總數《そうすう》は六百十餘名《よめい》、その内婦人《うちふじん》の聽講者《ちやうかうしや》は約《やく》九十名《めい》と註《ちう》せられました。そして其婦人聽《そのふじんちやう》講者中《かうしやちう》、最《もつと》も多數《たすう》を占《し》めてゐるものは高等女學校《かうとうぢよがくかう》の女教師《ぢよけうし》で、中《なか》には遙々《はるばる》九州地方《しうちはう》から上京《じやうきやう》して來《き》たものもあります。次《つ》ぎには學生《がくせい》が多《おほ》く、それには東京《とうきやう》と奈良《なら》の女子高等師範《ぢよしかうとうしはん》、及《およ》び女子英學塾《ぢよしえいがくじゆく》の生徒《せいと》が大部分《だいぶぶん》を占《し》めて居《を》ります。其他《そのた》には、夫人令孃《ふじんれいぢやう》、閨秀作家《けいしうさつか》、評論家《ひやうろんか》、新聞雜誌記者《しんぶんざつしきしや》などがあります。そして講義中《かうぎちう》、最《もつと》も多《おほ》く婦人《ふじん》を吸引《きふいん》したものは桑木博士《くはきはかせ》の「カントと現代《げんだい》の哲學《てつがく》」であります。

妾《わたくし》は、東京帝國大學《とうきやうていこくだいがく》の門《もん》に向《むか》つて、婦人《ふじん》の先達《せんだつ》として勇《いさま》しく最初《さいしよ》の突撃《とつげき》を試《こゝろ》みた九十人《にん》の婦人《ふじん》が、果《はた》して眞面目《まじめ》なる研究者《けんきうしや》であるか、或《あるひ》はヒヤカシであるか、更《さら》に講義《かうぎ》を理解《りかい》し得《え》たか、或《あるひ》は又荷《またに》が輕《かる》すぎたかの疑問《ぎもん》は暫《しばら》く措《お》いて、茲《こゝ》に謹《つゝし》んで聽講者諸女史《ちやうかうしやしよぢよし》に向《むか》つて敬意《けいい》を拂《はら》ひ、些《いさ》か其御消息《そのごせうそく》を傳《つた》へることに致《いた》しませう。

△無限《むげん》の知識《ちしき》を求《もと》むる田中夫人《たなかふじん》

帝國大學工科大學教授《ていこくだいがくこうくわだいがくけうじゆ》田中不二博士夫人芳子《たなかふじはかせふじんよしこ》の君《きみ》は本年《ほんねん》三十八歲《さい》、色白《いろしろ》く面長《おもなが》の美人《びじん》で、聰明《そうめい》に輝《かゞや》いた眸《ひとみ》と締《しま》つた口許《くちもと》とに深《ふか》い造詣《ざうけい》が偲《しの》ばれます。第一高女《だいかうぢよ》の出身《しん》で、智識慾《ちしきよく》の非常《ひじやう》に强《つよ》い方《かた》です。井上博士《ゐのうへはかせ》の東洋倫《とうやうりん》理學史《りがくし》を聽《き》かれましたが、それを選《えら》んだのは、最近夫人《さいきんふじん》が生物學《せいぶつがく》、遺傳學《ゐでんがく》に興味《きようみ》を持《も》つて研究《けんきう》されたところ、それに關聯《くわんれん》して東洋倫理《とうやうりんり》、西洋倫理《せいやうりんり》を知《し》り度《た》いといふ欲《よく》求《きう》が起《おこ》つたからださうです。そしてその講義《かうぎ》に依《よ》つて、物《もの》の源泉《げんせん》、物《もの》の經路《けいろ》に就《つい》て、恰《あたか》も黎明《れいめい》のやうに、次第《しだい》に明《あか》ろい意識《いしき》と心《こゝろ》と成《な》することが出來《でき》たと云《い》ひます。夫人《ふじん》

男女の聽講生が打ち混じりて大學の講室に入りつゝあるところ。
右端にパラソルを持ちて立てるは中條百合子孃の登校姿なり。

は從來《これまで》も大學内《だいがくない》に
ある學術研《がくじゆつけん》
會《くわい》には常《つね》に入場《にふぢや》
て居《を》られたさう
す。
『文科《ぶんくわ》は勿論《もちろん》、
科《くわ》でも、農科《のうくわ》で
婦人《ふじん》の爲《た》めに開
して少《すこ》しも差支《さしつか》
いと妾《わたし》は思《おも》ひます
或人《あるひと》は、女《をんな》が偉《えら》く
なれば、男《をとこ》の弱點《じやくてん》
ばかりを擧《あ》げるや

女の世界　（第參卷第八號）

噂　中條百合子

假令《よし》たゞ一瞥《べつ》したのみ、で親《した》しく言葉《ことば》を交《かは》し得《え》なかつたにしろ、一代《だい》の名物女《めいぶつをんな》中條百合子《ちうでうゆりこ》を面《まのあた》りに視《み》るを得《え》た予《わし》は、方《まさ》に是《こ》れ優曇華《うどんげ》の花咲《はなさ》く千載一遇《ざいいちぐう》の幸運《かううん》に際會《さいくわい》したものだ。

斯《か》くも御目出度《おめでた》い千載一遇《ざいいちぐう》の幸運《かううん》に際會《さいくわい》し、チラリと中條百合子《ちうでうゆりこ》の顏《かんばせ》を面《まのあた》りにした那的瞬間《そのしゆんかん》——そのヴェリー・モーメントに、電光《いなづま》の閃《ひらめ》くよりも猶《な》ほ早《はや》く、我《わ》が腦中《なうちう》に意識《いしき》された觀念《もの》は

——噫《あゝ》、中條百合子《ちうでうゆりこ》！

これは、百合子《ゆりこ》の作物《さくもつ》に就《つい》ての問題《もんだい》からでは無《な》い。百合子《ゆりこ》の顏《かほ》に就《つい》てである。姿《すがた》に就《つい》てである。

次《つい》で、我《わ》が眼底《がんてい》に浮《う》び出《で》たものは、女義太夫《をんなぎだいふ》の豐竹昇之助《とよたけしようのすけ》が、まだ十四五歲《さい》の頃《ころ》に稚兒風《ちごふう》のザンギリ頭《あたま》で寄席《よせ》の高座《かうざ》に現《あら》はれ、大人《おとな》らしく義太夫《ぎだいふ》を語《かた》つてた時《とき》の、その姿《すがた》である。中條百合子《ちうでうゆりこ》を市村座《いちむらざ》で初《はじ》めて瞥見《べつけん》した時《とき》の感《かん》じは、
頭《あたま》の昇之助《しようのすけ》を寄席《よせ》の高座《かうざ》で初
全《まつた》く同《おな》じであつた。たゞ「噂
條百合子《でうゆりこ》」に變《かは》つたのみ

中條百合子孃

△初代素行

一時《ひところ》「瓢《ひよこ》」
女義太夫《をんなぎだいふ》
でこそ世
になりも
にして堅
清《せい》を以《もつ》てし
はずとする處
錚々《さうさう》の名手《めいしゆ》である
察眼《さつがん》の如《ごと》き、到徹《たうてつ》よく見
がまだ十四五歲《さい》で、美人《びじん》の姉
ザンギリ頭《あたま》の稚姿《をさなすがた》を賣物《うりもの》に
の名聲滿都《めいせいまんと》のデン界《かい》を壓《あつ》した

確な指摘が、すでにこの時点でなされていたことに驚かされる。

三巻九号「大学講義　聴講婦人の群れ」（有藻亜子）に、パラソルを持った百合子が載る。八月一日から一週間、東京帝国大学で開かれた、第一回文科大学夏季公開講座の受講生は、六一〇余名。そのうち女性が九〇名。多くは高等女学校出身の女教師と高等師範の女学生だが、中條百合子、山田わか、斎賀琴子、吉屋信子らもまた、井上哲次郎*の倫理学、桑木厳翼*のカント、三上参次*の尊皇論、上田万年の方言研究等々の講義を聴講していた。

知られざる写真や記事

『女の世界』を繰っていると、思いがけない写真や記事に出会う。そのたびに大正時代にタイムスリップしたような興奮に包まれる。二巻一〇号（一九一六年一〇月）の口絵に「花香苑《はなかえん》の盆踊り」と題して三葉の写真が載り、姉さんかぶりの長谷川時雨が幼い甥の長谷川仁と写っていた。時雨の母親・多喜が商才を見込まれて、芝の紅葉館に総支配人として雇われたのは明治末年。美人女中をそろえ、西園寺公の引き立てもあり、政財界の社交場として東洋一を誇るまでになった。時雨の関係で文壇の宴会も開かれ、時雨、菊五郎を中心とした「舞踊研究会」の発表会場でもあった。

が、一九一五（大正四年）、柳原義光（白蓮の兄）ら株主の策略にあって、追い出される。時雨が、失意の母親のために金策に走り、神奈川県鶴見に割烹旅館花香苑・新玉を開いたのは翌年だった。歌舞伎改良運動からも手を引き、時雨は文筆活動にはいる。東京湾を一望する花香

花香苑の盆踊

ヨイヨイヨイ、ヤトマカセ、ヨーヤナ、コリヤシヨ。
アーア「こゝは東海道の椿ケ岡よ、ヨイヨイ
月のよい夜は踊りまし。ヨイ〳〵「やとまかせ、よいやな、こらしよ

アーア「ゆめかうつゝか忘られられぬ、
三度くふまゝ四度たべろ。

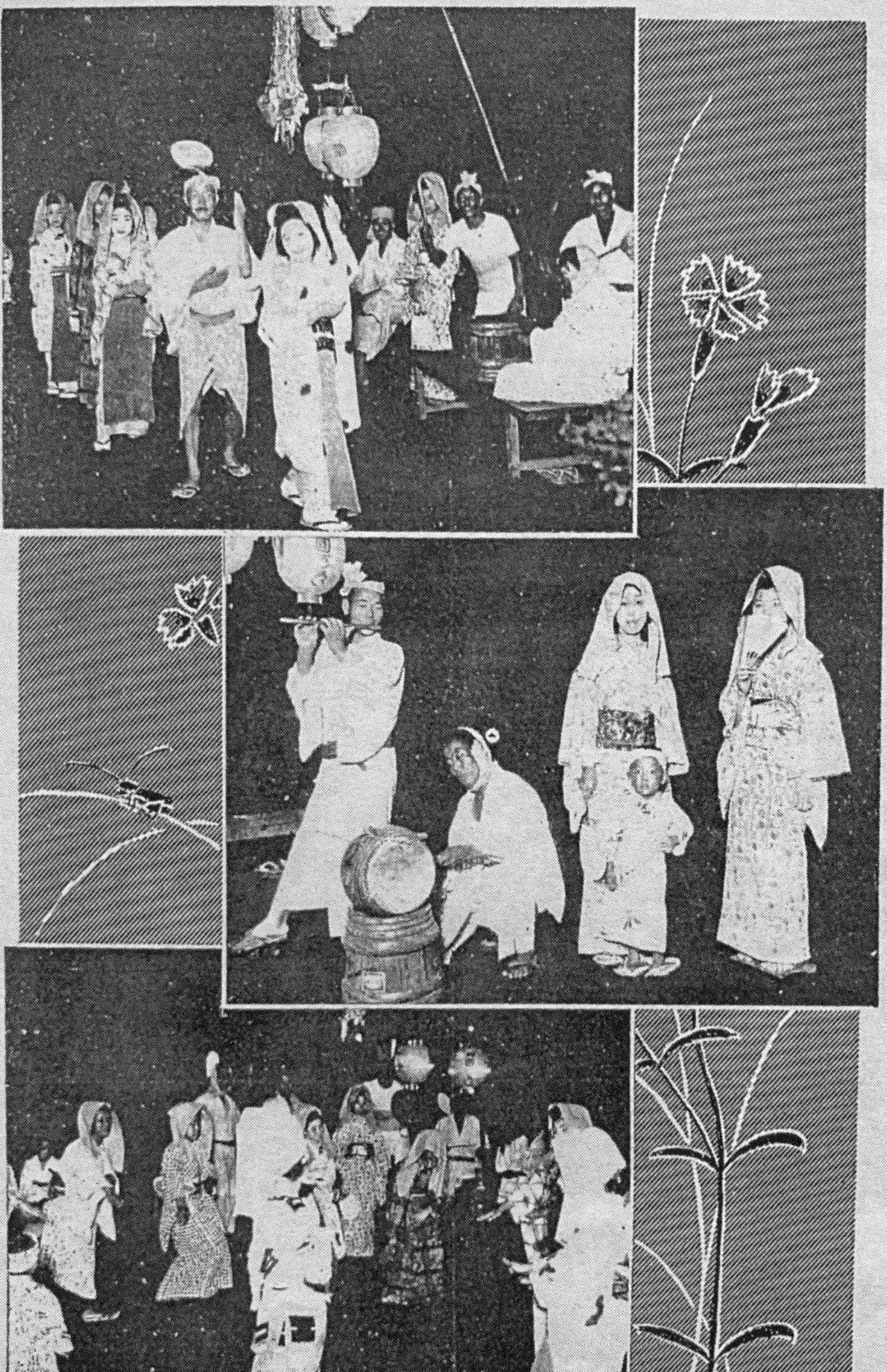

アーア、手ぶりそろへて曉までをどろ、
をどりつかれたら草に寝な。

アーやらまかせ、よいとな、コリヤサ、
あゝ——、をしまいだ、コリヤ唄がない、
コリヤサ、コリヤサ、

お盆の十三夜鶴見の長谷川時雨さんの花香苑で女中さんやお客さん達の盆踊がありました。○中圖右から二人目は踊姿の時雨さんです○此夜岡田八千代さんもお出でになる筈でしたが寫眞をとるまでには見えられませんでした。

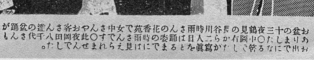

苑は、妹の春子が手伝った。長年、時雨を調べていたが、この写真ははじめてだった。

三巻三号にはどてら姿の田村俊子の写真が載り、四巻六号には「姉様人形を作る田村俊子女史」の口絵写真が載る。しっとりと落着いた三四歳の俊子の顔も珍しい。筆名有藻亜子が本文を書き、隠れ家に住み、千代紙人形を作って知人に売り歩く俊子の消息を伝える。創作に行き詰まり、朝日新聞記者の鈴木悦との恋愛の最中にいた俊子の様子が伝わる。

雑誌『大観』に「破壊する前」「破壊した後」を発表し、悦の後を追ってカナダのバンクーバーに俊子が渡ったのは、その年の一〇月だった。

六巻一一号（一九二〇年一一月）には「神近市子さんの結婚」が載る。一〇月七日の日付で結婚の通知が出され、その夜神楽坂の〈くらた屋〉で、華燭の宴が持たれた。

葉山日蔭茶屋事件で入獄し、出所は一九一九年二月。三二歳の市子の相手は「社会主義思想を持った二六歳の青年作家・片岡厚君」と記されている。

『神近市子自伝』(一九九七 日本図書センター)年譜には同年、弁護士の鈴木厚と結婚とあるから、同一人物なのであろう。八月末甲州の温泉で結ばれたと『女の世界』には記されている。

「新しい女」の苦悩

一九一八(大正七)年、『女の世界』四巻三号に、安成二郎が「新しい女非結婚論」を載せる。「新しい女」の名称も、そう呼ばれた女性たちも「甚だ古く」なって、今や「明治大正の文学者たる範囲内に安置」しているだけという。そして彼女たちが「歩みを止めてしまった」原因は「結婚」だと言い切る。

『青鞜』の時代、女性たちは家長が支配する家から脱出して作家を目指した。男と対等な女として恋もする。が、夫となった男は、新たな家長として妻を支配した。妻の心に棘や疑問は残り、〈男女相剋〉が、大正期、女性作家の新らたなメイン・テーマとなった。しかし、作品の多くは情緒に流され、愛情という名のあきらめが、出口ないままに渦巻いて終る。

『女の世界』の女性作家も、大半は安成の指摘する通りだったが、今につながる作品も書かれた。中でも加藤みどりの「雨」(四巻一二号)は、ずば抜けた迫力と力量で他を圧倒する。

新聞社に勤める久子は、昼近くに出社し、午後から訪問記事を取りに行き、それらをまとめて夕方遅くに帰宅する。極暑が続くのに雨の予感さえない。すでに夫と子どもは食事を終えて散歩に出ていた。風呂に入りひとり食卓に向かうが、「第一義の生活」への思いが消えない。彼女にとってそれは小説を書くことだった。そのために故郷も親も捨てたのだ。

蚊帳の中に机を入れて、睡魔に襲われながらも書き続ける。夫はすでに仕事を辞めて作家の道を歩いていた。子どもが怪我をしたり、祖父の危篤の報に夫が九州に飛び立ったり、と日常は揺れ動くが、「努力、努力――それより他に自分の生きる道はない」と久子は思う。

ようやく待ち望んでいた台風が来る。久子はその巨大なエネルギーに飛び込みたいような興奮に駆られる。生活に追われながらも芸術を求め、炎天の日々を過ごす若い女性のイメージがあざやかに浮かぶ。

加藤みどりは、一八八八(明治二一)年八月、信州の医者の家に生れた。幼くして母親と死別し小学校を卒業後上京。学校に通う弟妹の面倒を見ながら小間物店を営み、同時に作家を志して、徳田秋聲に師事した。

加藤みどり「雨」と「鏡の中」の落差

加藤みどりは、『女の世界』には、「雨」のほかに、一九二〇(大正九)年、「鏡の中」(六巻一〇号)を書いている。主人公の峰子は体調を崩して仕事を辞め、婦人科の病院に入院したり、自宅療養の日々を送っている。神経が「研ぎ澄まされ」、夫の帰宅が遅い夜は、不安と不満で眠ることができない。

あんなにも自分に夢中だった夫は、今では「何ぼ偉い女だつて生殖器を備えてゐる以上は皆同じものさ」と言[redacted]。妻も「え〻、（男は）全く野獣よ」と言い返し[redacted]「遊女か何かと一緒にされるんなら、私[redacted]厭だ。もつと、もつと精神的に恋をして欲しい」と叫[redacted]。そうした日々の繰り返しだった。

その一方で夫は「吾[redacted]しい生活をしなければな[redacted]ない。自由な――お前も道[redacted]と云ふものに束縛せられずに、僕にかまはず何でもしてもい〻。又[redacted]行動も決して干渉して[redacted]れるな」とも言う。
が、妻はかつてのように、ひたすらに「恋し、恋され」て共に仕事する生[redacted]た。子どものあたたかな体温に慰められながらも、妻は夫への不満で自分が壊れそうに思う。

ふと覗いた手鏡には「蒼い憔悴した顔に乱れた髪」の自分が映っていた。「まだ二十五歳なのに」と妻は愕然とし、夜更けに帰宅した夫に「愛して――愛してください」と縋《すが》りつく。その妻を冷ややかに見下ろす夫の姿で、作品は終る。

実生活では、みどりは、早稲田大学を卒業した加藤朝鳥《あさとり》*と二一歳で結婚する。岩野泡鳴に誘われて大阪新報社に勤めた朝鳥とともに、大阪に転居してまもなく『青鞜』に参加。「新らしい女」のひとりとして活躍した。東京に戻ってからは、一九一四年三月に東京日日新聞社に入社、探訪記者となるが体調を崩して退社。「雨」「鏡の中」はこの頃の日々を描いたものだろう。

その後も『ビアトリス』創刊に参加。『世界新聞』に「咲く花」を連載するなど作家の道を歩んだが、一九二二年、子宮癌で三四年の生涯を終えた。『爪哇《ジャワ》日報』主筆としてインドネシアに滞在中だった朝鳥も帰国し最後を看取った。自らの生活を通して〈男女相克〉のテーマと真正面から格闘し力尽きた作家だった。岩田ななつ『青鞜の女　加藤みどり』（青弓社　一九九三年）に詳しい。

荷風の妻　新巴屋八重次の悲しみ

一九一六（大正五）年、『女の世界』二巻四号に「別れたるのちの思」と題した短歌二三首が載る。

糸まきのいろいろすぎしうつくしき日をくりかへすすべもあらばと
母上に仕事おそはる針先に人のおもかげ幾度縫ふやら
君を得ばたゞ君を得ば萬刧《まんごう》をのゝしりやまぬ中もいくべく
君と我ふたりをいるゝ天地を清濁問はぬ世にもとめばや
新所帯《しんしょたい》つくると二人そゞろきて町に鍋買ふおもしろの宵
七歳《とせ》は思ひ出つらき恋ざめの雨の小まどに白さうび見る
しみじみとつめたき日なり別れたるのちの思ひの身をきるごとく

作者は新巴屋八重次《しんともえややえじ》（目次には新橋八重次）、本名内田八重。切々たる恋の相手は永井荷風。アメリカ、フランスの留学から帰り、新帰朝者として一躍脚光を浴びた荷風は、慶應義塾大学文学部教授に迎えられた。新橋の芸者八重次との出会いは一九一〇年、荷風三一歳、八重三〇歳の時だった。父親が日本郵船の重役を務める永井家の長男として、芸妓との結婚は認められず、荷風は見合結婚をする。が、一九一三年、父の死去と同時に離婚し、翌年市川左団次夫妻の媒酌で浅草の八百善《やおぜん》で披露宴をあげた。すでに八重と親しんでいた荷風の母以外の親族兄弟、すべてが反対の中での結婚だった。

新潟の裕福な商家に生まれた八重は、新潟一の料亭の養女となり、漢詩文、短歌、書、古典を学んだ。東京で踊りの世界に入り芸妓になったのも自ら望んでのことだった。荷風は「断腸亭雑藁《ざっこう》」に編入された随筆「矢はず草」の中に、「八重家に来てよりわれはこの世の清福限りなき身とはなりにけり」と記している。

にもかかわらず一年後、八重は置手紙を残して家を出る。荷風の浮気が原因だった。二人の書簡は「断腸亭尺牘《しゃくどく》（方形の木札の意から手紙・書状のこと。「せきとく」とも）」に記されている。互いに心を残しての離別だった。その後、八重は藤蔭流を創始し、新舞踊を開拓して藤間静枝、藤蔭静枝と名乗り、パリにも進出した。長谷川時雨『近代美人伝』にその生い立ちが詳しい。勝本清一郎*との同棲を経て、藤蔭流家元として文化功労者となり一九六六年一月、八五歳の生涯を閉じた。

新巴屋八重次（藤蔭静枝）

七　女性記者、社会主義者

「化け込み記者」の活躍

一九一五（大正四）年『女の世界』一巻六号に「女記者の化け込み振り」が載る。筆者は中央新聞記者・中平文子《なかひらふみこ》。冒頭に主筆の青柳有美にあてて「いつぞや私が雇仲居屋《やとなや》へ化込を為て以来」、同僚から「化込女史」と呼ばれているので、今後は「公々然と化け女と名乗つて出ます」と書いている。まさに潜入突撃ルポだが、テレビドラマ「家政婦は見た」の元祖の感がしないでもない。

女性購読者の拡大を図って明治末から、新聞社は女性記者の採用を始めた。文才と独立心をもったインテリ女性にとって、新聞、雑誌社は憧れの就職先だった。が、競争は熾烈となり、新しい売込みが要求された。

一八八八年、愛媛県松山で生れ、京都府立第一高等女学校を卒業した文子は、見合結婚をして一男二女の母親になるが、平凡な生活に納まることができずに離婚。一九一三年、立憲政友会の機関誌として発展した『中央新聞』に入社した。唯一人の女性記者として、同僚からあらゆる種類の差別と嫌がらせを受けるが、美貌と行動力を生かして、潜入ルポ「お目見得《めみえ》日記」を連載、一躍、名を売った。

　思い切り野暮な髪型、黴臭い銘仙の着物に日和履《ひよりげた》で、肩身狭く電車に乗り、口入屋の紹介をもって、まず三井重役池田家に小間使いのお目見得。結局はもっと丈夫そうな働き者を、と断られるのだが、邸内の様子、普段着の夫人の様子をこまごまと描写する。次は栗島狭衣《くりしまさごろも》*門下の女優・栗島すみ子*宅へ。狭衣もすみ子も不在で、小説家・泉鏡花宅にまわる。鏡花は不在だったが、「(淡い燈籠の)光にも似た物懐しい双眸、根の低い丸髷のふつさりした黒髪に、手柄の色の水浅黄が浮出た」夫人に優しく対応される。

　一九一六年一月に、須原啓興社から『婦人記者化け込みお目み江まわり』が出版される。岡田八千代の序文、内扉は「中央新聞婦人記者なでしこ著」とあるが、奥付は中平文子。風刺漫画の祖・北沢楽天は『東京パック』(一九一五年一〇月)掲載の二コマ漫画「化け込み」に「盛んに化け込みを行ひ内幕をスッパ抜くので女優や貴婦人が大恐慌だつた」と記している。

自由奔放な人生・中平文子

　中平文子は、『女の世界』二巻七号に、小説「小櫛」を発表している。薄茶料理屋の女将・ゆり香が、かつてパトロンだった男に頼まれ、京都嵯峨野の料亭に女中として入り込み、中国

小說『小櫛』の作者中平文子女史

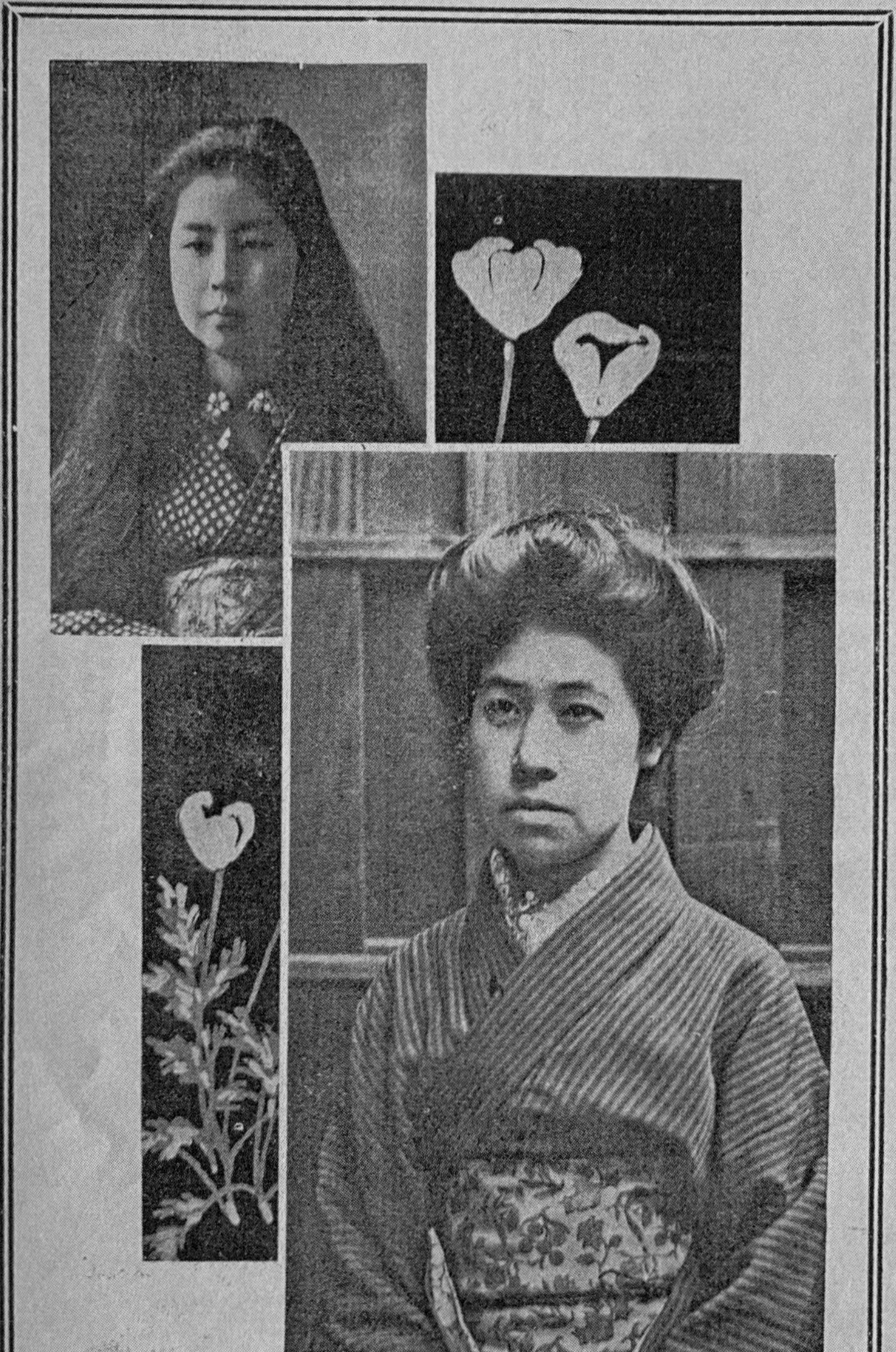

情話『お夏清十郎』の作者岡田八千代女史

革命党の龍逸仙の動向を探った日々を旧知の作家に語る。芸術協会の女優で詩人、「きめ細かな瓜実顔、然し張りのある二重瞼と、薄く引きしまつた口元」に「俠《きゃん》で勝気な江戸っ子らしい気性」を見せたゆり香は文子自身の面影があり、龍逸仙は孫文と思われるが、事実に近い歴史の一齣《ひとこま》なのだろう。

中央新聞記者として活躍していた当時、文子は同じ新聞社の重役で政友会代議士でもある吉《よし》植《うえ》庄一郎*と関係していた。社内の噂になり、一九一四年末、吉植は社長就任にあたって、文子をクビにした。それに対して文子は翌年五月の『中央公論』に「弱きが故に誤られた私の新聞記者生活」と題して、吉植との関係を赤裸々に綴った。

吉植が口にした政治家仲間の悪口まで書き込み、スキャンダルとなった。が、世間の同情は吉植に集まり、文子は妖婦・姦婦と叩かれた。「小櫛」はそうした中で書かれた作品であり、一九一六年一二月、やなぎや書房から刊行された『女のくせに』に収録されている。

女性解放、女性の社会進出、男女平等の理念が広がったはずの大正期だったが、社会進出した女性がいかなる扱いを受けたか。文子はそれを「自序」「新聞記者になりそこねの記」につぶさに記した。

その後の文子は、禅修行の青年と結婚するものの、間もなく別れ中国を放浪。その後作家の武林無想庵*と結婚、パリに渡り長女イヴォンヌが生れる。帰国後、子供服のデザイナーとして活躍するが、関東大震災の後ふたたびパリに渡る。恋愛が絶えず、無想庵に「『Cocu』のなげき」（一九二五・九『改造』）を書かせた。

離婚後ベルギー在住の貿易商・宮田耕三と結婚。晩年は帝国ホテルに滞在し、一九六六年、七八歳で没した。死化粧を長年の友人宇野千代がほどこしている。まさに自由奔放、波瀾万丈の人生だった。

堺利彦と娘・真柄

一九二〇（大正九）年五月二六日、愛国生命に対する恐喝で禁錮四年の刑に服していた実業之世界社社長・野依秀一が出獄した。豊多摩刑務所前で出迎えた人々の中に、堺利彦夫妻と娘の真柄もいた。翌日、野依は社長代理の武井文夫とともに、渋沢栄一、三宅雪嶺、司法大臣の大木遠吉へ出獄挨拶に出向いている。

その後は、台湾における阿片販売等で勢力をのばした、星製薬社長・星一《はじめ》の箱根にある別荘で三カ月間の静養に入った。社長の星一の妻は小金井良精《よしきよ》（解剖学者、人類学者）と喜美子の娘で森鷗外の姪。ショートショートの名手・星新一はその長男にあたる。当時の野依は、鎌田栄吉、大隈重信、後藤新平、幸田露伴など、錚々たる人物の支援を受けていた。

『女の世界』の編纂兼発行人に野依秀一の名が記されるのは、同年一一月号からである。一二月の〈処女号〉に、「処女解放論」を書いて名実ともに復帰を果たした。野依にとって「処女」とは「次ぎの時代の母、これを更に強く言ふならば次ぎの時代に於ける国家の基本を作るところの人」であり、その前提に立って「処女解放は時代の要求」だとする。かつての奔放さは消えて常識論の展開に終る。「聖母マリアを処女と観るか否か」のアンケートなど、多くは凡庸な企画が並ぶ中で、成女女学校を卒業して間もない堺真柄の「無能者の唯一の特徴——一処女としての人間観、社会観」と堺利彦の「婦人界時評」が出色である。

娘の真柄は「瑞穂の国に生れながらに米が食へず」（安成二郎）にいる多数の人びとの向うに「大盗人、公然の盗人」が国の保護を受けている現実をみる。そして自分を含めてひとりひとりは微力だけれども、「各人の出来る丈を合わせれば大きい力になります」と書く。

父の利彦は『処女』とは一種の侮辱」と言い切る。「男子が処女を尊敬する」のは「花や雪や鰹や茄子の初物と同じように珍重するにすぎないので、まさに人間の女性に対する一種の侮辱である」。だから「婦人は寧ろ只『婦人』の二字、若しくは『女性』の一語を以て自ら誇りとすべきである」とする。

百余年前、こうした思想を持って生きた父と娘がいたことに感動する。

堺利彦と野依秀一

堺利彦と『女の世界』の関係は、創刊から最終号まで続いている。編集方針をめぐるトラブルから青柳有美、安成二郎が退社した後も「婦人界時評」を担当、過激な論調は変わらない。一九二〇（大正九）年第六巻九号には「女の世界の消滅――男権の転覆と有産権の転覆」を書く。女性の社会進出がいかに進んでも職業や資格の上に「女」がついている限り「男の世界」と区別された「ゲットー*」でしかない。「女の世界を拡大する究極の目的は女の世界を無くする事であらねばならぬ」「男女対等の社会には女の世界といふものも無い筈である」と断言する。

さらに六巻一一号「婦人界時評」では「諸君の敵は男子閥ばかりではない。結局は資本家閥と戦はねばならない。婦人運動はどうしても労働運動の一部とならねばならない」と書く。

『女の世界』での堺利彦の活躍は、同時に毀誉褒貶につつまれた野依秀一を浮かび上がらせる。野依は売文社の最大の顧客であり、大逆事件後の〈冬の時代〉を支えたひとりだった。堺利彦から頼まれて、一九一四年、アメリカに亡命する片山潜に二〇〇円をカンパし、やがてソビエトから送られてくる片山論文を、『実業之世界』に連載した。

やがてブラックジャーナリストの代表格とされた野依秀一（秀市）の大正期は、『実業之世界』よりも、気負いのない『女の世界』に、よりあざやかに見えてくるような気がする。

しかしながら出獄後、四年ぶりに目のあたりにした『女の世界』は、あまりに社会主義思想に傾いていた。獄中で親鸞の弟子となり、浄土真宗に帰依していた野依にとって、堺利彦らの運動が社会を変え得るとはもはや思われなかった。宗教による社会変革が、野依の方針に変っていったのではないか。

山川菊栄の参加

一九二一（大正一〇）年『女の世界』第七巻は、最終号となった八号まで実に充実している。野依秀一の編集長復帰が編集部と執筆者に緊張を与えたのだろう。同時に編集の中心にいた堺利彦に、野依がかなりの裁量権を与えていたことにもよる。論鋒鋭く社会を切っていく時事評論は、あらゆる権力に向い、百年余を経ても古びていない。だが、毎号、発禁ギリギリだったのではないか。

七巻二号「婦人界時評」に堺は「家庭奴隷の廃止」を書く。「賃金奴隷」である労働者に対して「家庭奴隷とは婦人の事である。炊事、育児、裁縫、洗濯、掃除、おまけに御亭主の御機嫌取り、其ほか無数の雑事がある」「それが何千年来つゞいて来たのだから、婦人の体力も智力も元気も識見も、遠く男子に及ばなくなつたのは当然である」とする。

『青鞜』に集い、社会に進出した女性たちの背後にいる大多数の家庭女性への確かな視点と同情がある。ただ、それではどうしたら女性を雑事から解放しうるか、となると堺の提案は「ロシアの公共食堂」「ロシアの公共育児法」、それらの徹底実行のための「婦人隊」の結成、と革命が終ったばかりの理想国の試みを語るしかない。きわめて良質な社会主義者の限界を堺利彦に見ることは容易だが、こうしたソビエト・ロシアの夢が、各層の女性たちをやがてプロレタリア運動に巻き込んでいったのだろう。

堺利彦が、最も期待していたのが山川菊栄（一八九〇―一九八〇）だった。女子英学塾（津田塾）在学中から青山菊栄の名で『青鞜』に参加。貞操・堕胎をめぐっての生田花世、伊藤野枝らの論争に加わり、明晰な分析と鋭い批評眼が注目された。

卒業後、堺利彦、大杉栄、山川均を中心に結成された会合「金曜会」に参加、社会主義者に接近する。一九一六（大正五）年には山川均と結婚、山川菊栄の名で執筆を開始した。一九一八年から一九年にかけて平塚らいてう、与謝野晶子による「母性保護論争*」に参加し、社会主義の立場を明確にしていた。

七巻一号から、堺利彦と隔月交代で「婦人界時評」を受け持つ。第一回の「産児制限」が石川三四郎*との間に論争をまき起した。

山川菊栄と石川三四郎の避妊論争

一九二一（大正一〇）年七巻一号から八号の廃刊まで、三一歳の山川菊栄は『女の世界』であざやかな論陣を張る。鋭く明解な評論は、権威にむかってもたじろぐことがない。日本の婦人運動に初めて批評的、科学的視点を持ち込んだといわれる。

全米産児調整連盟を立ち上げたサンガー夫人の来日は翌年になるが、第一次世界大戦後、戦死による成人男子の減、嬰児死亡率の高さは世界的な問題となり、日本でも産児制限の是非が論じられていた。

七巻一号で山川は「産児制限の是非に就ては、先づ此女子の自由意思を認むるや否やの一事が」すべてに優先するとして、それ以外の理由による「懐胎と分娩は、罪の罪なるもの」と言い切る。それに対して石川三四郎は二号に「社会主義者から見た婦人救済」を書く。避妊論の流行を「近代文明の病的性質を暴露したに過ぎない」「知識階級の道楽」と切り捨てる。

三号で再び山川が「石川三四郎氏と避妊論」を掲げ、徹底的にその矛盾を突く。さらに四号で石川が「避妊論に就いて――山川菊栄女史に申す」を発表。「吾々は吾々の〔一字不明〕有する生殖力を発揮して、而して之より多く益々完全なる収穫を得るに努力する方が、寧ろ人類の自然性に対して忠実」と結ぶ。

女性の立場に立った山川と人類一般を述べる石川では、嚙み合うはずもないのだが、六号において山川はさらに「避妊是非に就て再び石川三四郎氏に与《あた》ふ」を書く。「私が主張するのは『生む自由』と共に『生まざる自由』であることです」と言い、「孫のやうな花嫁様でもお迎へにならうといふ矢先、石川氏たるもの折角気を確かに願ひます」と結ぶ。フランスから帰国してまもない四五歳の石川と二〇歳の読売新聞記者・望月百合子の関係が評判になっていた。まもなく二人でフランスに旅立つ。

避妊論だけでなく、女性と労働、治安警察法第五条、「腐敗堕落した」女性雑誌、女性雑誌を飾る売笑婦と貴婦人の差異――多岐にわたって縦横に筆鋒をふるう若き日の山川菊栄がいる。『女の世界』での活躍の背後に堺利彦、野依秀一の存在があったことを思う。

つけ加えるならば、この期、全世界で人口の四分の一にあたる五億人が感染し、死者は一七〇〇万から五〇〇〇万人といわれるスペイン風邪による人口減も当然影響していると思われる。が、実は『女の世界』には一九一八年から二一年にかけて猛威をふるったスペイン風邪についての言及、記述が全くない。「風邪ごとき」の意識であったのだろうか。

スキャンダルの中に消えた作家・山田たづ

七巻一号に、山田たづ子がA氏に宛てた手記「私がM氏と別れる迄の偽らぬ告白――明るき光の中に立ちて」が載る。山田たづ（子）は一八九五年八月滋賀県大津に生れ、県立大津女学校卒業後上京。森田草平の門下となり、作家としての道を歩いていた。『青鞜』を継いだ『ビアトリス』の編集の中心に、生田花世とともにいた。

私は長年『ビアトリス』廃刊の理由のひとつを、生田春月をめぐっての山田たづと花世のト

山田たづ

ラブルと考えていた。『ビアトリス』の稿と重なるが、春月が播磨灘に身を投げた後、春月の弟と花世の編纂で刊行された『生田春月全集』（一九三〇―三一 新潮社）年表（一〇巻）には、一九一七年「五月、前年秋頃よりはじまりし山岡田鶴子（仮名）との恋愛のため家庭不和」とある。

だから友人A氏に宛てて手紙体で語られた一四頁からなる「手記」に衝撃を受けた。『ビアトリス』刊行時のたづの恋愛相手は生田春月ではなく、師である森田草平だった。春月はどうやら一方的にたづに恋して懊悩《おうのう》していたらしい。

文中のMは森田草平、Hは平塚らいてう、恩師N先生の遺稿全集は夏目漱石の全集、SMの出世作XXは「煤煙」、「有名な社会主義者」TSは堺利彦――とあてはめると、大正文壇のある側面がパズルを解くように浮かび上がってくる。平塚らいてうとの塩原心中未遂事件後も、森田には妻、下宿先の踊りの師匠がいて、やがて山田たづとの関係が始まる。さらに翌年には、新たな女性との間に子どもが生まれる。すべては森田の乱脈が招いたすさまじい愛憎劇だが、手記を書くことで、たづはその渦中から抜け出そうとした。

その後、山田たづは結婚してハワイに渡ったようだ。一九二八年一二月『女人藝術』一巻六号に、加藤たづ子の名で「布哇《ハワイ》だより」を載せている。同号編集後記に長谷川時雨が「以前『ビアトリス』を発行してゐられた加藤田鶴子（旧姓山田）さんが、目下ハワイにあつて、大層本誌の為に力をつくして下さる事をもお礼申したく存じます」と記している。

スキャンダルの中に消えた大正文学少女の典型を見る。それにしても性格破綻者としか言いようのない森田草平が非難されることもなく文学史に残っていることに呆然とする。

「女らしい女」詩人・中田信子

一九二一（大正一〇）年二月七巻二号に中田信子の詩「女《をんな》らしい女」が掲載された。

「無理な事でも我慢して／言ひたい事もだまつてゐて／喰べたいものも欲しいものも／その他いろんな欲望も／ぢつと忍んで我慢して／鼠の様に子を生んで／男の言ふ事をなんでもきゝ／姑小姑におとなしく／生きてゐるのか死んでゐるのか／わからない様にしてゐればゝ／女らしいほんとうの／いゝ嫁さんだと言はれるが／私はいゝ嫁さんにもなりたくない／女らしい女でなくともいゝ／そんな馬鹿げたし《強》ひた《たげ》げは／魂のある私には／死んでも出来ない事なのだ」

作者は一九歳の詩人。『日本近代文学大事典』によれば一九〇二年一二月山形に生まれる。小田原の幼稚園に勤め、報知新聞記者の中田豊と結婚。上京し正富汪洋《まさとみおうよう》*に師事するとある。『女の世界』には他に「私は歌ふ」（六巻九号）「太陽の織布」（同一一号）の二編の詩を発表している。

七巻六号の「新刊紹介」欄に、はじめての詩集『處女の掠奪者』（新進詩人社）が取り上げられている。

れた。「太陽のやうに強烈な光輝と、何ものをも圧倒せずにはをかない力に満ちた詩集です。その奔放な作風の中に盛られた奔放な思想は、正に旧思想に対する痛烈な打破の叫びとして、尊重されるべきものである」と絶賛された。

「（略）金色蛇が卵からかへつて／悩ましい世界に生れ出た／さうして誰からも習はぬうちに／生殖をおぼえて／異性をもとめてのたくり廻る」（「夏の草原より」）「ふくれ上つた大地に／脂肪の多い海に／健康に燃ゆる二人の肉体に／歓喜は翼を広げ跳ね上がる」（「歓喜の生るゝ處」）

等々、一〇〇余編の詩には女たちを縛る結婚生活、家への反抗とともに、奔放で豊かな性愛の歓喜、肉体の賛美があふれる。その後も天照大御神を初め歴史上の女性を歌った『女神七柱』（大正一五）を出版した。一九二八年七月『女人藝術』創刊号には、深尾須磨子*と並んで詩「父病む」を載せている。父への思いが流れるが、青春の燃え盛る魅力からも反抗からも遠い。

大正という時代、都会的な退廃の美とは異なる、健康な性愛と肉体への賛歌もまた生れた。が、大震災を経て昭和へと続く中で、青春賛歌は封じられ、退廃の美だけが隠花植物のように生き延びたことを思う。

『女の世界』の読者のどれだけが、この「女らしい女」の詩に共感したのだろうか。

北村透谷の妻・北村美那子

一九二一（大正一〇）年七巻二号に「誘惑と戦って廿余年の独身生活——若き未亡人は相当

な配偶者に再婚せよ」と少々センセーショナルなタイトルのエッセイが載る。筆者は北村美那子*。一八九二（明治二五）年二月、二回に分けて『女学雑誌』に掲載された北村透谷「厭世詩家と女性」のヒロインである。

「恋愛は人世の秘鑰《ひやく》なり」とはじまる評論は、明治二〇年代半ばの若者を熱狂させた。神奈川県自由民権運動の中心にいた石阪昌孝*の長女美那子と透谷は「厭世詩家と女性」が発表された直後に結婚生活に入る。プラトニック・ラブの到達点としての結婚であり、長女も生まれるが、豪農の家に生まれ、高い教育を受けて育った美那子と、小官吏の父親、タバコ屋を営む母親に育てられた透谷ではあまりに生活感覚が異なっていた。家庭内のトラブルに加えて「近代的自我」を打ち出しながらも、彼を取り囲む旧世代との戦いに疲れ果てた透谷は、一八九四年五月、二五歳の命を絶った。島崎藤村『桜の実の熟する時』『春』に詳しく描かれている。

北村透谷・美那子夫妻

二九歳の美那子は、麻布基督教会の日本語教師になり、やがて一八九九（明治三二）年、長女を透谷の両親に託して渡米する。インディアナ州のユニオン・クリスチャン・カレッジに入学、さらにオハイオ州のディファイアンス・カレッジで神学・文学・音楽を学び、バチェラー・オブ・アーツ（文学士）の称号を得て、一九〇七（明治四〇）年に帰国した。豊島高等師範女学校や教会、自宅で英語教師をしながら家族を養った。

本稿執筆時は五六歳。「未亡人の苦しみ悶え」はすべて、過剰な「貞操」観念と「世間のあまりの干渉」から生じる、として、再婚こそが「一番適切な処置」だと書く。ストイックに勉学に励んで生きてきた自らの人生を振り返っての実感だったのだろう。

来日したM・サンガー夫人の通訳をしたり、東京府立品川高等女学校等の英語教員として七二歳まで勤め、一九四二（昭和一七）年、老衰のため七七年の生を終えた。透谷の三倍の人生を職業人として生きた石阪美那子の生涯を、江刺昭子が丹念に追って『透谷の妻――石阪美那子の生涯』（一九九五　日本エディタースクール出版部）にまとめている。

伊藤野枝の活躍

第一次世界大戦後の日本史年表を繰る。一九二〇年、平塚らいてうらによって「新婦人協会」、堺利彦、山川均らによって「日本社会主義同盟」が結成。一九二一年には、日本で最初の女性による社会主義団体「赤瀾会《せきらん》」が堺真柄らによって結成される。大逆事件以後の冬の時代がようやく終ったことがうかがえる。関東大震災までの一瞬だったが、たしかに大正デモクラシーの開花があった。

大戦後の好景気もあって、女性の社会進出がひろがり、女学校を卒業後、職業に就く女性がふえた。事務員、電話交換手、デパート店員、記者、保母、教員、タイピスト等々、仕事も多岐にわたった。が、明治以来変ることのない男性中心社会で若い女性が働くことは厳しかった。第七巻三号（一九二二年三月）に伊藤野枝が「現代婦人と経済的独立の基礎——謬《あやま》られた思想で養われた独立婦人に与ふ」と題して一九ページからなる評論を発表している。

「赤瀾会」メンバー。右から堺真柄、伊藤野枝、山川菊栄

野枝は、これまで「女権論者」によって「女性の経済的独立こそが、完全な女性解放を意味する」と主張されてきたことが、いかに机上の空論であり夢想であったかを、鋭く指摘する。同一労働であるにもかかわらず、男よりはるかに安い賃金で、男以上に働かなくては認められない実状。「傍目もふらず働く」なかで失っていく「天真爛漫」な心。少し女性らしくあろうとすると、それにつけこみ誘惑する雇用者。経済的独立によって父親の保護を脱しようとした若い女性の多くは、過酷な現実に直面して、ほとんどはひたすらに「求婚者」を待つようになる。

「必要な労働力を如何に安く得やうか」ということのみ考えている資本家に、女権論者の思想など通じるはずもなく、もはや社会構造の変革に向かうしかない、と野枝は断言する。大杉栄がチフスで入院し、三女エマが生れる直前の執筆である。原稿料稼ぎの冗漫な論の感もあるが、『青鞜』の「新しい女」の主張をはるかに超えたところで動いている社会、政治、国家のありようを認識し、それらに挑もうとする二六歳の伊藤野枝の姿が生き生きと浮かぶ。

八　終焉へ

「男女品行問題号」

一九二一（大正一〇）年六月、第七巻六号の表紙は、花瓶に挿された二輪の薔薇と蝶の絵、左側に「男女品行問題号」とある。口絵にはロセッチの「モンナ・ポモナ」＊（原色版）が使われ、大正モダニズム全開である。

野依秀一「現代の男子は処女を望む資格なし」、伊藤野枝「貞操観念の変遷と経済的価値」、山川菊栄「現代の婦人雑誌と貴女《きじょ》と売笑婦　現代の婦人は何故に腐敗堕落せる婦人雑誌を手にする乎」、堺利彦「所有権の道徳的聖化」、秋田雨雀「近代劇と男女関係の推移」などが並ぶ。

さらに懸賞募集「夫の不品行に泣く婦人の実話」特集、名流夫人四七名による「良人が若し不品行をしたら」のアンケート。時評では江口渙《かん》＊が、妾と逃避行する足尾銅山社長の古河虎之助男爵を厳しく批判する。自由な思考と言論が許されていた時代だった。

日英同盟を根拠に第一次世界大戦に参戦し、パリ講和会議では人種差別撤廃案を主張、国際連盟に加入し常任理事国になるなど、日本の急激な国際化が、国内にも大きな影響を与えた。大戦は西欧列強を衰退させ、各国の革命運動を激化させていた。国内は平民宰相・原敬の時代で、暗殺されるまでのつかの間の言論と思想の自由の風が、『女の世界』にも吹き渡っていた。

この大衆運動の高揚期、大日本帝国憲法下に民法が規定した「戸主」を頂点とする家制度によって、無能力者とされた女性、特に妻の立場の理不尽さに男たちもようやく気がついたようだ。野依秀一は「男も女も同じ人間である」とし、女に処女や貞操を求めるのならば、男もそうでなくてはならないと言う。伊藤野枝は「私が貞操を不必要なものだと云ふのは当人同士の自由意思により結婚したものでなくてはならぬ」から、と書く。

江口渙は、「婦人解放の戦は、同じ虐げられたる階級に属する男子に対する戦であるよりも、婦人と男子を併せ虐げるところの資本家階級、権力階級に対する戦」である、と結成されたばかりの赤瀾会にエールを送る。もちろん伏字はない。

泡鳴最後の妻・岩野英枝《ふさえ》「お仙ちゃん」

一九二〇（大正九）年第六巻九号に、岩野英枝《ふさえ》の小説「お仙ちゃん」が載る。舞台は巣鴨近くの借家。若い妻は、引っ越してきたばかりの隣家の様子が気になって仕方がない。職業不明の三〇代の主《あるじ》のもとには、さまざまな女が出入りする。

隣家の七〇歳に近い「ばあや」と親しくなって、少しずつ様子を聞き出すのだが、どうやらお仙ちゃんと呼ばれる一〇代の娘が、一番主に熱心らしい。隣家の様子を、妻は作家の夫に逐一報告をする。一カ月にもならないうちに隣家の住人は、借金に追われていたらしく、あわただしく引越しをする。その後、主が苦学生だったことを知る。

これまで岩野泡鳴夫人として、アンケートに答えたり、エッセイを発表していた英枝の、初めての小説だった。泡鳴と英枝を思わせる夫婦の日常が浮かびあがって、なかなかに読ませる。

岩野泡鳴と二番目の妻・遠藤清子、二人の別居の原因となった蒲原英枝とのトラブルは、一九一六年から一八年にかけての社会問題にまで発展していた。泡鳴は『男女と貞操問題』を発表し、『青鞜』の新しい女・清子は『愛の争闘』を上梓した。離婚に向けての裁判は泥沼化し、双方への世間の批判は厳しかった。

「お仙ちゃん」は、それぞれが落ち着いたころの一齣《ひとこま》なのだろう。独特の自然主義作家として泡鳴の文名は高まっていた。が、この作品が発表される前の五月九日、泡鳴は四八歳で急死した。「お仙ちゃん」の達者な文体には、亡くなる前の泡鳴の手が入っていたようだ。

「當代新らしい女点取票」(第二巻一二号)「現代闘争男女七組点取票」(第三巻第七号)で、英枝は清子と比較され、常に清子の下位に置かれていた。小説発表は、清子への対抗心もあったことだろう。

しかしながら「泡鳴氏の死の驚愕を前にして」(一九二〇・六『新小説』)という見事な泡鳴論を書いた清子は、同じ年の一二月、胆石が悪化して三八歳の生を終えた。この時、三〇歳だった英枝は、作家にはなりえず、小間物店を営みながら一九四四年、五四歳で死去した。

ら間違《まちがひ》はありますまい。

何歳《なんさい》の時《とき》にはどんなことを教《をし》へ、何歳《なんさい》になつたら何《なに》を教《をし》へるといふ風《ふう》に規則《きそく》立《だ》つた育《そだ》て方法《かた》をしてゐるといふ噂《うはさ》もあつたが、亞子《わたくし》がお伺《うかが》ひして見《み》たら、みどりさんは極力《きよくりよく》それを否定《ひてい》して『理想《りさう》は色々《いろいろ》あります。けれども理想《りさう》と實現《じつげん》とは却々《なかなか》一致《ち》するものではありませんから、思《おも》ふばかり思《おも》つて見《み》ても駄目《だめ》です。唯《た》だ妾《わたし》の希望《きばう》としては、遺傳《ゐでん》といふことも考《かんが》へて成可《なるべ》く文學《ぶんがく》に關係《くわんけい》したものを習《なら》はせたいと思《おも》つてゐます。娘《むすめ》葵《あをひ》の方《はう》を育《そだ》てる方針《はうしん》は、いくら新《あたら》しい女《をんな》が可《い》いからと云《い》つて、參政權運動《さんせいけんうんどう》などばかりに沒《ぼつ》頭《とう》するやうな女《をんな》が出來《でき》ても困《こま》りますから、まあ、優《やさ》しみを持《も》つて、そして活潑《くわつぱつ》であるといふやうな女《をんな》に仕《し》立《た》てたいと思《おも》つてゐます。然《しか》し兎《と》に角《かく》何《い》れにもあまり嚴《きび》しい制限《せいげん》をつけないで、出來《でき》る丈《だ》け自由《じいう》に任《まか》せて置《お》き、軈《やが》て本人等《ほんにんら》の特長《とくちやう》が明瞭《はつき》りと認《みと》められた時《とき》、それに從《したが》つて適當《てきたう》な敎育《けういく》を施《ほど》こした方《はう》が最《もつと》も可《よ》いと思《おも》ひます』みどりさんはかう云《い》はれました。

交友《かういう》の制限《せいげん》を絶對《ぜつたい》に受《う》けてない水城《みづき》さんは、近所《きんじよ》の百姓《しやう》の子供《こども》や料理屋《れうりや》の子《こ》供等《どもたち》と毎日遊《まいにちあそ》んで惡戯《いたづら》をやつてゐますが、亞子《わたくし》がお伺《うかが》ひした時《とき》などは、遊《あそ》び疲《つか》れて眞赤《まつか》な林檎《りんご》のやうな顔《かほ》を障《しやう》子《じ》の間《あひだ》から出《だ》し、『お母《かあ》さん、お菓子《くわし》……』と强請《ねだ》りに來《き》ましたみどりさんが、じつと睨《にら》んでも却々《なかなか》諾《き》かない、みど

きみ子さんを抱いた岩野泡鳴さんと蒲原英江さん

郵便はがき

料金受取人払郵便

牛込局承認

5362

差出有効期間
令和6年12月
4日まで

162-8790

（受取人）

東京都新宿区
早稲田鶴巻町五二三番地

株式会社 藤原書店 行

ご購入ありがとうございました。このカードは小社の今後の刊行計画および新刊等のご案内の資料といたします。ご記入のうえ、ご投函ください。

お名前	年齢
ご住所　〒 TEL　　E-mail	
ご職業（または学校・学年、できるだけくわしくお書き下さい）	
所属グループ・団体名　　連絡先	
本書をお買い求めの書店 市区 郡町　　書店	■新刊案内のご希望　□ある　□ない ■図書目録のご希望　□ある　□ない ■小社主催の催し物案内のご希望　□ある　□ない

読者カード

本書のご感想および今後の出版へのご意見・ご希望など、お書きください。
（小社PR誌『機』「読者の声」欄及びホームページに掲載させて戴く場合もございます。）

本書をお求めの動機。広告・書評には新聞・雑誌名もお書き添えください。
店頭でみて　□広告　□書評・紹介記事　□その他
小社の案内で　（　）（　）（　）

ご購読の新聞・雑誌名

小社の出版案内を送って欲しい友人・知人のお名前・ご住所

ご住所 〒

購入申込書（小社刊行物のご注文にご利用ください。その際書店名を必ずご記入ください。）

冊	書名　冊
冊	書名　冊

指定書店名　住所

都道府県　市区郡町

名家令嬢自殺事件「濱田榮子問題真相号」

第七巻第八号『女の世界』は、表紙いっぱいに若く美しい女性の顔写真を載せ「濱田榮子問題真相号」とした。一九二一（大正一〇）年六月一七日、一八歳の令嬢濱田榮子が中野の自宅で殺鼠剤を飲んで自殺した。亡父の医学博士濱田玄達は、日本産婦人科の祖とされ、産婆養成所、日本産婦人科学会を創設。駿河台の病院、広大な邸宅等々の莫大な財産を残していた。アメリカ在住の榮子の兄は芸者との不祥事からすでに廃嫡されていて、母親と管財人によって管理されている財産は、榮子に養子を迎えて譲られるはずだった。

ところが、榮子は一五歳の時、書生として濱田家に住んでいた遠縁の野口亮（三〇歳）と関係し家を出た。妊娠した榮子は、出産前に野口の入籍と財産の譲渡を求めて実家に赴き懇願したのだが、許されず服毒自殺を図った。

翌六月一八日の各新聞は一面大見出しで事件を報じ、取材合戦が過熱した。週刊誌もテレビもない時代だったが、もちろん人権意識もプライバシーもない時代でもあった。『東京朝日新聞』も、二週間にわたって特集、関係者の手記や各界著名人の談話を連載した。

榮子の母親と財産管理人の関係、野口亮の家系と実像、淫乱の噂ある叔母の存在、狂言自殺のはずだったと言い募る従妹、兄の手記等々、微に入り細に入り、面白おかしく書き立てた。一八歳のブルジョア娘の自死は、色と欲の蜘蛛の巣に絡められ蓋《おお》われてしまった感がある。

そうした中での特集号だった。意図は安成二郎の巻頭言、さらに「編集室より」に記される。

女の世界

濱田榮子の死

安成二郎

故醫學博士濱田玄達の娘榮子の自殺ぐらゐ新聞を賑はした事件は近頃に無い。それにはいろ〱理由がある、一は彼女の家が金持だといふことである、二は父親が有名な醫師で其の名が今も人の記憶にあることである、三は彼女が美人だつたことである、四は彼女が聰明だつたことである、五は彼女が性的に早熟だつたことである、而して六はその自殺に關係ある役者が大勢居つて人々身勝手なことを言ひ募り自殺の事情を混亂させて何が何やらさつぱり判斷のつかないものにしたことである。第五迄は頗る簡單で、之れだけなら新聞の騷ぎもさう續かなかつたであらうが、第六に至つて、榮子の周圍から種々雜多な材料を供給したので遂に新聞の續き物になつたのである。伯爵の娘芳川鎌子の心中未遂事件でも、子爵の娘鍋島好子の駈落事件でも、流石に周圍には馬鹿ばかりが居らなかつたと見えて、新聞に材料を供給するやうな眞似はしなかつた。然し如何に材料があつたにしてもあんなに書き立てたことは、——即ちあの榮子といふ小娘の猫イラズ自殺を大事件らしくしたことの理由の第七は、新聞といふものが結局ブルジョアの機關だといふことである。而して之が一番大きい理由である。一般民衆にとつて何の興味も無い我儘娘のヒステリー自殺である、世間にザラにある話だ。が、それがブルジョアの娘であるからには、ブルジョアを相手とする新聞が、大騷ぎして報道するのは尤もな話である。

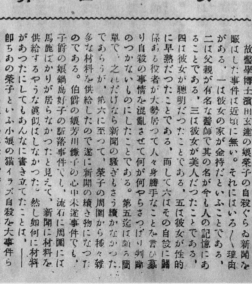

「（略）只徒《いたずら》に自殺の真相を伝へんが為にのみ、榮子号を発行したのではありません。少くとも榮子の死が現代の社会人に教へる所のもの多く、遺産を有するもの、娘を持てるもの、自由恋愛者、親の許さぬ結婚をなせる者等、延《ひ》いては現代の社会制度に迄も関連して、深く訓《をし》ゆる所のもの多くを該事件《(が)がいじけん》の中に含まれてゐるからであります」

個人の悲劇を、社会、時代の問題としてとらえる視点は、安成二郎、堺利彦を中心とした『女の世界』に共通している。しかしながら、この七巻八号は『女の世界』最終号となる。編集者たちはまだそのことを知らない。

「堂々たる婦人雑誌」を目指す

「濱田榮子問題真相号」には廃刊の気配などどこにもない。野依秀一がすべての編集が終ったのちに突然独断した、とみるべきだろう。先に引用した「編集室より」の前半は、次のように記されている。

「六月号以来の『女の世界』は、総《あら》ゆる方面に於いて認められるやうになりました。従来『女の世界』と云へば、父子互に隠れて愛読する雑誌だなどゝ一部道学者から非難されてゐましたが、野依社長指導の下に我々が編集するやうになつてからは、不動の方針と、鞏固《きょうこ》な革新の下に、内容は豊富になり、面目は一新され、何人が手にするも、又他人の前で繙《ひもと》くも決して辱《は》ぢざる、堂々たる婦人雑誌となりました。それにつけても我々は益々努力奮励、現代唯一の婦人高級雑誌にする決心ですから、何卒永久に御愛読あらん事を希望致します」

新たな方向への意気込みともとれるが、これまでとはかなりニュアンスが異なる。あまりに野依に媚びていて、編集室内でなにかが起こっている気配さえある。『女の世界』の魅力は、繰り返し書いてきたように、その猥雑さにあった。

その五年前の二巻五号の「編集だより」には「『女の世界』には芸娼妓の記事があるから家庭に入れられないと被仰る方もありますが『女の世界』の思想は芸妓、娼妓が少しも卑しむべきものでないといふのですから、皆さんもどうぞもつと深く此の問題をお考へになられん事を切にお勧め致します。間違つた思想を持つて居る事は其人にとつて大変不幸だと思ひます」と居直っている。

だからこそ大正という時代を映し出す面白い雑誌になったのだし、どこか野依の得体のしれない魅力にも通じる。

しかし、四年間の獄中生活で浄土真宗に帰依した野依にとって、目指すのは「堂々たる婦人雑誌」「現代唯一の婦人高級誌」でなくてはならなかった。編集方針大転換の意向を受けながらも、不満を募らせていた編集者たちとの双方の違和感がピークに達した気配が、七巻八号、最後の「編集室より」に感じられる。

無念がにじむ『女の世界』最終号

最終号の一五五五頁（全一六〇〇頁）に「『女の世界』廃刊に就いて」が載る。全文紹介する。

「『女の世界』は本誌本号即ち第七巻第八号を以て廃刊することに決定致しました。過去七年間、日本文化史上に貢献する所多かつた本誌も、現代婦人に女の世界式なる深い印象を与へ、伝統と因襲に埋もれる古き日本の女の世界を打破して、新しく生きんとする現代婦人を善導し、或は教化に、或は新人の紹介に、其の任務は果たされたことと信じます。

加ふるに入信後の野依社長は、其の抱懐せる思想上の転機と同時に、『野依雑誌』の発刊となり、新らしき婦人雑誌の要望に駆られてゐましたが、大勢は遂に野依社長に決断を促し、時代に生きんとする婦人の為めに更に改めて新らしき婦人雑誌を発刊することを企画し、断然『女の世界』を廃刊する事にしました。新婦人雑誌の発刊に就いては更めて申上げる事に致します。顧みれば世事多忙、七年八カ月は全く夢の如きものでありました。其の間編集者の変る事数回、にも拘らず、多大の同情を以つて編集者を督励されし寄稿家諸君及び、変らざる態度を以つて愛読の栄を忝《かたじけの》うせし読者諸君に対し、深く深く感謝するものであります。」

『女の世界』編集者一同となっているが、筆者は安成二郎であろう。野依の決断に賛同できなくても、野依の個人雑誌である以上従うしかなかった。無念の思いが文外にこぼれる。

カリスマ的な魅力をもった個人経営者が、収監され不在だったからこそ『女の世界』は、大逆事件後の社会主義者たちの隠れ家として、あるいは彼らが目指した女性解放・社会変革の拠点として、存在し続けた。

野依は、一九二一年五月に『野依雑誌』(〜二二年二号)、九月『真宗の世界』創刊、さらに二二年一〇月『真宗婦人』(〜二三年二号)を創刊する。宗教一色だが、いずれも短命に終わる。その後も『婦人と宗教』等々を創刊するが、その性格上『女の世界』の清濁併せもった魅力が発揮されるはずもなかった。『女の世界』についてはここでひとまず終わる。

『女の世界』と『実業之世界』との相互関係、あるいは『婦人世界』『婦人公論』との比較、『女の世界』で活躍した女性作家、さらには野依秀一という怪傑——等々、今後の研究課題を山積したまま稿を閉じる。それにしても、と思う。一九一五年五月から一九二一年八月まで七年間余、大正時代の二分の一にあたる時代は、大きな変動の時代だった。日本初の労働組合婦人部である友愛会婦人部が設置され、米価が高騰し各地で米騒動が広がり、生活必需品の急騰に労働者、女工員による賃上げストライキが相次いだ。ロシア革命への関心が高まり、アメリカのモンタナ州では初の女性下院議員が選出され、ニューヨーク州では婦人参政権が認められた。ソビエトでは、政治上の男女平等が確立され、日本各地に普選運動が広がった。労働争議は組織化され、参加者が急増し、社会主義運動が盛り上がりを見せ、取り締まりが強化された。一九二〇年には国際連盟が発足。平塚らいてう、市川房枝らによって新婦人協会が結成され、機関誌『女性同盟』を創刊。日本最初のメーデーは、上野公園で一万人を超えた。

小作争議が多発し、一九二一年には『種蒔く人』が創刊され、初の社会主義婦人団体「赤爛会」が結成された。日本社会主義同盟第二回大会が開かれ、アナ・ボル論争が盛んになった。全国的な不況が深刻化し、倒産続出、自殺者が急増した。一九二二年、日本共産党が非合法的に結成され、やがて一二月にはソビエト社会主義共和国が成立——年表をすべて張り付けたくなるような国内外の動きだった。

もちろんさまざまな女性誌の動きがあって当然だが、安成二郎、堺利彦、山川菊栄等々、編集者・執筆者の多くは、それらに敏感に対応し、自ら運動に飛び込んでいった人たちだった。彼らにとって『女の世界』は、隠れ蓑だったのか。あるいは女性はそのレベルで、と思っていたのか。社会の現実、世界の動きに何ひとつ対峙することのできなかった無念が、あるいは突然の廃刊であったのかも知れない。

II　さまざまな大正女性雑誌

一　女性雑誌概観——武器は書くことだけだった

『青鞜』断想

一九一一（明治四四）年九月に創刊された『青鞜』を手に取ると、いまでも心がさわぐ。

一一二年前、女性を囲む闇は果てしなく深かった。一九〇〇年に公布された治安警察法は、第五条に於て、未成年者、禁治産者と並べて、女性の一切の政治参加を禁じた。一九〇七年に公布された刑法第一八三条は「有夫ノ婦姦通シタルトキハ二年以下ノ懲役ニ処ス」と姦通罪を定めた。それらはすべて、一八八九（明治二二）年二月一一日に発布された大日本帝国憲法が、「大日本帝国ハ万世一系ノ天皇之ヲ統治ス」「天皇ハ神聖ニシテ侵スヘカラス」と明記し、絶対君主制を国体としたことから発する。人民は臣下であり、その核となったのが、家父長を頂点とした家制度だった。

その翌年、一八九〇（明治二三）年一〇月に「教育勅語」が発布。さらに日清戦争後の一八九五（明治二八）年には良妻賢母を目ざした高等女学校規定が定められ、九九年に高等女子校令として公布された。急増した女子学生に対する監視の目は厳しく、一九〇二年、文部省は高等女学校での修身・しつけ教育強化の方針を打ち出す。

そうした中での『青鞜』創刊だった。平塚らいてうの「元始女性は太陽であつた」の宣言、「山の動く日来る」と始まる与謝野晶子の巻頭詩「そぞろごと」、あるいは「本社は女流文学の発達を計り、各自天賦の特性を発揮せしめ、他日女流の天才を生まん事を目的とす」とした「青鞜社概則」第一条。それらの宣言が、どれほど当時の女性を囲む状況からかけ離れ、飛翔したものだったのか、とあらためて思う。

「そぞろごと」第一連で、「山の動く日来る」とたからかに叫んだ晶子は、二連で「一人称にてのみ物書かばや。／われは女《をなご》ぞ。／一人称にてのみ物書かばや。／われは、われは。」と畳み込むように言う。身の内にあふれる思いを、自分を囲む理不尽な現実を、自分の言葉で書こう――。女である自分自身の言葉で書こう。

言葉が武器に変わった瞬間だった。武器は書くことだけだった。平塚らいてうの発刊の辞「元始女性は太陽であつた。」と並んで、女性史の金字塔とも言うべき宣言だった。

『青鞜』と大逆事件

『青鞜』誕生の一九一一年は、幸徳秋水、管野須賀子《かんのすがこ》（スガ）ら「大逆事件」の一二名の処刑から始まる。

にもかかわらず、『青鞜』には大逆事件の影はない、といわれ続けてきた。評論にも、エッセイ、小説にも、たしかに大逆事件を連想させるような作品はない。しかし、だからと言って高等教育を受け、従来の女性を封じ込める家庭制度に疑問を持ち、文学への野心にみちた『青鞜』社員が、『白樺』『スバル』『三田文学』に集った青年よりも、社会や政治、思想に無関心であったと決めつけられるのだろうか。

賛助員の与謝野晶子は、夫の寛や『明星』に集う歌人たち――石川啄木、平出修、木下杢太郎、佐藤春夫などを通して、大逆事件をかなり正確に把握していた。弁護士の平出は獄中の管野須賀子に晶子の歌集『佐保姫』（一九〇九・五　日吉丸書房）を差し入れ、須賀子から「晶子女史は、鳳を名乗られ候頃より、私の大好きな人にて候、紫式部よりも一葉よりも日本の女性中一番好きな人に候」という礼状を受け取っている。

晶子は双児を身籠り、産み月を控えていた。同年七月に出版した第一評論集『一隅より』（金尾文淵堂）に「産褥の記」を書き、壮絶な出産の苦痛を綴った。中に「男をば罵る彼等子を生まず命を賭けず暇あるかな」「悪霊となりて苦しみ猪となりて啼かずば人の生み難きかな」「生きて復《また》かへらじと乗るわが車、刑場に似る病院の門」等一〇首が挿入された。双児の一人は死産だった。それらをまとめた歌集『青海波』（一九一二・一　有朋館）には、一九一一年三月七日の『東京日日新聞』に発表した「産屋なるわが枕辺に白く立つ大逆囚の十二の棺」が入っている。

『青鞜』の入会案内に最初に返信したのは、岩野泡鳴と同棲していた遠藤（岩野）清（子）だった。清子は、明治三〇年代、女性の政治参加を一切禁じた治安警察法第五条改正請願運動の中心にいた。社会主義者だと噂され憤慨するが、明治四四年一月二七日の日記に「今日死刑執行

管野須賀子

された社会主義者等の死體を、落合火葬場に葬ると云ふ事だつた。私は善悪二門なしと云ふ意味で、この人々に涙を灌《そそ》いだ」（『愛の闘争』）と記している。

この期の平塚らいてうに、大逆事件への言及がないのは、彼女自身の関心が「女性である自分」に向いていた、と同時に高級官僚である父親への配慮もあった。あるいは『青鞜』の資金を提供してくれた母親との約束事だったのかもしれない。

らいてうに雑誌発刊をもちかけ『青鞜』と命名した生田長江は、第一高等学校在学中、森田草平の紹介で与謝野晶子、寛と知り合い、『明星』に評論、翻訳を発表。東大哲学科卒業後、成美女学校の英語教師となる。草平らとともに晶子を中心とした閨秀文学会を作り、「煤煙」事件*には、森田草平の身元引受人となっている。

一九〇九（明治四二）年春、成美女学校の閉鎖によって失職し、八月には与謝野寛らと和歌山方面に旅行。新宮で大石誠之助、佐藤春夫に出会った。大逆事件に無関心であるはずはなかった。しかも長江は当時、ニーチェ「ツアラトウストラ」（一九一一・一　新潮社）の翻訳に没頭していて、森鷗外の助言をしばしば受けていた。

「煙のような坐談」（管野須賀子遺稿「死出の道艸」）を「天皇暗殺計画」として大々的にフレームアップし、無政府主義者や社会主義者たちを多数巻き込んだこの事件は、桂太郎内閣が社会主義運動の根絶を意図して仕組んだものであり、背後に山縣有朋の存在が知られている。職業を奪われ、学校を追われ、生活を破壊された社会主義者たちの多くが転向を余儀なくされた。

田山花袋は「恐ろしい事件」に巻き込まれ人生を狂わされた青年を「トヨゴヨミ」などの作品に描いた。

一九〇九年の「赤旗事件*」で収監されていたために、辛うじて生き残った堺利彦は売文社を立ち上げ、大杉栄や荒畑寒村は『近代思想』を創刊した。片山潜、石川三四郎らは海外に逃れた。政府の巧みなキャンペーンで世間に社会主義の恐ろしさを徹底的に植えつけ、いわゆる「冬の時代」が到来する。社会主義者だけでなく、社会主義に関心やシンパシーをもつ多くの知識人は市井に身を隠した。『青鞜』は、生田長江にとっての隠れ蓑だったともいえる。

女性集団と文学活動なら官憲の眼から逃れることができた。だからこそ、大正期に入って「冬の時代」が緩むとただちに、生田長江は森田草平とともに『反響』を創刊し、『近代思想』に接近する。一九一五年五月号『青鞜』は巻末に生田長江と本社は無関係である、と載せる。いわば絶縁宣言だが、長江の側に『青鞜』を守る意思があったのかも知れない。

そうした中で、らいてうは『青鞜』の主眼を女性の人権回復においた。女性を啓蒙したいと願う男たちをはるかに越えて、彼女たちは自らの言葉で家父長制の家や社会に向き合い、ひとりの人間として生きることを求めた。

らいてうはきっぱりという。

「自分は新しい女である。少くとも新しい女でありたいと日々に願い、日々に努めてゐる。真にしかも永遠に新しいものは太陽である。自分は太陽である。少くとも太陽でありたいと日々に願い、日々に努めてゐる。」「新しい女は『昨日』に生きない。」「新しい女は男の利己心のために無智にされ、奴隷にされ、肉塊にされた［如き］旧い女の生活に満足しない。

新しい女は男の便宜のために造られた旧き道徳、法律を破壊しやうと願つてゐる。」

（「恋愛と結婚」エレン・ケイ」『青鞜』三巻一号）

「今、妻と呼ばれてゐる幸福な婦人達も、もう少し眼蓋をこすつて見た時、自分の今迄の生活に満足してゐられるでせうか。愛なくして結婚し、自己の生活の保證を得むが為に、終生一個の男子のために昼間は下婢として、その雑用に応じ、夜間は淫売婦として侍することを肯じてゐる妻の数はどれ程あるか知れないでせう。」

（「世の婦人たちに」『青鞜』三巻四号）

この期のらいてうには、あらゆる権威に対しても、男に対しても、一切の忖度も媚もない。バッシングの嵐の中で、一九一五年第五巻一号から、編集はらいてうから伊藤野枝に交替し、一九一六（大正五）年二月休刊する。その年の一月にはすでに『婦人公論』が創刊されていた。実はらいてうから野枝への交代には、生田長江、森田草平、大杉栄らの意志が働いていたのではなかったか、と思う。

彼らがらいてうではなく、野枝を選んだのは、一九一四年三月、野枝がエンマ・ゴールドマン『婦人解放の悲劇』を訳したことによる。ゴールドマンは、大逆事件に抗議してニューヨークで最初にデモを組織したアナーキストであり、日本政府へ抗議文を手渡していた。さらに野枝は若くて知的好奇心に燃え、あらゆることを男たちから吸収しようとしていた。

『青鞜』は、大逆事件の余波によって生まれ、大正デモクラシーの波の中に収斂されたともいえる。しばし、男たちが身を潜めていた時期だったからこそ、らいてうの自由なはばたきが許されていたのではなかったのか。

その意味で『青鞜』もまた、男社会に翻弄されたあだ花だったのかもしれない。しかしながらつかの間にせよ真摯なそのはばたきは、その後、紆余曲折を経ながらも個々の女性のうちに、強靭な根を張る。女だからという理由だけで、読書も学問も禁じられ、親の言うままに嫁がなくてはならなかった長谷川時雨は、書くことだけを武器に、理不尽な生からの脱出を図る。一九二三（大正一二）年七・八月、岡田八千代との二人雑誌、前期『女人藝術』の発刊を経て、一九二八（昭和三）年七月『女人藝術』創刊。これによって、女性作家・女性文学はようやく開花の時を迎えた。

『青鞜』以前の女性雑誌

『青鞜』以前にも、もちろん、多数の女性雑誌が発刊されていた。

一八八四（明治一七）年六月、近藤賢三により女性のための雑誌『女学新誌』が創刊される。近藤賢三については不明な点が多いが、津田仙*の学農社農学校に学び、武陵閣主人として出版に従事していたようである。キリスト教の立場から、「女学」を「女性の地位向上・権利伸長・幸福増進」のための学問であるとした。福沢諭吉らによって婦人論が活発になったのを機に、翌八五（明治一八）年六月で廃刊。七月には、文芸や啓蒙的な記事を載せた本格的な女性誌『女学雑誌』の創刊に踏み切った。「発行の主旨」として「日本の婦女をしてその至るべきに至らしめんことを希図す」とある。

翌八六年の近藤の死によって、同じく学農社出身の巌本善治が編集人となり、最後の編集人・

青柳有美に至る一九〇七（明治三七）年二月まで五二六冊、増刊号も合わせて全五四八冊を刊行した。清水紫琴《しきん》*、岸田俊子*、若松賤子《しずこ》*らの小説、エッセイ、詩、さらに北村透谷、内田魯庵、島崎藤村ら、やがて『文学界』のメンバーとなる作家、評論家、翻訳家が活躍した。読者は、巌本善治が経営する明治女学校を中心に日本各地に広がり、若松賤子の翻訳「小公子」「小公女」等の連載は、時代を超えて少女たちに愛された。

『女学雑誌』と並んで『貴女之友』（一八八七・九―八二・二　全八〇冊）が東京教育社から出版された。帝国日本における女性の役割を「妻・母・主婦」として、教育、家庭、家政、家事・育児等々に対する提言や実践法を具体的に示した。跡見花渓《かけい》*、棚橋絢子《あやこ》*、西村茂樹ら教育者たちが多数執筆している。

一八九九年の高等女学校令公布によって、各種女学校が開校し、女子教育が急速に発展していく。それにともなって女性読者層が拡大し、明治末には、商業誌としての女性雑誌が次々と生まれた。それらは、大きく二つの系列に分かれる。

①啓蒙的色彩が強く、インテリ層や自立を目指す女性を対象とした『女学雑誌』の系列――
『女学世界』（明治三四年　博文館）、『婦人之友』（明治四一年　家庭之友社）など。

②実際の生活に役立つ『貴女之友』の系列――『婦人界』（明治三五年　金港堂）、『家庭の友』（明治三六年　内外出版協会）、『婦人世界』（明治三九年　実業之日本社）など。

この系列に入らない女性誌として、

③『婦人画報』（明治三八年　近事画報社）

④『女子文壇』（明治三八年　女子文壇社）があげられる。国木田独歩らが中心になった『婦

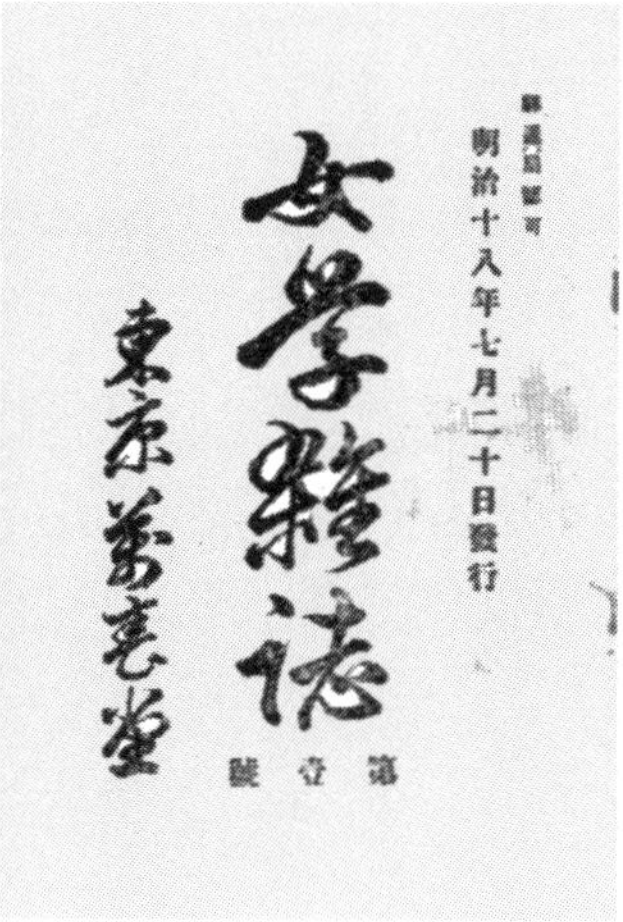

人画報』は、世界中の女性の動向、ファッションを豊富な写真で見ることができ、現在に続くグラフィック雑誌の基礎をつくった。

『女子文壇』は、詩人で『文庫』の記者として活躍していた河井酔茗を編集人に、唯一の女子向けの文学雑誌として出発した。横瀬夜雨、尾上柴舟、酔茗等、若い選者や文学愛好家、作家を目指す投稿仲間が、それぞれグループをつくり、親しい交流も始まって、文学少女のたまり場となった。水野仙子、三宅やす子、三ヶ島葭子《みかしまよしこ》*、山田（今井）邦子、若山喜志子《きしこ》*、杉浦翠子、生田花世、神近市子、島本久恵*、若杉鳥子《とりこ》*――枚挙にいとまない女性歌人、詩人、作家を輩出した。その意味で『青鞜』のみならず、大正・昭和期の女性作家の母体ともいえる。

文学少女は、作家として一人前に育ててくれる指導者・師を求めていたし、それ以前に自分を理解し同情してくれる異性を求めていた。編集者の側にも才能ある女性を育てることへの情熱があった。そこに男女の感情が入り込み、いわば解放区のような時間と空間が出現した、と想像される。若い男性選者の存在を意識し、その価値観、思想によって育てられた女性たちが、自らの表現の場を見つけるには『青鞜』を待たなくてはならなかった。

男性をふくめた社会に、ひとりの人間として対峙する決意なくしては、言葉は武器にはなりえない。『青鞜』は男社会への対峙の姿勢を鮮明にして、明治から大正へとつながった。

大正女性雑誌

大正期に創刊された商業女性雑誌の多くは、①と②が中心となる。①の啓蒙の意図をもって編集された中には、『実業之日本』『中央公論』『実業之世界』『改造』の妹誌として創刊された『婦人世界』(一九〇六・一―一九三三・五)『婦人公論』(一九一六・一―現在)『女の世界』(一九一五―一九二一・八)『女性改造』(一九二二・一〇―一九二四・一一)等がある。とくに『女性改造』は、女性の知的啓蒙を男性知識人が促したハイレベルな雑誌だった。時代のオピニオンリーダーを任ずる知識人が、なにを女性に求めたのか、女性たちはそれをどのように受け止めたのかが、透けて見えて興味が尽きない。

もちろん啓蒙といえども営利を目的とするから、売れなくてはならない。高等女学校の増加と新聞・雑誌を中心としたマスコミの拡大にともなって、女性雑誌は部数を増やし、同時に競争を迫られていく。②の実用を目的とした『主婦之友』『婦人倶楽部』などに、文学、教養、娯楽の頁が増える。教養、文学的香りが強かった『婦人公論』も、恋愛・結婚を特集し、料理、家事一般にページを割いた。①と②はもともと男性編集者がつくった雑誌であり、差異は、基本路線のちがいにとどめられていた。

　そうした中で『女性改造』は最後まで、『女学雑誌』の系列を保とうとした。創刊号の表紙は、白地に黒文字で縦中央に女性改造とあり、上に〈VIRINA REKONSTRUD〉と記され、『改造』と同じ装幀となっている。有島武郎と波多野秋子の心中事件、関東大震災、大杉栄と伊藤野枝、大杉の甥の橘宗一の軍隊による虐殺事件――などいくつもの大特集を組み、売れ行きも好調だった。創刊から二年後、一九二四年一一月号をもって突如廃刊となった。女性の知的啓蒙を男性知識人が促した良質な雑誌が、なぜ一切の予告もなく廃刊となったのか。

　尾竹一枝（紅吉）による『番紅花《サフラン》』（一九一四・三―八）、山田たづ、今井邦子、生田花世らの『ビアトリス』（一九一六・七―一九一七・四）は、『青鞜』から発した女性による文芸誌に違いないが、内容的には『女子文壇』の系列にある。『番紅花』の出発に際して、尾竹一枝が森鷗外に接触したことの意味は、実はかなり重い。文壇の第一人者が後ろ盾になってくれたことの無邪気な喜びは、書き手に鷗外の目を意識させた。

　二号に鷗外は『千一夜物語』の中で惹かれた一篇「毫光《ごうこう》」の翻訳を載せる。幼い花嫁のあまりに無邪気な「癡《おろか》さ」が彼女自身を救った、と書く。「最後の一句」（一九一五年一〇月『中央公論』）の長女いちの賢さを愛する一方で、「癡さ」の魅力にひかれる鷗外がいる。森鷗外論としては魅力的なテーマだが、同人たちが鷗外はじめ男性作家を意識したとしたら、すでに『青鞜』から大きく外れることになる。

　『ビアトリス』も、出発から生田花世が、選者に男性作家を入れることを主張していた。女性たちの居心地よい文芸サークルに化した場に、「武器は書くことだけ」といった覚悟はそぐわない。女の心情や日常が歯止めなく書かれた凡庸な作品で、『番紅花』も『ビアトリス』もあふれる。

『青鞜』がいかに平塚らいてう個人の先見性に負うていたか。らいてうに引きずられる形で社員たちは、「男女平等」「女性も人間である」と叫び、その反響を書き続けた。らいてうが去った時、文学を愛好し、書くことによって文壇に地位を得たいと願う女性たちが、すでに地位ある男たちに歯向かうなどということはあり得なかった。

大正期、女性文学は与謝野晶子、田村俊子、野上弥生子、宮本百合子といった個性豊かな作家を輩出したが、それぞれ個々の才能に還元され、明治期、『青鞜』がなしえたような社会を動かす運動体とはなりえなかった。文学とは距離を置いた、新たな社会主義運動が芽生えていくのだが、もはや「書くことだけを武器にして」闘う、『青鞜』の姿勢からは大きく離れたものだった。

『青鞜』の理念は、長谷川時雨が、前期『女人藝術』（一九二三年七・八月）を経て、やがて一九二八（昭和三）年七月、「女性作家・評論家の発掘育成」と「全《オール》女性の連携」をめざして『女人藝術』を創刊するまで待たなくてはならなかった。

1989年11月創立　1990年4月創刊

二〇二三年八月一五日発行（毎月一回一五日発行）

月刊
機
2023
8
No. 377

発行所　株式会社 藤原書店 ©
〒一六二―〇〇四一　東京都新宿区早稲田鶴巻町五二三
電話　〇三・五二七二・〇三〇一（代）
FAX　〇三・五二七二・〇四五〇
◎本冊子表示の価格は消費税込みの価格です。

編集兼発行人
藤原良雄
頒価 100円

大震災勃発から一ヶ月後に、後藤新平が国民に提示した「政治とは何か」

内務大臣・復興院総裁

後藤新平の「大乗政治論」

――百年前の関東大震災に際して――

後藤新平（1857-1929）

一九二三（大正一二）年九月一日一一時五八分に、首都圏直下を震度7の大地震が襲った。この時、山本権兵衛内閣は、未組閣の状態。この非常時に山本は、国民の要望に応えられる「国民内閣」を組閣。内務大臣を引き受けたのが後藤新平である。議会で多数を占める二大政党を相手に、これからの復興ビジョンを大至急樹立することが要求された。

この「大乗政治論」は、一ヶ月後に後藤新平によって掲げられた政治的指導の原理である。百年後の今、ぜひ読者に読んでいただきたい文章である。

編集部

● 八月号 目次 ●

後藤新平の政治的指導原理

国家は一人のための国家ではなく政府は一人のための政府ではない。したがって、責任を国家に負うものは必ず無私の心で奉仕し、常に国民とともに、国民のために貢献しようと目指さなければならない。

そして私は、この根本観念を明確にする要義として、多年、**自治の心を養い育てることの必要を力説し、自助自立の思想を充実させることを唱道してきた。**私はいつも言った、

政府の理想は、大乗〔利他、衆生＝国民の救済〕**の見地を持ち、進んで修することを休まず、わずかでも退くことがないことに在ると。**

しかし、これを小乗〔自利、私欲、党利党略〕的または通俗的に見るときは、現実世界の個々刹那の差別相について因果関係を認識せざるをえない。

この意味で、私は、多くの恩人をつくることを恐れ、国家社会に対して、心的にも物的にも道徳上の負担者になることを避け、できるかぎり債権者であろうとする理想が欠けないようにと考えてきた。

その意味は、まさに**自治の精神を激励し拡充するものでなければ、国家社会に対して無私の貢献は期待できないと信ずる**からである。

後藤新平の現実の政党観

私は**決して政党を無用視するわけではない。**いや、健全な政党の活動を敬い重んずることにかけては、あえて人後に落ちない。

政権の争奪にもっぱら心をいらだたせるいわゆる政党的行動に味方することを、いざきよしとはしない。私はどのような内閣に対しても、その短所を補い、その弊害を正し救うために互いに協力することを本旨としてきた。

これこそ、私が常に政府を超越し、政党を超越して、私の微力の許すかぎり、自己一身を犠牲にして、国民とともに、国民のために最善を尽くすことを願ったためである。言いかえれば、私は、いわゆる政党的行動の外に、自身一個の良心および理性によって、無党派的に国家社会をたすける道しかないと自覚したためである。

「わが党内閣論」

かつて私は、わが国の政党や政治家の言動について深く考えてみた、ひとたび同志会を脱してからは、政党政治には関与しなかった。その言行や行動性は、

往々、常軌を逸し、いわゆる「わが党内閣論」といった、人心をむしばむ思想が長い間に浸み染まり、私は、ますます政党政治の圏外に立たざるをえなかった。

関東大震災の被災地を視察する後藤新平

これは一見矛盾するように見えるが、私自身一個の力によって公世間に処するのが、かえって国民とともに、あるいはまた国民のために公正で無私であると信じた結果である。

政治の目的とは、社会奉仕である

いうまでもなく、総ての政治家は、必ず多少の政敵があることを免れない。

政党員が政敵に抗するやり方はあろう。都合のよいやり方は利己の極に傾きがちになるのを免れない。およそ**政治の第一義は力ではなくて社会奉仕である。**

政治上における主義政策の争いは、私闘ではなく公争である。私敵ではなく公敵である。すなわち、その反対者もまた、尊重すべき益友であるのはいうまでもない。

とはいえ、政治上の行動は、公明を旨として互いに道理と正義とに基づいて是非の判断を下さなければならない。いたずらに政略を弄し、あるいは誠意を欠くようでは、実際上は、手段のために目的がないがしろにされ、測り知れない禍をもたらすことになる。

政敵が政敵である理由は、ただそれが一時的であるということを。終生の敵ではなく、眼前の敵、問題の敵、すなわち、ある場合における政見政策の敵であるということである。だから偉大な経国家は、戦わずしてよくこれに勝ち、これを屈することができようと。

ところがいわゆる政党政治家の中には、ただ政権を奪い、あるいはこのことに固執して理非の別なく多数の党員を得て必勝を目指さなければと、単に勢いに乗じて政敵を圧し目的を達しようとするものがある。このようなものは、その機略方法において、たとえ他を凌駕できても決して合理的であるとは認められないのである。

政党改造の四要件

私は、政党尊重の意味から、四つの要件を抜き出した。すなわち、

第一、党派の争いは**正当な武器によって**行われなければならない。

第二、党派の争いは**互いに対敵を尊重**すべきである。

第三、党派の争いは**終始誠意をもって一貫**すべきである。

第四、**公益のためには党派観念を去り、**自己の利益を犠牲にすべきである。

私は、これが未熟政党発展の基礎要件であると信ずる。

さらに私は信ずる。各政党の党首は、自らこれを言外に発する発しないを問わず、必ず私と同一の意見をもっているのは疑いないと。

考えてみると、各党派の首領が、日頃、その党員の節制について苦慮すること尋常でないものがあるのは、識者が皆よく知っているだけでなく、これら首領は、すでに一代の偉人としての資質を具備し、決して凡庸な党員のために偏狭な意見に誤られることがないからである。いや、かりそめにも政党の首領である以上、このような資格識見を欠くはずがないからである。

結論

以上、私は政治の根本義について多少の平素からの思いを述べ、山本内閣成立の意義を説くのにあわせて、政党主義の現実性について若干の言を加えた。

これを大観すると、**政治の綱領は、二つに分けることができ、その一つは、自利（小乗）を範囲とし、他は利他（大乗）を範囲とすること**である。自利の範囲に属する政治家が多いときは自己中心的となり、利己主義となり、あるいはいわゆる政党内閣論となって、そのために政争を悪化させるおそれがあることは自明の理である。

したがって**各政党政治家は、**自ら、つとめてその**思慮を冷静にし、名聞《みょうもん》利《り》養《よう》**〔名誉や財産への欲〕**の念を棄てて、衆生を救う道に勇往する覚悟がなければならない**。なぜなら、健全な政党の発達は、ただ自利の範囲を排して、利他の範囲に入るものが多くなることによってのみ、その可能性があるからである。

果たしてそうならば、**利他の範囲というものはどのようにして認識されるべき**か。これが最後の問題である。

しかも私は、もう多言を要しない。つまり、**利他の範囲に帰入する政治家は、その国家社会に負うている債務が多いことを自ら知り、自ら省み、さらに進んでは、無私の生活に悟入し、自治の精神を体得して怠らないからである。**

すでに述べたように、自ら国家社会に対して、この上なく大きな恩寵に浴している事実を軽く見て、かえってわずかな納税または第二義以下の手段によって、あたかも一大権利者であるかのように妄想するとすれば、やがて価値判断の倒錯を招かざるをえない。現時の政党員が独り自らを高くしようと欲するものは、すなわち国家社会に負うた債務を忘れて、もっぱら債権を射ようとするためではないか。

さらに退いて問う。**各人は国家社会に対して祖先以来の負債がないか。子々孫々にいたる債権者であり得るか。**もちろんこの批判はよろしく国民自身が下さねばならない。幸いこの批判意識が明瞭であるならば、世にいわれる普通選挙ではもちろん問題ではなく、すぐにもその実現を必要としよう。

今日にいたるまで、まだ、遍く選挙権が与えられなかったのは、上述の批判に惑い、貴重な公権を売買の具に供するような良心の病に悩まされるものが稀ではなかったことに由来する。

察するに、最近の国民全般の自覚は大変旺盛なものがある。迷いを転じて悟りを開く一大時期を画すのも遠くはないだろう。**そもそも国難は、**必ずしも蒙古族の襲来とか浦賀に砲声を聞いたときにかぎらず、**実に、国の内外に潜んでいる。**私は本年の夏季のころ、たまたま各地に旅をして国難の来ることがないかを説き、**そしてこれを防ぎこれに備えるために自治心を養い育てる以外に方法がないことを提唱した。**

自ら助くるものは天またこれを助く。理性と良心との指示するところにしたがって、自らその思想行動をコントロールできるものは、いかなる天災に遭遇しても、撓まず屈しない。この前代未聞の大震災に際会し、熱火の大試練を受けるに当たって、私は健剛なわが国民精神を信頼すること、この上なく深いと同時に、自治的性能の発揮を緊要とすること一層切実である。

これこそすなわち、私が言う**利他的範囲の旨意と合致し、大正維新の大業を成就するために、ともに衆生済度の船を進めるものであるからである。**

＊『正伝 後藤新平 第八巻「政治の倫理化」時代』三三九〜三六〇頁からの抜粋。**「大乗政治論」現代語訳**

子守唄は〝いのちの讃歌〟――生まれて初めて耳にする〝うた〟

世界子守唄紀行――子守唄の原像をたずねて

子守唄・わらべうた学会代表／立命館大学文学部教授
鵜野祐介

想いを「うた」に託して

「ねむれねむれ　母の胸に　ねむれねむれ　母の手に　こころよき　歌声に　むすばずや　楽しゆめ」――。フランツ・シューベルトが作曲した「子守歌（Wiegenlied）」です（作詞者不明）。ここに掲げた日本語作詞は、サン＝テグジュペリ『星の王子様』の訳者として有名な内藤濯《あろう》です。

皆さんは、「子守うた」と聞けば思い浮かべるうたは何でしょうか？　もしも世界じゅうの人びとにアンケートを取ってみることができたら、おそらくベスト3に入る得票数を取るのが、このシューベルトの「子守歌」ではないでしょうか？　母親が幼な子を胸に抱いて、その子が楽しい夢を見るようにと優しい声で歌い聞かせる――、内藤が描いたこのような場面は、「子守うた」の原風景であり、多くの人びとが共通して抱くユートピア（理想郷）の世界であると言えるかもしれません。

もちろん、現実の世界でも、幼な子を目の前にして安らかな気分に満たされて、自然と口ずさんでしまう優しい歌声が「子守うた」になることもあるでしょう。けれども、そんな気分にはとてもなれない時にも、「子守」の仕事は待ったなしです。子どもが眠ってくれたら、他の用事に取り掛かることができるのにと、苛立ちを何かにぶつけたくなることもあるでしょう。そんな「子守」の担い手が、実際にその時々の喜怒哀楽を「うた」に託して表現したもの、それを「子守うたの原像」と呼んでみたいと思います。

そこには、一人の歌い手で終わってしまうものもあれば、まわりの人びとや次の世代へと伝わっていき、やがて誰が作ったのか、歌い始めたのかも分からなくなっているものもあるでしょう。民俗学ではこのような作者不詳の伝承のものを「唄」、作者が特定されるものを「歌」、両方を含むものを「うた」として表記することがあり、ここでもこれに従って記

マーガレット・ベネット先生と鵜野祐介氏

します。

　本書では、私自身が世界各地で出会ったものや、私が知り合った外国人留学生から聞かせてもらったものを主な手がかりとして、「子守唄の原像」をたずねていきます。そこには、最初にあげたシューベルトの「子守歌」のような、ユートピア世界を描いているものもあれば、現実世界を赤裸々に描いているものもあります。どちらも、歌い手にとって大切なオルゴールのような存在だったのではないでしょうか。

　世界各地の子守唄には、それぞれの国や地域や民族の、社会や歴史が刻み込まれていることに気づかされます。そうした多様性や独自性を知ることができるのです。それと同時に、時代を超え、国境や言葉の壁を越えた、人間の文化としての共通性や普遍性を発見することもできるでしょう。

　まずは実際に、子守唄を味わってみて下さい。楽譜を付けていますので、できればキーボードを傍においてまずは弾《ひ》いてみて、それからハミングで繰り返し口ずさんでみて下さい。きっと、時空を超える旅を楽しむことができるに違いありません。

理不尽な現実と、残酷な子守唄

　理不尽な現実を堪え忍び、その過酷さに心をへし折られてしまわないよう自分自身に向けて歌ったと思われる子守唄が、世界各地にいくつも残っています。

　戦争、自然災害、飢饉、疾病、事故、貧困、差別、家族や社会からのハラスメント……、幼な子とその子を守り育てる「私」の周りにはさまざまな、自分の力や意志ではどうにもならない理不尽な出来事が次々と襲ってきます。その圧倒的な力に呑み込まれてしまうことなく、それでも上を向いて生きていこうと自分に言い聞かせるため、人は子守唄を歌い継いできたのではないでしょうか。

　それからまた、自分のためだけでなく、こうした理不尽な出来事を次の世代や後の時代の人たちに伝え残していかねばと

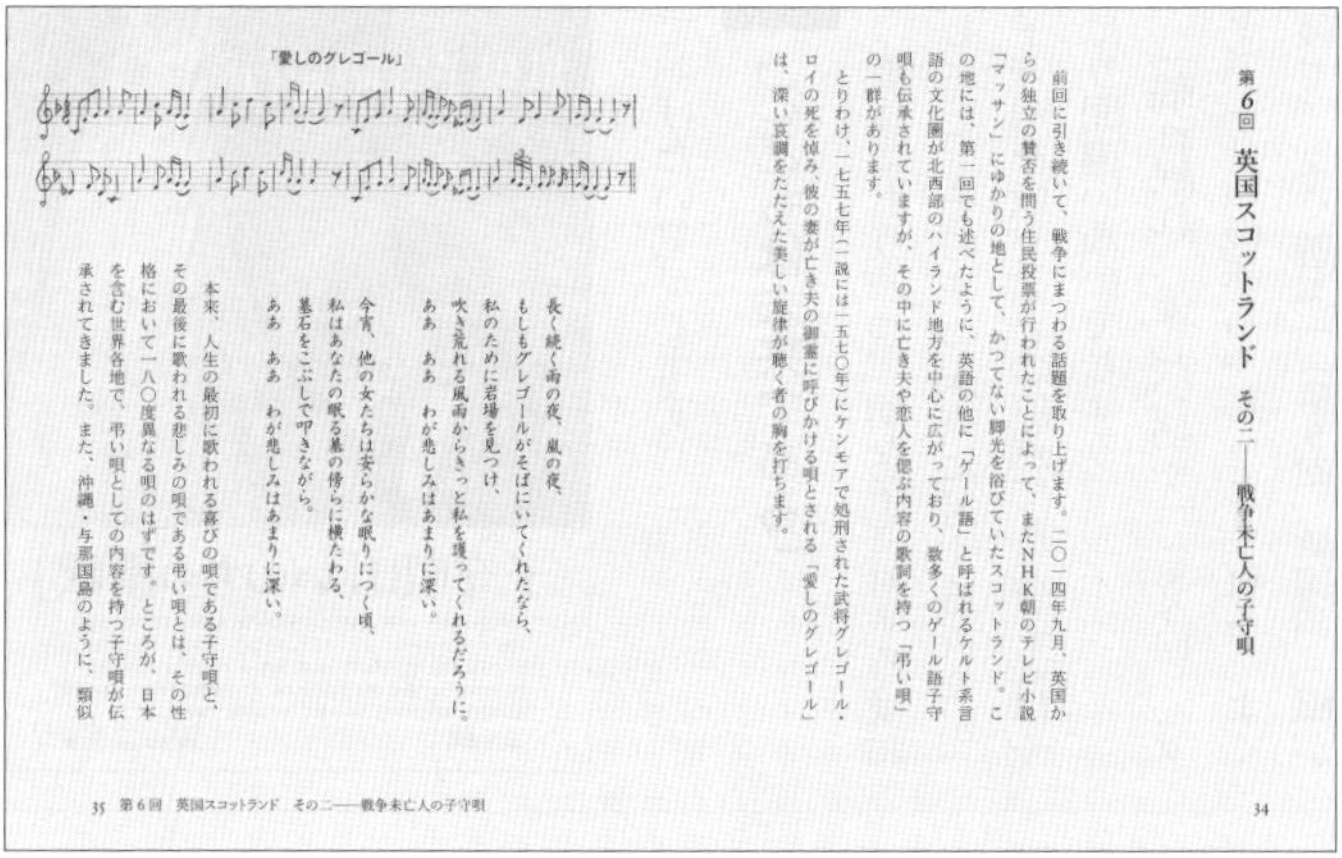
第6回　英国スコットランド　その二——戦争未亡人の子守唄

前回に引き続いて、戦争にまつわる話題を取り上げます。二〇一四年九月、英国からの独立の賛否を問う住民投票が行われたことによって、またNHK朝のテレビ小説「マッサン」にゆかりの地として、かつてない脚光を浴びていたスコットランド。この地には、第一回でも述べたように、英語の他に「ゲール語」と呼ばれるケルト系言語の文化圏が北西部のハイランド地方を中心に広がっており、数多くのゲール語子守唄も伝承されていますが、その中に亡き夫や恋人を偲ぶ内容の歌詞を持つ「弔い唄」の一群があります。

とりわけ、一七五七年（一説には一五七〇年）にケンモアで処刑された武将グレゴール・ロイの死を悼み、彼の妻が亡き夫の御霊に呼びかける唄とされる「愛しのグレゴール」は、深い哀調をたたえた美しい旋律が聴く者の胸を打ちます。

34

「愛しのグレゴール」

長く続く雨の夜、嵐の夜、
もしもグレゴールがそばにいてくれたなら、
私のために岩場を見つけ、
吹き荒れる風雨からきっと私を護ってくれるだろうに。
ああ　ああ　わが悲しみはあまりに深い。

今宵、他の女たちは安らかな眠りにつく頃、
私はあなたの眠る墓の傍らに横たわる、
墓石をこぶしで叩きながら。
ああ　ああ　わが悲しみはあまりに深い。

本来、人生の最初に歌われる喜びの唄である子守唄と、その最後に歌われる悲しみの唄である弔い唄とは、その性格において一八〇度異なる唄のはずです。ところが、日本を含む世界各地で、弔い唄としての内容を持つ子守唄が伝承されてきました。また、沖縄・与那国島のように、類似

35　第6回　英国スコットランド　その二——戦争未亡人の子守唄

いう思いも、子守唄を歌い継ぐ大きな動機となっていたに違いありません。

二〇一一年三月一一日の東日本大震災、引き続き全国各地で発生してきた震災や豪雨災害、そして直近の新型コロナウィルス感染症もまた、理不尽な現実に他ならないことを顧みる時、今日もなお、そうした子守唄を歌い継ぐことの意義はいささかも失われていないように思われます。

一方、今日における社会問題と関わらせて言えば、子どもへの虐待を思わせる残酷な内容を含む歌詞の子守唄が世界各地にあります。「泣けば空からおっかない鳥が降りてきて突っつくよ」（第13回　アイヌ）、「ココ（化け物）がやって来てたべちゃうぞ」（第16回　スペイン）、「起きているとコヨーテがさらっていくよ」（第27回　グアテマラ）……。このような子守唄は、なかなか寝ようとせずむずかる子どもに対する苛立ちが、社会や民族を越え、時代を超えて、子どもを守り育てる者が共通して持つ、素直な感情であることを意味しているでしょう。

そしてこの感情をコントロールするための方法が、残酷な子守唄を歌ってストレスを発散させ、カタルシス効果を得ることだったと考えられます。つまり残酷な子守唄を歌うことで自分の内に沸き起こる暴力的な負の感情を制御することができていたのです。

ですから、「歌詞の意味を知ったら子どもがトラウマになるかもしれないから、そんな残酷な子守唄は聞かせるべきではない」と一概に否定するのではなく、子守りに奮闘するお母さんやお父さんに、こうした子守唄もあることをそっと教え

世界子守唄紀行
子守唄の原像をたずねて
鵜野祐介
子守唄は「いのちの讃歌」
喜びも悲しみもすべて託して歌われる"子守唄"は、世界じゅうどこにでもある。
英国、オランダ、スペイン、フィンランド、ウクライナ、トルコ、シリア、アフガニスタン、中国、韓国、インドネシア、ソロモン諸島、グアテマラ、ナイジェリア……
それぞれの社会や文化、歴史が刻み込まれ、そして普遍性をもあわせもつ子守唄の世界を、自分で口ずさめる楽譜と、豊富な図版で味わう。
藤原書店
定価 本体1,800円＋税

てあげたい気がします。

「こどもは未来である」

最後にもう一つ、幼な子に対する愛おしさと、その子の未来に対する祈りが、子守唄を歌うことの原点であることはやはり間違いないでしょう。

「眠れ眠れ　愛しい坊や」（第5回　ユダヤ）、「うちの赤ちゃん　よく寝る　よく寝て　よく遊ぶ」（第9回　韓国）、「風が吹いたらヌーラちゃんに　アンズの実を摘んであげよう」（第20回　シリア）、「この世で一番愛しいわが子」（第24回　スロヴァキア）、「ああ泣かないで　私の愛する宝物」（第28回　ナイジェリア）……。

たとえ現実がどんなに困難な状況にあり、周りの世界には絶望や不安があふれていても、目の前にいる幼な子を愛《いと》しいと思い、この子を守り育てようと誓うこと、そしてその子の未来が、今よりももっと明るく希望にみちた世界であるよう祈ること――、それが人類共通の、子守唄を歌うことの意味であると信じます。

なぜなら「こどもは未来である」（小林登『こどもは未来である』岩波書店、一九九三年）のですから。

（本書プロローグ、「旅のおわりに」より抜粋／構成・編集部）

「東と西」、「自然と人間」の混淆の島を多角的に描く、初の論集

グリーンランド——人文社会科学から照らす極北の島

国際関係学・北極政治/北海学園大学准教授
高橋美野梨

二〇一七年。極北の島グリーンランド。その南部に位置するクヤター地区が、ユネスコ世界文化遺産に登録された。選定の理由には、東西の〈合流の地〉として成り立つグリーンランドの歴史が挙げられた。グリーンランドは、今からおよそ五千年前に、極東ロシア・チュコトカ半島を出発し、東へと歩みを始めたエスキモーの終着地だった。同時に、北ヨーロッパからグリーンランドへと新たな地平を求めた一〇世紀のノース人および一八世紀の宣教師団(デンマーク=ノルウェー同君連合の出身者)の目的地でもあった。エスキモーとノース人の合流によって育まれた農耕、牧畜、海生哺乳類の狩猟を基盤とする文化的景観——人間と自然環境との交流によって育まれた景観——が、登録の根拠となった。

本書を推す

グリーンランドの友人たちと顔をつきあわせてもわからなかった、彼らの深層にやどる歴史と文化。それをはじめて理解できた。

——角幡唯介(極地旅行家・作家)

本書は、この〈合流〉の輪郭を、通時的且つ分野横断的に跡付けることを目指して編まれている。

グリーンランドの自然環境

グリーンランドは、北大西洋と北極海の間に位置する世界最大の島である。高緯度域にあるため、夏は白夜で涼しく、冬は極夜で厳しい寒さが続く。北部から西部にかけては寒帯(Polar climate)となるが、南端は亜寒帯気候(Subarctic)であり、わずかながら樹木も生育する。沿岸部はツンドラの風景が広がり、内陸部は一八〇万㎢のスケールを持つ氷床(氷塊)に覆われている。つまり、グリーンランドの八三%は氷である。

気候および地形的な理由から、グリーンランドには町と町とをつなぐ道がない。近年、都市開発の一環で、一部の都市

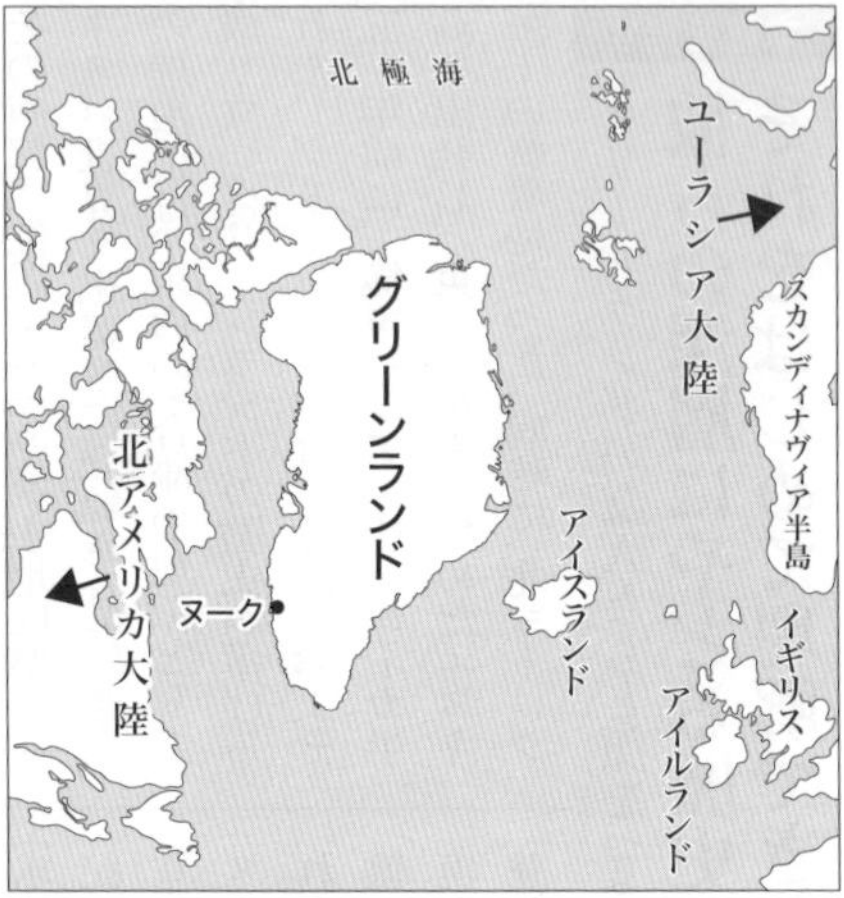

領域	南北 2670 km、東西 1050 km 最北端：北緯 83 度 37 分 最南端：北緯 59 度 50 分
面積	216 万 6086 km² （日本の約 6 倍）
氷床	180 万 km²
海岸線	4 万 4087 km （日本 3 万 4000 km）

部では市域の拡張に伴う幹線道路が建設され始めた。しかし、都市間をつなぐ道路の建設は実現していない。移動手段は、船もしくは航空機に限られる。

自治への希求

政治・経済・文化・教育等の中心地は、西部の都市ヌーク（Nuuk）である。一七二一年、先述のデンマーク＝ノルウェー同君連合出身の宣教師団によって西部に植民地が築かれて以降、ヌークはあらゆる面でハブとしての機能を持ち続けてきた。現在、**ヌークにはグリーンランド総人口の三三%が集中する。主要五都市**（ヌークの他、シシミウット、イルリサット、カコトック、アーシアート）**も西部・南部に集中しており、これらの都市にグリーンランド総人口の六三%が暮らす。**この割合は増加傾向にある。

グリーンランドでは、公務員が雇用者全体の四三%を占める。また、グリーンランドの経済活動も、政府所有の企業が主軸を担っている。代表的な企業として、ロイヤル・グリーンランド（漁業）、ケー・エヌ・アイ（小売業・石油製品製造業）、ロイヤル・アークティック・ライン（運輸業）、グリーンランド航空（航空運輸業）、ツサス（情報通信業）などが挙げられる。この中で、ロイヤル・グリーンランドおよびロイヤル・アークティック・ラインが主導する水産物およびその加工品の製造・輸出が、企業が生み出す収益の三〇%超を占めている。二〇二〇年の実績（暫定値）では、輸出額の九二%は水産物およびその加工品であり、これは対GDP比で三一%である。このような、いわばモノカルチャー経済下にあるグリーンランドを支えてきたのは、デンマークからの政府一括補助金（Bloktilskud）だった。二〇二〇年のデータでは、グリーンランドはデンマークから三九億一一〇〇万デンマーク・クローネ(約八二六億六〇〇〇万円)の補助金を受けている。デンマークへの依存は年々弱まる傾向にあるが、それでも対GDP比で二五%相当である。

経済依存の状況に比して、政治の面では、戦後、大きな転換があった。グリーンランドは、一九五三年にデンマークの一地方と同格の地位を得て以降、六〇年代にかけてG―50、G―60と呼ばれるデンマーク主導の近代化政策を甘受した。この中で、自分たちのことは自分たちの責任でやり繰りしていきたいという自治(home-rule)への希求を強めていった。

引き金的要因には、一九七〇年代以降本格化したEC(欧州共同体)加盟をめぐる交渉があった。デンマーク本土、延いてはヨーロッパから地理的に遠く離れたグリーンランドにあって、出処進退をコペンハーゲンやブリュッセルに決められることに、多くのグリーンランド人はフラストレーションを感じていた。

自らの声を直接域外に届ける術を模索した**グリーンランドは、デンマークとの交渉を経て、一九七九年に自治権を獲得**するに至った。そこでは、**対外関係における最終的な決定権はデンマークが保持しつつも、グリーンランドにとって特別な利害関係事項が係争点である場合、何らかの対外協議や交渉に参加する意思を表明し、それをデンマークに求めること**が可能となった。

デンマークからの独立

二〇〇**九年には、自治法が更新**された。そこには、デンマーク全体の一般利益を守ることや、デンマーク当局の憲法上の責任や国際関係における権限を制限しないことを前提としつつ、対外的な交渉前の事前通告の義務をデンマークに課したり、交渉を行う権利をグリーンランドに付与したりすると同時に、共同署名の推奨や、協定等の締結または解除の前にグリーンランドにコメントを仰ぐことなどが明記されている。**デンマークという国家の一部を構成しつつ、対外交渉の権利を獲得していく「自治」は、グリーンランドが目指す自治の在り方そのものだった。**

ところが、その後次第に、グリーンランドの自治は、デンマークからの独立(independence)というニュアンスを伴うようになった。多様な背景が関係している。その一つには、全地球的な気候変動に伴うグリーンランド氷床の急速な融解によって、地下資源開発が現実味を帯びてきたことが挙げられる。開発から得られる利益を、独立への足掛かりにしたいという声が、政治の中枢から聞こえてくるようになったのである。有権者の約七割（六七・七％）が、デンマークからの将来的な独立を支持する調査結果も出ており、こうした世論にも後押しされて、二〇二三年三月には、**グリーンランド史上初の憲法試案が発表される**にいたった。

グリーンランドの中心都市ヌーク

＊　＊

もっとも、このようにしてグリーンランドのあらましを見渡す上で、デンマーク＝ノルウェーによる植民地化やデンマーク主導の近代化を経験し、さらにはポストコロニアルな世界を生きているという、グリーンランドの歴史的な身体性を無視することはできない。この点で、上の憲法試案を、独立と単線的に結び付けるのではなく、デンマークとの将来的な「関係」を模索するための場、あるいは継続的な対話（応答）の基盤として定位していこうとするジャーナリストのブレウムの議論は、興味深い。ブレウムは、グリーンランドとデンマークの〈結び目〉に着目する。これを、通時的且つ分野横断的に跡付けようとするのが本書である。

（本書より抜粋／構成・編集部）

グリーンランド

人文社会科学から照らす極北の島

高橋美野梨編

四六上製　四〇八頁　三九六〇円

推薦＝角幡唯介

図版多数

■目次

連載　パリの街角から　8

七月十四日

パリ在住ジャーナリスト　山口昌子

確かに名訳だ。仏映画「七月十四日」（一九三三年製作、ルネ・クレール監督）を原題通りで上映したら、日本ではヒットしなかっただろう。「巴里祭」と、漢字を使ったことも、洒落ていて、「フランスに行きたしと思えども……」の萩原朔太郎の詩と共に、日本人のパリへの憧憬を募らせた。

第二次世界大戦前のパリの「七月十四日」はタクシーの運転手と花売り娘の、ちょっと悲しくて切なくて、という恋物語の舞台のように町の広場などで市民が夜を明かしてダンスを楽しんだ。

しかし、最近の「七月十四日」、最大の国家的祭典である「革命記念日」には街角のダンス風景は殆ど見られない。目玉はシャンゼリゼ大通りの軍事行進だ。フランスは武器輸出国でもある。見本市も兼ねて陸海空の制服も華やかな兵士数千人の行進に続き、最新型ミサイル搭載の数千両の最新型戦車が登場、凱旋門スレスレに核弾頭搭載可能な最新型戦闘機や最新型ヘリが何十機も轟音を響かせて飛ぶ。

三軍の長の大統領が統合参謀総長と共に小型戦車でシャンゼリゼ大通りを下り、コンコルド広場の仮設お立ち台で閲兵する。この数年はテロなどに備えて警備が厳重だが、今年は特に厳戒態勢が敷かれた。移民二世の少年（17）が警官の停車命令を無視して射殺された事件を端にパリ郊外を中心に暴動が拡大したからだ。四万五千人の暴動専門要員を含む十三万人の治安部隊が前夜から首都防衛に当たった。この数十年来、「移民二世対警官」の事件はフランスの喉奥に刺さったトゲだ。

ところが幸いにも杞憂に終わった。フランス人は二つのことが同時にできないと言われる。「祭典」と「暴動」なら、「祭典」を選ぶからだ。そして、仏共和国の建国記念日のこの日、革命の標語かつ仏共和国の国是「自由、平等、博愛」に基づく「フランスで生まれた者はフランス人」という生地主義と移民二世が正真正銘のフランス人であることが確認された日でもあった。

連載　メキシコからの通信　5

最大腐敗に勝つ

エル・コレヒオ・デ・メヒコ教授　田中道子

最大の政治腐敗は、大統領選挙。これを専門とする部局をもつブラジルの大手ゼネコンが、米国・アフリカ・ラ米一二か国で大統領・元大統領・高官を巻き込む大疑獄事件を起こし、メキシコでもメキシコ石油（ＰＥＭＥＸ）総裁を通じて二〇一二年の大統領選挙の資金として一〇五〇万ドルを提供し、代わりに製油所建設請負などで三九〇〇万ドルを稼いだとして刑事事件となっている。

ＡＭＬＯの大統領選へのチャレンジは、一回目が二〇〇六年。左派民主革命党（ＰＲＤ）の候補として、全国で草の根キャンペーンを行ったが、フォックス大統領を先頭に企業家団体から「メキシコを危機に陥れる危険なポピュリスト」だとのキャンペーンを受け、右派国家行動党（ＰＡＮ）のフェリペ・カルデロンに僅差で敗北。集計アルゴリズムの操作があったといわれる。

二回目二〇一二年、ＡＭＬＯは、前年ＰＲＤを脱党し、第四次改革を目標に民族復興運動（ＭＯＲＥＮＡ）というボランティア活動家からなる政党を立ち上げ、全国津々浦々を遊説して回る。カルデロン大統領は、潤沢な資金で選挙キャンペーン専門家を雇い、メディアやあらゆる広告手段を尽くし、ＡＭＬＯを貶めた。大手ＴＶと組んで、長く政権与党だった革命体制党（ＰＲＩ）の若くハンサムなエンリケ・ペニヤ・ニエト候補に、通称「かもめ」といわれた人気女優との六年間の契約結婚をアレンジしたうえ、ＴＶシリーズ愛好家を取り込むキャンペーンを行い、ＡＭＬＯの選挙運動を妨害し、商品カードばらまきなどの広範な買収で勝利した。

三回目二〇一八年、ＰＲＩとＰＡＮが候補者指名や選挙協力に手こずっている中、腐敗体制に違和感を持つ政財界の一部やネオリベラリズムに反対の各種専門家、知識人、芸能人の広範な支持を受けて、壮大な土木事業・広範な社会福祉施策を打ち出し五三%という圧倒的得票で勝利を得たのは、ほとんど奇跡。それだけ腐敗体制への反発が根深く広範であったともいえる。

連載　歴史から中国を観る　44

満鉄誕生——狭軌から標準軌へ

宮脇淳子

鉄道のゲージの話を続けたい。ロシアの鉄道のゲージは、広軌一五二四ミリ、日本本土の鉄道は狭軌一〇六七ミリ、日本が敷いた朝鮮の鉄道や満鉄は標準軌一四三五ミリである。

前回(43)の末尾でふれた京義《けいぎ》線は、京城(ソウル)と満洲との国境の新義州を結ぶ鉄路で、日露戦争開始後、日本の参謀本部が物資輸送のために建設を始めたが、完成したのは戦後の一九〇五年十二月である。戦中の輸送路としての機能は果たせなかったが、これにより、朝鮮半島縦断鉄道を日本が独占するという重要な意義を持った。

一九〇五年九月五日に日露講和条約(ポーツマス条約)が調印されたあと、十二月二十二日に、満洲に関する日清条約が調印された。日本が獲得した主な権益は、一、関東州の租借権、二、長春〜旅順・大連間の鉄道経営とそれに付随する権利、三、安東〜奉天間の鉄道経営権、四、鴨緑江流域での木材伐採権だった。

安東(いまは丹東)〜奉天間の鉄道というのは、日露戦争の最中に建設された軍用鉄道で、日本国内から送った機関車・車輌を使うために狭軌だった。

一九〇六年十一月設立の満鉄が経営する、ロシアからゆずり受けた長春〜旅順・大連間の鉄道は、条約が調印されたとき、じつはほとんど狭軌のゲージだった。ロシアは線路を持ち去ったり破壊したので、日本軍は狭軌のレールを敷き、国内から機関車や車輌を送って使ったのである。

だから、**満鉄の発足時もっとも重要な作業は、軌道を本来の標準軌に戻すことだった。**全員で夜を徹して作業し、一九〇八年五月、狭軌車輌の告別が行なわれた。狭軌の機関車には花輪が飾られた。

標準軌用の機関車・車輌はアメリカから輸入した。安奉鉄道を本格的な標準軌に建設し直すことに清国政府は強く抗議したが、満鉄側は建設を強行した。

そして、**安奉線と新義州をつなぐ鴨緑江鉄橋が一九一一年十一月一日に完成し、東京から奉天まで丸二日かかる特別急行列車が週三回運行されるようになった**のである。

(みやわき・じゅんこ/東洋史学者)

連載　今、日本は　52

防衛秘の恐怖社会

ルポライター　鎌田　慧

横浜市の化学機械メーカーの社長など幹部が、軍事用に転用可能な機械を輸出した、として逮捕された事件について。

逮捕された三人は無実を主張しつづけたが、一一ヶ月も拘置所に勾留された。七三歳だった会社顧問は房内で胃ガンを発病したが、治療はできず、保釈されなかった。自宅に帰されて間もなく死亡した。

東京地検は外為法違反の疑いで起訴した。が、裁判がはじまる前に起訴を取り消した。いま、架空の事件だったとして、損害賠償裁判が行われているが、ひとり病死しているのだから、警察、検察の罪は深い。

容疑はそのメーカー「大川原化工機」が製造した、液体を熱風に噴射して粉末を得る、噴霧乾燥器（スプレードライヤー）を中国に輸出したのが、軍需物資製造に転用される不正輸出だ、との言いがかりだった。日本の検察、裁判所は、「人質司法」と呼ばれ、自供するまで勾留しつづけ、強制された自白調書が、証拠として認められる。

この人権無視が、冤罪多発の根源である。同社の社長以下、四八名の役職員が逮捕前、取り調べに応じた回数は、延べ二六四回におよぶ。しかし、検察側は「保釈すると口裏を合わせる」として保釈しなかった。

二一年九月、大川原化工機の社長などが、東京地裁に損害賠償請求の裁判を起こした。その公判で証人尋問に出廷した、警視庁公安部外事課の現職警部補は「まあ、捏造ですね」と証拠のでっちあげを認めた。もう一人の警察官も「自分たちに不利な証拠には目を向けなかった」と告白した。

この事件は、日本が急速に防衛費をふやして軍事力を拡大、防衛産業の育成をすすめ、武器輸出まで解禁しようという前夜に発生している。それが恐怖社会を予感させる。

これからの防衛力強化の政治は、工場内外での防衛秘厳守とスパイの摘発強化を導きだす。それが日本社会の闇と恐怖を深めるのは、まちがいない。

〈連載〉科学史上の人びと　5

アンドレアス・ヴェサリウス

（Andreas Vesarius,1514-64）

東京大学名誉教授／科学史
村上陽一郎

ヨーロッパ、ロマン主義時代、特にフランスに「小ロマン派」という言葉で括られる一群の詩人、作家たちがいた。どちらかと言うと反モラル、幻想的、怪奇主義などの傾向が強く、不幸な最期を遂げたことでも知られるネルヴァル（Gerard Nerval, 1808-55）のように、特にドイツ語圏で有名になった人もいるが、一般には無名で終わった人物も多い。中に、自ら「狼男」つまり〈Lycanthrope〉を名乗り、怪奇趣味に徹した『アンドレア・ヴェザール』などの作品を世に問うたペトリュス・ボレル（Petrus Borel, 1809-59）がいる。この作品はヴェサリウス家では何故肉屋で肉を買わないのか、という誠に奇怪な疑問から始まる。要するに、医師であるヴェサリウスの許に治療を求める患者を殺し、その肉を塩漬けにして貯蔵しているからだ、という話から展開する掌編である。

無論この設定は全くの造りものだが、十九世紀になっても、ヴェサリウスの名前が、ヨーロッパ、就中《なかんずく》フランスでも医師の代表のように扱われていたことを示す証拠にはなろう。

ヴェサリウス、生まれはベルギー、医療者の家系に育ち、パリ大学、そしてパドヴァ大学という当代一流の大学で学び、パドヴァで教鞭をとり、後には神聖ローマ皇帝カール五世（在位 1519-56）、関連するスペインの王室などにも出入りをする、優れた医師であった。

古代ローマ時代ガレノス（Galenos, c.129-199）の医学理論が健在で、解剖に関しては、サルを相手にした結果を準用する習慣があり、医師の間では、禁忌が働いていた。ルネサンス時代、人体の絵画や彫刻の基礎として、ダ・ヴィンチ（L. da Vinci, 1452-1519）らは密かに人体解剖をしたが、ヴェサリウスも医師として、刑死人の遺体を引き取って解剖するなど、積極的に人体解剖に取り組み、名著『人体構造について』（De humani corpolis fabrica）を刊行した。絵描きの協力を得たこの書物には、幾つか伝統から外れた新知見が盛り込まれ、特に心室中隔の知見は、後に、ここでもデカルトの主張と関連する重要ポイントになった。

連載　グリム童話・昔話　5

昔話の話題

ドイツ文学・昔話研究　小澤俊夫

昔話が何を話題としているか、ということは、漠としていて問題にならないように思われがちですが、実は、これは基本的なことです。したがって、軽々しくは言えないのですが、日本の場合には、身の回りの自然、身近な動物たち、そして身近な社会が多いと言えそうです。ということは、その反対の超自然、架空の動物、架空の社会などは案外多くないと言えそうなのです。

このことはたくさんの実例にあたってみなければならない問題ですが、ここでは、ごく小さい例を紹介してみたいと思います。

和尚さんが小僧を連れて旅をしていた。小僧が畑で小便をしようとすると、和尚さんに「畑には土の神様がおられるから、小便などしてはいかん」としかられた。川にしようとすると、「川には水の神様がおられるからいかん」としかられた。我慢できなくなったころ、和尚さんが松の木の根元で昼寝を始めた。小僧は松の木にのぼって、和尚さんの坊主頭めがけて小便をした。和尚さんにしかられると、小僧は「和尚さんの頭にはかみがないからいいと思った」と答えた。「神さまと小便」という話。

ドイツで日本昔話のドイツ語訳を出したとき、「ドイツのメルヒエンではこういう話題は出てこない。メルヒエンはもっときれいな、なんとなくファンタジーのあることを語るものだ」という批判というか、意見をいくつももらいました。

考えてみると、日本の昔話には、このような下ネタはいくらでも出てきます。写実的にではなく、言葉の遊びのようにして、それを楽しんでいるようです。ドイツ人からの批判を聞いたとき、私は、この違いはどこから来るのだろうと考えました。そして、思い当ったのは、便所の違いでした。近代のヨーロッパでの水洗便所と、日本の汲み取り式便所の体験上の違い。（説明しなくても、日本の読者にはおわかりいただけるでしょう。）すると、汲み取り式がほとんどなくなってきた日本でも、そのうちに、同じような批判が生まれてくるのかもしれません。

連載　あの人 この人 5

北京の学芸員

作家　黒井千次

　今から三、四十年ほど前になるだろうか——ある年の秋、中国を訪問し交流する文学代表団に加わって北京を訪れた。作家・評論家達とのシンポジウムや座談会などが続いた後、ある午後、ぽっかりと自由な時間が訪れた。迷子にならぬように気をつければ、単独行動も可、との連絡が伝えられた。会議疲れを覚えていたこちらは、その自由を喜んで、二、三日前に訪れたある展示会をゆっくり再訪することにした。古い時代の生活用具と美術作品が一緒に並べられている、やや変った構えの展示会だった。会場はホテルに近く、歩いて行ける場所だったので、道の心配もせずに一人でそこを再訪した。

　古い絵画やなにかの像とともに、なにやら日常生活の用具らしきものなどの展示されている面白い会場だった。先日は時間も短く、通訳の日本語を通して最小限の説明しか得られなかったが、二度目は自分のペースで不思議な展示物の数々に接することが出来た。妄想を楽しみながら展示会場を廻り、正体を摑めぬ展示品の前で首を傾げていると、紺色の制服を着た中年に近い学芸員らしき長身の女性が近づいて来た。やや面長の、漢族に他の民族の血がまじっているのではないかと思われる、やや目立つ容貌の女性だった。こちらが手帳を開いてメモを取るうちに、相手の日本語まじりの言葉が消え、こちらの手もとを熱心に覗き込んでいる。メモを取るために握っていたのは、六角形の紺の細身のボディに六本の金色の縦線のはいった、ノック式シャープペンシルだった。ペンの頭をノックすると細い芯はペンのボディから伸び上るようにして出て来る。芯を収めて掌にのせて見せると、相手はこわごわそれを手にとって眺めている。日本橋の文具店で目にとまり買った千円程度の日本製品である。

　大切そうに掌にのせたペンを、彼女は返してくれた。何故あの時、ペンを彼女にプレゼントしなかったか、後になって悔まれた。帰国後、その細身のシャープペンシルは、自分で消えた。

連載　いま、考えること　5

サム・アルトマン氏とは？

山折哲雄

前回私は、対話型ＡＩチャットＧＰＴを話題にとりあげ、これは「弁証法」にたいする挑発ではないかと書いた。腹の中では、それはこれからの国際間の調停、交渉、妥協の試みを不能にしてしまうかもしれないと思ったのである。

諸国の反応も早かった。この化け物のような超言語モデルはただちに禁止し、十分に飼い慣らすまでは野放しにするな、の声が挙がった。たとえば米非営利団体「センター・フォー・ＡＩセーフティー」は声明を公表して、この最新の技術には「人類絶滅のリスク」があると表明している。そこには第一級の科学者や専門家が署名しているが、そのなかに何と驚くべきことに、当の、開発者のオープンＡＩのサム・アルトマン最高経営責任者（ＣＥＯ）をはじめ三五〇人超が署名したのだというからおそれ入る。

ところがそのアルトマン氏がことしの六月に来日し、朝日新聞の取材（六月十三日付、五十嵐大介、和気真也氏）に応じて、こんなことを語っている。

「日本が大好きで、三年間で六回、休暇で訪れたこともある。日本は人間と機械が一緒に作業する分野で常に最前線にあった国だ。チャットＧＰＴへの適応も早く、使い方も洗練されている。米国以外での展開で最初に思いつく国だ。」

ところが、つづけてこんなこともいう。この技術はバイオテロやサイバーテロのリスクに直面しているし、戦争のツールに使われる可能性もあるだろう。けれどもそれは同時に誰もが恩恵をうける社会インフラを整備する上で、またこの技術を使って卓越した芸術を生みだすこともできるはずだ。ただこれからは国際原子力機関（ＩＡＥＡ）のような国際機関の必要性が出てくるだろう……。

さて、日本はどうするか。その氏の語りには一方で巧みなリップサービスも感ずるが、しかし本音では日本を共犯者に仕立てあげようとする下ごころも見え隠れしている。

ここは、しばし沈思黙考すべきところ、ではないか。

■連載・花満径　89

目の話（六）

中西　進

「一二の目　のみにはあらず　五六三四さへありけり　双六の采《さい》」（『万葉集』）

といってサイコロをほめる長意吉麿《ながのおきまろ》は、いよいよ上等な目のほめ方に入る。

その最初が、五つ目である。ではなぜ五つ目が一、二の目より上等なのか。

仏教には五眼《ごげん》という五種類の眼がある。

　肉眼　天眼　慧《けい》眼　法眼　仏眼

説明するまでもないが、肉眼はふつうの生き物の目で、天眼は天がもつ目。以下真理を見抜く眼、衆生を救える目、仏さまの目という次第で、悟りの段階による別の目だ。この五種類の眼がサイコロの五つ目の面だというらしい。

さて読者が、ここで腹を立てては、折角の作者の駄洒落も成り立たない。

「仏さまが説く『五眼』とは五種類の目だが、サイコロには五つ目の一面があるだけだから内容はまるで違う」と突っ込むと意吉麿は「サイコロのあの一面が五眼の教えでさあ」と言ってのけるだけだ。

そう言われると苦笑するしかないだろう。笑いはそれが狙《ねら》いだ。

ちなみに仏教では、同じ五について五《ご》見《けん》という誤った五つの見方もある。当然、肉眼の中での五つの見方だ。

　有身《うしん》見　辺執《へんしゅう》見　邪見　見取《けんしゅ》見
　戒禁取《かいごんしゅ》見

仏教では有（存在）そのものを疑うのだから、以上のような種々の見方もしてしまう。見取見はいいと思い込んでしまう見方。最後には、戒禁の外道をすら、よしとする「見」に到る。

とにかく古代日本は政治の根幹をすら仏教思想に委ねようとしているのだから、眼の存在のみならず見《けん》という動作にまで広げてこうした思想を共有していたであろう。

なるほど、サイコロとは、一つや二つの眼だけではない眼力をもつことになる。

即興で詠み出されただろうサイコロの題詠は、もうこの辺りまで詠み上げると、一座は静かになりかけたか。

まだまだサイコロには三、四、六の目があるのだから、聞いている一座は、この辺りから一斉に耳を傾けようとしたに違いない。

行く先やいかに。

七月新刊予定

私は、今、なぜここにいるのか!?

存在を抱《いだ》く

村田喜代子（作家）
木下　晋（画家）

口絵4頁

　土、家族、老い、人間を抉り続ける作家と、モノクロームの鉛筆画で元ハンセン病患者や瞽女、母や妻を描き続ける画家。連れ合いの介護の中で、人間の生の姿に鋭い眼差しをそそぎ、ぶつかり合い、それをそのまま創作としてきた。既成のものではなく人間の生身に触れ、知ることを渇望し、格闘する作家と画家の、軽やかで深い本音トーク。

四六上製　二八〇頁　一九八〇円

「介護は、ほとんど手探りで、相手の身体に触れることから始まる。身体に触れることによって、見過ごしていたものに気づく。」

――木下　晋

『みんな、自分の好きな木に抱きついてきなさい』。しっかり抱きついて、『ちょっとあったかかった』なんて言う。『それは生きてるからよ』。そこから始まるんです。」

――村田喜代子

〝いのちの根源にあるもの〟――芸能

芸能の力

言霊の芸能史

笠井賢一

　神楽から雅楽、能・狂言、人形浄瑠璃、歌舞伎など中世から近世の古典芸能と、現代演劇や音楽、そして風土に根ざした芸能とともに中国や西洋からの影響が併存し、多様な芸能世界を構成している、日本の芸能の力。劇作家、演出家、そして能楽プロデューサーとして、伝統芸能と現代演劇を繋ぐ実践の中で掘り下げる。

四六上製　三六八頁　三三〇〇円

　今、「芸能の力」を見直さなければなりません。災害と戦乱と難民があふれている時代、いかに芸能が無力に見えても、死せる魂を鎮め、生の喜びを寿ぐ芸能の力は必要です。

　人類のはじまりから、芸能はともにありました。そして「鎮魂」と「祝言」をつかさどるものでした。人間にとって避けられない死。その死者を弔い、魂を鎮め慰撫する「鎮魂」。生の喜び、五穀豊穣への祈り、平安への祈りとしての「祝言」。その二つはそれぞれに、歌や舞や踊りを産みました。

　芸能は、鎮魂と祝言の二つの極をつなぎ往還するのです。

読者の声

天皇の歴史と法制を見直す■

▼皇室について何と判り易く、詳細に亘るすばらしい大著が刊行されたことでしょう。頁を繰る毎に唯々感銘の他ありませんでした。

所先生の命がけの論文は空前の大作であり、公刊して下さった藤原書店に心からなる敬意と感謝を申し上げます。見事な御著書をくり返し拝読しております。

（山口　赤間神宮名誉宮司　**水野直房**　88歳）

高校生のための「歴史総合」入門Ⅲ■

▼教員を目指し、採用試験も受験中です。このⅠ〜Ⅲ巻で、勉強していきたいです。

（奈良　教育大学生　**山本浩大**　21歳）

奇跡の対話■

▼ある新聞に、アイヌの人の写真と文がのっていて、本屋さんにアイヌの人達の関連の本をかいに行きました。六十歳すぎてからアイヌの人達のことを、考え方をもっと知りたくて、本をさがして見たり資料をあつめています。

大和郡山のイオンの本屋さんに行ったのですが、少ない関連の本の中でえらびました。宇梶静江さんの名前は知っていたので買いました。鮫島純子さんの話も味わい深く読んでよかったです。きっかけは『赤旗』日曜版（六月二五日号）。

（奈良　**松谷裕美子**　79歳）

大地よ！■

▼四二〇ページの大作の自伝を読み終え、私の精神も取り戻せた深い感動です。共に分かち合い、争わず、憎まず、地球をカムイとして生きる哲学。今こそ、私達はアイヌの知恵を学び実践していかなければと思います。

小さな居場所クッキングハウスも三六年目です。弱い力を寄せあって生きています。

（東京　精神保健福祉士、クッキングハウス　**松浦幸子**　75歳）

黒田勝雄写真集　最後の湯田マタギ■

▼黒田勝雄氏の写真集は、強い情熱と感動を与えてくれました。一三二頁上（右）の高橋さんの写真には、緊張感とマタギの頭領の力強さ、生きることが表現されていました。

写真集であり、歴史書でもあると思います。私の知らなかったマタギの世界を教えて下さり、ありがとうございます。まさに表現‼

法律を学ぶ者として、憲法二一条の表現の自由が浮かびました。

（東京　ガイド　**細田加代子**　65歳）

※みなさまのご感想・お便りをお待ちしています。お気軽に小社「読者の声」係まで、お送り下さい。掲載の方には粗品を進呈いたします。

書評日誌（六・一七〜七・一五）

㊟書 書評　紹 紹介　記 関連記事　イ インタビュー　T テレビ　ラ ラジオ

五月号　(書)文藝春秋「自決と粛清」（「不逮捕特権」の歴史／片山杜秀）

六・一七　(書)西日本新聞「アイヌの時空を旅する」（「現場歩き情景とイメージ重ねる」／関野吉晴）

(紹)岩手日報「後藤新平――衛生の道 1857-1929」（「広告のコーナー」／「後藤新平『衛生の道』とは」／「関東大震災一〇〇年を機に発刊」）

六・一八　(記)中日新聞「パリ日記」全五巻（「仏在住三〇年　記者経験を語る」／「山口さん、名古屋国際中・高で」／下條大樹）

(記)東京新聞「無常の使い」（「今週のことば」／藤田正勝）

六・一九　(紹)AFCプレミアムプレス「アイヌの時空を旅する」（「新北海道の本棚」／「北海道人必読の新しい『北海道』に関する本をご紹介」）

六・二一　(記)朝日新聞（夕刊）［7／8後藤新平の会シンポジウム］

六・二三　(記)東京新聞［7／8後藤新平の会シンポジウム］

六・二四　(記)毎日新聞（夕刊）［7／8後藤新平の会シンポジウム］

(書)沖縄タイムス「復帰五〇年の記憶」（「話題本題」／「切り取った沖縄の風景」／親川志奈子）

復帰五〇年の記憶
沖縄からの声
思想・文化・歴史から、
今、多角的に問い直す。

六・二六　(記)毎日新聞（夕刊）［7／8後藤新平の会シンポジウム］（鈴木英生）

六・二七　(記)毎日新聞　映画「大地よ」（「アイヌの思い出　加藤登紀子さんトーク」／榊真理子）

(記)読売新聞［7／8後藤新平の会シンポジウム］（「帝都復興『後藤新平』を討論」／「来月八日、千代田でシンポ」）

(記)熊本日日新聞　映画「大地よ」（「自然との共生アイヌの記録」／「三〇日からDenkikanで上映」／緒方李咲）

六・二八　(記)毎日新聞（夕刊）「反戦平和の詩画人　四國五郎」（「父との対話「再発見」の旅」／「長男光さん、六年かけ刊行」／宇城昇）

六・二九　(記)読売新聞「反戦平和の詩画人　四國五郎」（「広島カルタ平和願う」／為国里美）

四國光 著
反戦平和の詩画人
四國五郎
描いて、書いて、描いた。

六月号　(紹)月刊コア「近代日本を作った一〇五人」（「日本の近代化とは？」／新田純子）

七・四　(記)読売新聞「高校生のための『歴史総合』入門」全三巻（「学ぶ育む」／「日本の近代分かりやすく」）

七・九　(記)読売新聞［7／8後藤新平の会シンポジウム］

(紹)読売新聞「ブラームス・ヴァリエーション」（「記者が選ぶ」／（央））

七・一〇　(紹)女のしんぶん「核分裂・毒物テルルの発見」（「環境学者が探る「テルル」とは何か」／中村ひろ子）

七・一五　(書)図書新聞「経済学の認識論」（「マクロ経済学の各種潮流の歴史的展開を再帰的反省という観点から振り返る」／「現代における経済学という学問や経済学者としての職業集団のあり方を問い直し、その再編を提起」／横田宏樹）

第十七回　後藤新平賞 授賞式

〈本賞〉石井幹子さん（照明デザイナー）

二〇二三年 七月八日(土)　於・プレスセンターホール

本年の後藤新平賞は、「ライトアップ」の概念を日本に先駆的に導入した照明デザイナーの石井幹子さんに贈呈された。

受賞理由は「都市を光によって活性化させるというプロジェクトを六〇年以上にわたって展開され、作品は東京タワーや横浜ベイブリッジからアメリカ、ヨーロッパ、中近東、東南アジアまで及び、その数は千を超える。（…）その発想と業績は、都市計画、都市経営にあたって何よりも地域の歴史を踏まえながら未来に向けて革新するという後藤新平の業績と軌を一にするものがある」とされた。

受賞講演では、石井さんが自身の仕事をスライドで紹介。建築物のライトアップ前の写真がライトアップ後に切り替わると、その鮮烈な効果に、会場からは静かなため息がもれた。

また、美的効果の追求だけでなく、都市という屋外環境に長期間設置するための天候への耐久性、電力消費を抑える工夫など、多くの実例を織り交ぜて語られる講演に、聴衆の興味は尽きなかった。

（編集部）

二〇二三年度　後藤新平の会

「衛生の道」からみた関東大震災

――関東大震災百周年――

二〇二三年 七月八日(土)　於・プレスセンターホール

昨年度まで五回に亘り「〝生を衛る道〟を考える」に継続して取り組んできたが、その集大成として今春、藤原書店から『別冊『環』28 後藤新平――衛生の道 1857-1929』が刊行された。

本年は関東大震災から百年に当たる。後藤新平が生涯追い続けた「衛生の道」という観点から、後藤は、関東大震災の復興ビジョンをどう作り、復興事業をどのように進めていったかをテーマにシンポジウムがもたれた。

パネリストは**青山佾氏**（後藤新平の会代表幹事、明治大学名誉教授）、**春山明哲氏**（後藤新平の会幹事、早稲田大学台湾研究所招聘研究員）、**伏見岳人氏**（東北大学法学部教授）、**藤森照信氏**（江戸東京博物館館長、建築家）、**渡辺利夫氏**（東京工業大学名誉教授、拓殖大学顧問、公益財団法人オイスカ会長）。司会は**橋本五郎氏**（読売新聞特別編集委員）。まず、各パネリストから問題提起がなされた。

青山氏は「将来世代の生を衛《まも》ろうとした後藤の、震災復興事業における最大の遺産は環状道

路（現在ほぼ実現）。Ch・ビーアドの助言『新街路の計画、路線内の建築禁止、鉄道駅と街路計画の一体化』の意味を探る」。

春山氏は「国家を治するの医を志した後藤「衛生の道」を九つの里程標《マイルストーン》で提示。『万有学』『審事者』『衛生制度の三成分、科学・芸術・実地』『学俗接近』『文装的武備』『衛生の道』等の独特の言葉を創出し、〝言葉の力〟に依拠した、近代日本でも稀な政治家だった」。

藤森氏は「明治維新後の近代都市の誕生において、後藤の震災復興計画は、市区改正から都市計画へという流れに位置づけられる。後藤は内務省衛生局官僚としてこの流れに立ち会っていた。その中で水道が果たす役割は重要。古家の全面大改修や区画整理を通じて日本的都市計画が確立した」。

渡辺氏は「後藤思想の源流『国家衛生原理』から「即物的社会観」「価値の徹底的な相対化」「国家起源説」を抽出できる。そこを起点に、後藤のユニークな着想と実行力の実例として、日清戦争帰還兵の検疫事業、台湾でのアヘン対策、台湾総督府民政長官としての植民地経営、初代総裁としての満鉄経営がある」。

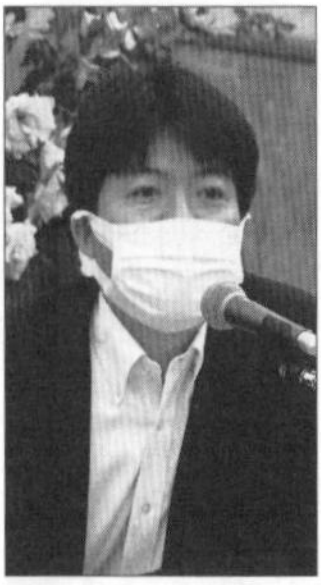

伏見氏は「後藤内務省時代の『衛生の道』は、終生貫いた思想。「生を衛る」→自治→都市と展開されており、震災復興は「衛生」の最たるものだが、震災復興期、後藤は多忙で、「衛生」に結びつく表現を直接的にほとんど残していないので、ビーアドという補助線を介してその実相を見出す」。そして**新たに見出された資料「幻の高速度鉄道（地下鉄）計画」**について紹介。

問題提起を受け、司会の橋本氏は「後藤が直面した問題は今現在もアクチュアルである」として各氏に「現在の政治が後藤新平から学ぶべきものは何か」を問い、活発に議論。

尚、本シンポジウムの詳細は、年内刊行予定の『後藤新平の会会報』No.29に収録予定です。是非この機会に「後藤新平の会」にご入会戴ければ幸いです。（編集部）

『パリ日記』全五巻完結記念　山口昌子さん講演会

ミッテランからマクロンまで
――パリ特派員生活三〇年――

二〇二三年 七月二一日(金)　於・日仏会館ホール

一九九〇年五月から二〇一一年九月まで産経新聞パリ支局長を務め、その後も引き続きパリを拠点にジャーナリストとして活動し続ける山口昌子《しょうこ》さん。

パリ支局長時代からの膨大で克明な取材の日々を『パリ日記』全五巻『Ⅰ ミッテランの時代』『Ⅱ・Ⅲ シラクの時代㊤㊦』『Ⅳ サルコジの時代』『Ⅴ オランド、マクロンの時代』にまとめ、この六月、完結。パリから見た圧巻の現代史である。

完結を記念し、ルネサンス・フランセーズ日本代表部主催で講演会が開かれた。冒頭の挨拶は瀬藤澄彦氏（ルネサンス・フランセーズ日本代表部会長）、司会は岡眞理子氏（帝京大学）。

山口さんがミッテラン政権二期に赴任した一九九〇年から、ソ連解体、冷戦終結、湾岸戦争と、大きな事件が立て続いた。パリから見える事件の姿を報道し続けるが、ヨーロッパ最貧国アルバニアをルポも。

親日家として知られるシラク大統領の時代は、劈頭、核実験で幕を開けた。そして「ユーロ」が誕生。イラク戦争に際し、仏は米と「同盟国だが非追従国」と言明。またシラクの功績の一つは、ユダヤ人の強制収容所送りへの「国家の責任」を認めたことだった。

サルコジの時代は、ロシア・グルジア紛争、大規模金融危機。オランドの時代は、シャルリ・エブド襲撃事件、パリ同時多発テロ始め、暴動・事件が相次いだ。

マクロンの時代は、「黄色いベスト」、そしてコロナウイルス感染症問題。

ブーヴ＝メリーに〝ジャーナリストに必要なもの〟を問い、一言「好奇心」と言われたというエピソードを紹介した山口さん。レヴィ＝ストロース、A・グリュックスマン、F・ジルー、A・フォンテーヌ（『ルモンド』）、P・アスキ（『リベラシオン』）、……錚々たる人たちの懐に飛び込み、直接話を聞いてきた。このような人たちとの写真も紹介された。グルメやモード、文化芸術だけではない、政治的理念を確固としてもつ「フランス共和国」を感じる一夜であった。（編集部）

九月新刊予定

＊タイトルは仮題

男が編んだ女と男の相剋！

『女の世界』で読む大正世相史

尾形明子

雑誌が言論文化を担っていた時代、『青鞜』他数々の女性雑誌が出版された。中でも『女の世界』は、国家主義者と社会主義者が入り混じって創刊され大反響。「男も読む女性雑誌」として、芸者も華族夫人も、作家・実業家も、ゴシップから女性の権利、生き方まで、清濁併せ呑む自由な言論が繰り広げられた。『女の世界』から大正デモクラシーの時代を抉る。

人間にとって月とは何か。文学・物理から迫る

低い月、高い月

文学の月、物理の月

津川廣行

萩原朔太郎、和辻哲郎、横光利一、松尾芭蕉、高浜虚子……神話・民話から詩歌、小説を問わず、数え切れない文学作品で〝月〟は語られてきた。空に浮かぶ遠い存在として、夜道を照らす明かりとして、真昼の淡く白い天体として。「一月《ひとつき》」をもたらして満ち欠けし運動する地球唯一の衛星が、人間の感情にどのようにはたらきかけてきたのか、自らの〝月〟体験と重ねつつ迫る労作。

「無知」から描き出す、人間の想像力の歴史

未知なる大地

無知の歴史18―19世紀

A・コルバン　築山和也訳

「人間が『何を知らなかったのか』を見極めなければ、過去の人間を知ることなど不可能である」――人間は自らの足元の大地（地球）について何を知らず、どのような世界像を抱いていたのか。科学、文学、詩を自在に結びつけながら、十八世紀以来の、「知らないこと」の陰画としての人間の想像力の歴史をたどる、「感性の歴史」第一人者のスリリングな意欲作。

コルバン流「オーラル・ヒストリー」

無名のフランス人たちの言葉

一九三〇年代のただなかで

A・コルバン

寺田寅彦・實谷総一郎訳

一九六七年に聴き取った、地方庶民の人民戦線時代の回想。『記録を残さなかった男の歴史』で取り組んだ「無名の庶民の歴史」に、若き日のオーラル・ヒストリーから迫る。

様々な学問領域で考える〝共生〟

社会思想史研究47号

多文化共生の条件

社会思想史学会編

グローバル化が進む一方、移民排斥の動きも根強い今こそ、多文化共生を論じる。　飯田文雄／下川潔／小野寺史郎／鵜飼哲／渡辺恭彦／庄司武史／橋爪大輝／秋元由裕／小島望／西田尚輝ほか

8月の新刊

タイトルは仮題、定価は予価。

世界子守唄紀行 ＊
子守唄の原像をたずねて
鵜野祐介
Ａ５変判 一六八頁 一九八〇円

グリーンランド ＊
人文社会科学から照らす極北の島
高橋美野梨編 推薦＝角幡唯介
井上光子／小澤実／ウルリック・プラム・ガド／須藤孝也／中丸禎子／本多俊和（スチュアート ヘンリ）／イーリャ・ムスリン／ソアン・ルド
四六上製 四〇八頁 三九六〇円

金時鐘コレクション（全12巻） 内容見本呈
11 **歴史の証言者として**
「記憶せよ、和合せよ」ほか 講演集Ⅱ
〈解説〉姜信子〈解題〉細見和之［第8回配本］
〈月報〉愛沢革／鎌田慧／季村敏夫／趙博
四六変上製 三七六頁 四六二〇円 口絵2頁

9月以降新刊予定

未知なる大地 ＊
無知の歴史18―19世紀
アラン・コルバン 築山和也訳

無名のフランス人たちの言葉 ＊
一九三〇年代のただなかで
アラン・コルバン
寺田寅彦・實谷総一郎訳

低い月、高い月 ＊
文学の月、物理の月
津川廣行

『女の世界』で読む大正世相史 ＊
尾形明子

社会思想史研究 47号
特集＝**多文化共生の条件** ＊
社会思想史学会編

ヨモギ文化をめぐる旅
シェークスピアと石牟礼道子をつなぐ
鈴木一策

「正義の人びと」〈戯曲〉
〈対談〉篠井英介・中村まり子

「戒厳令」〈戯曲〉
〈鼎談〉松岡和子・松井今朝子・中村まり子
アルベール・カミュ
中村まり子訳〈解説〉岩切正一郎

シモーヌ・ヴェイユ「歓び」の思想
鈴木順子

別冊『環』29
シモーヌ・ヴェイユ 1909-1943

好評既刊書

存在を抱《いだ》く ＊
村田喜代子・木下晋
四六上製 二八〇頁 一九八〇円 口絵4頁

芸能の力 ＊
言霊の芸能史
笠井賢一
四六上製 三六八頁 三三〇〇円

パリ日記（全5巻）
特派員が見た現代史記録1990-2021
Ⅴ **オランド、マクロンの時代** ＊
2011.10-2021.5
山口昌子
Ａ５判 五九二頁 五二八〇円 口絵8頁 完結

天皇の歴史と法制を見直す
所功
四六上製 四三二頁 三九六〇円 カラー口絵2頁

反戦平和の詩画人 四國五郎
四國光
四六上製 四四八頁 二九七〇円 カラー口絵8頁

高校生のための「歴史総合」入門（全3巻）
――世界の中の日本・近代史
Ⅲ 国際化と大衆化の時代
浅海伸夫
Ａ５判 五五二頁 三九六〇円 完結

＊の商品は今号に紹介記事を掲載しております。併せてご覧戴ければ幸いです。

書店様へ

▼四國光『**反戦平和の詩画人 四國五郎**』のパブリシティが相次いでいます。6／28（水）『毎日』、7／12（水）『中国』、YouTube動画番組「デモクラシータイムス」等々で著者インタビュー。今後も続きます。さらに大きくご展開を！▼7／23（日）『日経』コラム「読む！ヒント・大震災100年 今後の災害復興は」にて、北原糸子『**震災復興はどう引き継がれたか 関東大震災・昭和三陸津波・東日本大震災**』を大きく紹介。「豊富なデータや写真とともに分析した大著」（山田剛記者）。▼7／9（日）『読売』読書面「記者が選ぶ」にて、新保祐司『**ブラームス・ヴァリエーション**』を紹介。7／18（火）『読売』文化面「小林秀雄 没後40年」コーナーでは、著者の新保さんが「日本精神史の代表格『美』を最も深く表現」と題して寄稿。▼先ごろ完結しました『**パリ日記 特派員が見た現代史記録 1990-2021**』（全5巻）の著者山口昌子さんが、先日日仏会館で講演されました。その模様が、7／23（日）『産経』にて紹介。各巻在庫のご確認とともに是非ご展開を！（**営業部**）

『反戦平和の詩画人 四國五郎』

四國五郎展
シベリア抑留から『おこりじぞう』へ
8/5〜10/15 安来市加納美術館

浪花の歌う巨人・パギやん【声体文藝館】
ヒロシマの母子像 四國五郎と弟・直登
8/28・29 ギャラリーKONOMURA(大阪)
9/9・10 ギャラリー古藤(東京)

『東京新聞』8/4(金)夕刊
「「衛生」後藤新平に学ぼう」

8/5『崩壊したソ連帝国』等で知られる仏歴史家
H・カレール=ダンコース氏死去。

宇梶静江主演/金大偉監督
大地よ アイヌとして生きる
■京都シネマ 9/8(金)〜14(木)
■シアターセブン(大阪)で再上映
9/9(土)〜15(金)
北海道・浦河、福岡他でも続々上映決定

●〈藤原書店ブッククラブ〉ご案内●
▼会員特典は、①本誌『機』を発行の都度ご送付/②(小社への直接注文に限り)小社商品購入時に10%のポイント還元/③送料のサービス。その他小社催しへのご優待等。詳細は小社営業部まで問い合せ下さい。
▼年会費二〇〇〇円。ご希望の方はその旨お書添えの上、左記口座までご送金下さい。
振替・00160-4-17013　藤原書店

出版随想

▼今年も暑い夏である。体温を超える日が何日も続くと、ヤレヤレどころか、この先どうなるんだろうの不安が先に立つ。今八月八日。六日は、一日TVをかけ、慰霊式の実況を観たり、その後の「残留放射能」のドキュメントも観た。この国は、世界で初めてしかも唯一の被爆体験国なのに、核アピール、核廃絶をどうして世界に先駆けてやらないのだろうと思う。民間の被災者は、国連や世界にアピールしている方は少なからず居るが、日本という国家、政府がやるチャンスはこれまで何回もあったのではないか。

▼国家とは、国民の生命を衛《まも》るための組織であり、社会奉仕するための機関である、と後藤新平は語る。今号で、関東大震災時、内務大臣として復興院総裁として辣腕をふるった後藤新平が、震災一ヶ月後に、政治の「大乗政治論」を書き上げた。「政治とは何か」を、政治という国家運営、経営の最も根幹を語らざるを得ない状況が日本にあった。存在したのである。政治がどんどん国民から離反し、二大政党とはいえ、ひとりよがりの「わが党内閣」が議会を蹂躙している様子を見て、この機会に政治家や国民に訴えざるをえなかったのだろう、「政治とは何か!」ということを。

▼我々は、ヒロシマ、ナガサキはおろか近年フクシマも国民として体験した。先日の東京新聞の記事で知ったが、現在、世界には、一二、〇九九個の〝核〟が存在する。勿論、推定ではもっとあるかもしれない。その大半は、米ロに集中していることはいうまでもない。九四%強だ。その核を使えば、この地球は、生命体はどうなるかは、言うまでもない。科学であり科学技術の進歩という競争が、しかも冷戦という戦争状態が、〝偉大な科学者〟という殺人鬼を近代世界の英雄に仕立てあげてしまった。名前は出さないが、そういう面々は、今もこの世界で有名人である。ヒットラーやスターリン以上の極悪人である。

▼核は、抑止力のために持つべきである、という議論もある。本当に抑止力のために持つべきか否か、今こそ国民一人一人が己れの全存在をかけて考えるべき時だ。我々は、今この時間を生きているのではない。四十億年の尊い尊い生命を受け継いで生きていることをくれぐれも忘れぬことを祈念する。核により失われた生命に、合掌。　(亮)

＊本号の連載「「地域医療百年」から医療を考える」は、執筆者の体調不良により休載致します。

二　『番紅花《サフラン》』——帝国劇場の楽屋で生まれた雑誌

松井須磨子の楽屋で創刊

『番紅花』は、一九一四（大正三）年三月一日、日本画家・尾竹一枝（紅吉）を中心に発刊された同人誌である。同人は一枝の他に、神近市子、小笠原貞子、小林哥津子《かつこ》*、原信子（オペラ歌手）、松井須磨子の六名。他に森林太郎（鷗外）、武者小路実篤、阿部次郎、青山（山川）菊栄、伊達虫子《だてむしこ》（岡田八千代）、長谷川時雨、佐藤春夫、田村俊子、与謝野晶子などが執筆した。

創刊号の表紙画・裏表紙カットは富本憲吉、扉絵・挿絵は小林徳三郎*。表紙中央の黒い壺はシャープで気品があり、朱色で書かれた題字〈番紅花〉に調和する。月刊。菊判。

編輯《へんしゅう》所は東京市下谷区下根岸八三番地、尾竹一枝の東京の家。発行所は東雲堂書店。定価三〇銭。本文は二二九頁、武者小路実篤から借りたロートレックの挿画が五葉入っている。

『青鞜』社員だった尾竹一枝（一八九三—一九六六）が新しい雑誌の創刊を決意したのは、一

『番紅花』扉絵

九一三年暮、帝国劇場で「サロメ」を演じていた松井須磨子の楽屋だった。「五色の酒」「吉原登楼」事件など、一枝の無邪気で奔放な言動がマスコミに面白おかしく書き立てられ、さらに同性愛の関係にあった平塚らいてうに、若い恋人が出現したことをめぐって大騒ぎを起こして退社していた。退社から一年が経ち、一枝は「自分たちの成長の為に」雑誌をつくろうと思う。

『青鞜』への対抗心もあったが、もっと芸術的な雑誌を目指したかった。一枝に同情的な『青鞜』社員も多く、ふたたび正月に須磨子の楽屋に集まって、誌名を『番紅花』とした。命名に一枝が愛読してた美術雑誌『朱欒《ザンボア》』（一九一一・一一〜一三・五　東雲堂書店）の影響が感じられる。

『番紅花』はサフラン。古代ギリシャを原産として、秋に六弁の淡紫色の花をつける。香辛料、染料、香料、鎮痛や鎮静の貴重薬として知られるが、スペインの炊き込みご飯パエリアの淡黄色と言った方が馴染み深いかもしれない。その芳香を愛し、鎮静剤として使っていた同人もいた。

同年八月まで全六号。短くもはなやかな雑誌『番紅花』を追うことにする。それは同時に尾竹一枝と富本憲吉の愛を追うことにもなる。不二出版復刻『番紅花』（一九八四年）の巻末には渡邊澄子によるていねいな解説がある。一枝とその一族の肖像を辻井喬が『終りなき祝祭』（一九九六　新潮社）に描いた。

森鷗外「サフラン」

二二九頁にわたる創刊号にたいして、同じ月の『青鞜』は一三三頁だったから、ほぼ倍の厚さである。

巻頭は森林太郎「サフラン」。漢方医だった父親との思い出や書斎で冬を越したサフランの鉢植えについて描き、『番紅花』創刊の応援とした。三浦環とならんで国際舞台で活躍したプリマドンナ原信子が、プッチーニからの私信を紹介して「プチニーの歌劇」を書く。松井須磨子は「復活劇の梗概」を書き、主人公カチューシャを演じる須磨子自《みずか》ら、『復活』のあらすじを紹介した。

『青鞜』の作家小笠原貞「さふらんの香」は短篇。都会の生活に疲れ果てた女主人公が、出産のため兄夫婦と母親の住む海辺の家にもどる。母と兄嫁の労《いた》わりと生まれてきた赤ん坊に心も体も癒され、母が入れてくれたサフラン茶の香りに包まれる。小笠原貞は、安成二郎が早稲田大学に通う青春群像を描いた小説「雑木林」（一九一七・六・一二『女の世界』）の女主人公である。

神近市（市子）は「わかれ来しすべての人々にさゝぐ」と記した小説「序の幕」に、女学校

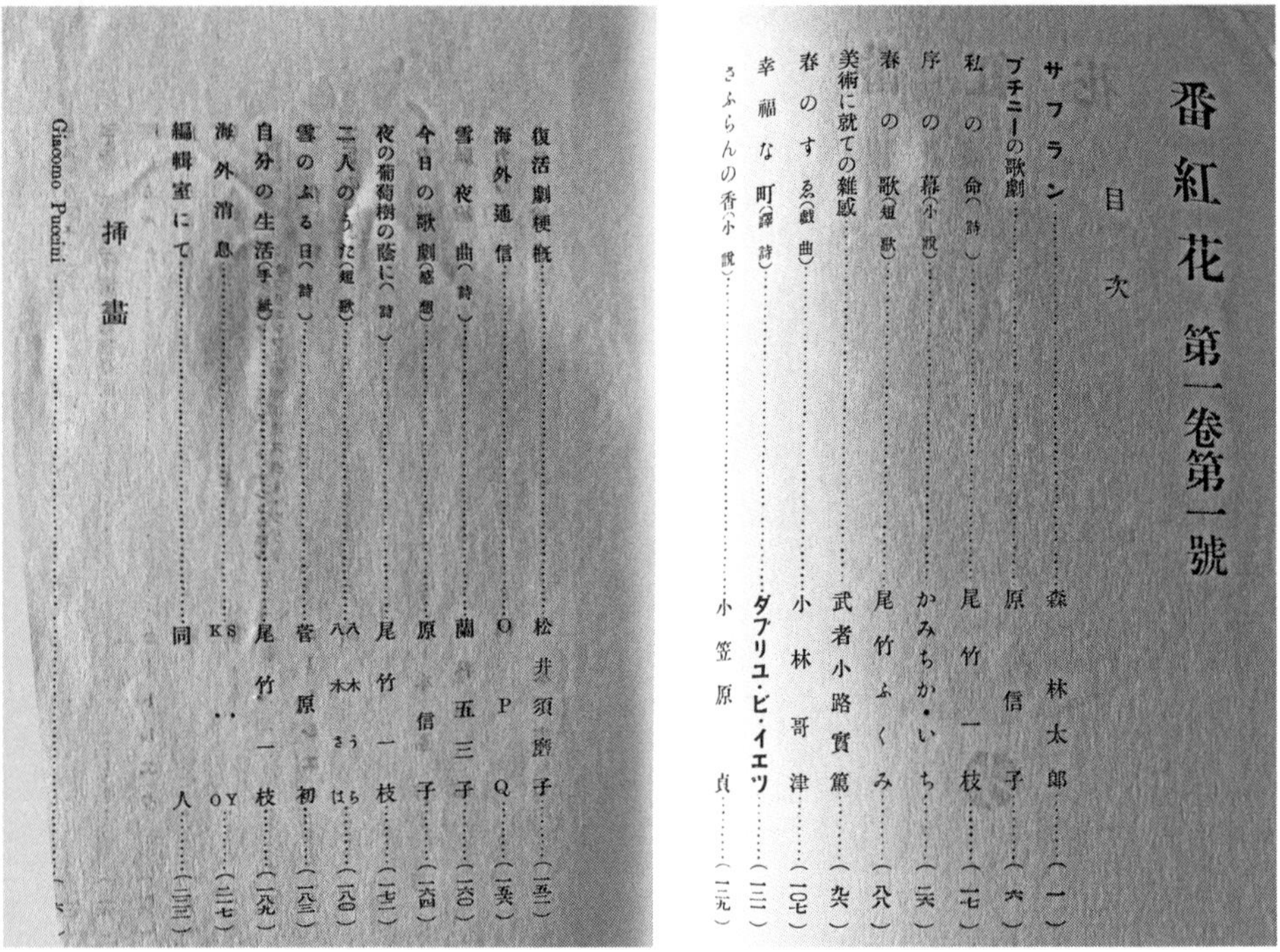

番紅花 第一卷第一號

目次

『番紅花』創刊号　目次

卒業間際の女主人公信夫《しのぶ》の日々を描く。津田女子英学塾（現・津田塾大学）卒業時の神近自身の記録であり、バッシングの渦中にあった『青鞜』や平塚らいてうなどの姿が浮かびあがる。

小林哥津子の戯曲「春のすゑ」も佳品だが、尾竹一枝（紅吉）「自分の生活」に驚かされる。「俊ちゃん」に宛てられた夏樹の手紙は、紅吉に宛てた平塚らいてうの手紙そのままなのだろう。二人の愛と揺らぎ、新たな恋の予感に抗《あらが》うらいてうの心が伝わる。私信の公開は『青鞜』の特色だったが、この頃プライバシー侵害の概念はない。

「編集室にて」に、をだけ・かづゑ（尾竹一枝）が創刊までの事情を書いている。帝劇でサロメを演じる松井須磨子の化粧部屋で相談し、一月一八日には「番紅花」の名前が決まる。六人の同人は「自分たちの好きな仕事をしたり、好きな、価値あるものを作つたり」して「ずうつと純藝術雑誌として大切に育ててゆく決心」である、と宣言する。

編集が伊藤野枝に変り、女性解放や社会主義運動にさらに傾斜した感のある『青鞜』とは一線を画した、ということなのだろう。尾竹一枝がまったく面識のない森鷗外のもとを訪ね、執筆を依頼した経緯も興味深い。一九一四（大正三）年の「鷗外日記」を開くと、二月四日「尾竹一枝の書を得て復す。」翌日五日には「尾竹一枝始て来話す。」、一三日には「サフランを書きて尾竹一枝に遣る。」と記されている。『鷗外女性論集』（二〇〇六・四　不二出版）に金子幸代が鷗外と「新しい女」について解説を書いている。

森鷗外訳「毫光《ごうこう》」の位置

一九一四（大正三）年四月、第一巻第二号が発行される。表紙・扉絵・裏絵ともに富本憲吉。マリー・ローランサン画「扇をもった女」「若い娘たち」など四葉の写真が入り、巻頭は森林太郎（鷗外）訳「毫光《ごうこう》※」。『千一夜』の、幻怪で而も特異な物語の中で」「貴重な指輪の白金の座の中央に、紅玉が嵌《は》めてあるよう」なこの物語に惹かれた、という鷗外の言葉が興味深い。

婚礼の夜、まだ幼い花嫁のひたむきさが、金持ちの夫、盗賊、絶望の中にいた恋人のそれぞれの心をゆさぶる。「此女が無事に此夜を過ごしたのは、武器を以て警護せられたのでもなく、其他の人力を以て庇保《ひほう》せられたのでもない。此女を救ったのは、広大無辺な『癡《おろか》さ』であっ

番紅花　第一巻第二號

目次

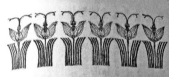

春の小曲

尾竹一枝

I

春《はる》がきた
春がきた
鳥《とり》がないてゐる
綺麗に花《はな》の咲くなかを
小鳥《ことり》がないてゐる
綺麗に花のさくなかを

若くて美しいラッシー
紫花《むらさきはな》が匂つてゐる
葉《は》はやさしげに輝いてゐる

明《あかる》い暖《あたゝか》い國の
若くて美しいラッシー
自由で豐《ゆた》かで生々《いきいき》してゐる美しいラッシー
春の歌や輝きや喜《よろこ》びが
あらゆる優しい感情を胸に充たせて
眩《まぶ》しいほど心からの愛情を纏つて
いとしいお前の優しい眼に燃えてゐる

若くて美しいラッシー

たと結ばれる。『鷗外全集』（岩波書店）には、未収録である。

恩地孝四郎によるサフランの魅力的なカットが、尾竹一枝（紅吉）の詩を囲む。『青鞜』の作家小笠原さだ（貞）「姉と妹」は、ストイックに身を守り海外留学を得た姉と奔放に恋に生きる妹を対比して描いた。青山（山川）菊栄訳「マカールの夢」は、ロシア人とヤクート人*の混血児マカールを通して、極寒の地で這うように生き、死んでいく中年の男を、その死後までも描く。不条理な世界に対する嵐のような憤りが作品を貫き、大変な力作である。ロシアの短篇小説家コロレンコ原作。

岡田八千代による「伊達虫子の御紹介」と、伊達虫子の「御目見得」「さようなら」は一連のものだが、独りよがりな世界に終始する。

尾竹一枝の妹のふくみ（福美）が優しい短篇「さくらの花」を書いている。佐藤春夫がアフォリズム「いい小説家といい息子と」を載せているのは、当時、福美に憧れ、詩を捧げていたことの関係だろうか。八木麗がモーパッサンの「ピエールとジヤン」についての感想を書き、かみちか・いち（神近市子）の「苹果《へいか》の木陰」は、弘前での教員時代を描いたもの。苹果はリンゴの中国表記。

自らのマグマを際限もなく噴出させたような作品が多い。「編集室にて」では、オダケ・カズエ（尾竹一枝）が、みんな忙しくて編集会議ができないと早くも悲鳴を上げている。奥付の印刷納本二月二五日は、三月二五日の誤植。

※毫光とは、仏の眉間の白毫から四方に出る細い光。仏の智恵にたとえられる。目次は「毫光 Melchior Lengyel」。Melchior（メルヒオール）は、幼いイエスのために贈物を持って東か

らやってきた三人の賢者のひとり。Lengyel（レンジェル）はハンガリー語で研磨。

気鋭の芸術家　富本憲吉

一九一四（大正三）年五月号、一巻三号から『番紅花』の表紙がガラッと変わる。目次の表紙説明に「人魚のよろこびと花をまつ蒲（公）英の葉《たんぽぽ》」とある。朱色で番紅花の文字、小さな壺も描かれていて黒、赤、緑が躍る。扉絵は「歌ひかつ昇りゆく雲雀と咲かぬタンポポ」。裏表紙の絵「女の顔」を含めてすべて富本憲吉の画彫りである。「編集室にて」によると、三色だけの版木が間に合わず、印刷所の都合に合わせて尾竹一枝が仕上げたようだ。

なんと魅力的なのだろう。編集後記を通して一枝の興奮も伝わる。美術学校図案科在学中の一九〇八年、イギリスに私費留学していた富本憲吉（一八八六―一九六三）は、ウィリアム・モリスの工芸思想にひかれ、室内装飾を学んで一九一一年に帰国。バーナード・リーチとともに六世乾山に師事して陶芸の世界に入った。その後、故郷の奈良県生駒郡安堵村に窯を持ち製作していた。当時二八歳。

六月号の「編集室より」には、一枝が、続けて二回憲吉を訪ねた時の様子を記している。焼きあげられたばかりの陶器が並んだ書院での、若い二人の胸の鼓動までが伝わる。一枝は二一歳。神近市子が「尾竹さんは頻《しき》りに奈良に行きたがって居る」と書いている。

いきいきと躍動する表紙に包まれて、内容も充実している。五月号では、人気絶頂の田村俊子が短篇小説「若葉に渡る風」を載せた。義兄と妹とのかすかな心のふれあいを春愁に包んで描いた佳品。しかしながら尾竹ふくみ「なげき」、小林哥津子「苦労」の短篇もふくめて、描かれる女主人公たちは、家や世間の都合にあわせて、自らの感情にただひたり、その生のはかなさを嘆くだけである。「新しい女」からは遠い。

意志をもって自らの生を歩こうとする「新しい女」を作品の主人公にするには、まだ道ははるかであったのかも知れない。青山菊栄訳「中性論」(カーペンター)は抄訳だが興味深い。目次にO・P・Qと署名された「海外通信」は森鷗外が寄稿。ダ・ヴィンチの盗まれた『モナ・リザ』発見が詳しく記されている。編集後記から、神近市子が編集の中心にいたことがわかる。

短くも華やかに――終刊

一九一四(大正三)年八月まで、『番紅花』は六号続く。『青鞜』の異端児・尾竹一枝(紅吉)を中心に、もっと芸術的な雑誌を目指して、親しい仲間が集まった同人雑誌だった。

富本憲吉の表紙を含めて、大正という時代に花開いた、短くも華やかな同人雑誌だった。すべてが楽しげにさまざまに投げ込まれた大きな花束の感がある。色も種類も調和がとれているとは言えない。でも不思議な魅力にみちている。

『青鞜』が目指した男女平等の思想や社会主義の方向とは異なるにせよ、それぞれ自分を囲む社会に向かって声をあげた。松井須磨子は「最近の不幸」(四号)で、第一線で活躍する自分へのいわれない中傷、妨害に反論。『女の癖に』といふ女子軽蔑の思想からぬけ切つて居ない」社会に問題があると叫ぶ。島村抱月の後を追っての自死は四年後である。

富本憲吉と恋に落ちた尾竹一枝は、この年の一〇月に結婚するが、編集後記を辿れば、もはや『番紅花』どころではなくなった様子が浮かぶ。その意味でも青春が生み出した六冊の花束だった。

あだ花に終わらなかったのは、執筆者それぞれが強い個性をもち、自らの生を誠実に模索し、本音《ほんね》で語り、次の時代に向かっていたからに他ならない。

三　『ビアトリス』――第二の『青鞜』を探して

ダンテ『神曲』浄罪界三十歌

『青鞜』が、理由も告げないままに休刊してから五カ月後の一九一六（大正五）年七月、表紙にヒナギクともヒマワリともみえる八輪の花を描いた女性文芸誌『ビアトリス』が創刊された。表紙裏に「ダンテ『神曲』浄罪界第三十歌」が記されている。

「我れは屢々《しばしば》見たり、朝ぼらけ／東は薔薇もて飾られ、／空あきらかに、日の女王の／柔かき影して高くのぼるを、／その輝きは狭霧もてつつまれたれば、／我が眼は長く眺むるを得たりき。／（略）橄欖《かんらん》※の枝を冠りとなし、／燃え立つ紅の衣のうへ、／緑の袿《うちかけ》をまとひ、白き緬紗《めんしゃ》※したる／女性の姿こそは現れたれ。／（略）我を眺めよ、われこそはビアトリスなれ」。

イタリアの文豪ダンテによる長篇叙事詩『神曲』の主人公が、地獄を巡り、煉獄の山頂でよ

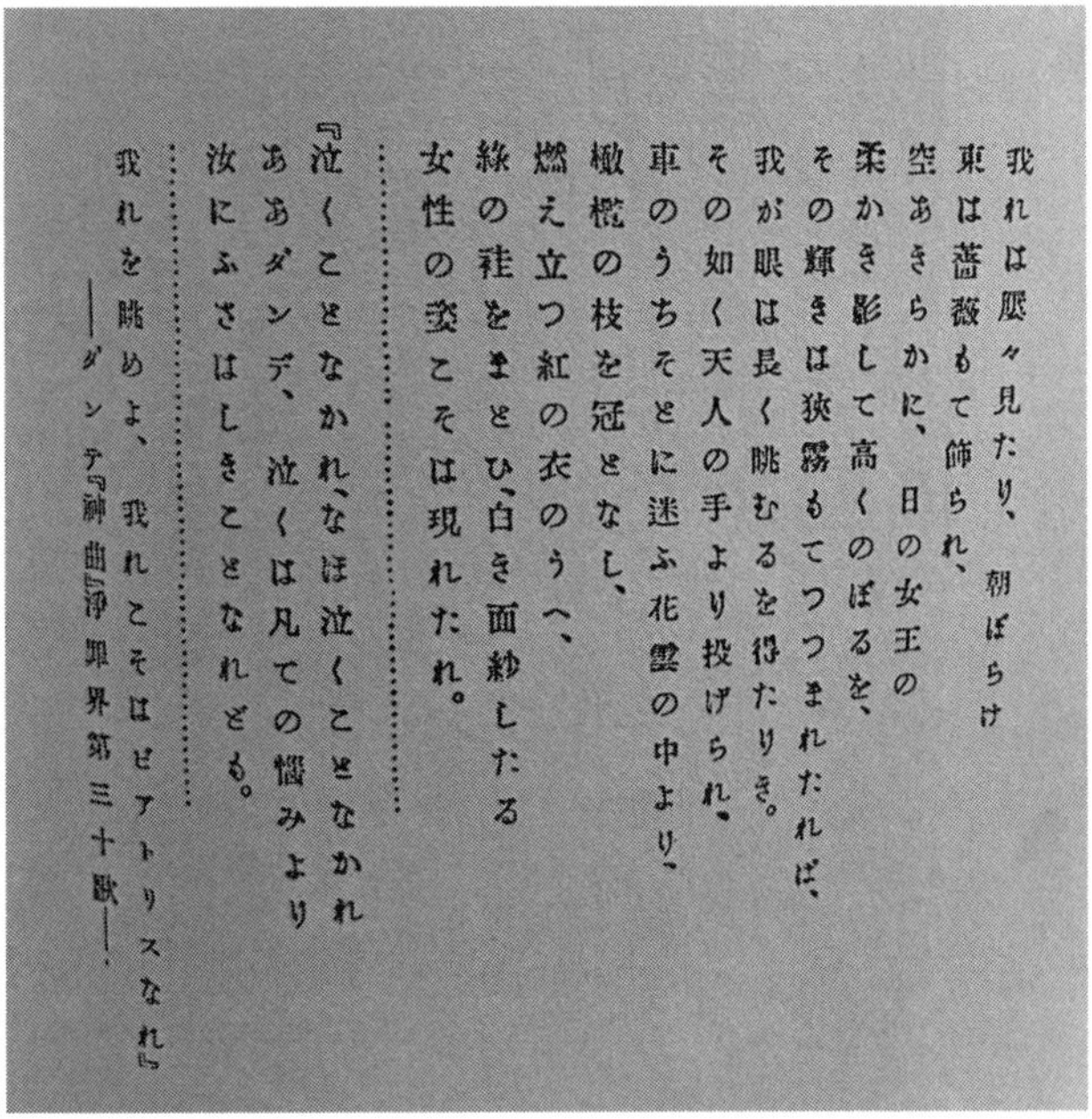
我れは屢々見たり、朝ぼらけ
東は薔薇もて飾られ、
空あきらかに、日の女王の
柔かき影して高くのぼるを、
その輝きは狭霧もてつつまれたれば、
我が眼は長く眺むるを得たりき。
その如く天人の手より投げられ、
車のうちそとに迷ふ花雲の中より、
橄欖の枝を冠となし、
燃え立つ紅の衣のうへ、
緑の袿をまとひ、白き面紗したる
女性の姿こそは現れたれ。
……………………
『泣くことなかれ、なほ泣くことなかれ
ああダンテ、泣くは凡ての悩みより
汝にふさはしきことなれども。
……………………
我れを眺めよ、我れこそはビアトリスなれ』
――ダンテ『神曲』浄罪界第三十歌――

うやくに出会う「永遠の女性」がビアトリスである。

イタリア語ではベアトリーチェ。英訳からの重訳は、すでに上田敏「神曲梗概」（明治三四）、繁野《しげの》天来《てんらい》*『ダンテ神曲物語』（明治三六）が出版されていたが、『ビアトリス』発刊に賛助員として関る生田長江も『神曲』翻訳の真最中にいたから、『ビアトリス』の命名は『青鞜』と同様、生田長江の可能性が強い。

編集発行人は山田たづとなっているが、「編集雑観」には、（今井）邦子、（五明《ごめい》）倭《し》文《ず》子《こ》、（生田）花世が創刊までの経緯、目的等をそれぞれ詳しく書いている。河井酔茗主宰『女子文壇』の投稿者だった山田たづは、上京後、生田花世を訪ね、そこで『ビアトリス』創刊が企画され、実務担当となったようだ。巻末には「ビアトリス社清規」として、「一、本社は文藝を愛好及創作する女性を社員とし雑誌ビアトリスを刊行するものとす。二、本社会員は一般の男女諸氏を含む」など、一〇条が記されている。

生田長江、長谷川時雨、徳田秋聲、小川未明、太田水穂《みずほ》*、岡田八千代、尾島菊子、若山牧水、

河井酔茗、与謝野晶子、田村俊子、中村孤月、窪田空穂《うつぼ》*、秋田雨雀、水野葛舟*（葉舟）、平塚明子、森田草平の一七名が賛助員に、生田花世、岡本かの（子）、吉屋信子等一四名が発起人に、原阿佐緒、岡本かの、加藤みどり、素木しづ、山田わか*、斎賀琴子、坂本真琴*など三二名が社員として名を連ねている。

大半が青鞜社員であり、組織、編集方針ともに『青鞜』とほぼ同一である。平塚らいてうから『青鞜』を譲り受けながら、わずか一年余で休刊にした伊藤野枝に対する社員たちの憤りと不満が、『ビアトリス』創刊をもたらしたのであろう。

※橄欖　カンラン科の常緑高木。白い小花、緑色で卵形の実をつける。モクセイ科のオリーブと似ていることから、中国で誤訳され、日本に伝わった。

※緬紗　面紗。女性が顔をおおう薄絹。ベール。

『青鞜』を継いで

翌一七年四月まで、一〇カ月にわたって発行された『ビアトリス』創刊のいきさつに、もう少し触れなくてはならない。

一九一一（明治四四）年九月に創刊され、〈新しい女〉の牙城ともなった『青鞜』は、一九一六年二月、わずか九〇頁の第六巻二号を発刊した後、休刊を続けていた。

平塚らいてうに代わって伊藤野枝が、編集責任者になって一年が過ぎたばかりだった。第一次世界大戦勃発後の紙価の高騰に頁を減らすしかない、と編集後記に記されてはいるが、野枝とアナーキスト大杉栄の恋愛が、仲間うちで囁かれていた。

三月、四月と休刊が続き、四月末、野枝は、大杉栄のもとに走った。大杉には妻堀保子だけでなく、『青鞜』社員で東京日日新聞記者の神近市子がいた。

文学による女性解放運動の金字塔を樹立した『青鞜』は、六巻二号全五二冊をもって永久休刊となる。らいてうはいうまでもなく、『青鞜』を自らの場としていた社員の落胆と失望、伊藤野枝にたいする怒りは激しかった。同年一月に『婦人公論』が創刊されたが、それは商業雑誌だった。

生田花世がまず立ち上がった。『女子文壇』から出発し『青鞜』で育った作家である。詩人の生田春月との結婚は、『青鞜』に花世が書いた赤裸々な感想「恋愛及生活難に対して」（大正三・二）に春月が感動したことによる。しかも『青鞜』を譲り受けた野枝が、出産のために北九州の実家に帰っていた間、花世は編集を受け持っていた。かつて自分が育てられたように、若い女性を育てる場が欲しかった。資金もなくカリスマ性とも無縁だったが、文学をよりどころとしてひたむきに生きてきた花世には、同性に対する思いやりと責任感とがあった。

『ビアトリス』創刊にむかって、花世は山田たづを連れて『青鞜』関係者をまわり、発起人となることを依頼する。花世は会員に男性も入れたかった。女性の文学が育っていくには男性からの「批評や、注意や、保護や、愛読」（創刊巻「編集雑観」）が必要だった。山田たづを事務担当にし、五明倭文子《ごめいしずこ》、山田邦子を編集に誘った。

画家・上野山清貢と作家・素木しづ

創刊号の表紙は上野山清貢《きよつぐ》（一八八九—一九六〇）による。フォービズムの影響を受けた北海道江別生まれの画家は、上京して師事した岡田三郎助の洗練とは馴染まずに、力強く対象に迫っていく独特の画風をもっていた。上野山は、二二歳で死去した作家・素木《しらき》しづの夫である。

一八九五（明治二八）年、札幌に生まれたしづは、札幌高女卒業後、結核性関節炎が悪化して、右足を膝上から切断していた。治療のために明治末年に一家をあげて東京に移住する。森田草平に私淑し「松葉杖をつく女」を発表。自分を主人公として、自らの現実を見つめ、厳しい運命との闘いを決意する。その後も病状が悪化し、療養していた伊豆で六歳年上の上野山清貢と出会う。

上野山清貢と素木しづ

一九一五（大正四）年八月に二人は結婚、長女が産まれる。しづは「赤ちゃんや」（『文章倶楽部』大五・二）「悲しみの日より」（『婦人公論』大五・一〇）などの哀切な作品を書き、「樋口一葉以来の才筆」といわれた。志賀直哉、武者小路実篤らとならんで新進作家として活躍。生田花世を通して『ビアトリス』創刊を知る。夫の上野山に表紙を描くことを勧めたのはしづ自身だろう。しづも小説を書くことを約束しながら、病状の悪化に、社員として名を連ねるだけで終った。

一九一八（大正七）年一月、二二歳の短すぎる生涯を閉じた。わずか五年間に四〇本の作品を書き、自伝的長篇小説『美しき牢獄』（『読売新聞』大六・三・二八〜八・二）を残した。前期『女人藝術』二号に岡田八千代が書いた「芝居する男」は、しづの死後の上野山清貢がモデルである。『ビアトリス』の表紙は、闇の中に咲くヒマワリ、しづの好きな花だった。

らいてう「新道徳と新不道徳」

大正は恋愛の時代だった。当時の新聞を繰っていると、連日のように恋愛スキャンダルが報じられる。華族令嬢と書生、伯爵夫人と運転手、女教師と教え子、子どもの家庭教師と母親、手近な相手との駆け落ちが続く。子どもを夫のもとに残して、大杉栄に走った伊藤野枝のスキャンダルはそのひとつにすぎない。

日清・日露の戦争を経て、絶対天皇体制が確立し、父親を頂点とした家制度に縛られて生きていた女性にとって、恋愛はそのまま人間であることの叫びだったし、家からの脱出の一歩だった。だからこそ政府は社会主義者を取り締まるのと同じ情熱をもって、『青鞜』の女性たちを取り締まった。小説を検閲し、良俗紊乱《びんらん》の名で発売禁止の処置を取った。

そうした中でもっとも過激な論客が平塚らいてうだった。発禁となった『円窓より』（一九一三・五　東雲堂書店）に、多くの妻が「愛なくして結婚し、自己の生活の保障を得むがために、終生一個の男子のために昼間は下婢として、その雑用に応じ、夜間は淫売婦として侍」していると書き、結婚制度を女性にとっての「無法」といって憚らなかった。

『ビアトリス』創刊号は、らいてうの巻頭論文「新道徳と新不道徳」から始まる。らいてうに影響を与えたスエーデンの社会学者「エレンケイの翻訳*」と記しているが、昨今の恋愛に対するらいてうの率直な感想でもあろう。すでに家庭を持ち母親となったらいてうは、たいした情熱もなく恋に溺れる「だらしない男女関係」に違和感と不快感を抱いていた。

「霊のない肉欲、懶惰《らんだ》、妄想、虚栄心、媚態、遊蕩三昧」等々の結果、周囲を巻き込んでいく恋愛を、らいてうは厳しく糾弾する。しかも「娼婦」にも似た女たちは、自分を「新道徳」の実践者として振舞うが、それは「新不道徳」ではないか。

恋愛のパイオニアともいうべきらいてうの視点は、まもなく母性と社会に移っていくが、この論のむこうに「どんどん標準を下げ」てしまった、大正期の恋愛へのらいてうの絶望がかいまみえる。

作家・斎賀琴子

雑誌を繰っていると、その後の文学史に大きな名を残す作家たちの若い日の習作を、しばしば目にする。『ビアトリス』創刊号にもそうした作品が載る。

『青鞜』に短篇「断章」（六巻一号）「小さき者」（六巻二号）を発表した吉屋信子は「線路」と題して、職を得て東北に赴任した兄に宛てた手紙を載せる。幼いときから唯ひとり心の通う兄だった。地図を求めて兄のいる地までの線路を指でなぞる若い女性の姿が心に残る。佳品と言ってもいい。すでに「花物語」の連載も『少女画報』で始まっていた。

あるいは斎賀琴子が、孤児となった身の悲しみと不安を、春愁に重ねながら「逝く春の頃」に描いている。『青鞜』に発表した「夜汽車」（四巻四号）は、養子を取って家を継いだ姉が急死し、妹である女主人公は当然のように、その夫と結婚することを求められる。

理不尽さに憤り、拒絶したものの「なまじに学問をさせたばかりに」という祖母の言葉に胸が疼く。家制度に抗しながらも動揺する女主人公が切ない。「逝く春の頃」の主人公は、サロメの「ヨカナアン」にも似た先生への思慕に心揺れている。モデルと思われる、成女高等女学校校長・宮田脩への憧れは、同じく成女出身の望月百合子も語っていた。

斎賀琴子は、『青鞜』唯一の反戦小説「戦禍」（五巻一〇号）の作者でもあった。小さな村の一族を日露戦争の悲劇が包む。作家としての可能性を豊かにもっていたが、教育学者・原田実と結婚、出産、育児の中で文学を断念する。最晩年の原田（斎賀）琴子に、お目にかかったことがあった。子どもを育てながら研究者の道を歩き始めたばかりの私に、「いい時代になってよかったわね」としみじみと言われた。

郷里徳島の小学校代用教員時代に材をとった生田花世の「憐憫」もいい。虱を湧かせている少女の頭を綺麗にしてあげるエピソードが、感情を抑制した筆致で書かれている。『青鞜』に一九本発表しているが、そのほとんどはエッセイだった。作家としての本格的な活動を意図したところでの『青鞜』廃刊だった。花世は「表現の場がほしかった」とはっきりと『ビアトリス』創刊号の「編集雑観」に書いている。

「第二期の『新らしい女』」

『ビアトリス』は、発行部数も五〇〇部余の文芸誌だったが、『青鞜』を継いだということで創刊から注目された。『女の世界』(一九一六・八)では、花葉生《かよう》が「第二期の『新らしい女』」と題し「第一期の新らしい女の多くは没落し、残つてゐる平塚雷鳥、伊藤野枝、神近市子などの数人が或は自分の道に迷はんとしてゐる時、ビアトリスの同人に依つて第二期の新らしい女の清新なる群れが生れたことは悦ぶべきことである」と創刊を祝している。

『青鞜』の魅力と意義は、家・社会・モラルに女性たちが果敢に挑んだことにあった。大逆事件後の「冬の時代」に知識人が萎縮する中で、「新しい女」の活躍はあざやかだった。が、恋愛をバネに飛翔しようとした時、家も社会もあまりに堅固で、しかもパートナーとなる男の体質は古かった。スキャンダルにまみれ何人もが失意のうちに『青鞜』を去った。

花葉生は続けて「新らしい『ビアトリス』は、古い『青鞜』よりも進歩した思想を含むであらう」と記しながらも「唯、其の雑誌の名の、後に生まれたものが、前に去つたものよりもよりクラシカルな点を異とするのみ」と付け加えている。

花葉生が誰であるのかは不明だが、自ら「新しい女」を名乗り、いかなるバッシングをも受ける覚悟を持った『青鞜』の命名に比して、男の永遠なる憧れの化身である『ビアトリス』の命名の古さを、すでに創刊から指摘している。が、『ビアトリス』を「第二期の新らしい女」の雑誌にするつもりなど、発起人にはまったくなかった。

五明倭文子《ごめいしずこ》は、『ビアトリス』創刊号の〈編集雑観〉に「健全な貞淑な思想のもとに、この文藝の道に崇高な趣味を養つて、進んでゆきたい」と記している。

五明倭文子は、かつて『青鞜』に自叙伝風小説「最初の家」（五巻二〇号、六巻一、二号）を分載、大胆な恋愛描写が評判になった作家だった。五明は、生田花世と山田たづに誘われて、『ビアトリス』創刊にかかわる。

一八九〇年九月、信州松本の医師百瀬興政の長女に生れた倭文子は、松本高等女学校から東京府立第三高等女学校を経て、本郷の女子美術学校に学び、卒業後に実業家五明正と結婚、男の子を生む。『ビアトリス』には戯曲をふくむ三篇の作品を発表しているが、習作の域を出ていない。

創刊号の編集雑感に「花香園《ママ》を訪ふ」と題して、長谷川時雨に賛助員になってもらうために、子連れで、時雨の母親が経営する鶴見の料亭花香苑に出向いたときの情景を記している。時雨は不在だったが、花香苑の様子が実にあざやかに浮かび上がってきて、後の取材記者としての才能が感じられる。

その頃、高学歴の女性の増加にしたがって、各新聞社は読者層の拡大を求めて、女性記者を集めていた。書くことが好きで、好奇心旺盛な〈新しい女〉の採用は、新聞社にとっても宣伝効果があった。遠藤清、水野仙子、神近市子、生田花世等々に続いて、倭文子は東京日日新聞（毎日新聞）記者となる。その後離婚し、読売新聞に移った。一九一九年には特派員として釜山、京城、北京などを取材し、百瀬しづ子の名で「朝鮮から満洲へ」を「よみうり婦人欄」に連載した。著書もあり、活躍した様子だが、大正末期以降の消息は不明である。

生田花世

原阿佐緒

今井邦子

岡本かの子

『ビアトリス』創刊号の評が『女の世界』（一九一六・八）に無署名で出ている。平塚らいてう、山田わかの「評論は読まず」として、さらに六本の小説・脚本は「斎賀氏の『逝く春の頃』の純な気持、山田たづ氏の『涙』の技巧が僅かに特色を保ってゐるのみ。その他は少女雑誌の投書の少しく成長したものに過ぎない」と手厳しい。

なお、この創刊号には、原阿佐緒、岡本かの子、杉浦翠子、山田邦子ら六名が短歌を発表している。新しい女の牙城であった『青鞜』にも『ビアトリス』にも、短歌の占める割合は、今の時代から想像する以上に大きい。短歌の伝統と教養に育まれたその頃の女性にとって、短歌は息をするように自然な自己表現の形だったのだろう。

「新らしい歌を作る新らしい女」

といっても、万葉集や古今・新古今集の伝統をそのままに継ぐ流れの中にあったわけではない。前述の「第二期の新らしい女」で花葉生は「和歌壇の才人」として、原阿佐緒、岡本かの子、若山喜志子、山田邦子、杉浦翠子、遠藤琴子の名をあげ、彼女たちは「単なる『歌を作る女』でなく、『新らしい歌を作る新らしい女』と云ふべく、未来の婦人界を刺激する思想の流れに居る人々である。端的に人心を動かす『詩の力』の所有者として吾人は此等の歌人達の健在を祈るものである」と書いている。

なかでも山田（今井）邦子は『ビアトリス』発起人の一人であり、編集にも活躍した。一八九〇（明治二三）年五月、官吏である父の任地・徳島で生まれるが、父の転勤により祖母に託され一八歳まで下諏訪で過ごす。詩や美文を『少女の友』『女子文壇』に投稿、名前を知られるようになった。投稿仲間に水野仙子、岡田美知代、生田花世、岡本かの子、杉浦翠子などがいた。親の決めた縁談を嫌って家出同様に上京、中央新聞社の記者となった。

同僚の今井健彦（のち政治家）と結婚。心に湧きあがる思いを歌に託すようになり、歌文集『姿見日記』歌集『片々』を出版。歌人として知られた。長女も生まれるが、家庭的な妻を求める夫との軋轢、文学と育児の両立に苦悩する日々が、まさに『ビアトリス』の時期だった。

暗き家淋しき母を持てる児がかぶりし青き夏帽子はも

もの云はぬ男の肉は石の如く心は負傷のけもののごとく

『ビアトリス』一巻三号には歌集『光を慕ひつゝ』（曙光社）の広告が載る。「世を呪ひ、人を呪ひ、己を呪へる底より、言ひがたき悲痛をもて、何物にか祈らんとせし女史の歌」が、「迷ひの谷をぬけて」「生命の芽生の力」を得た一巻と記されている。伝統の形を自らの表現としたからこそ、「新らしい女」の苦悩と闘いがさらに熾烈なものだった、と改めて思う。

編集発行人・作家　山田たづ

『ビアトリス』とあわせて、しばしばこの欄に登場する同時代の雑誌『女の世界』。まさにゴシップ満載で、真正面から文学と取り組む作家の卵や世間を、斜に構えて揶揄する。それによって、享楽と頽廃に満ちた大正の都会の様相が浮かび上がってくる。そればかりか、時に思いがけない資料を残していてくれる。

一九一六（大正五）年から二一年にかけて、創刊を記念して毎年五月号に掲載された「大正婦人録」は、当時活躍した女性を調べるための宝箱である。〈山田たづ〉は、第一回目は未載だが、三巻五号の第二回「大正婦人録」には、「明治二十四年八月八日、滋賀県大津市に生る。滋賀県立大津高等女学校卒業。『鬘師《かつらし》の家』『小照』等の作あり。ビアトリス社同人。現住所、牛込区築地町六番地。」（三巻五号）とある。三巻九号の「第二期の新らしい女」にも「三四年前に土地の女学校を卒業すると、直ぐ様上京して森田草平氏の門下となり」「今度のビアトリスの抑々《そもそも》の発案者で、それ故ビアトリス事務所と云ふのも、その寓居であるところの、牛込築地町の勝川と云ふ酒屋の二階におかれた」と書かれていた。

山田たづは生田花世に誘われて『ビアトリス』創刊に加わるのだが、二巻四号の最終号まで編集兼発行人として、築地の住所と名前が奥付に記されているから、実質的には中心になっていたようだ。一九一五年六月号『新公論』に載った「京の鬘師の家」はたづの代表作であり、森田草平の「薄暗いやうな京都の家庭と和らかな京言葉に伴ふ気分」がよく出ているという紹介文が添えられている。

平塚らいてうとの心中未遂事件で、いちやく有名となった森田草平だったが、そのいきさつを「煤煙」に書いた後は、ドストエフスキー「カラマゾフの兄弟」やゴーゴリの翻訳者として知られていた。素木しづ、村岡（森田）たま、山田たづと女弟子が多く、彼女たちを支援して『ビアトリス』に積極的にかかわっている。平塚らいてうへの拘泥があったのか、女弟子を誰も『青鞜』には参加させていない。

山田たづは『ビアトリス』に、編集後記やエッセイの他に、四本の短篇小説を発表している。器用な作品だが心に沁みるものが少ない。没年も含めてその後の消息は不明だが、蠱惑《こわく》的な美女だったようで、生田花世の夫・春月との関係も取沙汰された。

生田花世の位置

これまで何度も生田花世の名前を記してきたが、彼女を軸にして近代女性文学史を書きたいと、長年思い続けてきた。『青鞜』『ビアトリス』『処女地』『ウーマンカレント』『女人藝術』『輝ク』——明治から昭和の女性雑誌の中心に、いつでも花世がいる。一八八八（明治二一）年、徳島に生まれ、県立徳島高女に入学。卒業後小学校教員をしながら河井酔茗主宰の『女子文壇』に詩・短篇小説を投稿。作家を志して上京、『青鞜』社員になった。

教員、雑誌記者、女中などをしながら、自らの半生や外見・容貌に対するコンプレックスを綴り、その赤裸々な迫力が注目を集めた。年少の詩人生田春月は、花世が『青鞜』四巻一号に書いた「恋愛及生活難に対して」に感動し、出会った翌日、求婚する。結婚までの経過をもまた花世は「真をしたひて」（四巻三号）「得たる『いのち』」（四巻五号）「結婚」（四・六）など、『青鞜』にありのままに書く。さらに一九一四年九月、生田長江主宰の『反響』に感想「食べることと貞操と」と題して、パンのために貞操を売った自らの過去を告白して論争を巻き起こした。『青鞜』休刊後、誰よりも「書く場」を欲していたのは花世だったといえる。『ビアトリス』では、編集の中心にいたのだが、本人自身、毎号短篇小説を書いている。「憐愍《れんびん》」「白鳥のごとく」「ふたつの胸」「従妹」「枕屏風」「老年若年」と、七篇ともにテーマはバラエティに富んではいるが、習作の範囲を出ていない。

新聞社に職を得ながら、夫の不機嫌によって退職するまでを描いた「ふたつの胸」のような、大正期の女性作家のメイン・テーマともいえる〈男女両性の相克〉を、もっと真正面から突き詰めて描いていたら、と思う。

『ビアトリス』に、かつての『青鞜』時代のような〈感想・評論〉を書かないことについて、花世は一九一七年四月号の「編集雑感」で「私の素質はやはり抒情詩人の素質で、批評家の素質では」なく、目下「理知に対する頭脳の冴えや、自他に対する見識の明晰を蓄へてゆこう」と努力している、と述べている。

文学への燃えるような情熱、生きることとの誠実さ、同性に対する思いやり、人間としての善良さ、それらを誰よりも持ちながらも、あるいはだからこそ、作家として大成しえなかった悲劇を花世に見る。

歌人たち——今井邦子　岡本かの子　杉浦翠子　三ヶ島葭子

一九一六（大正五）年九月号から、『ビアトリス』（一巻三号）の表紙が平塚らいてうの夫・奥村博史*に替わる。黒地に薄紫や緑、白の模様が広がりスカーフのようだ。葡萄と葉をアレンジしたのであろう。その前の上野山清貢の表紙には、初夏の活気と創刊の意気込みがあふれていたから、いよいよ実りの季節を迎えたということなのか。新しい時代を文芸に生きようとする女性たちへの共感と支援が、それぞれの表紙に漂っている。

百合とビアトリスの立像を描いた扉絵は図案装飾画家・杉浦非水による。歌人の杉浦翠子《すいこ》の夫である。翠子は、福沢諭吉の養子となった兄桃介のもとで、文学に親しんで成長するが、歌人を志したのは三〇歳になってからである。一九一六年、今井邦子、原阿佐緒、三ヶ島葭子《よしこ》らが活躍する、島木赤彦の『アララギ』に入門した。

『ビアトリス』には『明星』の与謝野晶子、岡本かの子らとともに『アララギ』の女性歌人が多数参加し、それぞれ妻であり母である日常をリアルに詠み、さらにひとりの女としての葛藤や情感を、叫ぶように歌に託した。

杉浦翠子はやがて今井邦子をライバルと見なし、邦子への露骨な攻撃を展開するが、『ビアトリス』のころは「君がさすこのうまざけに酔ひにけり君がさすゆゑ酔ひにけるかな」などの相聞歌を詠んでいる。

病魔に苦しみ、長女を得ながらも夫の裏切りに苦悩する三ヶ島葭子《みかじまよしこ》は「誰が生くる誰が死ぬる世のさまなるぞ死を思ふ目に火とも映るは」「子を抱く力かへらばおのが世に足らはぬものはなしとなさまし」などの抑圧された思いを爆発させたような歌を詠んだ。

今井邦子の生活者の視点から内省を深めていく歌と並んで、岡本かの子は奔放な愛を詠む。「はらはらと車窓際にたつ我髪に君が涙のかかりけるかな」「いかばかり都より行く美しき君を待つらん北海道《えぞ》のねたしや」――当時、かの子は夫・一平に青森まで送られ、自分のために北海道に左遷された愛人の医師との逢瀬を繰り返していた。精神も生活も危機にあったが、幼い太郎が歌に登場することはない。

「故女流作家追慕会」

一九一六（大正五）年一〇月一五日午後一時、芝の青松寺に、五〇人を超す女性たちが集い、ビアトリス社主催による「故女流作家追慕会」が営まれた。

本堂での法要の後、祭壇中央に前年に死去したロシア文学の翻訳家・瀬沼夏葉*の写真、両側に樋口一葉と大塚楠緒子《なおこ》の写真が並んだ。楠緒子はその死去に際して夏目漱石が「あるほどの菊投げ入れよ棺の中」と読んだ美貌の作家である。

岡田八千代、長谷川時雨、田村俊子、岡本かの子、尾島菊子、岩野清子、生田花世等々『青鞜』の女性たちに加えて、馬場孤蝶、生田長江、河井酔茗らが参加。ビアトリス社員の五明倭文子、今井邦子、山田たづなどが世話役となった。

「若い私達は、一足先に歩いて行かれた此の人々に対して限りない愛慕を抱かずにはゐられ

故女流作家追慕會
十月十五日芝の青松寺にビアトリス社及び岡田、田村兩女史發起にて催うさる。(上)右より小寺菊子、長谷川時雨、岡田八千代、瀬沼エツ子(夏葉女史令嬢)山田邦子、杉浦翠子、五明倭文子。(下)前列右より、生田花世、五明、瀬沼久保田富江、秀しげ子、岡本かの子、後列右より二人目、邦子、三人目、八千代、四人目、山田たづ。

ません」(一巻二号「編輯便り」)と書かれ、三号でも予告されている。四号に詳しい予告が載ったと思われるが、四号は一巻二号とともに所在不明で、確かめることができない。

「故女流作家追慕の記」が五号に載る。無署名だが、生き生きと会の雰囲気が伝わってくる。一葉と親しかった『文学界』同人の馬場孤蝶が、交友から臨終までを語り、「特に一葉女史は中性の感じを与えるいくらか鉄火な女」と感想を述べた。

生田長江はビアトリス社員を激励し、『女の世界』の青柳有美が大塚楠緒子の手紙の美しさを語った。「編輯だより」に山田邦子が会の裏話を書き、和気藹々とした社内の様子が伝わる。

岡田八千代の発案だったが、追慕の人選は時雨と相談したのであろう。時雨は、花料とともに見事な花輪を出している。『ビアトリス』の最大イベントであり、明治を生きた先駆者への思いは、同時に第二世代としての自らの立場を内外に認識させたことであろう。写真は『女の世界』（一九一六年一一月号）グラビアによる。

「大杉、神近、伊藤三氏の自由恋愛事件を論ず」号

一九一六年一一月一〇日の新聞各紙は、前日の事件を興奮状態で報じた。『東京朝日新聞』は「大杉栄　情婦に刺される　被害者は知名の社会主義者　凶行者は婦人記者神近市子　相州葉山日陰の茶屋の惨劇」と見出しをつけ、『読売新聞』は「事の起りの源」である伊藤野枝も、「加害者」の神近市子も『青鞜』の「新しい女」であったことを強調する。『ビアトリス』は、ただちに一巻六号（一九一六年一二月）を特集号とした。これまでの表紙を一変し、白い表紙に朱で「ビアトリス」と記し、「大杉、神近、伊藤三氏の／自由恋愛事件を論ず」のタイトルと目次を載せた。山田わか「恋愛の意義」岡田幸子「舵を誤まりし恋愛」生田花世「不自然なる恋愛の災禍」など七本の感想が並ぶ。

その全員が、事件の原因は、社会主義者・堀紫山の妹保子と結婚していながら神近市子、伊藤野枝と関係し、それを「多角的自由恋愛」の実践と主張した大杉栄にあると指摘する。岡田幸子は「獣的恋愛」と切り捨て、生田花世は「人格を無視し、その霊魂を蹂躙」したと糾弾する。

『ビアトリス』の創刊は、野枝が出奔し『青鞜』を永久休刊にしたことにあったから、野枝

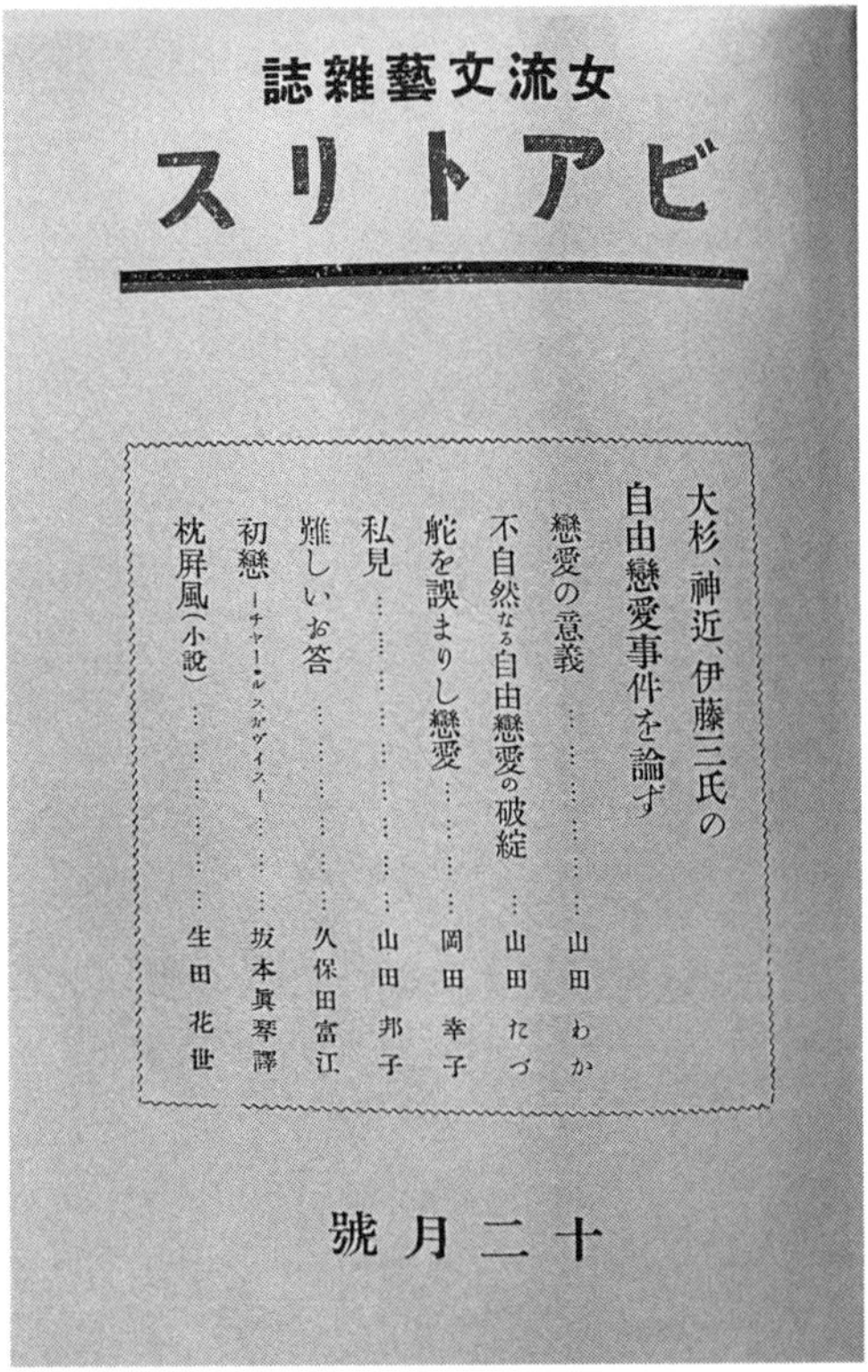
女流文藝雜誌

ビアトリス

大杉、神近、伊藤三氏の自由戀愛事件を論ず

戀愛の意義……山田わか

不自然なる自由戀愛の破綻……山田たづ

舵を誤まりし戀愛……岡田幸子

私見……山田邦子

難しいお答……久保田富江

初戀 ―チャー・ルスガヴイス― ……坂本眞琴譯

枕屛風(小說)……生田花世

十二月號

よりも神近市子に同情が集まったのは当然だった。しかも野枝は長男を辻潤のもとに残し、生まれたばかりの子どもを里子に出していた。野枝の母性もまた槍玉に上がる。

事件三カ月前の『ビアトリス』(一巻三号)「女流作家の動静」に野枝の様子が語られている。(H)の署名は生田花世である。八月初めの夕暮れ、野枝は大杉栄とともに、突然、花世の家を訪れる。「非常に明るいいそいそとした声で話して、不思議な程柔らかな女性味を帯びた笑顔」で平塚らいてうの様子を聞いたり、『ビアトリス』を繰ったりしたという。

らいてうの『元始、女性は太陽であった』に語られる「お子守」のような、「お茶屋の女中」のような、あるいは「すさんだ感じ」とは異なるイメージの野枝が、花世によって残されたことにほっとする。大杉三一歳、神近二八歳、野枝二一歳の秋だった。

五明倭文子の反乱

「大杉、神近、伊藤氏の自由恋愛事件を論ず」号は、創刊以来はじめて完売となったが、発起人として当初から参加していた、五明倭文子と杉浦翠子が脱会した。一一月号には一〇月一五日の「故女流作家追慕会」の和気藹々とした楽屋話が記されていたから、唐突の感がする。まず新聞に脱会を発表したらしい。

一二月号の「編集後記」は二人の脱会を「家庭の事情」として、「毫《ごう》も不快な事のなかつたのを皆様に瞭《はっ》きり御知らせいたして置きます」と結ぶ。無署名だが、生田花世であろう。山田邦子、岡本かの子、生田花世、山田たづ等これまでの発起人に、斎賀琴子、坂本真琴らが加わり、新たに一〇人を編集と経営の共同責任者として、『ビアトリス』を立て直す決意を示した。

が、翌一九一七年一月号の『女の世界』に、五明倭文子の「ビアトリス社同人に与ふ」と題した八ページからなる一文が載った。H（生田花世）とT（山田たづ）の熱心な依頼に発起人になったいきさつから、「頭脳も資金もない」のに、ただ自分だけが偉くなりたい、世に出たいと「高尚なハイカラな雑誌」を出したがる発起人に、嫌気がさして脱退を決意するまでが連綿と綴られている。

生田花世の容貌やその性格にまで及ぶ文章は不快であるが、『青鞜』との比較は興味深い。「新らしい女」としての確かな思想を持っていた平塚らいてうに匹敵する同人もなく、しかもすぐれた作品が載っているわけでもない『ビアトリス』が「もう女の仕事といふことに、左程まで

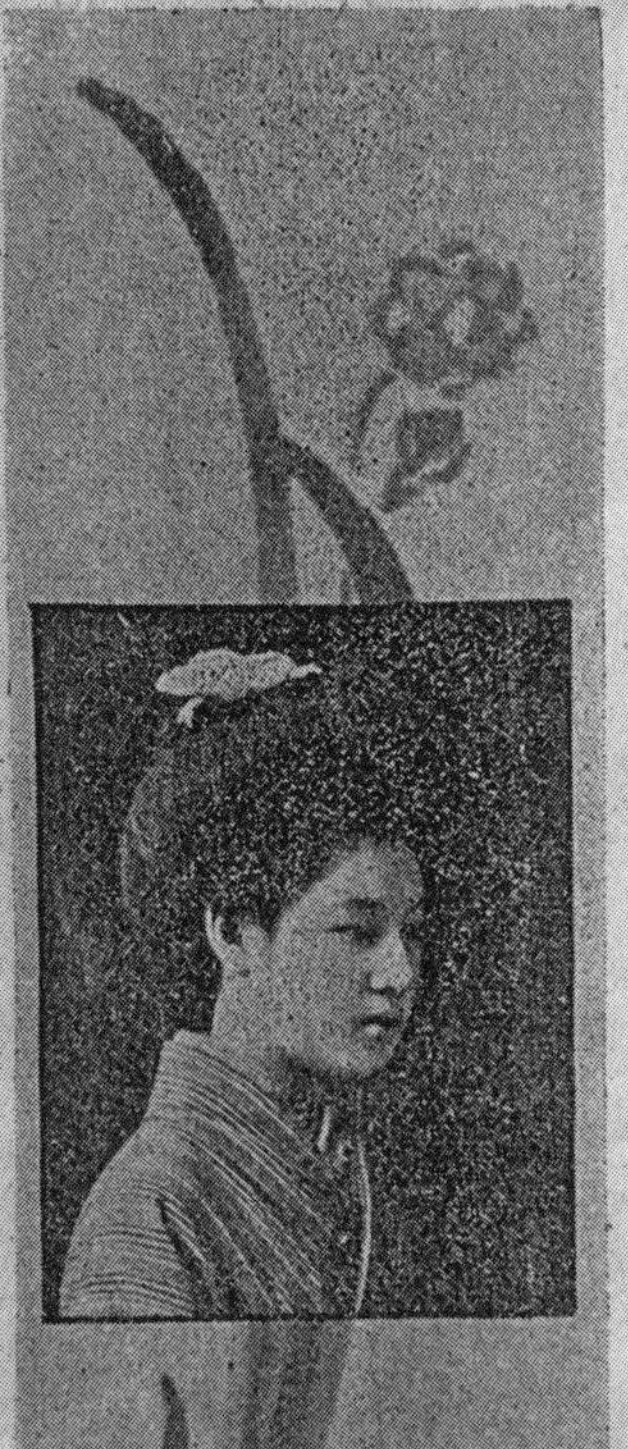

ビアトリス社同人《しやどうにん》に與《あた》ふ

五明倭文子

「ビアトリス社同人《しやどうにん》に與《あた》ふ」

斯《か》ういふ題材《だいざい》を與《あた》へられた時《とき》、妾《わたし》は少々《せう〳〵》或《あ》る迷惑《めいわく》を感《かん》じない譯《わけ》にはゆきませんでした。

けれど、例令《たと》へば此處《こゝ》に氣性《きだて》の優《やさ》しい息子《むすこ》が一人《ひとり》ゐるとして、其息子《そのむすこ》がたつた一人《ひとり》の母親《はゝおや》から、

「お前《まへ》にも嫁女《よめ》を迎《むか》へてやらうと思《おも》ふが、どんな嫁《よ》女《め》がいゝだらうか」

と、相談《さうだん》をかけられた時《とき》、息子《むすこ》は只管《ひたすら》母親《はゝおや》のためのみを考《かんが》へて、

「どんな嫁《よめ》でも母上《はゝうへ》さへお氣《き》に召《め》したら私《わたし》は構《かま》ひませんから……」

などゝ體裁《ていさい》のよいことを云《い》つて置《お》いて、さて年取《としと》

に興味も関心も、また好奇心も有つてゐない世間に、どうして喜ばれる筈がありませう」と言い切っている。

大正期の女性が中心となって発刊した文芸雑誌の多くが短命に終った理由が、五明倭文子の指摘にあることを思う。「新らしい女」のイメージが手垢にまみれた以上、もはや男女の別ない〈作家〉の登場が求められていたはずなのに、そのことに気づこうとしないままに、〈女であること〉に甘え続けていた、大正期の女性作家が浮かぶ。

『ビアトリス』改革

夢や理想、意気込みにあふれた創刊に比して、雑誌の終刊、廃刊を辿ることは難しい。一九一六年一〇月二七日の『東京朝日新聞』に、『新しい女』の新しい団体」の見出しで、

「四散した青鞜に次いで興つたビアトリス社の会員は二百人に余るといふ、尤も此社中は青鞜ほど大胆な自由思想を持つては居ないやうだが社会的に活動する点に於ては青鞜も遠く及ばない、先頃女流文学者の追慕会を開いて未だ間もないが近く又絵画展覧会を開くと云ふし、それから有楽座あたりで芝居もすると云ふ。」

と書かれて半年後、『ビアトリス』は一九一七年四月、二巻三号をもって終る。

故女流文学者追慕会直後の杉浦翠子、五明倭文子の脱会がきっかけだった。その後のさまざまな試みもビアトリス社を立て直すには至らず、一九一七年一月号は休刊となり、二巻一号の発行は二月にずれ込む。しかもわずか四四頁の薄い雑誌には、生田花世、斎賀琴子の短篇、岡

本かの子、山田邦子らの短歌が載っただけである。「編輯だより」には、編輯者が病気のために一月号を休刊したこと、「きわめて高踏的なもの」にしようとして薄くなったこと、三月からは読者から投稿を募り、新たに『女性』を創刊することが記されている。

扉裏頁一面に『女性』の広告が載る。定価二〇銭、「本誌の三箇月以上の前金払込購読者を女性会員と称す」として、小説、脚本、評論感想、小品、短歌を募集し、森田草平、秋田雨雀、生田長江、山田邦子を選者に、天賞三円から人賞五〇銭までの賞金が用意される。

これまでの『ビアトリス』は、すでに名前の出た作家・歌人の同人誌的性格と、投稿作品の批評添削に応じる作家育成の役割を持っていたが、前者を『ビアトリス』本誌に、後者を『女性』に分離しようとしたのであろう。しかしながら、二〇〇余名もの会員は、有名作家と並んで、いつの日にか誌上に自分の名が並ぶことを期待していた。『女性』は、出版されることなく終わった。

分離することの無謀さに気付かず、『ビアトリス』を自らの作品発表の場としか考えない山田たづや生田花世への苛立ちが、杉浦翠子、五明倭文子の脱会の一因だったのかも知れない。

終焉

一九一七年刊行の『ビアトリス』第二巻目の表紙は、三号終刊まで「ダンテとビアトリスの解逅——ヘンリー・ホリデー作　英国リバープール博物館所蔵」の版画が使われる。扉頁は一巻に続いて、杉浦非水による白百合をあしらったビアトリスの立像だから、妻翠子の脱退後も

関わっていたようだ。

一八七六年愛媛に生まれた杉浦非水は多摩帝国美術学校（現・多摩美術大学）の初代校長であり、アールヌーボーを日本に紹介し、モダンアートの先駆者として知られていた。翠子とともに、モガ・モボ時代の寵児でもあった。

『女の世界』（一九一七・一〇）で山田たづは、終刊についての記者の問いに、「休刊」であり、経済的には何とかなっていたと答え、「雑用を手伝ってくれる人がいたら再刊したい」と語る。雑用に追われて、結局は他人の作品の発表のために働くことが厭になったとも発言している。しかも当時、たづは生田花世の夫・生田春月と恋愛関係にあったようだ。※

春月が船の上から播磨灘に身を投げたのは一九三〇年五月だが、死後、春月の弟と花世の編纂で新潮社から刊行された『生田春月全集』全一〇巻（三〇―三一年）の年譜には、一九一七年「五月、前年秋頃よりはじまりし山岡田鶴子（仮名）との恋愛のため家庭不和」と記されている。花世は離婚を決意して郷里徳島に戻る。花世には、山田たづと『ビアトリス』を続ける意志はもはやなかったし、たづには独力で刊行する力はな

かった。おそらくそれが廃刊の一番大きな原因だったのだろう。

晩年、花世は『女人藝術』時代の友人熱田優子に「あたしはいつだって女の味方するのに、その女に裏切られるのよ」と語ったという。

同時に田村俊子、素木《しらき》しづ、小寺菊子、水野仙子、中條百合子（宮本百合子）等々、力ある女性作家は、すでに『新小説』『中央公論』『文章世界』『新潮』などの一流雑誌に作品を発表していた。『婦人公論』『主婦之友』も創刊され、女性作家が活躍する場所は確実に広がっていた。力をつけてきた女性作家にとって、同人誌の時代は終わろうとしていた。

※本書Ⅰ「『女の世界』」「スキャンダルの中に消えた作家・山田たづ」一三七頁を参照されたい。

四　前期『女人藝術』——長谷川時雨と岡田八千代、二人だけの文芸誌

前期『女人藝術』との出会い

私の手もとに、「前期　女人藝術　二冊　長谷川時雨所蔵」と、背表紙に金活字で記された古い合本がある。

一九二三（大正一二）年七・八月、『女性改造』と同じ頃に、長谷川時雨と岡田八千代の二人が出した二冊の『女人藝術』である。一九二八（昭和三）年七月創刊の『女人藝術』と区別して、「前期」と称したのだろう。

合本に携わったのは、晩年の時雨が主宰した「輝ク会」の機関紙『輝ク』編集者だった作家の若林つや[*]さん。女性作家の生原稿をはじめ、若林さんが残した多くの資料は、札幌にある北海道文学館に収められたが、この合本は、四〇年以上も前に、神田の古書店で入手した。『女人藝術』全四八冊を探している時だった。もちろん復刻はまだされていない。

顔見知りの店主が「あなたが探している女人藝術とは違うよ」とわざわざ注意してくれたが、胸は高鳴り、息が苦しかった。まさに幻の古書との出会いだった。値段も安く、私は平静を装って購入し、一目散に大塚の若林さんのアパートに向った。

若林さんは、その日も、ダンボールやみかん箱が所狭しと積み上げられた部屋のわずかなスペースに、小さなちゃぶ台を広げていた。一畳ほどの空間で、若林さんは原稿を書き、食事し、ちゃぶ台をたたんで蒲団を敷いて眠った。

長谷川時雨（右）と岡田八千代

ダンボールはお風呂場にまであふれていたので、若林さんは銭湯に通っていた。「捨てられなくてね」と口癖のように呟いていたが、そこに詰めこまれていた膨大な資料が、やがて私に譲られて、『女人藝術』『輝ク』研究の基礎となった。

合本を手にした若林さんは、しばらくただ撫で回していた。若い日、イングリッド・バーグマンに似ていたという大きな眼から涙がこぼれ、あわてて割烹着の裾で拭った。『女人藝術』四八冊の合本を作る際に、時雨がついでにと言って「こんな古いもの、どうでもいいんだけれど、八千代さんとの思い出だから」と、書庫の奥から持ち出してきたという。「前期」と名付けたのは時雨自身だったが、一九三一年一〇月に時雨が書いた評論「ジャーナリストとしての女性」(『総合ヂャーナリズム講座』第一二巻)に付した「明治以後発行された婦人雑誌」四七冊にも記されていない。時雨自身にさえも、どこかで見捨てられてしまったような二冊の雑誌を見ることにする。

岡田八千代の描く表紙絵の女

黄土色地に唐草風模様、中央に女性の横顔が浮かぶ。前期『女人藝術』の表紙は岡田八千代による。八千代は日本近代演劇の父と呼ばれる小山内薫の妹で、芹影《きんえい》の筆名で劇評家として出発した。森鷗外の仲人により洋画家の岡田三郎助と結婚し、明治四〇年代には劇作家、小説家としてすでに知られていた。時雨にとって、四歳年下の八千代は、無二の親友であり、文壇・劇団の先輩であり、ライバルだった。

前期『女人藝術』創刊号

『青鞜』創刊号

画家の妻としての日々は、美しい箱入りの胡蝶本、籾山書店刊の短篇集『絵具箱』（一九一二年）に詳しく描かれている。かつて京橋駅のブリヂストン美術館には、八千代をモデルとした三郎助の油絵が展示されていたが、八千代自身も絵を描いていたのを今回知った。繊細で都会的で、素人の域を脱している。

が、表紙の女の顔は疲れていて、どこか物悲しい。すでに老いが、目の下や口元に漂っている。しばらく見つめて、気がついた。

書棚から『青鞜』創刊号をとりだす。淡黄色の表紙には、衣と壺を手にした女の立ち姿がくっきりと描かれている。あごを上げ、きっと目を見開いた女の横顔は堂々として、今にも歩き出しそうに見える。画家は長沼智恵子。後の高村光太郎『智恵子抄』の主人公である。

そうなのだ、『女人藝術』表紙絵の女は中年にさしかかった『青鞜』の女だったのだ。

『青鞜』創刊は一九一一年九月で、前期『女人藝術』は一九二三年七月。この間、『青鞜』の女性たちはスキャンダルの嵐にまみれ、実生活の困難と、何ひとつ変わることのない男社会に悲鳴を上げ、疲れ果てていた。「新しい女」の代表格だった遠藤清子は窮乏の中で病死し、神近市子は獄に入り、伊藤野枝は辻潤と別れて大杉栄との生活の中にいた。平塚らいてうも二人の子の母親となった。十数年という歳月の長短は人によろうが、二枚の表紙絵の女の表情の落差は大きい。

『青鞜』創刊号の表紙絵が、衣桁《いこう》にかかった着物をデザインしていることに気がついたのは、大学院生の時だった。身頃の部分に女の立ち姿、両袖にそれぞれ「青」「鞜」と入れると表紙になった。もはや半世紀も前の私の自慢話である。

長谷川時雨と三上於菟吉

前期『女人藝術』の奥付を見る。

編輯兼発行人は長谷川康。時雨の本名である。発行所は東京市牛込区中町廿四番地元泉社内女人藝術社。元泉社は、三上於菟吉が友人の直木三十五※と共同で一九二二年に起した出版社である。

同じ年に生まれ、おなじく早稲田大学予科で学び、英文科に進んだものの学費未納で中退した直木に、三上は兄弟のような親近感を抱いていた。出版社を渡り歩いた直木は冬夏社を起こすが半年で倒産。いっぽう三上は文学一筋に歩み、一九一九（大正八）年、谷崎精二*と共訳した『モンテクリスト伯』（新潮社、前・後編）が売れ、二一年には「悪魔の恋」を博文館の『講談雑誌』に連載、一躍売れっ子作家となっていた。出版社創立は、苦境にあった直木のために出資したのだろう。

かつて自費出版した純文学『春光の下に——又はゼ・ボヘミアン・ハウスの人々』(一九一五年八月)を時雨に贈った三上於菟吉だったが、時雨との同棲後、三上はエンターテイメントの作家として大成していく。その切り替えの時が一九二〇年代初めのこの頃だった。

生田花世は当時の時雨を「三上於菟吉の女支配人」(『一葉と時雨』)と称したが、古今東西の本を読破し、博学と筆力、豊かなイマジネーションを持った三上の才能が、純文学よりも通俗小説に向いていることを、時雨は見抜いていた。

一九一九年四月、牛込赤城下の家から矢来町の借家に移って、三上と所帯を持った時雨は、まもなく家賃一八円の牛込中町に引っ越す。さらに一年余りで同じ町内の蔵まである八〇円の邸宅に移り、三上の母や弟を呼び寄せた。生活の責任を全部背負って、三上は否応もなく書きまくることになる。

元泉社はその家の応接間を事務所とした。ロマン・ローラン原作、木村荘太*訳『天才』、白井喬二《きょうじ》*の『神変呉越草子』上巻、ゾラ原作、三上於菟吉訳『歓楽』など十余点を出版したが、『女人藝術』創刊の頃はすでに赤字で行き詰まっていた。「元泉社じゃなくて減銭社ね」と時雨がからかっていたと、その頃一緒に暮らしていた甥の長谷川仁氏から聞いたことがある。
※当時は自分の年齢に合わせて直木三十一と称していた。

『女人藝術』命名

一九二八（昭和三）年七月創刊の『女人藝術』は、全女性の連携と新人女性作家・評論家の発掘育成を目標に掲げて出発したが、前期『女人藝術』には、そうした大上段に構えた意気込みはない。強いていうなら、三上於菟吉を人気作家に仕上げたのち、自分の居場所を見失いかけていた時雨が、文壇・劇壇へのカムバックを目指したということだろうか。

売れっ子となった三上は家を留守にし、時雨は「つまらないことにあくせくとして魂を食はせ、狐のような孤疑心を抱いて、身辺を顧慮」（創刊号「見るまゝに思ふまゝに」）する毎日だった。「どこか偽りのある自分から、真の自分を呼び戻したい」（同）と願う時雨に、長年の友人岡田八千代が応じたのだろう。一九二二年、児童劇団芽生座《めばえざ》を結成し、脚本家、劇評家として第一線で活躍していた八千代だったが、岡田三郎助との結婚生活はすでに破綻を見せ、時雨が唯一の相談相手だった。

「友と二人の雑誌は生まれることになつた。女人は三界に家なしと――私は今こそ心の住家を得た心地がする。嬉しい筈なのにさしぐまれるばかりである」（同）と時雨は書く。

『女人藝術』の命名は水上瀧太郎《みなかみたきたろう》*と言われている。あやふやな書き方をするのは、『女人藝術』の編集者だった熱田優子が、「八千代さんが、水上さんに相談してつけてきたの」という時雨の言葉を、私をふくめて何人かに語った以外の資料が見付からなかったためである。東京の山の手生れの水上とは、時雨も八千代も親しかった。

創刊号の目次は表紙裏頁に、「装釘意匠《そうていいしょう》※・八千代／暗夜（脚本）・時雨／お話・八千代／見るままに思ふままに／劇評」と書き込まれ、裏表紙の内側に編集後記と奥付が記される。全七四頁、定価三〇銭。『女性改造』が一流の執筆者をそろえ、二〇〇頁で五〇銭だから高いような感じもするが、もとより比較にはならない。

第二号の編集後記「創刊号を見て」に、八千代は表紙が黄色すぎたと書いている。確かに二号と比べると創刊号は黄色が強い。八千代が意図したのは二号のセピア色した表紙だった。洋画壇の第一人者の妻であり、藤田嗣治の従姉でもある八千代にとっては、絵もまた自己表現のひとつだった。

※製本の仕上げとして、書物の表紙・扉・カバーなどの体裁を整えること。また、その意匠。

「チヂレ毛のホンヤク夫人」

創刊号は、長谷川時雨の一幕物の現代劇「暗夜」から始まる。中学生の豊治を主人公に、母親お栄、お栄の夫野島、姪のかね子、豊治の友人の五人をかわるがわるに登場させて、家庭内の複雑な事情を浮かびあがらせ、同時に母親に振りまわされた、一九歳の豊治の性の目覚めと生きることへの絶望が書き込まれている。

時雨にとって「暗夜」は満足のいくものではなく、編集後記に昨年の夏に描いた「夕方」を出すつもりだったと記している。「夕方」は、これまでの脚本に満足できなかった時雨が八年ぶりに書き上げ、十分に推敲もした作品だったが、久米正雄に預けている間に行方不明になったという。

時雨が劇作家としての再起を意図した時期は、「夕方」を書いた大正一一年夏の頃だった。そこから一年後の前期『女人藝術』創刊へとつながるのだが、大正一一年七月七日の時雨の日記が浮かぶ。

三上於菟吉の書斎で、時雨は、反故と一緒に紙屑籠に捨てられた、書きかけのラブレターを見つける。

「例のわたしをよろこばせないあの小さな上眼で人を見るチヂレ毛のホンヤク夫人へのラブレター」だった。「わたしは一日一日と自分の存在が呪はしくなる。三上の過去現在の女を見る眼を見ると、わたしの誇はあとかたもなくなる。灰だ、一切が灰だ、灰色の生活だ。わたしも彼の狂しい、あばれ馬が一時狂つたやうな熱でしかけられたのを冷静ななくてならぬ恋かと思つたのがばからしい」とその日の日記は一四ページにも及ぶ。

ラブレターの相手の名は記されていない。しかしながら大森に住み、大きなふたりの子どももいて、病身の夫を抱えていた「ホンヤク夫人」は、片山廣子（松村みね子）しかいない。

日本銀行理事夫人でアイルランド文学者、のちに芥川龍之介が「シバの女王」にたとえて「なにやらわからぬ愁心」を感じ、堀辰雄『聖家族』の主人公のモデルとなった女性である。年齢は時雨よりも一歳上、佐佐木信綱の竹柏園の同門だった。やや躊躇いながら、ここに初めて名を記したが、間違いないと確信している。

片山廣子

憂愁の貴婦人　片山廣子

　三上於菟吉の放蕩が、時雨に文学への復帰を促し、さらには前期『女人藝術』創刊へのエネルギーと情熱を喚起する。そもそも時雨が文学に向ったのも、無残な結婚生活が原因だった。時雨については長年書き続けてきたが、『長谷川時雨作品集』（二〇〇九年一一月、藤原書店）の「長谷川時雨　人と作品」に詳述した。

　政略結婚さながらに嫁がされた夫の放蕩はやまず、勘当された夫とともに追いやられた岩手県釜石の山中での日々を、時雨は書くことによって脱却する。

　時雨の文学も『女人藝術』創刊も、耐え難い現実からの唯一の突破口であったことに、胸を衝かれる。三上の浮気相手と推測する片山廣子は、まもなく夫と死別し、軽井沢を舞台に憂愁の貴婦人として、芥川龍之介や堀辰雄の敬愛と憧れを一身に受ける。後期の『女人藝術』と並ぶ同時代の文芸誌『火の鳥』（一九二八・一〇—一九三四・一〇）に深くかかわり、歌人として、アイルランド文学者としても名を遺した。

　イギリス総領事を務めた外交官の父親は婿養子で、のびやかで豊かな家庭に育つ。東洋英和女学校卒業の一八九六年に佐佐木信綱の門に入り、二一歳で大蔵省官吏と結婚した廣子は、時雨を縛り続けた女であるための理不尽さ、とは無縁だった。二人の子どもにも恵まれ、不満があるとしても、病弱な夫の介護に振りまわされたことくらいであろう。だからこそ時雨は、自分とは比較にならないほどに恵まれた廣子と於菟吉との関係を許せなかった。

後期『女人藝術』創刊号に、翻訳「野にゐる牝豚」を廣子が松村みね子の名で載せたのは、三上於菟吉の意思だったのではないか。が、その後の執筆はなく、時雨もまた『火の鳥』に執筆していない。

『火の鳥』は徳冨蘆花「不如帰《ほととぎす》」のヒロインのモデル、大山信子の妹にあたる子爵夫人・渡辺とめ子をパトロンとした文芸誌である。新人女性作家の発掘育成を目指した『女人藝術』に比して、あくまで文学に特化した雑誌で、やや高尚というイメージがあった。『女人藝術』の作家たちも執筆したが、「放浪記」を書いた林芙美子はルンペン作家として退けられた。同じ時期、佐佐木信綱の門下生として当然交流があったはずの時雨と廣子の関係が、まったく表われてこなかったことに今更ながら気付かされる。

時雨・八千代の劇評

二〇一〇年四月末。建て替えのために歌舞伎座が幕を下ろした。チケットをようやく手に入れて、舞台と客席がひとつになったような熱気に酔った。芝居好きの祖父に連れられた幼い日以来、どれだけ通ったことだろうか。熱心なファンにはなれなかったが、花道横の桟敷も、三階の掛け声が飛び交う席も、ロビーや食堂も馴染み深い。ビルの立ち並ぶ一角に、ぽっかりとある異空間は、非日常の昂奮に満ちていた。

その日、舞台正面から一〇列目、少し左手で花道に近い席に座りながら、時雨の定席がこのあたりだった、と若林つやさんから聞いたことを思い出した。現在の歌舞伎座ではない、戦火で焼失した歌舞伎座のことだが、昭和一〇年代まで「舞台から一〇列目、左手を真四角にとってね」と時雨は言い、若林さんは六代目尾上菊五郎に頼んで手配してもらう。時雨はたいがい岡田八千代と連れ立って、時にはおそろいの粋な着物姿で、定席に座ったという。

前期『女人藝術』で驚かされるのが、時雨、八千代による劇評の厳しさである。舞台装置、役者の演技、衣装、表情、台本にいたるまで容赦がない。創刊号では帝劇と御国《みくに》座で同時に演じられた菊池寛原作「義民甚兵衛」を、二人がそれぞれとりあげている。

御国座は、関東大震災で焼失した浅草の大劇場である。ともに御国座に軍配を上げているが、八千代は、たとえば村田嘉久子《かくこ》*の母親役を「舌切り雀のお婆さんのよう」と言い、大根の皮を剥かずに煮ていることを指摘し、あるいは「自分は其《その》劇のどの程度にいるのか」を考えずに、目立つ演技をする俳優に苦言を呈する。

時雨は帝劇の失敗の原因として、脚本が俳優に理解されていなかったことをあげている。八千代自身も大阪浪花座で、岡本綺堂原作「出雲崎の遊女」の舞台監督をした。はるか昔の劇評から、私たちは舞台を想像するしかないが、その場で消えていく一瞬を観て、感じ、批評する時雨と八千代の強い精神が伝わってくる。こうした情熱が演劇を今日にまで伝え続けたのだろう。

そういえば、先代の中村雀右衛門丈が、時雨を語る時、居住まいを正して「時雨先生」と呼んでいたことを思い出す。もちろん二人に面識はない。ただ時雨の努力によって観劇中の煙草、食事が禁止されたのだと教えてくれた。「煙がもうもう、食事をくちゃくちゃされたら、役者も困ってしまうわね」と笑っていた雀右衛門さんのお顔を思い出す。早稲田大学の郡司正勝教授、演劇評論家の利根川裕氏――私に歌舞伎の魅力を教えてくれた人たちが浮ぶ。

「見るままに思ふままに」

時雨、八千代がそれぞれ書いた随想「見るままに思ふままに」（二号は「思ふまゝに見るまゝに」）を通して、私たちは大震災直前の大正時代を垣間見る。

人気芸者や有名人、事件、流行の衣服や髪型、当時の子どもたち。一瞬に消えていく舞台を、劇評という形で記録したように、二人は生き生きとその時代を誌面にとどめる。

八千代は辛らつである。近頃の女学生のあつかましさに呆れ、女優や芸者をアクセサリーのように連れ歩く「華族の令嬢や若い夫人」にうんざりし、踊り場で外国人とふざけている公爵家令嬢の「こしらえ」を書きとめる。

「髪は鏝《こて》をかけた耳かくし、スペイン風の着物、襦袢の襟は肉色地に刺繡のあるのを水落《みずおち》が見えるかと思ふ迄ひろげて合せ、着物は紫っぽい中柄飛模様友禅の金紗。帯、赤海老色地カルカン地に西洋花模様の丸帯を胸高に締め、帯止宝石入パチン」「細い指にはアレキサンドリア《（アレキサンドライト）》、ダイヤモンド、ルビー。腕にも宝石入腕時計。細巻煙草」

ごてごてとした華美な「こしらえ」をばかにしている八千代が浮かぶ。金持ち男に連れ歩かれる芸者にも厳しいが、小説家にたいしても「長田《ながた》幹彦*さんと菊池寛さんのお召は、似合わないなりの一対」と書いたり、洋服を着ると女性の鼻の低さが目立つとか、六代目菊五郎がダンスの話を得意気にしてヒヤリとしたとか、まさに書きたい放題である。

一方の時雨は、四月末、上野音楽堂（旧東京音楽学校奏楽堂）でホフマンのセロ演奏を聴いた夜の光景を書きとめる。途中、長い停電となり、はこび込まれた蠟燭のもとで演奏された幻のような情景を描きながら、同時に「おぼろ夜の小雨に、徂春の情を述べる蛙の声が」「しきりなくきこえた」と記す。未だ田園の広がる音楽堂だったのだろうか。数日前にもゴドウスキーのピアノを聴きに出かけ、さらにクライスラーのバイオリンリサイタルにも行く。「団扇《うちわ》の」ように小さいバイオリンが奏でる、「微妙な蜘《クモ》の巣のような」音色に聴衆は酔いしれ、クライスラーもアンコールに七回も応えたなど、西洋音楽に傾倒する時雨の様子が伝わる。当時の音楽会の記録としても貴重である。

劇作家　岡田八千代

戯曲「黄楊《つげ》の櫛」が、時に上演されたりするが、岡田八千代は、長谷川時雨以上に忘れられた作家かもしれない。兄小山内薫の影響もあって、早くから劇作家、劇評家として活躍していた。一八八三（明治一六）年一二月広島に生れるが、病院長の父親の死後、江戸旗本小栗信の長女だった母に連れられ東京麹町に移る。成女女学校卒。岡田三郎助と結婚したあとは小説も書き、短篇集『絵の具箱』（一九一二、籾山書店）『八千代集』（一九一七　須原啓興社）を刊行した。児童劇団芽生《めばえ》座を創設し、昭和初めには夫とともに渡仏。戦後は女性劇作家の育成を計って日本女流演劇作家会を創設した。名随筆として知られる、『若き日の小山内薫』（一九四〇　古今書院）などもある。一九六二年没。

ラファエル・コラン*に学んだ岡田三郎助の油絵「支那絹の前」（一九二〇　髙島屋資料館蔵）には当時の八千代が描かれている。目鼻立ちがくっきりして典雅で美しいが、贅沢な着物も含め存在感がありすぎて、やや重い。

創刊号に八千代は翻訳「お話」を載せる。「此物語はフレエボン氏が、花、植物、果物と題して数多く書きつらねたる著書の中より抜き出した」と前書きがあり、アンドレ・チュ《（テ）》リエの

岡田三郎助「支那絹の前」
（1920 年）

序文からはじめる。本文は「牡丹の精」の題で、こよなく花を慈しみ、丹精し、花園を守る老人のもとに、権力を笠にきた男が押し入り無法の限りを尽くす。さらに策略をもって老人を陥れ、花園を手に入れようとする。そこに牡丹の精が現れて老人を救う。やがて老人は、仙人となり天空に上っていく。

こなれた訳文は楽しく、メルヘンの世界に誘われる。二号の編集後記に八千代は、この翻訳が佐藤春夫が「百花村」という題で書いたものと同じであったこと、「佐藤氏のは支那の本から書かれたので」細かく、自分のは「仏蘭西の人が簡略訳したのを又私が略したのだからいよく短いものになつて終つた」と記している。春夫が前年『改造』(一九二二、一〇、一一)に連載した「百花村物語」を指すが、原典は明代の短篇小説集『古今奇観』第八巻であり、佐藤春夫編書・支那短篇集『玉簪花《ぎょくさんか》』(一九二三、新潮社)に収められた。

八千代が訳した「フレエボン氏」の原典は、まだ見つけることができないでいる。

時雨の戯曲「犬」、八千代の小説「芝居する男」

関東大震災によって前期『女人藝術』は、一九一三年八月、第二号をもって最終号とする。第二号には、岡田八千代「芝居をする男」(小説)、長谷川時雨「犬」(脚本)を掲載。今ではすっかり忘れ去られているが、それぞれの作家の代表作というだけでなく、文学史上でも貴重な作品である。

「芝居をする男」は、これまでも、しばしば書いてきたが、〈最愛の妻を亡くし、幼い女の子を抱えてひたむきに生きている〉若い画家を、実生活の中で演じている男を描いた短篇である。朴訥で純な雰囲気もあって、彼は年上の女性たちの同情をあつめていた。

その夜も大阪の場末のカフェで男がビールを飲んでいると、偶然、先輩画家の妻が入ってくる。男はこれでビール代が浮くと思うのだが、彼女のほうは彼を見るなり、優しい涙がこみ上げ、できる限りの手助けをと思う。演技することが日常化した男と、自分の優しさに酔う中年女性の心理がたくみに描かれている。幼い女の子を残して早世した作家、素木《しらき》しづの夫で画家の上野山清貢がモデルである。

「犬」は、三万円※もする「巨大な洋犬ペス」の世話係として貴族に雇われている六八歳の七兵衛とその家族の悲劇である。娘のたみは若主人に騙されて妊娠、生まれた子を畑に埋め、錯乱する。一三歳の孫娘のお高は、すでに社会の矛盾を感じている。お高から犬の餌であるステーキを食べさせられた七兵衛は「こんなうまいものを食つてゐる犬もあるのかと思ふと、生きてゐるのが嫌になつた」と呟く。解雇された七兵衛は「蛆虫のやうな俺には一文の値打ちもない」と自嘲し、犬に「お世話になりました」と頭を下げて首輪を解き、犬小屋で首をつる。

※大正時代、一〇〇円は現在の三〇万円に換算。三万円は九〇〇〇万円程度か。しかしながら管見では一番高価なセントバーナードでも一三〇〇円↓現在の四〇〇〇万円。

一九二一年二月に創刊された『種蒔く人』は二三年二月に「無産婦人特集号」を出した。深刻化していく不況で倒産が続出し、労働争議が全国的に広がり、自殺者が急増していた。この時代を時雨は戯曲に凝縮させた。

観る人を夢幻の世界に誘うことを意図したかつての芝居とは異なる世界へ、第一歩を踏み出したのが、この「犬」である。一九二六（大正一五）年六月、浅草松竹座で井上正夫、夏川静江によって上演された。

関東大震災と廃刊

たった二号だけの小さな雑誌に、私はこだわりすぎたかもしれない。しかし、どの頁からも、長谷川時雨と岡田八千代の心の弾みや息づかい、文学や芝居への情熱が鮮やかに浮かび上がってくるのだ。

「思ふまゝに見るまゝに（雑藁）」（二号）に、時雨は一九二三年六月、七月の日々を描く。「大阪文楽の人形浄るりが来たので見物に」出かけ、「涙を流し、声なき怨」をもって迫ってくる吉田文五郎が遣う人形に感動する。その一方で『読売新聞』婦人欄に載った質屋に行くことを嘆く画家の妻の投書に、質屋ののれんを潜《くぐ》るのは今日の家庭では普通のこと、それを不満に思わせるのは「夫がいたらない」からで、「打つも擲《たた》くも夫妻は赤裸々がよい。はたの冷たい眼などを顧慮せぬことである」と少々乱暴な感想を述べている。

七月一日の夜、時雨は岡田八千代とともに、浅草の神谷バーの近くで不気味な赤い月を見た。浅草の公園劇場で、八千代の「黄楊《つげ》の櫛」を観た帰り道だった。「むし暑い、さみだれの、はつきりしない空にひかつた、血黒く濁つた、大きな片割れ月、折から夜鳥が頭の上を白いお腹を見せて、バタバタと飛んでいつた」。

二人は同時に「あゝ厭だ」と発する。後に時雨は、「あれが大地震の前ぶれだったんだねえ」

と周囲に語ったという。

有島武郎と波多野秋子の心中に深い同情を寄せ、あるいは梅雨明けの荒い風に、終日憂鬱そうな顔をしている三上於菟吉と時雨とのいさかいを記し、「愛情は水だが、恋愛は火だ」などと、心に浮かんだことを、時雨はとめどなく書き散らしている。

九月一日の大地震で、三上於菟吉の元泉社は潰れ、前期『女人藝術』も中断した。岡田八千代は夫と別居し、兄の小山内薫一家と大阪に移住した。混乱の中で雑誌を続ける余裕はなかった。が、この中絶の無念が、やがて時雨にもう一度『女人藝術』発刊を決意させる。

大正末期、人気作家の妻として日常に埋没しそうな自分自身を奮い起こして、文学への道に復帰した情熱が、次の時代を確実に築いていったことを、この二冊の雑誌は語っている。

五　『女性改造』――「新しい男」による女性誌の行方

「時は来る　『女性改造』生る」

一九二二（大正一一）年一〇月の『改造』に、次のような広告が載る。

「時は来る／「女性改造」生る／行詰れる現代女性の新生命を創造する為め婦人雑誌「女性改造」は生誕す。／現実の浮薄と因習を打破するため我誌は勇敢に戦闘す。我女性よ！未来と、理想と、反省に生き深刻なる精神生活に生きよ。／汝の横取りされたるものは奮戦して取返せ。／取戻す勇気がなかつたら舌を喰ひ切つて潔く屍を曝せ。」

なんとも勇ましい文章だが、大正一〇年代に入り、社会全体の〈改造〉は、女性の改造なくしては成立し得ないことに気付いた、知識人と称される人々のアジテートなのだろう。

一九二二（大正一一）年一〇月、『女性改造』創刊号の巻頭言「創造したる新生命」は感動的でさえある。

「あなたがたが社会に新しく生《いき》る上に新しい巨星が発見されました。不当なる忍従を強ひられ、奴隷として待遇されつつある幾百万姉妹解放のために率直で、正義そのものである言論機関が生れました。／本誌の信条は規矩《きく》に囚れません、因襲を打破するために新しく強く光る星です。」「自由―解放―新生―独立―こんな体裁のよい言葉であなたがたを永らく引きずつてきた社会は軽薄な社会しか生み出しませんでした。／私たちはその頭字へ、反省、深刻、戦闘の威重《いじゅう》ある三句を附加します。／私たちの門出はそれほど確信に充ちたものであり、この確信が私たちの廣野へ乗出す唯一の光りです。／あなたがたの横取りされてをるものは何か、正当にあなた方が回復すべき権利は何か？」

商業誌である以上売れなくてはならず、そのための工夫は毎号されたのであろうが、少なくとも『女性改造』を貫く理念と目的は、この巻頭言に集約され、途中編集者の交代はあっても大きくぶれることはなかった。現在の視点に立つなら、高所から女性を啓蒙しようという意図は、かなり鬱陶しいが、当時の四大女性雑誌といわれた『婦人公論』『主婦之友』『婦人画報』『婦人倶楽部』に比べるなら、まず「女性」という命名そのものが革新的である。男性に対する女性である。

「日本婦人はお雛様の如く床のおきものであつた、纏足《てんそく》同様であつた、しかし私どもは今日から皆さんを世界人として見ます、男一人と女一人、そこにどこに変りがありませう。」（「校正室にて」）という文章とともに、編集者による文字通りの〈女性改造〉の熱い意気込みが伝わってくる。『改造』読者の妻、恋人、女学生等のインテリ女性が対象にされている。奥付の編輯発行者・印刷者は、『改造』と同じく平田貫一郎である。

VIRINA REKONSTRUO

OKTOBRO 1922

創造したる新生命

あなたがたが社會《しやくわい》に新《あたら》しく生《いき》る上《うへ》に新《あたら》しい巨星《きよせい》が發見《はつけん》されました。

不當《ふたう》なる忍從《にんじう》を強《し》ひられ、奴隷《どれい》として待遇《たいぐう》されつつある幾百萬姉妹《いくひやくまんしまい》解放《かいはう》のために率直《そつちよく》で、正義《せいぎ》そのものである言論機關《けんろんきくわん》が生《うま》れました。

本誌《ほんし》の信條《しんでう》は規矩《きく》に囚《とらは》れません、因襲《いんしふ》を打破《だは》するために新《あたら》しく強《つよ》く光《ひか》る星《ほし》です。

社會《しやくわい》の風潮《ふうてう》に盲從《まうじう》し、押流《おしなが》されつつ大事《だいじ》な自己《じこ》を沒却《ぼつきやく》してをる沒自《ぼつじ》我《が》の大潮流《だいてうりう》に、全《まつた》く自分《じぶん》は自分《じぶん》で生《い》き、自分《じぶん》で判斷《はんだん》し、自分《じぶん》で深《ふか》みある生活《せいくわつ》に生《い》き得《う》るために本誌《ほんし》は生《うま》れました。

反省《はんせい》ある自分《じぶん》、權威《けんゐ》ある社會《しやくわい》。それはあなたがたが各自《かくじ》に獨立《どくりつ》して生《い》き得《う》ることによりて得《え》られる權威《けんゐ》です、自分《じぶん》の存在《そんざい》が經濟的《けいざいてき》に、精《せい》神的《しんてき》に獨立《どくりつ》することによりて得《え》られる最後《さいご》の果實《くわじつ》です。

自由《じいう》――解放《かいはう》――新生《しんせい》――獨立《どくりつ》――こんな體裁《ていさい》のよい言葉《ことば》であなたがたを永《なが》らく引《ひ》きずつてきた社會《しやくわい》は輕薄《けいはく》な社會《しやくわい》しか生《う》み出《だ》しませんでした。

私《わたし》たちはその頭字《かしらじ》へ、反省《はんせい》、深刻《しんこく》、戰鬪《せんとう》の威重《ゐちう》ある三句《く》を附加《ふか》します。私《わたし》たちの門出《かどで》はそれほど確信《かくしん》に充《み》ちたものであり、この確信《かくしん》が私《わたし》たちの曠野《くわうや》へ乘出《のりだ》す唯一《ゆゐいつ》の光《ひか》りです。

あなたがたの横取《よこど》りされてをるものは何《なに》か、正當《せいたう》にあなた方《がた》が回復《くわいふく》すべき權利《けんり》は何《なに》か？

「VIRINA（女性）」を「REKONSTRUO（改造）」するということ

雑誌のバックナンバーを繰ることの楽しさは、歴史年表でしか知ることのできない時代を、リアルタイムで垣間見ることとなのかも知れない。タイムスリップしたようなワクワク感。どのページも興味が尽きない。

雑誌で一番面白いのは編集後記だといつも思っているが、『女性改造』も編集者の本音が満載である。当初は無記名だったが、二巻四号に「本号より上村清敏*が主任となりました」とあるから、編集後記は主任の手になるのだろう。もちろん編集長（主任）一人が発行方針・編集方針を決めるわけではないし、改造社としての理念と方向のもとに企画・編集がなされているのだが、「校正室より（にて・だより）」と題された編集後記は毎回強烈である。

「いふまでもなく『女性改造』は単なる雑誌屋の所有《もの》ではなく、飽くまで、凝固した歴史の殻層を破つて、この屏息《へいそく》せんとする男性文化を救ひ、更に新しき生命によつて、光栄ある至高《たか》き文化を仰いで飛躍しようとする、勇ましき女性前衛隊の群団《ひとぐ》の所有でなければなりません。」　（二巻二号）

「我が『女性改造』は我が婦人雑誌界の一大燈明となり、一大先覚となり、何雑誌も模倣し得ざる大胆なる道を悠々と闊歩したのです、粉々たる雑誌は鎧袖一触《がいしゅういっしょく》です。眠れる獅子は醒めました。今後の本誌を刮目して下さい。」　（二巻四号）

などと、毎号紹介したくなる。編集室の熱気と気負いが思い浮かぶが、おそらく『女性改造』

の誌名も、こうした中で決められたのであろう。

だが、『女性改造』とパソコンに打ちこむたびに、実は私の心は波立つ。なんという誌名なのか。第一次世界大戦後、世界中で「REKONSTRUO」というエスペラント語が流行する。分裂し崩壊した世界の秩序を立て直すには、「改造」を意味する人類共通語こそがふさわしかった。改造社も雑誌『改造』の発刊も、時代の理想と要請だった。その雑誌の女性版として、女性も一緒に社会や政治の改造に向かおうというならばわからなくはない。しかし、編集者の情熱はどうやら「VIRINA《女性》」そのものの「REKONSTRUO」にあるようである。「女性」をどのように「改造」しようというのか。『改造・女性版』ではなく『女性改造』としたところに、進歩的と呼ばれる男たちの、女性に対する意識が透けて見える。

ロマン・ローラン「日本の若き人々へ」

創刊号は、ロマン・ローランの「日本の若き人々へ――欧羅巴の一人の兄弟の使信」を巻頭に掲げる。それに続く特集「女性改造への道」も意欲的である。

平塚らいてうは「女として生活する上に於いて我が現行法に対し感じたこと」と題して、戸主制度、婚姻法の矛盾を、あえて結婚の形をとらない自らの生活を通して告発する。

かつて『青鞜』（三巻四号）誌上で現行の法のもとでは、結婚は「一生涯に亘る権力服従の関係」であり、多くの妻が「自己の生活の保証を得むが為めに、終生一個の男子のために昼間は下婢として、その雑用に応じ、夜間は淫売婦として侍」（「世の婦人達に」）していると述べたが、らいてうの視点は、ぶれない。「親権は母親に属するもの」とする主張には実感がこもる。

末弘巌太郎「婚姻に関する法律と女子職業問題」は、戸主制度を批判し、夫婦の財産権をも含めた平等を主張する。すでにリベラルな視点が法学者の側にもあったことがうかがえる。山川菊栄の「無産階級の婦人運動」など、『女性改造』の評論の多くは、ラディカルな自由主義に満ちていて、この新雑誌が目指したものが、女性の地位の向上であり、法を含めた政治・社会機構の改造であることは容易に想像がつく。その後も平林初之輔*、厨川白村《くりやがわはくそん》*、長谷川如是閑《にょぜかん》*、室伏《むろふせ》高信*、賀川豊彦*と、毎号、高いレベルの論攷《ろんこう》が展開された。

「自分を見出すことの出来ぬ女性には自由も、解放も永遠に訪れて来ないでせう」（一巻二号巻頭言）というような上段からの物言いや、噛んで含めるような文章も多いが、一九二〇年代はじめ、これだけ多くの男性が、男女平等に対し、リベラルな視点で発言していたことは、新鮮な驚きだった。

原田実の「心霊虐殺の児童教育」（二巻五号）のような、今に通用する論もある。青鞜社員の斎賀琴子の夫で、早稲田大学教授の原田は、「侵略主義、愚劣な国粋主義」が掲げられた小学校教科書を徹底的に批判する。

大正デモクラシーという、たしかにあった自由な言論の時代が、大震災の前の、束の間の輝きだったことが惜しまれてならない。

新しい男＝大正の男

編集者による、女性の意識改造への情熱とともに、雑誌を通して伝わってくるのは、明治期とは明らかに異なった男たちの意識変化である。立身出世を至上命題とし、公事の前の私事を〈女々しい〉として退けた武士道以来の男の論理は、〈明治〉とともに消えてしまったようだ。妊娠したエリスを捨てて帰国した森鷗外「舞姫」の主人公太田豊太郎とは対極の、いわば〈新しい男たち〉の出現でもあった。

『青鞜』から始まる「新しい女」の胎動が、ひとつのきっかけとなったのはたしかだ。スキャンダルとされた多くの恋愛事件があり、離婚騒動があったが、家の枠組から離れ、個人として動き出した女性たちをもはや押し止めることは難しかった。

一九〇七（明治四〇）年に公布された、刑法一八三条姦通罪が、辛うじて歯止めになっていたのだろうが、テレビも週刊誌もスマホもなかった時代に、新聞と月刊誌が男女両者の手記を掲載、赤裸々な心の内を抉りだした。北原白秋の妻・江口章子の駆け落ち事件、原阿佐緒と原子物理学者で歌人の石原純の不倫事件、やがて一九二一年、柳原白蓮事件でピークを迎える。

『女性改造』一巻二号（一九二二・一二）の加藤一夫*の長詩「乱舞する焔」は、裏切った妻を許す男の未練と病熱にうなされながら母を恋う子どもたちの様子を切々と描き、「校正室から」には「唯一読しただけで涙がこぼれます。われ等はかく真実の詩を喜ぶ」とある。加藤は二巻一号の「呪ひ」でも、子どもに惹かれてもどったものの、年下の愛人への思いを断ち切れない妻の姿を描いた。

一巻三号（一九二二・一二）の北川千代*「結婚の幻滅」は、『改造』一一月号に発表された江口渙《かん》「結婚生活分裂の後」への反論であり、『改造』と『女性改造』が、ここまで個人の離婚騒動を煽っているのは異常といえる。

しかしながら、くだくだしく書き続ける江口渙や弱々しくわが身をさらす加藤一夫に、明治とは明らかに異なる男たちの姿が読み取れる。それは、国家の大義のもとに戦争に組み入れられていった、昭和の男たちとも異なる〈大正の男たち〉の実像だった。以前から私は、夏目漱石『それから』（一九一〇、春陽堂）の主人公長井代助こそ、「新しい男」の先駆けだと思ってきた。第二世代の自由さで、公（家）より私（恋愛）を選ぶインテリ青年である。

文芸欄に見る『改造』との落差

優れた文学作品には、時代を先取りする魅力がある。しかし、残念ながら、『女性改造』の文芸欄は低調だった。時代や社会を改造しようという評論家や学者、編集者が抱いていた情熱も意思も、作家たちからは感じられない。

創刊号の創作欄には、菊池寛「惑溺の沼」（長篇小説）佐藤春夫「花と嵐」（童話）中里介山「黒谷夜話」（長篇小説）武者小路実篤「父と娘」（長篇戯曲）などが載るが、〈女性改造〉の意図からは遠い。

三巻三号（一九二四年三月）に、「女性改造の夕」と題し、「家庭に於ける文芸書の選択に就いて」という座談会が特集される。阿部次郎、与謝野晶子、徳田秋聲、芥川龍之介、大村嘉代子*、千葉亀雄*が、それぞれ自分の子どもたちの実況を踏えて発言している。

秋聲は文芸書は子どもに害だと主張し、晶子は自由になんでも読ませたいと言い、芥川は優れた翻訳ものがほしいという。「婦人雑誌」をめぐっても千葉が「どうも作家も婦人雑誌に書くとなると、一般に調子を下げて書くやうです。それだけセンチメンタルになりますね」と発言し、晶子も「私は以前から婦人雑誌と云ふものゝ必要を認めない一人です。男も女も同じ程度の物を読むが宜しい。読むやうにならなければ、女はいつまでも二次的存在者の地位に停滞します」と言い切る。

同じ時期の『改造』には、志賀直哉「暗夜行路」、近松秋江「黒髪」、長與善郎「青銅の基督」、瀧井孝作「無限抱擁」、細井和喜蔵「女工哀史」、中條(宮本)百合子「聴きわけられぬ跫音」から始まる「伸子」、葛西善蔵「おせい」、武者小路実篤「或る男」、芥川龍之介「保吉の日記」、水上瀧太郎「貝殻追放」と、大正期における名作が毎月のように掲載されている。

『女性改造』と『改造』の文芸欄を見比べながら溜息をつく。

明確な意思や理想のもとに、社会・政治・法律・女性の改造を掲げ、主張することはできても、心の奥に張り付いた価値観を変えることは難しい。

「有島武郎氏追想号」

『女性改造』文芸欄の低調さは、当時の男性作家の女性に対する意識の低さでもあったが、

読者のレベルはかなり高い。

二巻四号（一九二三年四月）に、読者から募集した「私の尊敬する作家」の入選作が発表される。谷崎潤一郎、有島武郎、倉田百三、武者小路実篤、里見弴についての五編の評論、随筆、感想だが、文章力、読解力、批評精神に優れ、このレベルの高さが昭和期の女性作家の開花を準備したことを思う。

同年七月号には、同社主催「文芸講演会」の様子が載る。五月一三日午後、慶應義塾大学の大ホールには三〇〇〇人※が集まり、武者小路実篤、久米正雄、長谷川如是閑《にょぜかん》、芥川龍之介、厨《くりや》川白村《がわはくそん》、有島武郎が講演した。口絵頁には、講師の集合写真が掲げられ、後列の有島は僧侶のように見える。

すでに『婦人公論』記者波多野秋子との関係は抜き差しならないところまで進んでいた。六月末有島は秋子と心中、厨川白村は関東大震災の犠牲となり、芥川龍之介は四年後、自ら命を絶つ。

翌八月号は、「有島武郎氏追想号」である。巻頭の島崎藤村をはじめ、ほとんど判断停止の状態に陥った作家たちの混乱が伝わってくる。「運命の殉教者」「時代の犠牲者」「死の賛美及び憧れ」の言葉が並び、有島の死を時代の中でとらえたいとする思いが共通している。
波多野秋子の側から友人の石本静枝（後の加藤シヅエ）が、千人を越す有島の葬儀の一方で、書斎に置かれた骨壺の横に、線香一本とコップに入った花一輪という、あまりに淋しい波多野家の様子を伝え、『不貞』の女の死はかくもつれなく払《（扱）》われねばならないのでせうか」と書く。有島側から抹殺された感のある波多野秋子は、この後も夫の波多野春房の言動を通して、さらなるスキャンダルにまみれることになる。

翌年四月号に、改造社からの特派員としてヨーロッパにいた大橋房子*（後のささきふさ）が、「テマ《（テーマ）》の解けた気持」を書く。「学生時代からの唯一の同性の友」である秋子と、「パパサマ」と呼んで慕っていた有島の心中を、ロンドンで知ったショックから始まり、そこにいたる二人の運命の必然を辿る。有島と秋子の恋愛が、ようやく浮上してきたような追悼記である。

※「本誌主催文芸講演会の記」（T・M）には、「三千人の多数に上った」と記され、超満員の写真が掲げられている。しかしながら「慶應義塾豆百科」No.73によれば、「大正二年一二月起工・大正四年五月竣工」と記された大ホールの収容人数は二千人だった。

大震災特集号

「有島武郎氏追想号」は、発売から二、三日で売り切れ重版された。

その二ヵ月後、一〇月号は、「大震災記念号」となる。首の落ちた上野大仏の写真を表紙に、三四ページの口絵写真が入り、リアルタイムで辿る東京崩壊の凄まじさに改めて息をのむ。改

造社の社屋も焼失し、仮事務所（社長の山本実彦宅）での編集だった。

アンケート〈震災と諸家の印象〉では、島崎藤村など三二名が答えているが、豊島與志雄は「大杉栄夫妻の致死事件」をあげる。竹久夢二は「荒都記――赤い地図第二章」を書き、「幾百人の群集が入り乱れて戦って」いるような阿鼻叫喚の様を伝え、朝鮮人暴動の「流言蜚語《りゅうげんひご》」が広がった時期が、各地域でほぼ同時であったことを記録している。

女性執筆者では、平塚明（らいてう）が、子どもたちにその日の様子を語り、鷹野つぎ*は化粧や目前の楽しみに「いい加減だらけてしまって居た」女性が、「赤裸々な人間に立ちかへって、深く深く各自の生活の核心に直進」すべき時という。

そうした中で、坂本真琴は朝鮮人虐殺を見据え、「火嵐に追はれて」と題して、「爾後に生じた人心の大動揺、恐怖と、惨めに起つた幾多の悲しむべき事象等に思ひ及びますと、誠に慄然たるものがあります。流言を聞いて直ちに」（伏字）「平素の主張も意識も殆ど喪失して」（伏字）「正に現代国民性の最大欠陥を語っては居りますまいか」と直裁に記している。

一方、同じ号の『改造』は、福田徳三*が大杉栄・伊藤野枝虐殺事件を「虐殺者と其曲庇者賛美者」と題して伏字だらけながら書き、秋田雨雀は詩「眠から覚めよ」に「市民よ！ お前は何を血迷ってゐるのだ」「お前の敵はお前の迷信を利用してゐるのだ」とこれも伏字の間から叫ぶ。夢二は素晴らしいスケッチを何葉も入れて「変災雑記」と題したルポを書いている。『改造』の発禁をも覚悟した編集姿勢に対して、『女性改造』の編集後記「読者諸姉へ」は、「我々の生活は、あまりに浮つ調子でした」と書いてはいるものの、「先づ家政を顧みませう」との結論で、時代の暗転を予感した『改造』の総力編集ほどに熱はなく、両者の距離はますます開いていくことになる。

ひそかに伊藤野枝追悼号

関東大震災は諸雑誌がそれぞれ特集しているが、作家の被害は意外に少なく、命を落としたのは厨川白村くらいだろうか。一九二三年一一月（二巻一一号）の『女性改造』の表紙は、焼跡に立つビラだらけの電信柱の下で、それでも笑みを浮かべながら物を売る菅笠の若い女性の写真である。

実はこの号は、どこにも標記されてはいないが、大震災時、軍部によって大杉栄、甥の橘宗一とともに虐殺された、伊藤野枝の追悼号となっている。野上弥生子「野枝さんのこと」は、染井に住んでいた頃の親密な交友が語られ、「可愛い女」だった野枝の姿が描かれている。「七年前の恋の往復」は、大杉栄と野枝の間で交された書簡である。

圧巻は野枝の遺稿「或る男の堕落」である。『女性改造』文芸欄に載った女性作家による初めての本格的な小説でもあった。ひとりの労働者が、労働運動の中で労働者の特権であるかのように横柄に振る舞い、ごろつきのようになっていくようすがリアルに描かれている。彼等を理解しようとしながらも、どこかで拒否してしまうインテリの心の内が、あざやかに浮かび上がってくる。

付け加えるなら、作家の大震災体験を克明に載せた『文章倶楽部』一〇月号は、発行直後に発禁となる。いたるところで繰り広げられた朝鮮人虐殺について、詩人の人見東明《とうめい》*が「ばかな、狂気の沙汰だ」と叫び「私は丁度はじめて衆愚といふものの存在を明らかに見ました。そして、その力の恐ろしさをも知りました」と書く。

細田民樹*は「(社会主義者が暴動を起こしたという)そんな流言の髣髴《ほうふつ》として生まれたことが、かなり雄弁に、現在の人心傾向を語ってゐるのではないか」と指摘する。混乱の中でも、冷静に批判する作家たちがいて、それを掲載する雑誌があったことが、今更ながら嬉しい。

大杉栄、野枝、大杉の甥で六歳の橘宗一虐殺の事実は、マスコミがまず追及し、さらに吉野作造、鶴見祐輔、安部磯雄ら思想界を代表する三二名が、真相の速やかな公表を求めた建議書を、総理大臣、陸軍大臣、軍法会議判事長に宛てて送っている。

「バラックの編集室から」

『女性改造』は一九二四年一一月号(三巻一一号)をもって廃刊となる。気配も予告も弁明もない。関東大震災の痛手から立ち直れなかったということなのだろうか。第三巻各号の編集後記を追うと、かなりのブレがある。編集方針が定まらなかったことが、廃刊にいたった要因だったのかもしれない。

新年号では「バラックの編集室から」と題して、「智識的に芸術的にそして実用的に進みたい」とし、今後は家庭欄にも力を入れることを約束している。が、その一方で、「普通選挙は既に議論の時代を過ぎて実行の時代に移らんとする今日、本号に於いて『外国に於ける婦人参政権運動の実情』を紹介しましたのは何の為であるか御諒察の上、特に諸姉の御奮起を希望いたします。本紙は（略）我国婦人文化運動のためには能ふ限りの応援をさせていたゞき度い」とも記している。

巻頭には、和辻哲郎、原田実、長谷川如是閑のエッセイ、座談会「男女関係の新標的」、さらにはイギリス、ドイツ、アメリカ、フランス、日本の婦人参政権運動の現状が紹介される。それらと並んで、あらたに「家庭のためのペイジ」が設置されて、「お餅のおいしい食べ方」「実用と趣味をかねた廃物利用の染色法」等々に三〇ページも割いている。「大衆化」の方向を、実用路線に求めたのであろうが、未消化のまま、ただ投げ込まれた感がある。

それでも「女学校時代の回想」特集には、長谷川時雨の、妹と通った英語学校時代や石本静枝のアメリカ職業学校時代、あるいは吉岡弥生や山川菊栄ら、明治期の女学生の姿が髣髴とする。

堀口大學の評伝「マリイ・ロランサン」には「死んだ女より／もつと哀れなのは／忘られた女です」の訳が載り、清涼剤の感がある。

文芸欄には、かねてからの読者募集に応えて入賞した小説、草川信子「うすぼんやりのお咲」が掲載される。瀬戸内海に面した教会で、すでに身籠もっている若い娘が、キリストに似ているという理由で、別の青年と結婚式を挙げる話だが、なぜ入選したのかまったくわからない。

編集者たちの試行錯誤が何とか形になるのは、三月号からだ。

芥川龍之介「僻眼」連載

編集方針の試行錯誤も、あるバランスを保つと思いがけない活気と充実を雑誌にもたらす。一九二四（大正一三）年三巻三、四、五号を手にしながらそう思う。

文学好きの女性読者を意識したのだろうか。「文壇名家の夫人印象記」（三号）は明治に活躍した高須芳次郎（梅渓）や女性記者が、北原白秋から中村吉蔵まで一二名の作家の家庭を訪問し、その妻の印象を記している。五号では「文豪の家庭生活を追懐して」と題して、高浜虚子「病床の子規居士」、徳田秋聲「紅葉山人とその夫人」、馬場孤蝶「樋口一葉女史の家庭」、森田草平「家庭に於ける漱石先生」などを特集、作家の側面を今に伝える。

野木光枝「徳冨蘆花氏訪問の記」（三号）は、それほどの知識も用意もなく訪ねたらしい、若い女性記者の目を通して、蘆花夫妻の様子が伝えられ、夫妻の面目躍如の感がある。その昔、一五坪だった粕谷《かすや》の住いが、今や宅地、山林、畑を合わせて三〇〇〇坪というのも興味深い。私たちにとっては研究対象の、あるいは文学史上の作家の素顔が、同時代人の手によって鮮やかに浮かび上がってくる。吉田八重子による「異端の画家ムンク」は、明治末『白樺』に紹介され、熱烈なファンをもったムンク紹介である。吉田八重子については「大正婦人録」（『女の世界』）にも記載がなく不明である。

三号から芥川龍之介の文学論「僻眼」連載が始まる。「赤光」の連作にゴッホの太陽の絵を重ねて論じた斎藤茂吉論はすばらしい。

さらにこの号から、柳原白蓮「鳳凰《ほうおう》天に摶《う》つ」の連載も始まる。一九二一（大正一〇）年一〇月、九州筑豊の炭鉱王の夫伊藤伝右衛門に宛てた絶縁状を『大阪朝日新聞』に載せ、愛人宮崎龍介のもとに走った美貌の歌人白蓮は、大正天皇の従妹ということもあって、そのスキャンダルは日本中をわかした。

関東大震災の混乱下、二人はようやくともに暮すことができたが、当時、龍介は病床にあり、二人の子どもを抱えた白蓮が文筆で家計を支えた。自らの意志をもって、宮中での地位と力を手にしていく則天武后の生涯が、やや冗漫ではあるがくっきりと描かれ、ひとりの作家の誕生を見る。

文豪の家庭生活特集

編集後記がユニークなためかもしれない。号を追うに従って、見知らぬ編集者たちに親しみを感じるようになった。三巻四月号の編集後記は、「編集局から皆さんへ」として「三月号は売切れの好景気を呈し、五月号以降に於いては、取材の鮮味、内容の充実において一頭地を擢《ぬき》んづるものがあることを予め御誓ひいたします」と弾んでいる。

しかも「帝都は既に梅謝して、桃花が見頃です」「バラックの災民もこのあたたかさを喜んでいます」とある。大地震からまだ八ヶ月しか経っていない。

五月号は特集が並び、前述した「文豪の家庭生活を追懐して」の他にも、四二名の作家・文化人にアンケートした「嫁入り前の現代女性に是非読んで貰ひたい書籍」など、いま読んでも興味尽きない。小特集「私は彼女のどこに恋したか」には、一一名の作家のエッセイが載る。中で佐藤春夫が「失敬なことを尋ねるものではない」と題して「知つてゐるのは小生の蟲だけだ。――『蓼食ふ蟲』といふ蟲」と書いている。

当時、佐藤春夫は友人谷崎潤一郎の妻千代子をめぐる苦しい恋の最中にいた。まもなく谷崎は佐藤に妻を譲り、「細君譲渡事件」として世間を騒がすことになるが、その経緯を踏えた谷崎の小説「蓼喰ふ虫」の題名は、この佐藤の一文から来ているのかもしれない。

生方敏郎は「彼女達と云つて貰ひたい」とふざけた調子でさりげなく「古井戸へぶち込まれて幽霊となつて出て見ると驚いたね、殺した大尉は危ふく表彰されかゝつてやがる。でも世間の手前金鵄《きんし》勲章もくれないが大方直《じ》き牢を出されることだろう。これぢや余りバカバカしくつて幽霊にだつて出られやしない」と書込む。

大震災時、甘粕大尉によって虐殺された、と伝えられる、大杉栄と伊藤野枝の悲劇に対する疑問は、人々の間に燻《くす》ぶり続けていた。

三巻はどの号も表紙が美しい。創刊号から口絵にボッティチェリ、ルノアール、ブレイク、*ローランサン、岸田劉生などの絵をカラー写真で載せ、心惹かれていた。三巻からは表紙に当時気鋭の画家たちの絵が使われるようになる。編集者の意気込みがあふれている。

「『女性改造』の大飛躍」という広告

毎号、編集者が熱い思いを編集後記に語っていたのに、五月号には編集後記がない。その代りに『改造』六月号に、『女性改造』の大飛躍」と題された折込み大広告が入る。

『女性改造』は七月号より内容を全然一新します。そして我国唯一の高級雑誌として、学術、文芸、宗教方面に特に意を用ゐます。そして誰の前にても読める気品の高い、気持のよい雑誌といたします。今まで『女性改造』に不満であつた人々も七月以後は真に本誌に懐かしさを有つやうになられることと思ひます。『改造』の読者を通じて世の女性の人々へお伝へを乞ひます。而し本誌は男子の読者にあまり好意を持ちません。願くは『女性改造』は女性のみの雑誌であるやうに今後は編集します」。

活気があって面白く、雑多な魅力に満ちていた三巻目だったのに、どうやら内部には、さらなる変更を余儀なくする事情があったようである。編集者の顔はあいかわらず見えないが、その右往左往する様子は伝わってくる。

売行きは良かったようだ。しかし、大衆化路線にたいして批判が相次いだということだろうか。『主婦之友』や『婦人公論』との差異を明確にして、最高級の教養誌として特化したかったのかもしれない。

次の六月号の「校正室にて」は、当然ながら『改造』折り込み広告を受けてトーンが変わる。

「本誌の程度を引下げて幾万の読者を得やうより、却つて程度を引上ぐることとしました。

堅実なる我が母性の創造にまたねば我国の前途は危ないものです」。どうやら『女性改造』の目的を「多難多事の国に生れて、そしてその多事多難を切り抜くべき有為の男児の母となるべき」女性の育成に定めたようである。編集方針の変更は、思うように改造することの出来ない女性たちへの苛立ちばかりか、政治も社会も旧態に止まり、社会改革をなしえない男社会への絶望から発されているようにも思える。しかしそれは、その後の昭和の戦時体制下で、女性たちに「産めよ増やせよ」と言い、「強い優秀な男の子」の母親となることを求めた為政者たちと大差ない男の発想だった。

編集方針の混乱

同時期の『婦人公論』もだが、『女性改造』には女性の執筆者がきわめて少ない。『青鞜』を経て、女性の書き手がいなかったわけではないから、『改造』や『中央公論』の編集者にとって、相変らず女性とは、優秀な男たちによって啓蒙されるべき存在ということだったのであろう。

一九二四（大正一三）年六月号『改造』の「本誌の断乎たる改革――近く一変すべき本誌の覚悟と其方針を茲《ここ》に闡明《せんめい》す」という決意表明を受けて、七月号から『女性改造』には、「現代文明批評」「哲学講座」「文芸講座」「世界婦人欄」などのページが新設された。それぞれ野口米次郎、*紀平正美《きひらただよし》*、森田草平、千葉亀雄らが受け持っているのだが、嚙み砕いた調子で書いているだけで新味がない。

その中で唯一見るべきものとして、与謝野晶子論（七月）、山川菊栄論（八月）、中條（宮本）百合子論（九月）、野上弥生子論（一〇月）の特集がある。同時代の親交のある作家や評論家による人物月旦《じんぶつげったん》（人物評）であるが、作家論としても興味深い。

与謝野晶子論では、土岐善麿が「常に若い」と題して、島崎藤村と晶子を比較し、新居格《にいいたる》*は「山川菊栄氏がより多く理知的で全然社会主義的であるにたいし、晶子夫人は多く情感的で自由主義的」とする。ともに晶子を後世に名が残るただひとりの歌人として、高く評価している。山川菊栄論では、堺利彦が「女という割増を要せぬ評論家」と評価する。

中條百合子論においては、千葉亀雄が作品に「甘ったるい遊戯」を感じるとして「この作家が物を見るに、凡てを概念の上でおっかぶせる弊害があるのぢやないか」と書く。三宅やす子の「中條百合子氏は、蒸気ポンプを見送る群衆の中に、ひとり火事場の光景を描き、考へその苦しみを身に感じるといった人である」とともに、百合子の本質を突いている。

野上弥生子論では神近市子が「稀に見る聡明な婦人」と題しながらも、近年の作が「情熱の煌き《きらめ》」がなく「恐しく尊大で思ひ上つた、ペダンチックでさへある一人の婦人の生活の報告を聞く」と厳しい。二年前の二二年には、世評に名高い「海神丸」を書いているのだが、神近の視野には入っていなかったのだろうか。

大正女性文学のメイン・テーマは「男女の相剋」

大正期の女性文学のメイン・テーマは〈男女の相剋〉だった。家長が支配する家から、たいがいは恋愛をバネに脱出し、新たな生活に入るのだが、その途端に、対等だったはずの恋人は、家父長として妻を支配するようになる。

が、ひとたび目覚めた男女平等の思想は簡単に消えるはずもなく、出産や社会通念の壁に力尽きたとしても、相剋は果てしなく続く。時にはさらなる恋に身を委ねることにもなる。

そうした女性の意識の変化に気づかない男たちの鈍感さが、女性を啓蒙しようと試行錯誤する『女性改造』編集者と重なる。

一九二四（大正一三）年六月号に、生田長江の「婦人解放論の浅薄さ」が載る。男女の差異は子供を産むと産まないだけであるとする昨今の「婦人解放」論者への反論だが、生田は「婦人は男子よりも小児に近い。従って、男子よりも未開人に近く、禽獣に近く、自然その物に近い」と繰返して書く。

三宅やす子

笑うしかない無邪気な男性優位論だが、かつて『青鞜』創刊に係わり、その名付け親だった生田長江の変貌と、これを巻頭に載せる編集者の感覚に驚かされる。
一〇月号で山川菊栄が「婦人非解放論の浅薄さ」を書き、さらに生田は「山川菊栄夫人への反駁」（一一月号）を書くが、嚙み合うはずもなく論争にはなりえなかった。
同じ六月号に三宅やす子が「悩ましき矛盾の中に住む」と題したエッセイを載せる。当時流行していた「婦人と職業」論から始まり、多岐に亘ってとりとめない。が、「母たるが故に凡《すべ》てを犠牲にせよといふ事は、其の儘《まま》、父たるが故に何をも忍べと云つてもよい筈ではないか」「女性に母性云々をことさらに云ふ事は女性全体への侮辱である」など、かなり過激な言葉が続く。夫の昆虫学者・三宅恒方《つねかた》*の死後に書いた『未亡人論』（一九二三年）が、ベストセラーとなり、従来の婦徳に対し、現実の女性の立場からすべてに歯切れよく発言して、当時、もっとも人気のある作家だった。

大正末期、知識階級の男女の意識の相違が『女性改造』の誌面を通して浮かび上がってくる。

野上弥生子「ソーニャ・コヴァレフスカヤ」

『女性改造』の数少ない文学的収穫に、一九二四（大正一三）年六、七月号に掲載された野上弥生子の「ソーニャ、コヴァレフスカヤ」*がある。数学者として知られるソーニャが三九歳の時に書いた『ラエフスキイ家の姉妹』と、ソーニャの急逝後に友人のアン・シャロットが書いた『ソニヤ・コヴァレフスキィ』のエッセンスをまとめた評伝である。

同年一一月に岩波書店から完訳本が出版されるに先立って、宣伝をかねての発表と思われるが、変ろうとしない男性への痛烈な批判と若い女性へのメッセージが込められている。

ヨーロッパで初めて女性の大学教授となり、数学者としてのさまざまな栄光を手にし、賛美に包まれ、子供にも恵まれたにもかかわらず、よき家庭人であり母であることと研究者であることの両立に苦悩するソーニャに、弥生子は深く共鳴する。

「ソーニャの生涯が私たちに特殊の魅力を持ってゐるのも、これ等の溜息や苦痛が、また他の場合に於ける彼女の喜怒哀楽が、私たちの感情に最もちかいからである」と書く。あるいは、ドストエフスキーからの熱烈なプロポーズを拒んだ、ソーニャの姉アニュータ（アンナ）の言葉を伝える。「あの人と結婚する人は自分を捨てなければならない」「でも私にはそんなことは出来ないわ。私は自分自身のためにもまた生き度いのですもの」。

単行本の「序」に、「私がもっとも深い親しみを寄せてゐる愛読書」と書き、出版の反響を日記に「女の人はみんなソーニャが好きなのに男はそれほど面白がらないのがフシギ」（一九二四年一二月四日）と記している。

すでに『青鞜』に、一九一三（大正二）年一一月から一九一五年二月まで、一二回にわたって、翻訳「ソニヤ・コヴレスキイの自伝」を連載していたが、当時のやや冗漫な文体が、一〇年を経て、作家としても鍛えられ、みごとな翻訳となっている。ソーニャへの弥生子の共鳴は時代を越えて、現代の私たちにも響く。

大正末期、ソーニャやアニュータに共鳴する女性たちと、女性を〈改造〉しようとする男性とのギャップは測りがたいほどに大きい。

魅力的な表紙絵

明治・大正期の単行本や雑誌の装幀は総じて美しい。さまざまに意匠を凝らした装幀や表紙絵に、復刻版であっても心が躍る。

『女性改造』の表紙もまた、魅力的であり、読者拡大を図って、さまざまな装幀を試みた編集者の心意気が伝わってくる。『改造』の表紙と同じく赤・黒・白の幾何学的な大胆な構図を表紙にしてのスタートだったが、まもなく読者に呼びかけ、二〇〇円の賞金つきで表紙絵を公募した。

二巻四月号からは、有島武郎追悼号や関東大震災等の写真を使った表紙を除いては、入選作の図案や装画となる。比較的地味な表紙だったが、三巻から著名な画家の絵となって一変する。不二出版から出された復刻版を手にするしかないが、一月号は藤島武二の女神像、二月号有島生馬のジャンヌ・ダルク像、三月号竹久夢二の「たんぽぽ」、四月号から六月号までは埴原《はにはら》久《く》和代《わよ》*の「れんげう《ぎょう》」「ゐんどう」「矢車草」、七・八月号は木村荘八の「ばら」「なでしこ」、九月号から一一月号までは安井曾太郎の「ダリヤ」「ジンニア」「黒き壺の花」。華やかな季節の花に彩られる。

創刊号からカラー刷りの口絵が入って、ルノアール、ウィリアム・ブレイク、岸田劉生、梅原龍三郎、山下新太郎*、正宗得三郎*などの絵が紹介されている。

一九二八（昭和三）年七月創刊、長谷川時雨による『女人藝術』は、創刊号の表紙を埴原久和代の静物画とし、二巻まで毎号女性画家の表紙で飾った。時雨は『女性改造』の表紙を妹の画家長谷川春子に並べてみせて、参考にするように指示した、と編集者で画家の熱田優子から聞いた。

それにしても表紙裏にほぼ毎回「良品廉価ハリキン石鹸」や「イージーおしめ大和ゴム製作所」などの一頁広告が出ているのは、なんとももちぐはぐである。単行本の広告は『改造』と共通だから、女性読者を意識したのであろう。
が、安い石鹸を使う階層や育児に追われる若い母親は、『女性改造』のイメージからずれる。読者を絞り込むことのできなかった編集方針が、突然の廃刊につながったようにも思われる。

最終号・農村婦人の悲鳴

何の気配も見せないままに、突然、一九二四（大正一三）年一一月号をもって、『女性改造』は終る。「編集後記」もいつもどおりである。翌月の『改造』一二月号の編集後記に「姉妹誌『女性改造』の読者は今後『改造』の読者となつて下さることを希望します」とあるだけだ。突然の終刊はミステリアスだが、最終号は読みでのある号となっている。

安井曾太郎の画「黒き壺の花」を表紙とし、「農村婦人の生活」特集が中心となる。当時の農村の、言葉を絶する貧しさと疲弊、農民たちの絶望、行政の惨さ、格差が詳細なデータを使ったリポートによって浮き上り、圧倒される。

特集には読者から一三二編の応募があったことが記されている。すでに『改造』は、細井和喜蔵の「女工哀史」が始まった九月号から、農村問題に取り組む姿勢を明らかにし、一一月号では、農村問題を特集しているから、『改造』『女性改造』が緊密に連動していたことがわかる。応募者も男女の別なくかなり専門的であり、農村からの一般応募だけとは思われない。

「泥の中の悲鳴」は、農村から集められ、東京、群馬、愛知方面に「輸送」されていく、一三歳から一七歳くらいまで、歳若い娘であふれかえる二月末、長野駅の情景を伝える。出稼ぎの女たちは、越後だけで一五万人を超し、農村には若い娘の姿なく、男たちは「牛馬よりひどい労働」に従事しても、食べる事さえできない。

地主に収穫の七割を納めると、小作人の取り分は平均一六俵となる。一俵一三円だから年収二〇八円。月額一七円、日当五七銭。一家五人なら、二〇俵は必要であり、冬の間、人夫になって、最低の生活を支えなくてはならない。頻発する小作争議も、小作人が騒いでいる間、地主は美酒に酔い、煽動家は金をせしめ、巡査たちは地主の家に寝泊りして、いつの間にか終結。

「農村は疲弊どころか死滅しようとしてゐる」という叫びに胸を衝かれる。

『女性改造』が最後に放った特集に、大正という時代の闇を見る。二・二六事件も、戦争への道も、こうした闇がもたらした帰結である、と改めて思う。

廃刊

最終号の「農村婦人の生活」には、「泥の中の悲鳴」をふくめて、一〇本のレポートが掲載されている。「女教師の見たる農村」は、未明に桑摘み、日中は子守や水田の草取り、夜は給《きゅう》桑《そう》※の手伝いに追われ、ノートも鉛筆もなく、昼食も満足に食べられない農村の子どもたちの実情を伝え、海や山に暑中休暇を楽しむ都会の子どもたちと対比する。

「田畑千円馬二百円」では、収穫した米のうち、七割を地租以外はなんの負担もない地主に納め、肥料、馬などの一切は自分持ち、という小作人の情況を伝える。農繁期には五、六歳の幼児が、赤ん坊の守をすることもあって、子供の死亡率は都会に比べてはるかに高い。

「夫は海妻は畑」では、養蚕は有望と役場に言われ、田植えと平行して養蚕に励み、子どもの手まで借りて桑畑の毛虫取りに明け暮れるが、不眠不休の報酬は結局、桑代で終ってしまった話を伝える。「嫌いなものは」と問われて「毛虫」と答える都会の子どもに違和感を持つという言葉にはっとする。

同じ号には大橋房子が「美女の秘訣」と題して、パリで人気の化粧法を紹介している。まさしく社会のギャップが一冊の雑誌に凝縮された感がある。

島本久恵「失明」が、短篇小説の第三回入選作となる。視力を失った若い僧が、霊験あらたかといわれる山寺にこもって、修行する日々を描いている。選評に島崎藤村が「読むものの心を酔わせる」多望なる作家と絶賛し、島本のデビュー作となるが、農村のレポートを読んだ後では、達者だとは思うものの、なにも心に残らない。

農村問題ひとつをとっても、男女間の問題を超えた時代の暗闇が果てしなく広がり、もはや女性云々と言っている時代ではない、と経営者側が休刊を決定したのかもしれない。大震災の痛手もまだ響いていたのであろう。

管見では『女性改造』終刊を惜しむ声を見つけることができなかった。『改造』ではすでに九月号から、中條(宮本)百合子の長篇小説「伸子」の第一回「聴きわけられぬ跫音《あし》」の連載が始まっていた。改造社から円本ブームが巻き起こるのは、その後まもなくしてである。

※蚕に桑の葉を与えること。

あとがき

本著は、二〇〇八年四月から二〇一七年三月まで、藤原書店『機』に一〇七回連載したものに補足・改訂を施した。『女性改造』から始まって『番紅花《サフラン》』まで、その時々の関心のままに、ランダムに大正期の雑誌を追った連載だったが、本書は『女の世界』を中心にまとめた。

『ビアトリス』『番紅花』、前期『女人藝術』『女性改造』は、私にとって、『青鞜』と『女人藝術』『輝ク』を繋ぐものとして、長年向き合ってきた雑誌だった。が、『女の世界』は、これまで未知だった。二〇〇〇年のはじめ、日本近代文学館で偶然手にして以来、心にかかっていた。一冊の研究書もなく、頼りになるのは『『女の世界』総目次』(マイクロフィッシュ版　早稲田大学図書館編　精選近代文芸雑誌集　二〇〇八年三月　雄松堂アーカイブス株式会社)だけだった。

日本近代文学館、時には早稲田大学図書館で、雑誌を積み上げ、ひたすら読み、大量のコピーを依頼し、整理し、そこから派生したさまざまな疑問を調べた。二〇〇九年、大学をリタイア後、たっぷりとした時間をかけて、楽しくてたまらない作業だった。いままで見えなかったものがすこしずつ見えてきた。それらを「『女の世界』を読む」として『日本近代文学年誌　資料探索』第九号(日本近代文学館　二〇一四年三月)にまとめた。その稿の再録も検討したが、原本を調べるにつれて判明してくる事実を、追いかけていく心の弾みが嬉しくて、連載に手を入れることにした。

「女性雑誌概観――武器は書くことだけだった」は、Ⅱの序文として書き下ろした。『青鞜』から派生し、『青鞜』を継ぐべく努力しながらも、あえなく消えてしまった『番紅花』『ビアトリス』を追う作業によって、『青鞜』と平塚らいてうの姿がさらに鮮明に浮かび上がってきた。前期『女人藝術』は、長谷川時雨と岡田八千代との二人だけの雑誌だったが、関東大震災によって二号で終わった。『青鞜』創刊号を意識して、岡田八千代が描いた表紙が興味深い。一九二八（昭和三）年七月、長谷川時雨によって創刊された『女人藝術』の pre（先駆け）として位置づけたくて、とり上げた。

『女性改造』は、女性雑誌の始まりである巌本善治『女学雑誌』の系列にある。インテリ男性による女性啓蒙の情熱は、女子教育とタイアップしながら続く、永遠のテーマなのかもしれない。『女学雑誌』『女の世界』『女性改造』を通して、キリスト教、社会主義、教養主義と立場は異なっても、それぞれの時代に彼らが女性に期待するものが見えてくる。急進的な思想と人間平等の理想を掲げながら、女性に関しては、時には国家や法律、社会の側の代弁者となる。しかもその矛盾に男たちは気がつかない。

巻末の婦人雑誌年表は、長谷川時雨『女性とジャーナリズム』（初出「ジャーナリストとしての女性」『総合ヂャーナリズム講座』一二巻所収　一九三一年一〇月　内外社）による。『長谷川時雨作品集』（二〇〇九年一一月　藤原書店）に収録した折に、創刊号・終刊号などの記述の誤りを訂正したものを再掲した。

長谷川時雨は明治期の歌舞伎作家であり、女性史の嚆矢ともいうべき七冊の美人伝、さらには、昭和期『女人藝術』『輝ク』の主宰者として、女性作家たちをリードしてきた。ジャーナリストとしての鋭く的確な視点にも驚かされる。大正期の女性雑誌を追う作業を通して、あらためて長谷川時雨が、私の中でクローズアップされてきた。『評伝・長谷川時雨』に向う覚悟が決まったことも嬉しい。

なお、「大正婦人録」が百余年ぶりに日の目を見る。歴史のなかに消えた女性たちの生を感じていただけたらと願っている。

発表から長い歳月を経ての刊行となった。コロナがあった、などと呟いたところで、結局は私自身の怠慢だった。なんども病に倒れもした。そうした私に寄り添い励ましてくれた友人たちと家族の存在がありがたかった。

駒場の日本近代文学館の学芸員の方々、連載中から、ご指摘や感想をお送りくださった方々、注の作成にご協力下さった渡辺久剛さん、藤原書店での『機』の担当者だった小枝冬実さん、引き継いで出版までこぎつけて下さった山﨑優子さん、そして社主の藤原良雄さんに心から感謝いたします。ありがとうございました。

二〇二三年九月

尾形明子

参考文献

『女の世界』　マイクロフィッシュ版（早稲田大学図書館編　精選近代文芸雑誌集　二〇〇八年三月　雄松堂アーカイブス株式会社）
『青鞜』　復刻版（不二出版　一九八三年六月）
『番紅花』　復刻版（不二出版　一九八四年三月）
『ビアトリス』　復刻版（不二出版　二〇〇三年六月）
『女性改造』　復刻版（不二出版　二〇〇七年六月）

個々の主要参考文献は、本文中に明記した。図版は、現在、見ることが困難な『女の世界』を中心にした。マイクロフィッシュは図書館にあっても、画面が粗く、判読がかなり難しい。前期『女人藝術』とともに『女の世界』の紙による復刻版が待たれる。

〈写真・図版の出典〉
Ⅰ　『女の世界』は、日本近代文学館所蔵のコピー使用
Ⅱ　復刻版を使用。但し前期『女人藝術』は個人蔵

女性雑誌一覧（一八八五―一九三一）

『女学雑誌』　明治一八（一八八五）年七月―明治三七（一九〇四）年二月

『花の園生』　明治二四（一八九一）年二月―明治三一（一八九八）年一一月

『女鑑』　明治二四（一八九一）年八月―明治四二（一九〇九）年三月

『裏錦』　明治二五（一八九二）年一一月―明治四〇（一九〇七）年八月

『婦人弘道叢記』　明治二七（一八九四）年一〇月―明治三一（一八九八）年三月

『大倭心』　明治二九（一八九六）年九月―一〇月

『女子之友』　明治三〇（一八九七）年六月―明治三九（一九〇六）年五月

『淑女』　明治三二（一八九九）年一月―明治三四（一九〇一）年一〇月

『婦女新聞』　明治三三（一九〇〇）年五月―昭和一七（一九四二）年三月

『女学世界』　明治三四（一九〇一）年一月―大正一四（一九二五）年六月

『をんな』（→なでしこ→やまとなでしこ）　明治三四（一九〇一）年一月―明治四五（一九一二）年七月

『家庭』　明治三四（一九〇一）年一月―明治三八（一九〇五）年一一月

『愛国婦人会』　明治三五（一九〇二）年三月―昭和一七（一九四二）年一月

『婦人界』　明治三五（一九〇二）年七月―明治三七（一九〇四）年一二月

『家庭之友』　明治三六（一九〇三）年四月―明治四二（一九〇九）年八月

『家庭週報』　明治三六（一九〇三）年六月―明治四二（一九〇九）年六月

『女子文壇』　明治三八（一九〇五）年一月―大正五（一九一六）年四月

『ムラサキ』　明治三八（一九〇五）年七月―明治四四（一九一一）年六月

『**婦人画報**』（→東洋婦人画報→婦人画報→戦時女性）明治三八（一九〇五）年七月—昭和一九（一九四四）年一二月
『**婦人世界**』明治三九（一九〇六）年一月—昭和八（一九三三）年五月
『**世界婦人**』明治四〇（一九〇七）年一月—明治四二（一九〇九）年七月
『**婦女界**』明治四三（一九一〇）年三月—昭和一八（一九四三）年四月
『**青鞜**』明治四四（一九一一）年九月—大正五（一九一六）年二月
『**淑女画報**』明治四五（一九一二）年三月—大正一四（一九二五）年四月
『**真新婦人**』大正二（一九一三）年五月—大正一二（一九二三）年九月
『**番紅花**《サフラン》』大正三（一九一四）年三月—八月
『**女の世界**』大正四（一九一五）年五月—大正一〇（一九二一）年八月
『**婦人週報**』大正四（一九一五）年一一月—大正八（一九一九）年七月
『**婦人公論**』大正五（一九一六）年一月—昭和一九（一九四四）年三月
『**ビアトリス**』大正五（一九一六）年七月—大正六（一九一七）年四月
『**婦人**』大正六（一九一七）年一月—六月
『**主婦之友**』大正六（一九一七）年三月—昭和二〇（一九四五）年七月
『**婦人界**』大正六（一九一七）年九月—大正一一（一九二二）年一〇月
『**婦人倶楽部**』大正九（一九二〇）年一〇月—昭和二〇（一九四五）年七月
『**処女地**』大正一一（一九二二）年三月—大正一二（一九二三）年一月
『**女性**』大正一一（一九二二）年五月—昭和三（一九二八）年五月
『**女性改造**』大正一一（一九二二）年一〇月—大正一三（一九二四）年一一月
『**職業婦人**』（→婦人と労働→婦人運動）大正一二（一九二三）年六月—昭和一六（一九四一）年八月
前期『**女人藝術**』大正一二（一九二三）年七月—八月
『**婦人**』（→婦人朝日→週刊婦人朝日　月刊から週刊）大正一三（一九二四）年一二月—昭和一八（一九四三）年五月二六日
『**婦人の国**』大正一四（一九二五）年五月—大正一五（一九二六）年五月

『**女人藝術**』 昭和三（一九二八）年七月—昭和七（一九三二）年六月

『**婦人サロン**』 昭和四（一九二九）年九月—昭和七（一九三二）年一二月

『**婦人戦線**』 昭和五（一九三〇）年三月—昭和六（一九三一）年六月

『**婦人戦旗**』 昭和六（一九三一）年五月—一二月

関連年表（一九一一―一九二六）

＊太字は本書で扱った誌名

年	女性関連事項	歴史事項
一九一一（明治四十四）	9月、平塚らいてう『**青鞜**』創刊　10月、文芸協会でイプセンの「人形の家」上演、松井須磨子がノラを演じ好評　11月、長谷川時雨の美人伝の第一作『日本美人伝』（聚精堂）刊	1月、大逆事件に死刑判決。管野スガ、幸徳秋水ら死刑　7月、第三回日英同盟協約調印　10月、辛亥革命
一九一二（明治四十五・大正元）	1月、長谷川時雨・中谷徳太郎が演劇雑誌『シバヰ』を創刊	2月、清の宣統帝が退位、袁世凱に全権付与　7月、明治天皇死去　第三回日露協約調印　9月、乃木将軍夫妻殉死
一九一三（大正二）	2月、各地で女工ストが頻発　『青鞜』の「新しい女」特集号発売禁止　3月、真新婦人会発足　4月、文部省、反良妻賢母主義婦人雑誌の取締方針決定　5月、らいてう「円窓より」発禁　この年、護憲運動高まり、新しい女論義が活発となる	2月、護憲派の民衆が議会を取り巻く
一九一四（大正三）	3月、『**番紅花**（サフラン）』創刊（〜8月）	7月、第一次世界大戦始まる　8月、日本、ドイツに宣戦布告し、第一次世界大戦に参加

一九一五 （大正四）	5月、『**女の世界**』創刊（〜一九二一年8月） 三浦環がロンドンで「蝶々夫人」を歌って好評	1月、中国大総統袁世凱に二十一ヵ条の要求を提出、5月調印
一九一六 （大正五）	1月、『婦人公論』創刊　2月、『青鞜』無期休刊　7月、『**ビアトリス**』創刊（〜一九一七年4月）　11月、神近市子、大杉栄殺傷、葉山日蔭茶屋事件	1月、吉野作造、民本主義提唱、デモクラシー運動がおこる　7月、第四回日露協約調印
一九一七 （大正六）	2月、『主婦之友』創刊　10月、全国小学校女教員大会	3月、ロシアで二月革命、ニコライ二世退位 9月、金本位制停止
一九一八 （大正七）	2月、平塚らいてう・与謝野晶子らによる「母性保護論争」が始まる　6月、長谷川時雨『美人伝』（東京社）刊	7月、「赤い鳥」創刊　8月、政府がシベリア出兵宣言　米騒動　11月、第一次世界大戦終結
一九一九 （大正八）	1月、松井須磨子、島村抱月の後を追って自殺	1月、パリ講和会議　3月、ソウル・平壌などで独立宣言（三・一運動）　モスクワでコミンテルン創立大会　5月、北京の学生が山東問題に抗議（五・四運動）　6月、ヴェルサイユ講和条約調印。この年、社会主義運動が盛んになる。労働運動組織化
一九二〇 （大正九）	3月、平塚らいてう、市川房枝らが新婦人協会を結成、『女性同盟』創刊	1月、国際連盟発足　12月、大杉栄・堺利彦らが日本社会主義同盟を創立（翌年5月解散命令）

一九二一（大正十）	4月、羽仁もと子が自由学園を設立　初の女性社会主義団体・赤瀾会結成　8月、『**女の世界**』終刊　原阿佐緒・東北大学教授石原純の恋愛で、石原休職が閣議決定　10月、柳原白蓮の出奔事件	2月、「種蒔く人」創刊　11月、原敬首相が刺殺
一九二二（大正十一）	10月、『**女性改造**』創刊（〜一九二四年11月）	7月、日本共産党が非合法結成　10月、イタリアでファシスト政権成立　12月、ソ連邦成立　この年、スト、労働争議多発
一九二三（大正十二）	6月、有島武郎・波多野秋子が心中　7月、長谷川時雨・岡田八千代が同人誌、前期『**女人藝術**』（元泉社）創刊（〜8月）　12月、日本婦人記者倶楽部設立	6月、第一次共産党事件　9月1日、関東大震災。流言蜚語によって多数の朝鮮人迫害虐殺　伊藤野枝・大杉栄・甥の橘宗一、憲兵によって虐殺
一九二四（大正十三）	この年、婦人参政権獲得運動盛んになる	1月、第一次国共合作が成立　6月、築地小劇場開場　「文芸戦線」創刊
一九二五（大正十四）		1月、『キング』創刊　3月、治安維持法、普通選挙法成立。東京放送局ＪＯＡＫ試験放送開始（7月本放送）
一九二六（大正十五・昭和元）		12月25日、大正天皇死去

注

＊五十音順

ア行

青柳有美　一八七三―一九四五。秋田生。ジャーナリスト、随筆家。明治女学校の教師をつとめ、一八九三年から『女学雑誌』にかかわり、のち主幹。大正に入り『女の世界』の主筆。本名は猛。『恋愛文学』『有美臭』『有美道』など。

青山（山川）菊栄　一八九〇―一九八〇。東京生。女性運動家、評論家。山川均の妻。社会主義の立場から女性解放を論じる。翻訳や著作をとおして活躍。戦後は労働省婦人少年局の初代局長となった。「婦人問題と婦人運動」など。

赤旗事件　一九〇八年六月二二日に発生した社会主義者弾圧事件。別名「錦輝館事件」。

跡見花渓　一八四〇―一九二六。摂津国（大阪）出。女子教育家、日本画家。一八七五年、東京に「跡見女学校」開校、現在の跡見学園の基に。書家としても知られる。

荒木郁子　一八八八―一九四三。東京生。作家。森鷗外の序文をもつ作品集『火の娘』など。青鞜社社員となり、一九一一年の『青鞜』創刊号に戯曲「陽神の戯れ」を発表。

池田蕉園　一八八六―一九一七。東京生。日本画家。池田輝方（てるかた）の妻。美人画にすぐれ、挿絵も手がけた。「こぞのけふ」「桃の酔」「宴の暇」など。

石川三四郎　一八七六―一九五六。埼玉生。社会思想家、社会運動家。大逆事件の衝撃にヨーロッパに渡る。一九二七年共学社を設立、『ディナミック』創刊。戦後、日本アナキスト連盟を組織。『哲人カアペンター』『西洋社会運動史』など。

石阪昌孝　一八四一―一九〇七。東京生。民権運動家。衆議院議員、群馬県知事。

石阪（北村）美那子　一八六五―一九四二。東京生。教師、詩人。北村透谷の妻。アメリカに渡り、インディアナ州ユニオン・クリスチャン・カレッジやオハイオ州立デファイアンス・カレッジで英語を学習。一九〇七年に学業を終えて帰国し、以後は英語教師として豊島師範学校や品川高等女学校で教えた。晩年は亡夫の詩の英訳に従事した。

井上哲次郎　一八五五―一九四四。福岡生。哲学者。『勅語衍義（えんぎ）』『教育ト宗教ノ衝突』『日本古学派之哲学』など。

上野山清貢　一八九〇―一九六〇。北海道生。洋画家。「パラダイス」「F嬢の支那服を纏える」「室内」など。

江木欣々　一八七七―一九三〇。東京新橋の芸者。江木衷（ちゅう）の妻。書画、篆刻、謡曲、乗馬などひろい趣味をもち、社交界で名を知られた。鏑木清方「築地明石町」のモデルといわれる。

江口渙　一八八七―一九七五。東京生。作家。本名は同表記で「きよし」だが、戦後改めた。評論集『新芸術と新人』、長篇小説『花嫁と馬一匹』、回想記『わが文学半生記』、『たたかいの作家同盟記』など。

遠藤辰（達）之助　一八九二―一九七七。京都生。画家。「新しい女」遠藤清子と同棲。清子の死後、川端龍子の弟子・小昌鼎子と結婚、小昌辰之助を名乗る。玉川学園女学校教師として、児童百科大辞典美術教育論の編集・執筆。中村草田男主宰『萬緑』に参加、『萬緑』の表紙、カットを担当。句集『走馬燈』。

大倉久美子　一八八九―?。旧新発田藩主二女。実業家大倉喜七郎夫人。

太田水穂　一八七六―一九五五。長野生。歌人、国文学者。大正四年歌誌『潮音』創刊、没年まで主宰。芭蕉研究に力をそそいだ。歌集『つゆ艸（くさ）』『老蘇（おいそ）の森』など。

大橋房子（ふさ）　一八九七―一九四九。東京生。作家。一九二三年渡欧。帰国後佐佐木茂索（のち文芸春秋新社社長）と結婚。ささきふさの筆名。洗練された美意識と自己抑制が特徴。短篇集『豹の部屋』『白い家』『おばあさん』など。

大村嘉代子　一八八四―一九五三。群馬生。劇作家。結婚後に岡本綺堂門下生となり、一九二〇年「みだれ金春」が帝劇で上演される。『たそがれ集』『水調集』などの著書があり、劇評も多く発表した。

小笠原貞子　一八八七―一九八八。宮城生。作家。

『女子文壇』に多くの作品を投稿し、明治四五年『青鞜』に参加。『客』『或る夜』『泥水』など。

奥村博史　一八八九―一九六四。神奈川生。洋画家、工芸家。妻は平塚らいてう。一九一四年二科展で油絵「灰色の海」が入選。指環の制作者としても知られ、自伝『めぐりあい』。

尾島菊子　一八七九―一九五六。富山生。作家。徳田秋聲に師事。『河原の対面』『父の罪』でデビュー。一九一四年、画家小寺健吉と結婚し、筆名を小寺菊子とする。『百日紅の蔭』など。

尾竹竹坡　一八七八―一九三六。新潟生。日本画家。尾竹越堂の弟、尾竹国観の兄。文展では一九〇九年の第三回展で「茸狩」、第四回展で「おとづれ」、第五回展で「水」が受賞。一九一九年八火社を創設。本名は染吉。

小野美智子　一八九〇―一九七七。山口生。作家。夫は児童文学者・編集者の小野小峡（政方）。『かぐや姫物語』『姉と妹の書簡』など。

カ　行

嘉悦孝子　一八六七―一九四九。熊本生。教育者。一九〇三年女子商業学校（のち嘉悦学園）を創設、女子教育につくした。『怒るな働け』など。

賀川豊彦　一八八八―一九六〇。神戸生。牧師。キリスト教社会運動家。戦前の労働運動、農民運動、無産政党運動、生活協同組合運動等々、重要な役割を担った。日本農民組合創設者。『貧民心理の研究』、自伝的小説『死線を越えて』。戦後に桜美林学園創設、日本社会党結成に参加。

鹿島ゑつ　一八八〇―一九二五。東京生。新橋芸名ぽん太として一世を風靡。鹿島清兵衛に身請けされる。

勝本清一郎　一八九九―一九六七。東京生。文芸評論家。プロレタリア文学運動にかかわった。藤間静枝、山田順子と関係。その当事者のひとり徳田秋聲が『仮装人物』を書いた。ベルリンに外遊、帰国後小林多喜二の『一九二八年三月十五日』の原稿を校訂を経て復元。第二次世界大戦後、『透谷全集』の編集を行った。『近代文学ノート』など。

加藤朝鳥　一八八六―一九三八。鳥取生。翻訳家、文芸評論家。加藤みどりと結婚。バタビア（現ジャカルタ）にわたり、『爪哇日報』主筆をつとめる。帰国後、評論・翻訳活動に専念。『英文学夜話』『最新思潮展望』など。

加藤一夫　一八八七―一九五一。和歌山生。詩人、

評論家。トルストイの影響を受け民衆芸術論を唱える。詩集『土の叫び地の囁き』、評論集『民衆芸術論』、小説『無明』など。

『火鞭』　平民社を中心に白柳秀湖、中里介山、山口孤剣らを中心に集まった社会主義的文学者結社、火鞭会の機関誌。白柳秀湖主宰。一九〇五年（明治三八）九月〜一九〇六年五月。島中雄三、下中弥三郎共同の『ヒラメキ』が引き継ぐ。

鎌田栄吉　一八五七―一九三四。和歌山生。官僚、政治家。枢密顧問官、貴族院議員、文部大臣。慶應義塾塾長。

上村清敏（後改名して勝彌）　一八九六―？。鹿児島生。中央大学卒。『改造』の編集主任をつとめていた。谷崎潤一郎、里見弴の日記等に登場する。のちに兄哲彌が社長をつとめていた第一公論社副社長となり、戦後、公職追放される。

川浪道三（磐根）　一八八三―一九六九。佐賀生。作家、歌人。一九二九年『山さんご』を、四〇年『数知れぬ樹枝』刊行。没後、小説『山童記』が発表された。

管野須賀子　一八八一―一九一一。大阪生。社会主義者。筆名須賀子。幸徳事件で処刑された一二名の一人で、大逆罪で死刑を執行された唯一の女性死刑囚でもある。

蒲原英枝　一八九〇―？。新潟生。上京し「青鞜」入社。岩野泡鳴の『ブルータス伝』翻訳の口述筆記を通して泡鳴と親しみ、離婚騒動の原因となる。のち泡鳴と結婚。

岸田俊子　一八六四―一九〇一。京都生。婦人運動家。明治初期、自由民権・男女同権を説いた。自由党副総理（副党首）中島信行と結婚、中島湘煙の号。外交界で活躍。論文「同胞姉妹に告ぐ」、小説「山間の名花」「善悪の岐（ちまた）」など。

北川千代　一八九四―一九六五。埼玉生。児童文学作家。一九一五年作家江口渙と結婚。一一年『赤い鳥』に童話「世界同盟」を発表。二一年赤瀾会に参加、社会主義思想に基づくヒューマンな作品を書く。江口と離婚、労働運動家高野松太郎と同棲。『小鳥の家』『春雨の曲』、『北川千代児童文学全集』全二巻。

衣川孔雀　一八九六―一九八二。神奈川生。女優。一九一三年俳優・上山草人に依頼し近代劇協会に入団し、「ファウスト」で初舞台。「マクベス」「ノラ」「桜の園」などに出演した。

紀平正美　一八七四―一九四九。三重生。哲学者。

日本におけるヘーゲル研究の先駆者。学習院教授。のち国家主義的傾向をつよめ、国民精神文化研究所所員として日本主義を鼓吹し、戦後公職追放。『論理学』など。

木村荘太 一八八九―一九五〇。東京生。作家。父は手鍋屋いろはを営む木村荘平。異母妹木村曙、弟に木村荘八がいる。第二次『新思潮』同人。白樺派に共鳴し、一時「新しき村」に参加。伊藤野枝に片想いした経緯を小説『牽引』に書いた。自伝「魔の宴」刊行直前に縊死。

『近代思想』 大杉栄、荒畑寒村主宰。一九一二年（大正元）一〇月～一九一六年一月。社会文学雑誌。大逆事件によって厳しく取り締まられた社会主義者たちの拠点となった。

窪田空穂 一八七七―一九六七。長野生。歌人、国文学者。詩歌集『まひる野』、歌集『土を眺めて』『鏡葉』など。

栗島狭衣 一八七六―一九四五。東京生。俳優、新聞記者。評伝『詩人業平』『相撲通』『名勝負相撲小説集』などがある。長女は栗島すみ子。

栗島すみ子 一九〇二―一九八七。東京生。映画女優。一九二一年松竹蒲田にはいり、小谷ヘンリー監督の「虞美人草」に主演。池田義信監督の「生さぬ仲」「船頭小唄」などでスターとなる。一九二三年池田監督と結婚。

厨川白村 一八八〇―一九二三。京都生。英文学者、文芸批評家。夏目漱石に私淑。上田敏の死去後、京都大学教授となる。イエイツ紹介者としてアイルランド文学の普及に努める。関東大震災に鎌倉で津波にのまれ妻とともに死去。『近代文学十講』『象牙の塔を出て』『近代の恋愛観』など。当時の知識青年のバイブルだった。

桑木厳翼 一八七四―一九四六。東京生。哲学者。大正デモクラシー運動に参加、新カント派の立場にたち、西洋哲学研究の基礎を築いた。『カントと現代の哲学』など。

エレン・ケイ（Ellen Key） 一八四九―一九二六。スウェーデンの社会思想家・教育学者・女性運動家。児童と母性を重んじた。思想は『青鞜』などを通して大正デモクラシーに大きな影響を与えた。『児童の世紀』原田実訳、『恋愛と道徳』伊藤野枝訳。

ゲットー 第二次世界大戦時、ヨーロッパ諸国の都市内でユダヤ人が強制的に住まわされた居住地区を指す。ここでは壁に取り巻かれた地域の意。

幸徳秋水　一八七一―一九一一。高知生。ジャーナリスト、社会運動家。『自由新聞』等の記者を経て万朝報社に入社。堺利彦らと『平民新聞』を発刊。一九〇九年に管野スガらと『自由思想』を刊行するが発禁。一九一〇年、大逆事件で検挙され、翌年に処刑。

ソフィア・コヴァレフスカヤ　一八五〇―一八九一。ソーニャは愛称。ロシアの数学者。ロシアで初めて大学教授の地位を得た女性。幼少期の思い出を自伝的小説につづった。野上弥生子翻訳『ソーニャ・コヴァレフスカヤ――自伝と追想』（岩波文庫）がある。

小林哥津子　一八九四―一九七四。東京生。作家。小林清親（きよちか）の五女。一九一一年『青鞜』編集助手となり、同誌を中心に戯曲『お夏のなげき』、小説『麻酔剤』などを発表。一九一四年退職し、外国文学の翻訳のほか、東京を回想する随筆や父にかんする研究資料をかいた。

小林徳三郎　一八八四―一九四九。広島生。洋画家。一九一二年岸田劉生らとヒュウザン会（のちフュウザン会）創立に参加。のち島村抱月の『瑞典（スウェーデン）のお伽噺不思議な旅』の舞台装置も担当。『読書』『江の浦残照』など。

ラファエル・コラン（Raphaël Collin）　一八五〇―一九一六。パリ生。フランスの画家。日本から留学した黒田清輝らを指導した。

エンマ・ゴールドマン（Emma Goldman）　一八六九―一九四〇。リトアニア生まれで、アメリカで活動したアナキスト、フェミニスト。

サ　行

斎賀琴子　一八九二―一九七三。歌人、小説家。青鞜社に入り『青鞜』に私小説、短歌などを発表。『をとめの頃』『許されぬ者』、歌集『さざ波』。

坂本紅蓮洞　一八六六―一九二五。江戸（東京）生。文芸評論家。慶應義塾大学に学ぶ。立教中学などの教員や新聞記者をつとめた。奇癖の逸話がおおく、文壇の名物男として知られた。窮乏のうちに死去。『文壇立志篇』。

坂本真琴　一八八九―一九五四。静岡生。婦人運動家。『青鞜』『ビアトリス』に参加。一九二〇年「新婦人協会」に参画し、治安警察法第五条改正運動の中心となった。妹の高田敏子は日本の女子英語教育のパイオニア。

佐藤緑葉　一八八六―一九六〇。群馬生。作家、翻訳家。一九一四年、ウィルヘルム・ラムスウスの反戦文学『人間屠殺所』の翻訳を『近代思想』に発表。長篇小説『黎明』（大正一〇年）。

繁野天来　一八七四―一九三三。徳島生。詩人、英文学者。東洋大学教授を退職後に自殺。ミルトン『失楽園』翻訳や研究で知られる。

柴田勝衛　一八八八―一九七一。宮城生。文芸評論家、新聞記者。パピニー著「きりすと伝」など多くの翻訳がある。

島本久恵　一八九三―一九八五。大阪生。作家。雑誌『婦人之友』記者となり、詩人河井酔茗（すいめい）と結婚。一九三〇年酔茗とともに『女性時代』を創刊。自伝的長篇小説『長流』『明治の女性たち』で芸術選奨。ほかに『江口きちの生涯』『俚諧薔薇来歌』など。

清水紫琴　一八六八―一九三三。備前（岡山）出。自由民権運動家。作家。『こわれ指環』は日本最初のフェミニズム小説。古在由直（こざいよしなお）の妻。古在由重の母。『心の鬼』『移民学園』などを発表。

松旭斎天勝　一八八六―一九四四。東京生。奇術師。松旭斎天一に入門、美貌と才気で一座の花形となる。一九一二年天一の死後、天勝一座を結成、レビュー、寸劇などをとりいれて国内外の巡業で好評をえた。

白井喬二　一八八九―一九八〇。神奈川生。作家。『新撰組』『富士に立つ影』は三〇〇万部を越える大ベストセラーとなった。一九二五年大衆作家を総動員して「二十一日会」結成。機関誌として一九二六年『大衆文藝』創刊。戦後も東京作家クラブ会長に就任。

素木しづ　一八九五―一九一八。北海道生。作家。画家上野山清貢と結婚後は、病気と貧困にくるしみながら著作にはげんだ。『美しき牢獄』『青白き夢』など。

白柳秀湖　一八八四―一九五〇。静岡生。作家、社会評論家。大逆事件後は在野史家として史論や大衆文学を発表した。『財界太平記』など。

『新声』　一八九六年に佐藤儀助（のち義亮）が新声社を起こし発刊した文学雑誌だが、挫折し、佐藤が一九〇四年に新潮社を起こし、再度出発した。

杉浦翠子　一八八五―一九六〇。埼玉生。兄は福沢桃介。歌人。グラフィックデザイナーの杉浦非水（ひすい）と結婚。二人は「モボ、モガ」として時代の寵児となった。北原白秋、斎藤茂吉に師事。『アララギ』に属して活躍するが脱退。昭和八年『短歌至上主義』を創刊、主宰。歌集『藤浪歌集』、長篇小説『彼女を破門せよ』など。

鈴木秋子　一八八九―?。鳥取生。作家。

セツルメント（settlement）資本主義が生み出す貧困に対して、宗教家や学生が都市の貧困地区に自ら居住して宿泊所、託児所、教育、医療活動などの社会事業を行う活動をいい、十九世紀にイギリスで始まった。

瀬沼夏葉　一八七五―一九一五。群馬県高崎生。母の遺言で駿河台の正教女子神学校入学。卒業後は教師として神学校に残る。ニコライ堂牧師・瀬沼恪三郎と結婚。尾崎紅葉に入門。夏葉の名でトルストイ『アンナ・カレーニナ』の翻訳。日本で最初にチェーホフの短篇を訳した。

相馬黒光　一八七六―一九五五。仙台生。実業家、随筆家。明治女学校卒業後、相馬愛蔵と結婚。新宿中村屋を起し、文壇、画壇のサロンとなった。著作に自伝『黙移』など。

タ　行

大逆事件　一九一〇（明治四十三）年、長野の社会主義者宮下太吉の明治天皇暗殺計画が明るみに出たことで、幸徳秋水ら多数の社会主義者の逮捕・検挙がはじまり、十分な裁判もないままに一九一一年一月二十四日に十一名、二十五日に管野須賀子が処刑された。政府によるフレームアップ（捏造）といわれる。

田岡嶺雲　一八七〇―一九一二。高知生。文芸批評家、中国文学者。自由民権運動の感化を受けた。鋭い社会批判により何度も発禁処分に遭う。樋口一葉や泉鏡花の才能をいち早く評価。評論集『嶺雲揺曳』、自伝『数奇伝』、伝記『蘇東坡』など。

鷹野つぎ　一八九〇―一九四三。静岡生。作家。八人のうち六人の子どもを次々と病気で失った母の悲しみを『子どもの母の領分』にまとめる。『四季と子供』に描く。島崎藤村『処女地』、長谷川時雨『女人藝術』に参加。

武林無想庵　一八八〇―一九六二。北海道生。作家。大学中退後、京都新聞社員となり、林八重子と結婚するが家に落ち着かず、放浪生活を繰り返した。アルツィバーシェフ『サニン』を翻訳、辻潤と交友。ダダイストと呼ばれた。中平文子とは二度目の結婚。フランスへ赴いて以後、滞欧と帰国を繰り返した。

棚橋絢子　一八三九―一九三九。大阪生。教育者。維新後、小学校教師などをへて、名古屋市高女、愛敬女学校、東京高女などの校長をつとめた。

谷崎精二　一八九〇―一九七一。東京生。作家、英文学者。谷崎潤一郎の弟。第三次『早稲田文学』編集主幹をつとめ、のち母校早大教授。ポーの全小説を翻訳した。『文学の諸問題』『小説形態の研究』など。

樽井藤吉　一八五〇―一九二二。大和（奈良）生。社会運動家、衆議院議員。『大東合邦論』など。

千葉亀雄　一八七八―一九三五。山形生。評論家、ジャーナリスト。「新感覚派」の命名者として知られる。『悩みの近代芸術』『ペン縦横』など。

津田仙　一八三七―一九〇八。農学者、キリスト者。学農社創立。青山学院大学、普連土女学校等の創設に関わる。明六社会員。津田梅子の父親。

土岐哀果（善麿）　一八八五―一九八〇。東京生。歌人。土岐善静の次男。一九一〇年ローマ字による三行書きの歌集『NAKIWARAI』刊行。石川啄木と親交をむすび、「黄昏に」を発表。一九一三年『生活と芸術』を創刊、主宰。

富田砕花　一八九〇―一九八四。岩手生。歌人、詩人。石川啄木の影響をうけ、『明星』などに短歌を発表。大正以降詩作に転じた。歌集『悲しき愛』、詩集『地の子』、訳詩集にホイットマン『草の葉』など。

ナ　行

仲木貞一　一八八六―一九五四。石川生。劇作家。読売新聞記者をへて、芸術座のち新国劇にはいる。「飛行曲」「マダムX」などをかき、劇場運営にもかかわる。東京中央放送局、松竹キネマにも関係した。『映画劇作法』など。

長田幹彦　一八八七―一九六四。東京生。作家。兄長田秀雄の影響で『明星』『スバル』に参加。『澪』『零落』で注目。日本ビクター顧問として「祇園小唄」「島の娘」などの作詞。

中平（宮田）文子　一八八八―一九六六。愛媛生。随筆家。新聞記者となる。自伝小説『女のくせに』がある。武林無想庵と結婚。無想庵に『コキュの嘆き』を書かせた。離婚後、貿易商と結婚。世界各地を巡り、宮田文子の名で『刺青と割礼と食人種の国』『わたしの白書』など。

永代静雄　一八八六―一九四四。兵庫生。ジャーナリスト。『少女の友』創刊号に「不思議の国のアリス』を日本で最初に翻訳した。『蒲団』のヒロイン・芳子の恋人・田中のモデルとされる。

永代（岡田）美知代　一八八五―一九六八。広島生。作家。田山花袋『蒲団』のモデル。のち永代と別れ『主婦之友』の記者となった。『ある女の手紙』『二銭銅貨』などの作品がある。

新居格　一八八八―一九五一。徳島生。評論家。東京杉並区長。『アナキズム芸術論』『左傾思潮』など。

西村茂樹　一八二八―一九〇二。東京生。啓蒙思想家、教育者。一八七三年、森有礼らと明六社の創立に参加。一八七六年には東京修身学社（のちの日本弘道会）を創設、道徳思想の高揚につとめた。宮中顧問官、華族女学校長を兼任。『日本道徳論』など。孫に宮本百合子。

野口米次郎　一八七五―一九四七。愛知生。詩人。一八九三年渡米、ホアキン＝ミラーに師事。一八九六年「Seen and Unseen」を発表、英米詩壇で名声をえる。一九〇四年帰国、翌年慶大教授。一九〇六年あやめ会を結成して日英米の詩人の交流につくした。欧米各地の大学で日本文学を講演。英詩人としての筆名は Yone Noguchi。はじめての日本語詩集に「二重国籍者の詩」など。イサム・ノグチの父。

八行

「煤煙」事件　一九〇八年三月二一日、平塚らいてうと漱石門下生の森田草平が那須塩原の尾花峠で心中未遂のところを保護された。後に森田草平が、これらのいきさつを「煤煙」と題して『東京朝日新聞』（一九〇九年一月～五月）に連載。「煤煙」事件とよばれた。

長谷川如是閑　一八七五―一九六九。東京生。ジャーナリスト、評論家。陸羯南の影響を受けた。一九〇八年朝日新聞入社。コラム「天声人語」担当。大山郁夫らとともに『我等』創刊し大正デモクラシーの代表的論客のひとりとなった。「現代国家批判」「日本ファシズム批判」など。

埴原久和代　一八七九―一九三六。山梨生。洋画家。中村不折に師事。フューザン会展、二科会展に出品し、女流画家で最初の二科会会友となる。一九一六年日本美術家協会に入会。一九三一年甲斐美術協会を設立、また山梨美術協会を結成。晩年は高血圧のため失明し、信仰生活をおくった。兄・埴原正直は外交官としてアメリカ大使、ワシントン会議全権委員。

林千歳　一八九二―一九六二。東京生。女優。日本女子大学卒業後、文藝協会に参加。国際活映に所属。

原阿佐緒　一八八八―一九六九。宮城生。歌人。『原阿佐緒全歌集』がある。

人見東明　一八八三―一九七四。詩人、教育者。相馬御風、三木露風らと早稲田詩社を起こす。三富朽葉らと口語自由詩運動の基礎を作った。詩集『夜の舞踏』『恋ごころ』など。昭和女子大学（日本女子高等学院）を創設。「近代文庫」を設立し、『近代文学研究叢書』出版に尽力。

日向（林）きむ子　一八八六―一九六七。東京生。日本舞踊家。夫日向（ひなた）輝武と死別、林柳波と再婚。児童舞踊や創作舞踊をめざして林流を創始。銀閃会を主宰、舞踊譜も創案した。

平林初之輔　一八九二―一九三一。京都生。文芸評論家、推理作家、翻訳家。アテネ・フランセでフランス語を学ぶ。『種蒔く人』に関係し、プロレタリア文学運動の理論家として知られる。一九二六年博文社入社、『太陽』の編集主幹となる。映画研究にフランスに渡るも客死。翻訳にJ・J・ルソー『エミール』、ルソー『民約論』など。

深尾須磨子　一八八八―一九七四。兵庫生。詩人。与謝野晶子に師事。詩集『斑猫』を上梓後、フランスに渡り、コレットの知遇を得る。戦後、平和運動、婦人運動につくす。詩集『真紅の溜息』『マダム・Xと快走艇』など。

福田徳三　一八七四―一九三〇。東京生。経済学者。経済原論、経済史のほか経済政策、社会政策を講じた。マルクス主義の紹介者、かつ鋭い批判者でもあり、河上肇との論争は有名。『日本経済史論』など。

冬の時代　大逆事件（一九一〇）以降の約五年間を指す。社会主義者への厳しい取締りに、堺利彦は売文社をおこし、大杉栄は『近代思想』を発行するなど、文化運動に力をそそいだ。

ウィリアム・ブレイク（William Blake）　一七五七―一八二七。英国の詩人、画家、版画家。ロマン主義の先駆者で、幻視と幻想の世界を象徴的に表現した。詩画集『無垢の歌』『経験の歌』など。

母性保護論争　一九一八年から一九年にかけて女性と子育てについて繰り広げられた論争。国家は母性を保護し、妊娠、出産、育児期の女性は国家によって保護されるべきと主張する平塚らいてうに、与謝野晶子は、国家による母性保護を「奴隷道徳」として否定。「婦人は男子にも国家にも寄りかかるべきではない」と主張した。山川菊栄は双方を部分的に認めながらも批判し差別のない社会でしか婦人の解放はありえないと社会主義の立場から主張。さらに山田わかが良妻賢母主義的立場から参加した。

細田民樹　作家。東京生。早稲田大学在学中に小説『泥焔（でいえん）』発表。卒業後、三か年の軍隊生活を送り、体験をもとに『初年兵江木の死』、『或兵卒の記録』などの軍隊批判を主題とする小説を生んだ。プロレタリア文学に身を投じてから、良心的なサラリーマンの成長と資本家たちの策謀を多様にとらえた長篇小説『真理の春』を描いた。他に『黒の死刑女囚』『赤い曙』など。

堀保子　一八八三―一九二四。社会運動家。堀紫山の妹。堺利彦の義妹。大杉栄の内妻。離婚後、『あざみ』編集・発行（大正七年五月〜九月）。一九二一年、赤瀾会の会員となる。

堀切利高　一九二四―二〇一二。東京浅草生。社会主義評論家。小田切秀雄に師事。『大正労働文学研究』編集委員。「初期社会主義研究会」創設に参加。一九六五年弘隆社を起こし、社長。『彷書月刊』を創刊。

マ行

正富汪洋　一八八一―一九六七。岡山生。詩人、歌人。一九五〇年日本詩人クラブを結成、『詩界』の編集にあたる。詩歌集『小鼓』、詩集『豊麗な花』など。

正宗得三郎　一八八三―一九六二。岡山生。洋画家。正宗白鳥、正宗敦夫の弟。渡欧しマティスに学ぶ。二科会会員。作品に「モレーの運河」など。著作に『画家と巴里』「鉄斎」など。

三ヶ島葭子　一八八六―一九二七。埼玉生。歌人。小学校の代用教員をしながら、与謝野晶子に師事。のち島木赤彦の門へ。病気、子どもへの愛、夫の裏切りを赤裸々に歌った。歌集に『吾木香（われもこう）』や『三ヶ島葭子全歌集』など。

三上参次　一八六五―一九三九。兵庫生。日本史学者、貴族院議員。『江戸時代史』（没後刊行）。

水野仙子　一八八八―一九一九。福島生。作家。『徒労』を田山花袋に激賞され師事。歌人川浪道三と結婚、自らの結婚生活を通して「男女相剋」をテーマに描く。没後、作品集『水野仙子集』が編まれた。

水野葛舟（→**葉舟**）　葉舟の誤植あるいは別号か。

一八八三―一九四七。東京生。歌人、詩人、作家。新詩社に入り、与謝野晶子の影響を受ける。窪田空穂との合著歌集『明暗』、小品集『草と人』などで自然主義文学に独自の地位をしめる。

水上瀧太郎　一八八七―一九四〇。東京生。作家、評論家。『三田文学』発表の「山の手の子」でデビュー。長篇『大阪の宿』、一九一八～四〇年まで書き続けた随筆・評論「貝殻追放」がある。父創業の明治生命で専務をつとめた。

三宅恒方　一八八〇―一九二一。金沢生。昆虫学者。三宅雪嶺の甥。丁夢関人の筆名で社会評論もおこなう。妻の三宅やす子、長女の艶子はともに作家で評論家。『昆虫学汎論』など。

三宅やす（安）子　一八九〇―一九三二。京都生。作家、評論家。一九一〇年昆虫学者三宅恒方と結婚。一二年『ウーマン・カレント』創刊。評論集「未亡人論」などを発表、人気を博した。未完の遺作『偽れる未亡人』。

宮田脩　一八七四―一九三七。神奈川生。教育者。専門は倫理学。一九〇一年東京の成女学校講師となり、一九〇六年校主。一九〇八年成女高女への改称にともない校長となり、没年までつとめた。

三輪田真佐子　一八四三―一九二七。京都生。教育者。一九三五年三輪田女学校(現三輪田学園)を創立。良妻賢母教育をすすめた。『女子の本分』など。

村岡たま　一八九四―一九七〇。札幌生。素木しづは小学校からの同級。森田草平に師事。作家、随筆家、政治家。『石狩少女』『木綿随筆』。

村田嘉久子　一八九三―一九六九。東京生。舞台女優。川上貞奴の帝国女優養成所の第一期生。歌舞伎や女優劇で活躍。

室伏高信　一八九二―一九七〇。神奈川生。評論家、ジャーナリスト。『二六新報』『朝日新聞』等の政治部記者を経て、『改造』特派員。アインシュタインの来日交渉にあたる。一九三四年から『日本評論』主筆。大東亜戦争を賛美し、戦後公職追放。『亜細亜主義』、訳書にヒトラー『我が闘争』など。

望月桂　一八八七―一九七五。長野生。画家、漫画家、社会運動家。一五年『小作人』を編集・

発行。一九二八年から読売新聞に漫画家犀川凡太郎として主に漫画の世界で活躍。一三年漫画雑誌『バクショー』編集人。戦後は東筑農民組合連合会の会長になり、かたわら社会活動、美術活動をした。

森律子　一八九〇―一九六一。東京生。舞台女優。著作に『女優生活廿年』。

ヤ　行

ヤクート人　主に北東アジアに居住するテュルク系民族に属して、サハ人と自称する。ロシア連邦サハ共和国の主要構成民族の一つである。人種的にはモンゴロイドにあたる。

安成二郎　一八八六―一九七四。秋田生。歌人、ジャーナリスト。安成貞雄の弟。『実業之世界』編集長。歌集『貧乏と恋』『夜知麻多(やちまた)』など。

柳勝子　民芸運動の提唱者として知られる美術評論家、宗教哲学者の柳宗悦の母親。

山川浦路　一八八五―一九四七。東京生。女優。一九一二年、夫の山川草人らと近代劇協会を創立、「ヘッダ・ガアブレル」「ファウスト」「マクベス」「桜の園」「ヴェニスの商人」などに出演。八年経済的な行きづまりから協会を解散、草人とともに渡米するも、のちに別れ、夫の帰国後も米国に留まった。

山下新太郎　一八八一―一九六六。東京出。洋画家。エコール・デ・ボザールに入学。フェルナン・コルモンに学ぶ。ルノワールの影響を受けた美しい色彩が特色。「読書の後」「靴の女」などを文展に出品。二科会、のち一水会の創立に参加。

山田(今井)邦子　一八九〇―一九四八。徳島生。歌人。『アララギ』に加入し活躍。女性だけの歌誌『明日香』を創刊、主宰。歌集『片々』『紫草』など。『万葉集』はじめ古典の研究書も多い。夫は政治家の今井健彦。

山田たづ　一八九五―?。滋賀生。作家。森田草平に学ぶ。生田花世とともに『ビアトリス』を創刊。結婚してハワイに渡り、加藤姓に。

山田わか　一八七九―一九五七。神奈川生。婦人運動家。騙されてシアトルで苦界に身をしずめた時、社会学者山田嘉吉と結婚。一九〇六年帰国し、『青鞜』参加母性保護をうったえる。一九三四年母性保護法制定促進婦人連盟初代委員長。戦後は売春婦の更生につくした。『女・人・

母』など。

吉植庄一郎　一八六五―一九四三。千葉生。衆院議員（立憲政友会）。北海タイムス・中央新聞社各社長となる。衆院議員に発当選以来九期務める。田中内閣の商工政務次官、政友本党総務等を歴任。

吉岡弥生　一八七一―一九五九。静岡生。医師。一九〇〇年東京女医学校（現東京女子医大）を創設した。東京連合婦人会長などをつとめ、女子医学教育、女性の地位向上につくす。昭和二七年東京女子医大学頭となる。

ラ　行

ロセッチ　ダンテ・ゲイブリエル・ロセッティ。一八二八―一八八二。英国の画家・詩人。ラファエル前派の結成に参加。伝説や神話、聖書などに題材をとった作品を多く残した。詩集「歌謡とソネット」など。

ワ　行

若杉鳥子　一八九二―一九三七。東京生。歌人、作家。一二歳の頃から『女子文壇』に投稿をはじめ、横瀬夜雨に師事。子爵板倉勝忠と結婚。一九二五年『烈日』で評価される。プロレタリア作家同盟に参加し、『働く婦人』の編集。遺稿集『帰郷』。

若林つや　一九〇五―一九九八。静岡生。作家。『女人藝術』に投稿、『輝ク』の編集をへて『日本浪曼派』に参加。戦後は同人誌『女人像』に作品を発表。『野薔薇幻相』『午前の花』など。

若松賤子　一八六四―一八九六。福島生。翻訳家、作家。一八八九年巌本善治（いわもとよしはる）と結婚、明治女学校の経営に協力した。児童文学の創作と翻訳をおこない、プロクター『忘れ形見』、テニソン『イノック・アーデン』、バーネット『小公子』など。口語体の名訳をのこした。

若山喜志子　一八八八―一九六八。長野生。歌人。一九一二年若山牧水と結婚。旅の多い夫の留守を守り、孤独と貧苦の中で歌を詠んだ。牧水の死後『創作』主宰。歌集に『無花果（いちじく）』『筑摩野』など。

＊第五回（『女の世界』第六巻第五号）

大正九年四月現在

大正婦人録

女の世界編輯局

伊藤燁子　伯爵柳原義光氏の妹、明治十八年十月東京市麻布に生る。華族女學校東京英和女學校卒業、竹柏園門下に遊び歌集『白蓮』『踏繪』『幻の華』『詩集』『几帳のかげ』の著あり。伊藤傳右衛門氏夫人、福岡に於ける新らしい女の隨一人なり。現住所、福岡縣幸袋町。

岩下絹子　女子美術學校洋畫科本科高等部を卒業し、後英國に留學すること三年、明治四十二年歸朝せり。嘗て佛蘭西サロンに出品せることありき。現住所、淸國長春南滿洲鐵道株式會社社宅。

井深花子　慶應元年二月生、舊備前天城藩士大島協悠氏四女。米國理學士、女子學院。英和女學校教師。牧師井深梶之助氏友人。現住所、芝區白金町明治學院內。

一葉　本名水野まつ子、本年十七歲、淺草馬道に生る、十四にして下谷より現れ初め若太郎と名乘り今年一月一本となり一葉と改む踊は花柳吉藏に學び下谷に於ける美妓の一人たり。現住所下谷同朋町若狹家

石田みつじ　明治二十四年一月、長野縣山縣縣神川村に生る、信州上田高等女學校を卒業し後、所の國學者宮澤翁氏に學び、嘗つて雜誌『女王』を創刊せり。『文化運動』主筆石田友治氏夫人にして一子あり。現住所、府下荏原郡松澤村字松原五七。

井上起久子　オペラシンガー。明治二十五年四月十三日、愛媛縣新居郡西條榮町に生る。西條實業高等女學校及び東京の女子音樂學校出身。嘗て音樂教師たり。帝劇洋劇部一期を終へ、ロシーオペラに入り、其解散と共に原信子歌劇團に屬せしが目下は旭歌劇座員として日本館に出演す。夫君會社員井上智斗氏との間に一男一女あり。現住所、赤阪區傳馬町二ノ九。

井上初枝　舊姓日種。明治三十二年四月十四日北海道札幌に生る。旭川高等女學校を出づ『取り殘されて』『養父殺し』『毀れた茶碗』の短篇を發表す。雜誌記者井上精二氏の夫人にして、現住所は東京麻布龍土町七四。

今村靜子　舞踊家。明治二十八年三月二十日、岐阜縣大和村に生る。米國シカゴ、ミユージカル、カレージ舞踊科出身。マダムヤングに師事し米國にて三年間出演せることあり。曾て天勝一座にあつて名聲を擧げ、嘗つて松竹に專屬し、目下新文藝協會の座員たり現住所、東京府下東大久保三五七。

伊藤野枝　原稿商賣。明治二十八年一月二十一日、福岡縣糸島郡今宿村に生る。上野高等女學校卒業後曾て『青鞜』を編輯す。『婦人解放の悲劇』その他の著あり。大杉榮氏と同棲す。現住所、東京市外瀧野川町西ヶ原三一三。

池村赤子　藤柳流の開祖。赤舟と號す。明治十三年八月二十日、芝兼房町に生る。父は故從三位勳二等田邊蓮舟。三宅花圃女史の異母妹なり。啓生女學校出身。諸種の技藝に通ず。特に舞踊に對して一見地を有し藤間、花柳の長處を採り、一派を創めて藤柳と稱す。歌詞、振、曲共に自家の作に成れるもの數種あり。曾てコンノート殿下來朝に際し歌詞『國の榮』『御代の榮』『國のほまれ』を獻ぜり。現住所、芝區日影町一丁目一番地。

岩間櫻子　水榮の號あり。明治二十五年十二月三十一日、名古屋に生る。名古屋市立女學校卒業、吳平松興行部專屬女優たり。

伊藤德子　元鈴木德子と稱して帝劇女優たり。明治二十六年十一月二十九日、東京本鄕に生る。練塀學校卒業。帝劇俳優澤村宗之助氏夫人。現住所、淺草區東仲町十五番地。

石丸喜世子　明治二十六年四月秋田市に生る。自修にて中等教員に合格す。嘗つて大阪市にて雜誌園藝を經營、編輯に從事せし事あり。石坂梧平氏夫人にして一男二女あり。

現住所、本郷區弓町一ノ廿五下田方。

石坂梅子　京花女と號す。明治三十二年深川洲崎遊廓に生る。川柳を良くし、また文才あり。家弟と共に『大黒すし』を經營す。香樂雜誌『邦樂』に勤めし事あり、女子商業學校出身、現住所、深川區洲崎

池山薫子　元『家庭の花』『婦人タイムス』を編輯せし事あり、目下『短歌と詩』の主幹にしてその經營に當る。鳥取縣西伯郡逢坂村に生る。現住所、赤坂區青山南町五の九七

生田花世　元、長曾我部菊子と號す。明治二十一年十月德島縣板野郡松島村泉谷に生る。德島縣立高等女學校出身。小學校敎師。新聞雜誌記者等の經歷を有す。『情熱の女』『戀愛巡禮』の二著あり。文學者生田春月氏夫人。現住所、牛込區天神町五十三番地。

岩野英枝　明治二十三年五月八日、新潟市寺町に生る。縣立新潟高等女學校出身。嘗て東京及び新潟に敎師たりしことあり。ピアノ三味線踊に秀づ。一男二女あり、岩野泡鳴氏夫人。現住所、東京府下巣鴨町一〇八二

原阿佐緒　明治二十一年六月一日、宮城縣黒川郡宮床村に生る。宮城縣立女學校を中途にて退學す。與謝野晶子、齋藤茂吉、島木赤彦氏に師事す。歌集『涙痕』『白木槿』の著あり、畫家原勇氏夫人たりしが最近離婚せり男子二人あり、現住所生地に同じ。

原田琴子　舊姓齋賀。明治二十五年十二月五日、千葉縣市原郡玉井町に生る。東京家政女學校、成女高等女學校出身。舊青鞜社員。小說短歌の作及び飜譯數種あり。雜誌記者原田實氏夫人一男あり。現住所、牛込區若松町一二九。

鳩山春子　故法學博士鳩山和夫氏夫人。文化元年三月二十三日、長野縣東筑摩郡北錦志町に生れ、女子高等師範を出づ。共立女子職業學校理事、愛國婦人會、婦人敎育會大日本女學會、篤志看護婦人會、東洋婦人會各評議員。現住所、小石川音羽町七丁目十番地。

埴原桑喜代　洋畫家、桑港總領事埴原正直氏令妹。明治十二年八月。山梨縣中巨摩郡源村に生る。女子美術學校出身。現住所、府下下落合二百二十二番地。

長谷川時雨　名は康子。明治十二年十月東京日本橋通油町一に生る。嘗て狂言座を組織し、雜誌『シバヰ』を發行せり。日本橋區大傳馬町のもと源泉小學校を出づ。坪内逍遙、佐佐木信綱氏に師事す。小說。脚本の作數十種、又『日本美人傳』『櫻ふゞき』『情熱の女』等その他數種の著書あり。鶴見花香苑(料理店)を經營す。現住所。神奈川縣鶴美花香苑。

鳩山　薫　明治二十一年十一月二十一日横濱に生る。麹町の女子學院出身。代議士辨護士鳩山一郎氏夫人。現住所小石川區音羽町七丁目十番地。

林よね子　常磐と號す。明治五年七月兵庫縣に生る。辯護士法學士林龍太郎氏夫人。かつて夫君と共に歐米を漫遊せることあり。東京女子高等師範學校出身。趣味深く、一男三女あり。現住所、兵庫縣川邊郡雲雀岡。

羽仁もと　雜誌『婦人の友』『子供の友』の經營社。明治女學校出身。嘗つて毎日電報社婦人記者たり。羽仁吉一氏夫人。現住所、東京市外雜司ヶ谷上り屋敷一一四八番地。

原信　子　聲樂家。明治二十六年九月十日青森縣八戸町に生る。東京音樂學校出身。帝國劇場歌劇部に入り、米國に見學す。大正五年帝劇を退きロシー氏のローヤル館に立唄として名聲を擧げ、大正七年ローヤル館の瓦解と共に、原信子歌劇團を組織し、本年三月まで淺草觀音劇場に出演して人氣を博せり。目下米國に在り。

林　千歳　女優。明治二十二年八月芝區琴平町に生る。女子大學英和科出身。文藝協會に入り、『マグダ』のマリーを初役として、

舞臺協會新劇場等にも出演せり。勸彌等と組織せる文藝座のスターたりしことあり。特に坪内逍遙博士に師事す。時々小說漫筆等に筆を執る。良人林和氏との間に一見あり、現住所、赤阪區青山南町三丁目二十二番地。

初瀨浪子　帝劇女優、本名は岩尾秀子。明治二十一年八月、京橋區築地に生る。築地女學校卒業。現住所、芝區佐久間町二ノ十七

林　歌子　元治元年十二月十四日、福井縣大野町に生る。福井縣女子師範學校出身。小學校及女學校に敎鞭をとり、明治二十五年博愛社を創設し、現に同社社母、乘て大阪基督敎婦人矯風會會長たり。現住所。大阪府北區中之島六丁目六番地。

坂東のしほ　女優にして畫家。秋花と號す。本名水田ふく子。明治十八年京橋築地一丁目に生る。故依田學海、井川洗厓氏につきて學ぶ、大正六年五月の興畫會に『おそはれ』を出品して好評あり。現住所、赤坂區仲之町十二番地。

長谷川かな女　名はかな。明治二十年十月二十二日　日本橋區本石町一丁目に生る。高濱虛子氏に就て俳句に堪能なり。長谷川零餘子氏夫人。現住所、東京府下淀橋町柏木九四四。

林　きむ子　さわらびと　す。明治十七年十二月一日東京に生る。愛住女學校出身。小具貞子女史に就て學ぶ。横井和國翁の長女にして、眞島權瓶氏の養女となり、曾て故日向輝武氏夫人たり。小說『あしわけ舟』隨筆『うきよ草紙』歌集『このはな集』及び感想錄『銀と藍』『灰と紫』等の著あり。美人を以て聞ゆ。また舞踊一中節に達す　オーロラ化粧液製造發賣。明治藥學校講師林照壽氏夫人。現住所、本鄕區湯島天神三ノ二。

原田齊子　畫家、なみぢの號あり。明治卅三年四月松江市に生る。跡見高等女學校半途退學。現住所、府下池袋四九五。

仁尾繁子　安政五年四月高知縣に生る。愛國婦人會東京支部、海事協會婦人部各評議員。貴族院議員仁尾惟茂氏夫人。現住所、牛込區中町三十四番地。

西川文子　明治十五年二月二十三日、岐阜縣安八南選抗瀨村字外野に生る。京都府立第一高等女學校國語漢文專攻科卒業。『婦人解放論』其他の著あり。雜誌『眞新婦人』經營。西川光次郎氏夫人。子女五人。現住所、本鄕區駒込動坂町三百二十七番地。

堀江京子　關西日報客員。明治二十九年五月三十日、京都市に生る。京都府立第一高等女學校卒業。父君の經營せる京都新聞に筆を執りしが文筆生活の第一歩なりしと。現住所、京都市一節御前通西入。

堀越翠扇　名は實子。故九代目團十郎の長女なり。明治十四年八月東京に生る。堀越福三郎氏夫人　嘗て歌舞伎座付女優たりき。現住所、京橋區築地二丁目二十二番地。

堀部夏子　小笠原得忍法師に茶道を、池坊小野惠正師に生花を習ひ、有樂庵宗薰（茶道）華樂軒淸香（生花）と號す。京都市第一高等女學校卒業。出生地岐阜縣本巢郡廣田村佛生寺、現住所、小石川關口町一六五駒井坂。

帆足みゆき　明治十九年一月五日、越後北漁沼郡堀ノ內に生る。日本女子大學を卒業し、米國南カリフオルニヤ大學を卒業す。女子大學卒業後布哇ホノル、淨土宗女學校に敎鞭を執りしことあり。帆足理一郎氏夫人。現住所東京下戶塚五二〇。

本莊幽蘭　名は久代。明治十二年二月十八日大阪市北區中の島に生る。故鄕は九州久留米市。横濱フエリス女學校、明治女學校に學び、日本最初の婦人記者として讀賣新聞、やまと新聞に勤めし事あり、新劇女優を經て現在著作と敎育講話を業とす。『本莊幽蘭尼懺悔叢書』近刊。私生見二、公生見一を產み公生

見のみ生存す。現住所、淺草區馬道四ノ一一

戸野みちゑ　教育家。明治三年二月七日京都府南桑田郡龜岡町に生る。東京女子高等師範學校卒業。東京女子高等師範學校教諭、學習院女學部講師、私立中村高等女學校長等を經て、現在私立佐藤高等女學校長兼女子美術學校主幹。著書としては家事教科書數種、校外讀本新日本四册、女子日用文等。下谷區長戸野周二郎氏夫人、八男一女あり。現住所、小石川區同心町十三番。

本間美枝子　明治廿七年十二月四日山形縣米澤市に生る。山形縣立高等女學校を卒業す文學家本間久雄氏夫人、女兒二人あり。現住所小石川區高田老松町十七。

豐竹呂昇　淨瑠璃の名人。姓は永田名は仲子。また竹香と號す。明治七年八月四日名古屋に生る。故豐竹呂太夫の門を出で、現代第一流の義太夫の語り手なり。春秋二季東京有樂座に開かるる東西名人會は君に依りて重きを爲す。現住所、大阪市南區大寶寺町仲ノ町。

富本一枝　舊姓は尾竹、嘗て紅吉と號せり。明治二十六年三月二十六日、越中國富山市に生る。元青鞜社同人。尾竹越堂氏の女、國觀、竹坡の姪にして畫技を有す。圖案家富本憲吉氏夫人。現住所、大和國安堵村。

富　龍　本名野村君子。新橋に生る。本年十九歲。新橋葛近江の娘分にして、踊を藤間政彌に學び長唄に堪能なり。活動は三度の飯よりも好きにして、活動女優メーリマクラレンに酷似す。現住所、新橋葛近江。

戸板せき子　明治二年四月二十日仙臺市北五番町五十六に生る。仙臺の松操學校、横濱のフエリス女學校卒業。明治卅五年より戸板裁縫女學校を經營し、大正五年より三田高等女學校を併せ經營し兩校校長たり、裁縫教科書『戸板裁縫全書』の著あり、女子二人何れも婚嫁せり、現住所芝區三四四國町二番地。

都鳥雪香　名は鈴、日本畫家、明治十二年七月東京に生る。野口小蘋の門に遊びて南畫を學ぶ。京都市精華高等女學校及同志社女學校畫學教師。都鳥英喜氏夫人。現住所、京都市上京區新椹木町丸太町下。

杏　フク　明治廿八年一月廿五日沖繩縣那覇に生る。東京女子醫學專門學校卒業、大正六年醫師試驗及第、大正七年五月警視廳衞生保健調査に勤務し今日に至る。警視廳に於ける最初の女官吏たり。現住所、牛込河田町女子醫學專門學校內

中條百合子　明治三十二年二月十三日、東京小石川區原町に生る。工學士中條精一郎氏の長女なり、大正五年東京女子高師附屬高等女學校を卒業し、日本女子大學を中途退學す。處女作『貧しき人々の群れ』を以て一躍文壇に名を成す。尙ほ『日は輝けり』『地は饑かなり』等の作あり。コロンビヤ大學に在學、本春歸朝す。荒木滋の夫人たり。現住所本鄉區林町二一。

千代丸　明治三十五年九月横濱に生る本名渡邊登代子、赤阪第一の美妓にして、支那料理を好む。

千代子　府下大井に生る。本年十六歲初め喜撰と名乘りて横濱に現はれ、大正八年正月新橋より出づ。藤間の踊の名手にして、長唄を杵屋五三郎に學ぶ。慶ちやん黨の一人にして、甘栗チヨコレートを好む。明眸皓齒新橋花柳界の第一人者たり。正に之れ傾國の美。現住所、新橋河富中。

周田松枝　明治二十二年一月東京牛込に生る。神奈川縣立女學校本科補習科卒業、後ち學校教師をなし、目下讀賣新聞記者なり。現住所東京上野櫻木町卅九。

小山内登女　明治廿三年七月京橋八丁堀に生る。双葉女學校選科を出づ。文學家小山内薫氏夫人にして男子三人あり。現住所四谷坂町五番地

小野菊子　藝名若扇。明治十五年十一月千葉縣木更津に生る。清元、古歌、其他日本音樂を能くす。藝者家。現住所芝區烏森町一番地

小笠原貞子　明治二十年二月、阿部伯爵家に生る。伯爵小笠原長幹氏夫人、朱葉會會員にして洋畫をよくす。現住所、牛込區市ヶ谷河田町十七番地。

大倉久美子　明治二十二年生。舊越後新發田藩主伯爵溝口直正二女。實業家大倉喜七郎氏夫人。現住所、麻布區廣尾町十九番地。

奥田若子　明治卅三年九月日本橋區に生る。府立第一高女卒業。畫(日本洋畫)踊、三味線、ピアノ、馬、ダンスを能くす。奥田安之助氏夫人。現住所下谷區池ノ端七軒町一。

岡村まさ子　洋畫家。安政五年十月長野縣北佐久郡岩村田町上之城に生る。伊國人ホンタネツジー氏に就きて洋畫を學び、明治十二年工部大學附屬美術學校洋畫科を卒業す。『畫學楷梯』『畫學入門』の著あり。會社員岡村竹四郎氏夫人。二男三女あり、現住所、芝區芝公園五號地三番地。

緒方とら子　本姓は伊藤。繪畫に相圓、和歌に矣山と號す。明治十七年七月二十九日、大阪市東區平野町一丁目に生る。江戸堀女學校、淸水谷高等女學校、吳竹裁縫學校卒業、上村松園、藤村霞運氏に師事す。琴、三味、茶、刺繡、挿花等に秀づ。緒方病院長醫學博士緒方正淸氏夫人。養子女あり。現住所、大阪東區宰相山町。

音羽兼子　帝劇女優、本姓は永野、紫路又は柏扇の號あり、明治二十七年一月七日、日本橋區馬喰町一丁目に生る。東京府立第一高等女學校三年修業。現住所、芝區田村町六番地電話サシ四七四九

小野美智子　明治二十三年九月十日、山口縣玖珂郡師木野村に生る　岩國の高等小學校卒業、十七の時著述業小野政方氏と結婚す。女兒二人『女子日用文』『かぐや姫物語』『若き婦人の手紙』の著あり、外に小說『絆』外短編數種あり。現住所、神奈川縣三崎町二町谷

おゑん　新橋に於ける半玉中の美妓たり。橫濱に生る。幼より新橋小松家に養はる踊を花柳德太郎に長唄を杵屋六郎に學ぶ、慶ちやん同惣黨の一人なり、本名福村かち子、現住所、新橋小松家。

岡本かの子　舊姓大貫、故文學士大貫晶川氏令妹、明治二十二年三月神奈川縣橘樹郡高津村に生る。跡見女學校を出で、與謝野寬晶子兩氏に就て詩歌を學ぶ。著に歌集『かろきねたみ』『愛のなやみ』あり。漫畫家岡本一平氏夫人。男兒一人あり。現住所、芝區白金三光町二九三。

岡本更園　畫家。本名は星野伊世子。明治二十九年三月二十九日、兵庫縣有馬郡名鹽村に生る。京都府下伏見小學校を出でて、家兄岡本大更氏に就き、日本畫を學ぶ　第八回文展に『秋のうた』、第十回文展に『仕舞の部屋』等入選。關西畫壇の才媛として令名高し。現住所、大阪市南區東淸水町六〇番地。

岡田八千代　芹影の號あり。明治十六年十二月三日廣島市大手町に生る。富士見小學校、女子職業學校、成女學校特別選科卒業。小說『門の草』『新綠』『繪具箱』『八千代集』等の著あり。又劇評家として知らる。東京美術學校敎授岡田三郎助氏夫人。現住所、東京市外下澁谷伊達跡、一八三七番地。

岡田乙女　舊姓石井。明治三十三年五月二十五日茨城縣久慈郡大子町に生る。大正七年度水戶高女卒業後共立女子職業學校に學ぶ。醫學士岡田道一氏夫人、現住所東京麴町區下二番町十二。

岡田幸子　明治廿八年八月二十八日芝區三田四丁目三十八番地に生る。式部官岡田平太郎氏の長女にして、香蘭女學校を卒業す。舊青鞜、ピアトリス、女王等の同人たり　小說

『紅い帶』其他短編數種及び、許多の飜釋あり。一女あり。會社員岡田達氏夫人。現住所、出生地に同じ。

大河內國子 子爵大河內輝耕氏夫人。公爵德川慶喜氏の八女にして、明治十五年一月生る。歌人としては竹柏園の秀才、又文章に巧みにして、婦人雜誌等に時々隨筆の寄稿あり。現住所。淺草區今戶町二十三番地。

大井秀子 明治二十三年十一月六日名古屋市に生る。女子神學校、ロシヤ、ペテルブルガ帝室美術學校卒業。實業家大井包高氏夫人、二男あり。現住所東京小石川區宮下町四十六番地。

大塚つま子 舊姓下妻。讀賣新聞記者。明治二十三年十二月三十日、千葉縣香取郡佐原町イ三三七四番地に生る。青山女學院卒業會社員大塚光一氏夫人。現住所、東京府下下澁谷一九一九番地。

尾崎恒子 明治十四年十月十二日夜、本郷春木町三丁目一に生る。女子美術學校卒業。生花盆石を河鍋曉翠、松榮齋光師に就て學び、目下は自宅にて教授す。松榮齋理育と號す。『生花』『投入盛花』の著あり、赤手母を擁して獨立十餘年。未だ夫なし。現住所、本郷區森川町五三。

大町文代 明治三十四年十月山口縣美禰郡大嶺に生る。女學校三年の折病を得て退學後文學を生田春月氏に學ぶ。短歌を能くす。現住所、東京牛込區餘丁町百十七渡邊內。

大塚つま 明治廿三年十二月千葉縣香取郡佐原町に生る。青山女學院卒業、元讀賣新聞記者。會社員大塚光一氏夫人。現住所、市外下澁谷一九一九。

大泉美代子 明治二十九年十二月長崎市に生る。大阪修愛女學校卒業。文學家大泉黑石氏夫人、男兒二人あり。日本畫を能くす。現住所、市外雜司ヶ谷四四二。

渡邊京子 明治二二年三月東京牛込矢來町に生る。愛住女學校卒業。記者生活九年。會社員渡邊信雄夫人。『一葉双紙』『紅燈の下』の著あり。現住所、芝區琴平町二番地。

若　福 新橋藝妓。姓は小野、名はきく。明治二十一年、東京に生る。新橋有數の美音にして。長唄、淸元を初め、唄は行くとして可ならざるなし。漢學の素養あり。現住所、芝區烏森、福高島家。

若山喜志子 歌人。明治二十一年五月二十八日、信濃國東筑摩郡廣丘村に生る。高等小學校卒業。歌集『無花果』『白梅集』の著あり歌人若山牧水氏夫人三子あり。現住所、東京府下巣鴨町天神山。

和歌浦糸子 本名は土橋小糸、明治二十六年十月十日、和歌山市道場町に生る。大阪ウイルミナ女學校三年修業、また正則英學會に學ぶ。曾てケイピストたりし事あり。三味ヴアイオリン、踊、琵琶に秀づ。大阪、松竹合名會社付女優。現住所、大阪市東區空堀通二丁目五十九番地。

鏑木照子 明治十九年十一月十三日、磐城國鹿島村(父君の出張地)にて生る。六歳まで田舍に育ち、東京に歸りて小學校を經てお茶の水女學校卒業。十八歳にて畫家鏑木淸方氏と婚し、二女を擧ぐ、現住所、本郷區龍岡町十五番地。

唐崎ひで子 明治二十八年十月、芝區愛宕町に生る。第三高等女學校を經て、女子美術學校に學べり。元帝劇女優にして本年五月生活の安定を得て劇界を退けり。現住所、小石川區中富坂一六。

廣島恵津子 舞踊、長唄教授。明治十三年十一月二十日府下北品川に生る。北品川小學校を高等科一年まで進み退學す。藝名ぽんたと名乘つて新橋より現はれ、名妓としての嬌名一世に高かりき。遊藝の道一として達せざるなし。能樂笛方、鹿島淸兵衞氏夫人。女見六人男兒三人あり。坪内博士の愛嬢くに子嬢も君の女なり。現住所、本郷區本郷四丁目七番地。

嘉悅孝子　明治二年生。嘉悅博矩氏妹、元成立學舍女子部出身、私立女子商業學校學監。現住所、麴町區土手三番町。

加藤つね子　男爵醫學博士加藤照麿氏夫人。東京府士族岩橋靜彥氏の長女。明治二年五月生る。時々婦人雜誌等に其家政、趣味に關して意見を發表し。現住所、麴町區下二番町四一番地。

加藤花子　明治三十二年二月十日東京に生る。著述業加藤謙氏夫人。現住所、南品川四八七。

河合道子　ブリンマー女子大學出身。バチエラー、オブ、アーツ、女子英學塾及女子高等師範學校外國語囑託講師。現住所、麴町區五番町十六番地津田梅子方。

柿内慶子　青葉と號す。明治二十八年七月東京牛込に生る。女子美術學校卒業後鏑木淸方氏に師事す。畫家なり。現住所、麴町區六ノ二一伊藤方。

春日野ゑつ　本姓小川。明治二十八年二月二十八日、愛知縣丹羽縣犬山町本村に生る。名古屋の中京女學校卒業。淸波又珖と號す。

現住所、向島隅田村一三五三、中田ふさ方。

神中糸子　洋畫家、東京の出身にして第一回文展に入選して名あり。現住所、本鄕區西須賀町五。

片山ヒロ子　松村みね子の別號あり。明治十一年二月の生れにして、埼玉縣平民吉田二郎氏の長女、日本銀行調査局長片山貞次郎氏の夫人。文藻に富み雜誌『心の花』の花形にして、また『三田文學』にメースフイールドの『忠臣藏』を飜譯せる外、創作飜譯等少からず。現住所、東京府下入新井宿千三百五十二番地

片岡ふじ子　明治卅五年十一月大分市に生る。長崎高小卒業。上京後長谷川時雨女史に師事す。お伽噺、小說を發表せしことあり。現住所、長崎市本五島町一。

片上あさ　明治廿三年三月五日和歌山縣日高郡に生る。大阪府立堂島女學校卒業。早大敎授片上伸氏夫人。二男一女あり。現住所東京府下西大久保三一二。

龜高文子　洋畫家。明治二十年七月。橫濱市に生る。女子美術學校洋畫科卒業後、太平洋畫會研究所に學ぶ。『白飛白』『讀書』『樂譜』『子供』等の作あり。嘗て洋畫家故渡邊與平氏の室たりしが、今は船員龜高伍一氏夫人たり。現住所、東京府下大森新井宿一三六九番地。

金杉紫玉　名は仲子。明治十九年八月、千葉縣に生る。端館紫川、河鍋曉雲に師事し、三十七年女子美術學校日本畫科を卒業す。女子商業學校敎員。現住所、神田區南伊賀町一二番地。

門野りよ　明治十四年八月、東京麴町に生る。男爵目賀田種太郎氏の長女にして、大倉組取締役門野重九郎氏夫人たり。曾て良人と共に長く倫敦に住み、現に全く洋風の生活を爲す。英佛語をよくし、舞踊に巧みにして、容姿端麗、社交界の花形なり。二子あり。現住所、赤阪區新坂町三十番地。

河合澄子　女優。明治三十一年七月、東京市日本橋區に生る。曾てロシー歌劇團、高木バライチー東京歌劇座に一座し、現に日本バンドマン一座のスターとして、橫濱朝日座に出演す。現住所、本所區番場町二十九番地。

河邊青蘭　名はもと子。日本畫家。明治元年一月一日大阪市に生る。橋本青江に師事し南畫を學ぶ。現住所、大阪府西區南堀江下通り一ノ二八番地。

歌　蝶　京都祇園藝妓。姓は川勝、名はうた。明治十三年七月二十三日、京都市に生る。彌榮小學校卒業。政治を談じ、憲政藝妓として知らる。現住所、京都市花見小路。

川路せい子　七陽と號す。明治卅年一月七日東京牛込に生る。淑德女學校卒業。詩作洋畫を能くす。詩人川路柳虹氏夫人女兒一人あり。現住所、牛込區白銀町卅五。

川田よし子　新藝術座女優。明治二十八年十月十七日新潟市古町に生る。學業は高等小學二年を終へ、女優としては帝劇を以て初舞臺とす。踊、琴曲に堪能にして、また劍道長刀に秀づ。現住所、日本橋區濱町三ノ三。

葛城婦美子　女優。本名は增田ユキ、明治十三年七月牛込町寺町に生る。赤城小學校國語練習所、東京音樂學校師範科出身。孃時代四年間、某宮家姫宮殿下のお相手を勤む、愛國婦人會創立に際しては、松前子爵夫人を助けて功あり。三十にして女優生活に入る、東京每日新聞婦人記者、每日派文士劇女優、有樂座及神戸聚樂館劇場女優監督を經て、現今本郷座附女優たり。杵屋己太郎に就て長唄に秀づ。『三絃獨稽古』の著あり。倘ほ、茶、踊、謠曲にも通ず。現住所、小石川區西丸町二十番地。

金塚多都江　明治卅五年九月大阪市に生る。ウヰルミナ高女在學中美術を研究の爲め退學。人物、花鳥、山水の畫を能くし、しぼりの技もあり。現住所、大阪市東區玉造玉堀町五三三。

金女甲子　舊姓伊東。明治二十五年七月十九日、日本橋區久松町三十番地に生る。久松尋常高等小學校出身。柔道、劍道、馬術、弓術に達し、また水泳の名手たり。金子虎三氏夫人。現住所、日本橋區濱町二ノ二栗林方。

河村菊江　名はヨシ。明治二十三年七月二十一日本郷區西片町十番地に生る。女子語學校出身。帝國劇場幹部女優。現住所、麴町區三年町二。

神近市子　明治二十一年、長崎縣に生る。女子英學塾出身。弘前高等女學校、女子商業學校の英語教師、及び東京日々新聞記者の經歷あり。オリーヴ・シュライネルの『婦人と勞働』の譯及び『引かれ者の小唄』の著。その他短編小說の作二三あり。大正五年十一月相州逗子に於ける所謂日蔭の茶屋事件にて目下入獄し大正八年二月出獄自ら創作に志す。

加藤みどり　名は菊。明治二十一年八月三十日、信濃上伊那郡赤穗村に生る。嘗て東京日々新聞記者たり 德田秋聲氏に師事して、小說『新潮』『昨日の薔薇』其他短編數種あり。飜譯家加藤朝鳥氏夫人。一男一女あり、水城(十一)、葵(三)といふ。現住所、府下中野町中野三九九。

片野たま子　球子の號あり。明治十七年二月二十五日、名古屋市西區玉屋町四丁目二番地に生る。息一人、現住所、名古屋市東區東矢場町二十八番戸。

横瀬たき　明治三十一年十月茨城縣那珂郡に生る。山方尋常高等小學校卒業。詩人横瀬夜雨の夫人にして兒一人あり。現住所、茨城縣眞壁郡大寶村大字横根。

吉田ふじを　洋畫家。明治十九年十月福岡に生る。吉田博氏の未人にして、小山正太郎に就いて學び。三十七年より三ヶ年間歐米諸國に寫生旅行をなせり。現住所、府下瀧ノ川町聖學院裏。

吉田雪子　洋畫家。第二同第三回文部省展覽會に出品して入選せり。文學博士吉田熊次氏夫人。現住所、小石川區白山御殿町一一〇番地。

吉田華舟　日本畫家。名は縫子。明治三十一年二月二十五日、洲崎遊廓引手茶屋直甲子の孃として生る。女子美術學校に學び、また池田輝方、蕉園、尾竹竹坡氏等に師事す。清元、踊に堪能なり。現住所、深川區洲崎辨天町二の八。

吉村さと子　明治十三年十二月、福岡縣久留米に生る。私立熊本女學校出身。料理法に

通ず。成女高等女學校教師。現住所、牛込區富久町二十番地。

吉野靜江　女優。本名は吉村きん子。明治二十三年一月二十九日、芝區烏森町五番地に生る。青山女學院出身。大正二年新劇社第二回公演に初舞臺を踏み、翌年藝術座員となり故島村抱月氏に師事す、又遠州流生花、有樂流茶道、太鼓、三味線等に秀づ。現住所、神田區東松下町五一齋藤方。

與謝野晶子　明治十一年十二月七日、和泉國堺市甲斐町に生る。堺女學校卒業。大正元年、歐洲諸國漫遊。歌集『みだれ髪』『常夏』『佐保姫』『春泥集』『青海波』『夏より秋へ』『さくら草』『與謝野晶子集』の外『新譯源氏物語』『新譯榮華物語』『新譯和泉式部』『新譯徒然草』『一隅より』『雑記帳』『歌の作りやう』『短歌三百講』『明星抄』『女子の文』等の著あり。與謝野寛氏夫人。子女十一人あり、中男兒五人女兒六人。現住所、麹町區富士見町五丁目九番地。

吉崎李枝子　明治十五年八月八日、東京に生る。お茶の水の女子高師附屬女學校を卒業して、十八歲の時結婚す。辯護士吉崎龜之助氏夫人。現住所、大阪北區堂島濱通一丁目一番地。

吉田清子　國民新聞記者、明治二十六年長野縣松本市に生る。日本女子大學校國文科出身。曾て婦人畫報、婦人週報記者たり。現住所、牛込區原町三丁目七十三番地久保方。

吉屋信子　明治三十年一月十一日、新潟市に生る。栃木高等女學校卒業。處女作『小さき者』あり、舊ピアトリス社同人。現住所宇都宮小幡町。

吉岡彌生　醫師。明治四年三月十日、靜岡縣小笠郡土方村上土方に生る。明治二十五年醫術開業試驗に合格。三十年東京至誠病院を起し、三十七年東京女子醫學專門學校を設立す。『家庭衞生』『婦人の衞生』等の著述あり。吉岡荒太氏夫人。男子一人あり。現住所、麹町區飯田町四丁目三十一番地。

吉岡千種　日本畫家。名は英子、明治二十八年二月十七日、大阪市北區堂島北町に生る。清水谷高等女學校出身。十八歲の時上京して故池田蕉園女史に就て丹青の道に入る。蕉園設渡菊地契月氏に師事す。『針供養』『おんごく』を文展に出品して盛名を擧ぐ。現住所、京都市吉田上大路町一ノ二。

高折壽美子　聲樂家。明治十九年六月一日岐阜縣下に生る。東京音樂學校出身。同校卒業生高折周一氏に嫁し渡米。紐育音樂院聲學科卒業。歌劇歌謡師の大家ファラー女史に就き研究。その紹介にて紐育メトロポリタン歌劇場に登場以來在米十五年、嘖々の盛名を擧げ大正六年歸朝す。曾てユーナイテツド・ブツキング興業會社附オペラ歌謡師たり。現住所、麹町區山元町二ノ五。

賴母木こま子　明治七年四月一日、靜岡縣濱松に生る。東京音樂學校出身にして同校教授たり。代議士賴母木桂吉氏夫人。一男あり。現住所、淺草區東三筋町十三番地。

高安やす子　明治十六年八月一日岡山に生る。大阪府梅田高等女學校卒業。元大阪病院長清野勇氏二女あり、高安病院長醫學博士高安道成氏夫人。三男三女あり。西洋畫に趣味を持ち、美容體操を創始す。現住所、大阪東區道修町四丁目八番地。

高村智惠子　舊姓長沼。福島に生る。日本女子大學家政科卒業後、太平洋畫會研究所に洋畫を學ぶ。彫刻家高村光太郎氏夫人。現住所、本郷區動坂町。

橘　薫　帝劇女優。本名は橘ふく子。明治三十三年横濱市羽衣町二丁目に生る。横濱吉田學校卒業。杵屋勘五郎に師事し幼より三味線、踊、長唄、義太夫を學ぶ、大正二年帝劇附屬技藝學校に入學し、大正四年九月初舞臺を踏む。現住所、赤阪區仲之町二十二番地

田邊八重子　音樂學者田邊尙雄氏夫人。明治二十五年四月二十五日、北海道札幌に生る。高輪淑女學校卒業。箏曲。生花、和歌、二絃琴、三味線、舞、造花、茶の湯、和洋裁縫等を嗜み深し。十八歲にて結婚し、一男一女あり。現住所、東京市外落合村下落合五四六。

竹本綾香　女義太夫。本名は伊藤君枝。明治二十六年五月十九日、東京神田に生る。下谷練塀小學校出身。十四歲にして藝界に入り、十五歲の春眞打となる。現住所、下谷區南稻荷町七十八番地。

田中孤夜子　歌人明治三十年三月三日、鳥取縣氣高郡正條村勝見に生る。大正四年の秋山陰日々新聞に記者たりし時『大典記念行進曲』を作り、縣人之を歌ふ。歌集『錦海のほとり』『灯ともし頃』の著あり、一女あり、本年三歲。現住所　鳥取縣濱村驛前。

田邊錦波　本名は房子。舊姓は大村明治二十五年十月十五日、東京府八王子市八日町に生る。京橋區泰明小學校、三田高等裁縫女學校を出づ。吉水錦翁氏に師事して、盛名隆たる女流薩摩琵琶師たり。琵琶師田邊藤川氏夫人。現住所、本鄕區春木町三ノ一五。

竹本綾之助　女義太夫。本本　石井ソノ　明治八年八月、大阪市南區に生る。初代綾瀨太夫、住太夫、鶴澤淸右衞門、鶴澤豐吉、豐澤團平、初代東玉に師事して藝を磨き、女義太夫界の泰斗たり。著に、義太夫新曲『かちかち山』『仁田四郎』其他數篇あり。夫君會社員。石井健太郎氏との間に娘三人あり。現住所、日本橋區濱町二ノ一二。

高砂妙子　本名は淺井かほる。明治三十四年五月六日大阪市に生る。寶塚少女歌劇養成會研究科生徒。現住所、兵庫縣寶塚少女歌劇團內。

高砂松子　本名は稻垣壽子。明治三十四年一月十七日鳥取縣倉吉町に生る。鳥取女學校出身。寶塚音樂歌劇學校研究科生徒。現住所、兵庫縣寶塚少女歌劇團內。

多川澄子　女醫。明治二十三年九月、伊豫松山市に生る。東京府立第三高女。女醫學校。日本醫學校を終へ、帝國大學病院小兒科、育兒會病院等にて實地研究し、明治四十五年開業す文學に趣味深く、『ホトトギス』誌上に女醫として玻璃の窓より等を發表す。夫君は官吏にして一子あり。現住所、芝區白金三光町二七三。

田中孝子　明治十九年四月四日千葉縣東葛飾郡野田町に生る。澁澤男の令姪なり。日本女子大學在學中渡米しスタンフォード大學にて、バチユラー、オブ、アーツ、シカゴ大學にてマスター、オブ、アーツの學位を得在米十年、社會學社會事業を研究して本年一月歸朝す。萬國勞働會議婦人顧問として出席せしことあり。哲學者田中王堂氏夫人一男あり。現住所、小石川區原町一〇八。

瀧澤靜子　帝劇女優。明治三十五年四月八日、赤阪區田町四丁目七番地に生る。赤阪氷川學校出身。義太夫、長唄、三味線、畫に達す現住所、出生地に同じ。

竹本綾昇　本名は升方アイ。明治三十四年四月二十日東京に生る。某私立小學校を出で竹本綾之助に師事して、女義太夫となる。現住所、芝區櫻田本鄕町三、升方方。

竹本輝玉　女義太夫。本名は淸水ナツ。明治三十二年八月十二日東京に生る。相生小學校を出で、竹本長尾、竹本綾之助に師事して、六歲頃より斯道に入る。斯界の美人を以て知らる。現住所、本所區綠町三丁目三十番。

高木島子　明治十七年二月、東京麴町に生る。實業家有島武氏の二女。洋畫家有島生馬氏の令妹にして、又文學繪畫の愛好者なり。醫學博士男爵高木兼寬氏長子ドクトル喜寬氏夫人。現住所、東京市麻布區東鳥居坂町。

丹いね子　明治二十七年十二月二十日、京橋區加賀町十四番地に生る第一高等女學校卒業東京音樂學校中途退學、嘗て東京每夕新聞記者たり。『男讀むべからず』『女のローマンス』の著あり。目下自働車業を營む。目下歌劇團創立奔走中。現住所、芝區三田臺町一の十六。

高信都留子　畫家號蕉露明治卅年三月、芝區南佐久間町に生る。日本女子商業學校卒業後、女子美術學校に學ぶ故池田焦園女史に師事す。高信峽水氏の令妹たり。現住所、芝區芝公園八の三。

染　奴　本年二十歳、東京深川不動前に生る。十五歳の時、新橋に現はれ、踊りを藤間政彌に、長唄を杵屋六郎に學ぶ色ッポイ點に於て屈指の一人殊に座談に巧み也。現住所、新橋小林家。

棚橋絢子　教育家。字は文遠、梅巷の號あり天保十年亥二月二十四日、大阪高麗橋東詰に生る。奥野小山翁に漢學、三瓶位虎に書法、藤芳樹翁、鈴木重胤翁に歌を學ぶ。『女道叢話』『女大學評釋』『女四書講釋』『小學評釋』『實科女子修儒書』等の著あり。故儒者松郎橋大作氏夫人。一男二女あり。嘗て愛敬女學校長、名古屋高等女學校長、成立女學校長等に歴任し、現に東京高等女學校長たり。現住所、本郷區丸山新町十七番地。

高倉とよ子　明治二年五月七日、大阪市東區道修町五丁目に生る。第一大區第五小區道修中學校五級卒業。明治二十八年結婚す。前大阪堂島米穀取引所理事長、北濱銀行頭取故高倉藤平氏夫人。息一人。現住所、大阪市南區天王寺北宮町。

園　子　本名大塚田鶴子。祇園藝妓。明治三十七年一月三日京都祇園新地に生る。十一歳の時舞妓となり昨年末一本となる。普通教育を了ゆ。祇園藝妓中嬌名特に聞ゆ。現住所、京都市祇園上富永町。

相馬艮子　明治九年九月十二日、仙臺城下に生る。明治女學校を卒業す。嘗て黒光女史と號して文名あり。露國人エロシンコ氏に就きて露語を研究す。『田舍者の見たる東京の商業』の著あり麵麭商中村屋主人愛藏氏夫人。三男三女あり。現住所、東京市外淀橋角筈十二番地。

園　枝　新橋藝妓。姓は鷲見、名は久枝明治二十年六月、岐阜縣に生る。長唄琴曲をよくし、圍碁は初段の格あり。現住所、京橋區新板新道、新竹中村。

坪井美都子　本名辰子。明治二十七年六月十五日、東京市本郷區龍岡町十四番地に生る。八歳にして佛蘭西に赴き、巴里學校を終へ、十七歳にして歸朝し、佛英話高等女學校を出づ。ピアノは巴里に於て八年間學び。歸朝後東京音樂學校分校に學ぶ。二十一歳にして嫁す。『極東時報』佛文寄稿家たり。長女清子あり。會社員工學士坪井三郎氏夫人。現住所、本郷區駒込富士前町四三。

津田敏子　洋畫家。朱葉會々員、明治廿二年六月廣島縣加茂郡竹原下野村に生る。女子美術學校卒業『ろざし圖案集』の著あり。畫家津田青楓氏夫人。二女一男あり。現住所小石川區關口臺町三十四。

辻本豐子　鶯琴と號す。明治卅五年十月東京下谷に生る。京華女學校を中途退學し寺崎廣業氏三井萬里氏に日本畫を學ぶ　現住所東京本郷區神明町三四〇。

立木鶴子　文筆業　明治十八年八月四日靜岡縣三島町に生る。立教高等女學校及び國語傳習所に學ぶ。讀賣新聞、婦人畫報記者たりしとあり。男子一人あり。會社員中島芳之留氏夫人。現住所、本郷區駒込千駄木町二七三

津田梅子　亡津田仙氏の女。明治四年吉益りよう子、大山公爵夫人。瓜生男爵夫人、

上田てい子女史等と共に本邦婦人中最初の海外留學生にして米國エール女子大學に遊ぶ。愛國婦人會評議員、私立女子英學塾長。現住所、東京北品川御殿山三一八。

鍋島榮子　安政二年五月十八日、伯爵廣橋家に生る。勳四等、東京婦人會、大日本婦人敎育會、大日本女學會各會長、愛國婦人會理事。侯爵鍋島直大氏夫人。現住所、麴町區永田町二丁目一番地。

中村歌扇　本名青江ひさ子、神田劇場付女優。明治二十二年八月十五日、東京日本橋に生る。高等小學卒業後國文學自修、松鶴庵ひさ子の號あり。現住所、小石川區西江戸川町三十一番地。

內藤千代子　雜誌寄稿業。明治二十六年十二月九日、下谷西町三番地に生る。別に學校敎育はなけれども、雜誌『女學世界』が生んだ閨秀として名あり。著書六種、現住所、相模國藤澤町鵠沼海岸。

中村こう　明治十四年十月、神戶市に生る。東京音樂學校を卒業す。ヴイオリンを能くし、東京女子高等師範學校助敎授たり。文學家中村吉藏氏夫人、現住所、東京西巣鴨町宮仲一九六九。

中山歌子　新藝術座女優。明治二十六年十一月十五日、本郷區春木町二丁目十一番地に生る。神田練習學校を出で、帝劇歌劇部に入りて歌劇を研究し、井上正夫に師事して藝道を磨く。現住所、神田區同朋町二十番地。

中原信子　橫濱每朝新報婦人記者たりしことあり。明治二十五年五月十七日、小石川區表町に生る。三輪田高等女學校出身。現住所、府下大森不入斗一四七〇。

永代美知代　小說家。明治十九年、備後上下町に生る。神戶女學院、津田英學塾中途退學。田山花袋氏の門に出づ。短篇の作數種あり、永代靜雄氏夫人。一男あり。現住所、小石川區原町九一。

中村照子　鋼鐵銅商　香雲と號す。香雲女子と稱す。明治十七年五月十五日備中高梁町南町に生る高梁町順正高等女學校卒業。神戶關西女學院三年修業。近く『家庭主義より家族主義へ』の著ある筈。亡夫鐵商中村英丸氏夫人。主人沒後遺業を繼承し今日に及ぶ。現住所、大阪西區立賣掘北通り六丁目二十二番地。

村田榮子　女優。名はたけ子。明治二十五年二月二十三日麻布區櫻田町に生る。實踐女學校第三學年修業。著に『妾の中生』あり。門脇陽一郎氏夫人。目下地方巡業中。

村田みね子　帝劇女優。明治三十一年六月十七日、品川新宿四十六番地　酒問屋村田勝助の女として生れ。村田かく子の妹なり。品川高等小學校の出身。三味線、胡弓、琴、踊、生花、義太夫、に秀ず。現住所、芝區南佐久間町二ノ三。

村田嘉久子　帝國劇場付幹部女優。芹雨と號す。明治二十六年四月十六日、府下品川新宿の酒問屋に生る。品川高等女學校女優養成所出身。琴、踊、長唄、三味線、生花、義太夫繪畫に堪能なり。現住所、芝區南佐久間町二丁目三番地。

村松きみ　本姓は淸水。明治七年十一月、名古屋市江川町に生る。名古屋淸塚女學校に學ぶ。明治四十三年基督敎を信ず。救世軍大尉。救世軍婦人ホーム主任。救世軍大尉村松愛藏氏夫人。現住所、麻布區廣尾町三五。

宇治彌壽代　明治二十三年十一月三日芝區琴平町に生る。京橋泰明學校、麴町シンガーミシン女學校卒業元帝國劇場付幹部女優たり、大正四年夏興行に手塚妻唐糸に扮して好評あり。靑柳有美氏最も其の技藝を推す。現住所、芝區愛宕町二丁目一番地。

上村松園　名は常子。日本畫家、明治十二年四月京都に生る。幸野楳嶺の門に入りて學ぶ。四條派の名家にして文展其他に出品して受賞數回。大正五年の文展より、無鑑査出品者として遇せらる。現住所、京都市東屋町澤池南入ル一五番地。

内田翠香　名はすま子。日本畫家。現住所、神田區駿河臺東紅梅町一三番地。

歌澤芝金　本名は武田錦。二葉の號あり。明治二十五年四月四日、日本橋區高砂町一番地に生る。小學高等科卒業歌澤師匠。『松のみどり』『歌澤唄本』の著あり。現住所、日本橋區濱町二丁目十一番地。

歌川紫雲　弘子。明治卅四年二月東京小石川區表町に生る。双葉高等女學校に學び。後ち長田雲堂に日本畫を學ぶ。現住所　東京小石川區小日向臺町一ノ五八。

歌川若菜　名は和歌子。洋畫家。明治二十五年一月七日、京都木屋町に生る。女子美術學校出身。後七年間歐米を漫遊し、大正五年春歸朝す。現住所、京都木屋町。

上田エツ子　故文學博士上田敏氏夫人。明治十一年十月生る。竹柏園に遊び和歌に名・あり。現住所、芝區白金三光町二七六。

生方康子　明治二十八年六月群馬縣沼田町に生る。二男一女あり、著述家生方敏郎氏の夫人なり。現住所、小石川區林町五八。

梅田きよ子　明治十九年七月二十四日。四谷區愛住町七十六番地に生る。女子學院出身美貌を以て顯れ、本誌推讃四十二美人の一人なり。貿易前梅田潔氏夫人にして、子女五人あり。現住所、出生地に同じ。

野原慶子　畫家。明治十五年九月二十五日長野縣伊那郡飯田町に生る。女子大學出身。横山大觀に就て繪畫を學ぶ。故佐竹男爵の未亡人にして女子一人あり。現住所、府下雜司ヶ谷龜原七〇。

のぶ葉　本名平林じゆん子。本年十九歳上州安中に生る。十六にして、實姉の經營にかかる現花京家より現る。踊を花柳德太郎長唄を杵屋六郎に學ぶ。横濱の女學校出身にして。頗るハイカラにて文章に堪能なり。現住所　新橋花京家。

野村弘子　明治二十六年五月、前小倉市長末廣直文氏の四女として生る。嘗て時事新報の募集せし日本百美人の第一等に當選して艶名嘖々望まれて現侯爵野津愼之助氏夫人となる。才氣煥發、加ふるに天性の麗質を以てし、近き將來の社交界の花形として囑目せらる。現住、所四谷區鹽町一丁目二十八番地

野口小蕙　名は郁子。明治十一年一月東京に生る。小蘋氏の女にして母に就きて學ぶ。現住所、麹町區内幸町一ノ五番地。

野上彌生子　小説家。名は八重子。明治十九年豐後國臼杵に生る。明治女學校出身。小説『新らしき命』『二人の小さいバガボンド』飜譯『傳説の時代』『ソニヤ・コヷレフスキイ自叙傳』の著あり。文學士野上臼川氏夫人。二子あり。現住所、東京市小石川區指ヶ谷町七番地

九條武子　明治二十年十月、京都に生る伯爵大谷光瑞氏令妹にして、美人の聞え高し。男爵九條良致氏夫人。現住所赤坂區福吉町二番地。

倉若意志子　明治二十九年二月、常陸國の水鄉に生る。女學校卒業後、劇界に投ず、花柳はるみとは藝名にして新劇界の明星たり。倉若梅二郎氏夫人にして一女あり玲子と稱す。現住所、東京府下中目黑七四二。

久野ひさ子　ヒアニスト明治十九年十二月二十四日滋賀縣大津市石場に生る。東京音樂學校出身にして、現に同校教授たり。また琴二味線に達す。現住所、本鄕駒込林町十一。

栗原玉葉　名はあや子。日本畫家。明治十九年四月長崎縣南高來郡山田村に生る。長崎梅香崎女學校及び女子美術學校を卒業す。故寺崎廣業の門に出で、東都女流畫壇の第一人者なり。文展に五回入選す。現住所　小石

川白山御殿町一一〇番地。

草間錦糸　帝劇女優。明治三十一年十二月二十七日牛込區白銀町二十七番地に生る。日本女子商業學校出身。現住所、出生地に同じ。

坪内みさほ　雲井浪子といふ。明治三十四年七月二十三日、淡路國に生る。寶塚少女歌劇養成會研究科生徒。現住所、兵庫寶塚。

久保田富江　小説家本名とみ。明治二十九年十月二十七日、芝區宇田川町二番地に生る。愛宕高等小學校卒業の際尾崎市長の褒狀を受く。長篇『荒れ』及び『姉』『痛み』等數種短篇の作あり。嘗て婦人公論記者たり。現住所相州鎌倉長谷二〇二。

國木田治子　小説家。明治十二年八月、東京神田に生る。數種の短篇の作あり。文豪獨歩氏の未亡人。三越呉服店女給仕監督。現住所、小石川區小日向水道町一目。

國谷トク　明治十一年十月十日大阪に生る。梅花女學校出身。國食改良論者。生花の校あり、『結婚と合性』を著し、洗心庵と號す。出版業國谷豐次郎氏夫人。現住所、芝區新堀町廿一。

山脇房子　慶應三年六月四日、島根縣松江市北堀町に生る。松江女子師範學校卒業。山脇高等女學校々長。愛國婦人會評議員、篤志看護婦人會員、婦人教育會幹事、貴族院議員山脇玄氏夫人現住所、赤阪區檜町三番地。

矢木小百合　名は武子又しのぶ草の號あり明治二十八年三月十一日、東京市本鄕區本鄕二丁目に生る。本鄕小學校より岡山弘西小學校に轉校し、岡山市の就實高等女學校を卒業し、『闇』『靈魂の歔欷』『破壞者』『輝く宇』『松蟲』其他數種の作あり。嘗て山陽兒童新聞記者たり。山陽新報記者矢木寬吾氏夫人。現住所、岡山市富田町二十四番地。

山川菊榮　著述業。　山川均氏夫人。明治二十三年十一月三日、東京に生る。東京府立第二高等女學校を出で、女子英學塾に入り、同塾卒業後、家庭教師、本屋の傭人などの經歷を有す。現住所、府下大森新井宿六八二。

柳　兼子　聲樂家。舊姓中島明治二十五年五月十八日、本所に生る。府立第一高等女學校を經て、東京音樂學校を卒業す。特にアルト唱手として、天才と稱せらる。文學士柳宗悅氏夫人宗理、宗玄二兒の母たり。現住所麹町區富士見町二ノ四〇。

安井哲子　明治三年二月生、父は舊古河藩(下總)出身にして女子高等師範卒業後英國ケンブリッヂ大學、オクスフォード大學に遊ぶ。曾つて暹羅國皇后女學校學監たり、正七位、前女子高等師範學校教授、現に東京女子大學學監たり。現住所、小石川區大塚坂下町五八

矢島楫子　落穗と號す。天保五年四月二十四日熊本縣上益城郡山町に生る。舊熊本藩鄕士矢島忠左衞門直明六女、日本基督教婦人矯風會々長、私立女子學院長、女史の誕生日四月二十四日は日本日《ジャパニーズデー》として萬國の矯風會によりて祝せらる。月刊雜誌『婦人新報』を發行す。現住所、赤坂新町三ノ四六。

山田わか　明治十二年十二月一日、神奈川縣三浦郡久里濱に生る。久里濱村小學校尋常科を出で、獨學自習して英學をよくす。許多の婦人問題に關する論文の飜譯あり。三人の養子女あり。外國語教師山田嘉吉氏夫人。現住所、四谷區南伊賀町四一。

山本國枝　なでしこと號す。明治三十年横濱に生る。横濱紅蘭女學校卒業。藝者。馬術、水泳、文學、琴、三味、一として至らざるなし。現住所淺草區象潟町二番地。

山本多穗子　慶應元年十一月、長崎の人柴田昌吉氏の長女として生る。貴族院議員山本達雄氏夫人、各種の社交團體に役員として

活動す。一粒選りの美くしき女中を集むる道樂あり。現住所麹町區上二番町三八。

山本梅子　號華凰。女流日本畫家。文學家山本勇夫氏の夫人なり。曾て『家庭生活』を創刊す。現住所、府下日暮里町一〇八八。

山田たづ　明治二十四年八月八日、滋賀縣大津市に生る。滋賀縣立大津高等女學校卒業。『畫師の家』『小照』等の作あり曾て文藝雜誌『ピアトリス』を發行經營す。現住所、牛込區赤城下町八五西澤方。

山本多年　宇治花やしき女將。明治二年京都三條河原町に生る。遊藝一般に通じ、倘ほ阪大口兩氏に就て和歌を學び、平井金三氏に就て英語を學ぶ。夫君龜松氏との間に一子あり。現住所、山城國宇治花やしき浮舟園。

安成くら子　明治二十七年九月十八日秋田縣北松田郡阿仁合町に生る。成女高等女學校卒業小說數篇の稿あり。前實業之世界社社長代理金子幸吉氏未亡人、女兒一人あり。現住所、赤坂區青山北町五丁目四十三番地。

山崎里子　帝劇女優。明治三十五年二月二十八日、芝區田村町七番地に生る（南櫻小學校出身。長唄、淸元、踊、義太夫に堪能なり。現住所、出生地に同じ。

山田邦子　本名は今井邦枝、明治廿三年五月廿一日、德島市に生れ、幼少より信濃に育つ。『麥見日記』少女小說『白い鳥』『歌集『片々』『光を慕ひつゝ』の著あり女兒二人あり。現住所、東京市千駄ヶ谷八四九。

山川浦路　本名は三田千枝子。明治十八年十一月十五日、東京に生る。華族女學校卒業。後文藝協會研究所に入り一期生たり。近代劇協會女優。俳優上山草人氏夫人。現今、夫君と共に米國にあり。

矢澤孝子　曾てかへでと號せり。堂島高等女學校出身。歌集『かへで』『はつ夏』の二著あり。汽船機關長矢澤達雄氏夫人。現住所大阪北區西野田玉川町一丁目。

前田漾子　明治二十年六月三十日生、舊加賀藩士前田利嗣氏の長女にして華族女學校出身侯爵前田爲氏夫人。現住所、本鄕區元富士町二番地。

增田喜久子　明治十八年十月二十二日、大阪東區唐物町福田六兵衞の女として生る。淸水谷高等女學校出身。明治三十六年增田銀行頭取增田信一氏に嫁ぎ一女を擧ぐ。音樂に堪能なり。現住所、大阪府下濱寺。

松本德代　女優。本名富貴。明治三十二年七月五日、岩手縣水澤町に生る。岩手縣立實科高等女學校を出でて、高木德子の門下となる。元代議士松本與右門氏衞令姪なり。現住所、牛込區北町二〇山[illegible]方。

松平俊子　洋畫家。春楓と號す。明治二十三年十月六日東京に生る。學習院女學部卒業。能、音樂、文學、投入花に趣味あり。海軍中佐松平胖氏夫人。三子あり。現住所、麻布區笄町一八二。

萬千代　本年十九才、東京淺草に生れ十四にして新橋より現はる。押出しの好いのとアタリがいいので近來メキ／＼女を上げ現に賣れ妓として檢番の驚目する所たり、男ずきのする色つぽい妓なり。踊を藤間政彌に學ぶ。活動と西洋酒を好む。本名奥澤花子現住所　新橋福新三浦家。

松本華羊　畫家。名は新子。明治二十六年一月八日、芝區新櫻田町に生る。十七歳にして畫道に入り、池田蕉園、尾竹竹坡兩氏に就て學ぶ。土人形、和歌等の趣味に富む。現住所、大阪市東區平野町二丁目五〇番地。

慶龍　本名佐羽きよ子。桐生の素封家に生る。本年十九才、初め横濱より半玉として出で轉じて新橋に現はる時に年十六、集辯家にして文章に堪能なり。花柳太郎門下にして、長唄は住田長三郎に學ぶ。女學校出身たり。左團治、壽三郎、三升、彥三郎を贔屓す。

現住所、新橋加賀町十二、小松家。

藤間靜枝　新橋藝妓姓は内田、名は八重。新潟に生る。嘗て文學者永井荷風氏夫人たりき。歌をよくす。踊は藤間の名取りにして藤間靜枝といふ。舞踊師匠、現住所、京橋區惣十郎町九。

藤間政彌　藤間流踊の名手。明治十二年四月東京淺草に生る。現住所、京橋區山城町一〇番地。

藤間房子　本名は、矢島銀子。明治十五年八月二十一日、日本橋區通油町七番地に生る。音樂學校出身。帝國劇場付幹部女優。繪畫をよくし號を雨琴又紫江といふ。現住所、麴町區有樂町三丁目一番地。

小口みち　明治十六年二月八日、兵庫縣加東群社町に生る。師範學校附屬教員養成所出身、嘗て美留藻と號し。新派歌壇に名ありき。又俳句、活花を能くす。女教師女店員より、美顏術研究に轉じ、現に芝公園、美容術研究所主たり　化粧法の著書數種又眞新婦人社同人として婦人問題に關する論文數種あり會社員小口忠氏夫人、一男二女あり。現住所、芝公園地十四號の十四。

幸田延子　明治三年三月生、舊幕臣幸田成延氏の女、安藤幸子の姉なり。米國ニユーイングランド、コンセルバトリー並墺國ビーン府音學學校出身。宮内省御用掛。現住所、小石川區表町百九番地。

小金井喜美子　明治三年十一月二十九日生。森鷗外氏の令妹にして一葉女史出でざる前に於て鷗外氏の主宰せる『しがらみ草紙』に典雅なる筆致を示し、花圃女史の暢達なる才操と相待つて同壇の双美と稱せられたり。醫學博士小金井良精氏夫人、三兒あり。現住所本郷區曙町十六番地。

小林益子　明治二十九年九月五日、東京に生る。中村高等女學校出身。常磐津に趣味あり。舊ヒアトリ社同人、小說『蜥蜴』『混沌とした惱み』等の作あり。現住所、東京市本所區柳原町三丁目十七番地。

小原春子　明治二十七年三月二十日、淺草區駒形に生る。兩國高等女學校、女子實業女學校出身。踊、三味、琴、花、茶、盆石、義太夫に秀づ、藝名小原小春と稱して、帝劇女優たり。現住所、神田區南神保町二。

高しう　女通譯者。英語個人教授。明治十三年十一月十一日神田明神下に生る。女子學院出身。琴三味線に達す、日本に於て公認されたる最初の女通譯者たり。獨身。現住所、神田區表猿樂町四。

小寺菊子　小說家。舊姓尾島。明治十五年八月、富山市旅籠町一二に生る。小說『百日紅の蔭』『愛の影』『頰紅』『父の罪』『十八の娘』『紅あざみ』其他の短篇、及び少女小說集數著あり。近來は畫技にも秀で、大正六年秋二科會に入選し、主唱して朱葉會を起す。洋畫家小寺健吉氏夫人。現住所、東京市外大久保百人町三百二十九番地。

小森多慶子　明治二十八年三月小石川白山に生る。横濱共立女學校卒業。小說『强く生きる』『死の力』等の作あり。童話も澤山作る。現住所　府下田端五一九。

小林延子　帝劇女優。明治二十八年九月三日、下谷區二長町一番地市村座付茶屋魚十の娘として生る。練塀小學校卒業。踊を得意とす。現住所、出生地に同じ。

遠藤淸子　明治十五年三月、芝區高輪車町に生る。東京府教員傳習所を卒業し、教師新聞記者、雜誌記者たりき。文筆勞働者兼花尾商買『愛の爭鬪』の著、並に小說評論等數十稿あり。嘗ては岩野泡鳴氏夫人、一男あり。現住所、府下巣鴨宮仲、二一九六番地。

海老名美屋子　文久三年十月十五日生、故横井小楠翁の女なり。牧師海老名彈正氏夫人。現住所、小石川區林町四十三番地。

江木榮子　明治十二年一月十二日、麹町三番町に生る。故愛媛縣令關新平氏の二女なるが、故ありて田岡氏に養はる。岩溪裳川、結城蓄堂兩氏に師事す。欣々と號す、才色双絶の佳人にして淑徳高く、多藝多能馬術に長じ篆刻、漢詩、舞踊、音樂等に堪能なり。法學博士江木衷氏夫人。現住所、神田區淡路町二丁目七番地。

江川愛子　明治廿九年四月東京市に生る淑徳高等女學校卒業。朝日新聞懸賞小說『流れゆく舟』の選外あり。會社員江川種太郎氏の夫人。現住所、東京市小石川區表町一〇九。

遠藤波津子　美容術師。文久二年五月九日神奈川縣足柄下郡土肥村に生る。半生を化粧術研究に沒頭し、現に理容館に於て、化粧着付其他の美容法を教授す。『化粧と着付』の著あり。會社重役遠藤芳五郎氏夫人。一子あり。現住所　京橋竹川町十二。

遠藤琴子　本姓原田。歌人。明治二十二年五月十四日、名古屋市伊勢山町二百五十四番戸に生る。名古屋市立第一高等女學校卒業。歌集『ふるへる花』の著あり。遠藤孝三氏夫人

手塚かね子　明治十三年三月二十九日、下野國那須郡佐久山町に生る。宇都宮市縣立高等女學校、女子大學家政科第一回卒業。十六歳にして手塚秀夫氏に嫁し、十八歳にして高女三年に入學、二十歳にして夫を喪ひ、二十二歳にして女子大學の創立と共に入學し、三十歳の春より一年間歐米の教育を視察し、以て今日に至れり。女子大學教授兼舍監。『家庭の友』『西洋料理法』『文子の家事』『レデースブック』等の著あり。未亡人。現住所、小石川區雜司ヶ谷町一一二。

寺木貞子　元女優衣川孔雀。明治二十七年五月二十八日横濱野毛町に生れ。東京に成長す。實踐女學校卒業。初舞臺としては、近代劇協會にファウストのグレートヘンを演じ、技藝入神と稱せられたり。齒科醫寺木定芳氏夫人。現住所、鎌倉由井ヶ濱町。

阿部篤子　慶應三年八月二十三日生。公爵鍋島直大氏の養女にして故伯爵阿部正桓氏夫人。愛國婦人會評議員。現住所、本郷區西片町十番地。

秋庭乙女子　明治二十九年二月福井市に生る。麹町區和洋裁縫女學校を出づ。曾て女學校に奉職せしことあり。刺繡、袋物、造花を能くす。小說家秋庭俊彥氏の夫人。現住所市外世田ヶ谷三宿五〇。

秋月馬子　小兒科女醫。明治二十二年十二月二十日、高知縣高知市に生る。東京醫學校出身。育兒會病院及び帝國大學にて弘田博士指導の下に小兒科を專攻す。女兒一人あり醫學士。秋月城氏夫人。現住所、赤阪區榎坂町四番地。

天野喜久代　明治二十九年八月二十四日千葉縣佐倉に生る。日本橋高等女學校出身。曾て帝劇歌劇部にあつて、ロシー氏にオペラの指導を受けて屢々出演し、また須磨子等と共に歌舞伎座に出演せる事あり。ピアノとギターに通す。現住所、芝區南佐久間町二ノ一七。

荒木月畝　本名米子。明治五年二月栃木縣足利に生る。文展に入選すること二回。女流畫家。現住所　本郷區根津片町十四。

荒木滋子　小說家。明治十九年一月二十日神田區猿樂町七番地に生る。府立第二高等女學校を半途退學せる後、目白臺に旅館玉茗館を經營して失敗す。『胃』『渦』『尼僧』等の短篇の作あり。文雅及パン屋を業とす。現住所小石川區原町百四十七。

跡見玉枝　名は勝子。日本畫家安政六年四月江戸に生る。長谷川玉峰、宮原易安氏の門に入りて四條派を修む。內外各博覽會、展覽會に出品して十數回受賞す。奏任待遇。現住所、神田區今川小路三ノ六。

秋元千代子　女優。明治十八年十一月、山口縣山口町に生る。文藝協會研究所第一期卒業。曾て無名會の立女優たり。伊藤理基氏夫人。現住所、市外東大久保四〇二西光院脇

明石澄子　本名は宮本しん子。明治二十八年三月五日、日本橋區品川町に生る。日本橋高等女學校を卒業し、東京音樂學校聲樂部に入り中途退學、曾て藝術座、新國劇場の女優たり。琴、ヴイオリン、裁縫等に堪能なり。現住所、日本區品川町十一番地。

安藤幸子　舊幕臣幸田延成の女、正七位東京音樂學校教授。文學博士安藤勝一郎氏夫人。現住所、本郷區駒込西片町十番地。

青木穠子　明治十七年十月二十二日、名古屋市西區下長者町三丁目に生る。歌集『木霊』の著あり。法學士青木錫氏夫人。大正七年の勅題『海邊の松』に入選の名譽を得。現住所、出生地に同じ。

青木茂子　明治三十年一月大阪に生る。大阪府立夕陽ヶ丘高等女學校卒業『十五のS子と社會』の作あり。都新聞記者。現住所、牛込區天神町二十九番地。

東日出子　明治二十五年一月五日、東京淺草馬通一ノ二六に生る。日本女子高等學校を卒業帝國劇場專屬女優。現住所、小石川區茗荷谷町松澤方。

東　花枝　本名は小野清子。明治二十二年十二月三日、仙臺市木町に生る。父は宮城縣會議員。日本女子大學校英文科出身。曾て中央新聞記者たり、後女優となり、無名會に入り、曾て宮戸座金龍館等に出勤せり。現住所、牛込區原町一ノ廿二。

跡見花蹊　名は瀧野。又西成と號す。天保十一年四月九日大阪市木津に生る。前跡見女學校長教育に從事すること六十年。跡見李子はその養女にして、現に同校長たり。現住所、小石川區柳町二十七番地。

淺井みつゐ　號三井。明治卅一年五月富山縣に生る。大阪府立夕陽ヶ岡高等女學校を卒業す。日本畫を能くす。選畫會等に出品せしことあり。現住所、市外日暮里元金杉二六六。

秋元まつ子　歌人跡見女學校卒業、明治卅二年六月四日千葉縣流山町醬油釀造業秋元平八の長女として生る。佐々木信綱氏に師事す竹柏會々員としてまた葦草會々員なり。琴生花、茶道、謠曲の技藝あり。現住所、出生地と同じ。

櫻木花枝　帝劇女優。明治三十五年六月一日、東京に生る。フエーリス女學校出身。踊（藤間）、長唄、筑前琵琶、琴、義太夫に秀で、また盆景、茶道、生花、に通ず。現住所赤阪區靈南坂町三六。

齋藤富士子　明治二十二年一月二十一日甲府市に生る。山梨縣立高等女學校及山梨英和女學校英語科卒業。短篇『眼鏡と時計』の作あり。醫師齋藤篤次郎氏夫人。現住所、山形縣南村山郡柏倉門傳村。

澤みや子　女優。本名は宮本靜子明治二十八年十二月十二日、京橋區八丁堀十二番地に生る。早稻田小學校を出で女子職業學校を中途退學す。故島村抱月氏に師事す。三味線、踊、鼓、長唄に堪能なり。現住所、牛込區山吹町二九五内藤方。

堺　爲子　明治五年大阪に生る。賣文業者堺利彥氏の夫人なり。一女ありマガラと稱す。現住所、麹町八丁目二四。

阪井秀子　一紅と號す。大阪時事新報記者、明治十八年九月二十五日、横濱市月岡町舊稅關舍に於て生る。横濱フエリス女學校、東京府教員傳習所等を卒業。謠曲、舞、踊、オルガン、琴、三味線等の嗜みあり。現住所、神戸市外岩屋村三一七。

櫻井すゞ子　代議士櫻井兵五郎氏夫人。明治二十二年八月十二日本郷區に生る。東京

府立第二高等女學校。女子英學塾を卒業し、佛英和女學校に佛語を、藤間まつに舞踊を學ぶ。現住所、東京府下大崎谷山二三〇。

佐藤俊子　小說家明治十七年四月二十三日、東京淺草に生る。府立第一高等女學校卒業。幸田露伴博士の門に出づ。小說集『あきらめ』『紅』『誓言』『戀むすめ』『木伊乃の口紅』『戀のいのち』『山吹の花』等の著あり。曾て田村松魚氏夫人なり。目下米國にあり。

齋藤邦子　舊姓水島明治廿九年二月二十一日芝に生る。夫君都雨氏との間に女兒一人あり、普通敎育を了へて新家庭記者を勤めし事あり、目下短歌研究に沒頭す。現住所、芝區三島町二番地。

澤モリノ　明治二十三年、アメリカ・サンフランシスコに生る。お茶の水高等女學校に學ぶ、帝劇歌劇第一期生大正六年十月より日本館に出で、現在に及ぶ。ヴアイオリン、琴の技あり、音樂家小松三樹三氏夫人。現住所、淺草三間町十五。

櫻井ちか子　安政二年四月四日麻布に生る櫻井女塾を經營し、料理に關する、著數册あり、故櫻井昭悳(宣敎師)氏との間に子女一人あり、現住所、本鄕彌生町三番地。

佐々木雪子　明治七年十二月三十日。東京神田に生る。幼時を佛國に送る。明治女學校出身。歌人文學博士佐々木信綱氏夫人。子女八人。現住所、本鄕區西片町十番地。

木村歌子　明治十八年十一月二十三日、本所區向島須崎町に生る。女子學院卒業。ピアノ、琴、長唄、生花等の嗜みあり。前郵船會社長故吉川泰次部氏の三女にして、十八歳の時現大阪商船會社文書課長木村清氏と婚す。十一歳になる男兒あり。現住所、大阪府泉北郡濱寺公園第十一號。

岸田靜子　明治二十三年六月二十九日、山口縣豐浦長府町に生る。女子學院出身。嘗て都新聞記者たり。現住所、府下巣鴨一一六三。

貴島田鶴子　本名吉田とくえ、明治三十二　奈良に生る。故永井德子に就て學び、目下日本館に出演す。現住所、淺草田島町八十三。

北原章子　歌人明治二十一年四月一日豐後香々地に生る。二十歳の頃より佛學者東陽圓成及村田靜昭に就て經典を學ぶ、目下詩と童話の研究中、詩人北原白秋氏夫人。現住所相州小田原十字二丁目傳肇寺內。

木下可葉　本名武藤雪子。明治二十六年十一日麻布に生る。東京府立第三高女卒業。日本畫家なり美術批評及創作家武藤直治氏の夫人なり。現住所、牛込區早稻田鶴卷町一四一。

木下八百子　女優。本名は木下のり子。明治二十五年六月二十日、東京日本橋に生る。東京女子語學校出身嘗て近代劇協會、美術劇場第一劇場等に出演し。現に大阪松竹經營現代劇に出演す。現住所、淺草區諏訪町三番地。

木村ます　明治二十七年三月七日小石川原町に生る。東洋女學校を出づ。洋畫家木村莊八氏夫人。現住所本鄕森川町一仲通り二八七。

木村時子　明治卅年三月東京牛込に生る宮城縣立高女を出づ。女優、琴、つつみ、生花を能くす。木村甲午氏夫人なり。現住所、東京淺草區馬道六ノ一。

木村駒子　女優と著述業。明治二十年七月二十九日、熊本市鷺町三十三番地に生る。福岡英和女學校、青山女學院英文專門科修業『新らしき女の行くべき道』(合著)、『觀自在術』の著あり觀自在宗祖木村秀雄氏夫人。一男あり。生死といふ現今米國に在り。

三宅龍子　花圃の號あり。明治元年七月東京に生る。前元老院議官田邊太一氏の女にして跡見女學校、一ツ橋女學校に學ぶ。十八歳にして處女作『藪鶯』を著して文名を高め其後著作多し。また嘗って明治女學校、日本女子大學、山脇女學校に[illegible]講師たり。文學博士三宅雄二郎氏夫人。現住所、東京府下代々木初臺。

宮田多賀子　明治十六年十一月十三日、秋田縣鹿角郡花輪町に生る。東京淑德女學校出身。成女高等女學校長宮田修氏夫人。三兒あり。現住所、牛込區南山伏町十四番地。

三ケ島葭子　明治十九年八月七日。埼玉縣入間郡三ヶ島村に生る。歌人。與謝野晶子の門に出づ。小學校卒業後女中、敎員、電話交換手等の經歷を有す。倉片寛一氏夫人。一兒あり。現住所、東京　麻布區谷町六三。

三井逸子　號鶯谷。明治廿三年二月栃木縣上都賀郡に生る。繪畫。琴曲を能くす。男兒一あり。日本畫家三井萬里氏夫人。現住所本鄉區駒込神明町八十二。

三田都美子　歌人。ひなげしとも號す。明治三十二年三月二十八日、富山市山王町に生る。精華高等女學校出身。また小說の作數篇あり。現住所、京都市聖護院山王町二八一九。

三津木貞子　明治十六年八月三十一日栃木縣那須郡佐久間町に生る。縣立宇都宮高等女學校を終へ、日本女子大學校國文科に學ぶ。

德田秋聲氏に師事し。小說『鍵』『A夫人の死』等の作あり。故三津木春影氏の未亡人にして一男あり。現住所、小石川區雜司ヶ谷町一一二、手塚方。

水町京子　歌人。本名は安永みち子。明治二十四年十二月二十五日、讚岐國高松市に生る。東市女子高等師範學校出身。行方不明

三島純子　明治三十四年八月東京市麻布に生る。女子學習院を出づ。文學家三島章道氏の夫人にして、松岡康毅氏の令孫なり。現住所市外千駄ヶ谷七六二。

三角　錫　小百合と號す。私立常盤松女、學校長。明治五年四月七日、石川縣金澤市に生る。女子高等師範學校出身。明治二十五年以來札幌横濱東京等に敎師として奉職せり。女子二人あり。現住所、東京府下下澁谷六一八。

三好榮子　女優本名は宮田春子。明治二十七年四月八日淺草區駒形に生る。跡見女學校卒業。琴、鼓に堪能なり現に、大阪松竹經營現代劇に出演す。

三浦　環　聲樂家。東京音樂學校卒業。日本第一ヴオーカリストなり。三浦醫學士婦人目下米國にあり。

三谷民子　明治六年二月十六日、丹後國

與謝郡岩瀧村字弓木に生る。富士見小學校、私立女子學院、米國ノースフヰールド大學英國オクスフオード大學等を出づ、女子學院學監、現住所、麴町區上二番町三十三番地。

水野秀子　畫家。名はかれ子。明治八年八月、本鄉森川町に生る。師水野年方に嫁し畫道に入る。現住所、下谷區谷中天王寺町三六。

三輪田眞佐子　梅野女史の號あり。天保十四年一月一日、京都に生る。紅蘭女史、松苗晉博士知光院殿等に師事す。『女子の本分』『女子處世論』『新家庭訓』『女訓の栞』等十數種の著書あり。故外務權大丞三輪田元綱氏夫人。女子敎育家、三輪田高等女學校長、現住所、麴町區四番町十五番地。

三宅やす子　明治二十三年三月十五日、京都に生る。お茶の水女學校出身。故夏目漱石氏の門に出づ。短篇集書、妹の緣談等の作あり。昆蟲學者理學博士三宅恒方氏夫人。女兒一人男兒二人あり。現住所、赤阪區新坂町八十二番地。

美代　次　本名山本不二子。幼にして下谷に現はれ、長じて赤阪に移る。家號を一多川と稱す。初め守田勘彌に私淑し中頃新之助に傾倒し、現今は市川鬼丸に夢中也。赤阪の

風船玉の晋頭取也。鼻梁のホクロに天下一品所、大阪市南區鍛冶町二十七番地。

白井壽美代　帝國劇場附女優。明治二十五年二月横濱に生る。横濱フェーリス女學校出身。曾て中央新聞記者田村西男氏夫人たり。現住所、芝區南佐久間町一ノ一佐久間方。

下田歌子　安政元年八月九日生。舊美濃國岩村藩督學平尾鍒氏の女亡下田猛雄氏夫人にして曾つて學習院女學校部長たり。歌子の名は昭憲皇太后より賜はりたるものなり。正四位實踐女學校長、帝國婦人教育會長、愛國婦人會評議員、現住所、赤阪區青山千駄ヶ谷町原宿一七六。

椎塚蕉華　名は春。明治十七年二月廿四日神田猿樂町に生る。第一高等女學校卒業後村田丹陵、水野年方に就いて畫道に入り文展に三回出品して名あり。美人畫を得意とす。故洋畫家椎塚修房氏未亡人。現住所、深川區東元町一番地。

島田芳子　號千草。明治三十六年九月千葉縣印旛縣彌富村に生る。佛英和高等女學校卒業後。畫家大森千萬樹氏に師事し。日本畫を能くす。現住所、府下西巣鴨三二〇。

島　成園　名は成榮。風俗畫家。明治二十六年大阪に生る。北野恒富氏の門に遊びて風俗畫を學ぶ。文展に出品して受賞す。現住

柴山秀子　洋畫家。明治二十三年十一月名古屋市に生る。洋畫を學び、四十二年十一月露都パシチレーニン美術學校に入り、大正二年四月歸朝す。現住所、名古屋市東區富士塚町三ノ七。

松旭齋天勝　奇術師。姓は野呂、名は勝、松旭齋天一の弟子。十三歳初めて舞臺に立つ、現住所、淺草區藏井町二丁目三番地。

篠原淺茅　明治三十三年十月三十日大阪市に生る。寶塚音樂歌劇學校在學。現住所同學内。

清水しん　香浮庵と號す。明治十二年一月尾張に生る。元新橋藝妓にして、清香と稱し、姓名京都を風靡せり。踊は藤間の名取花、茶等廣く遊藝に通じ、又文學の素養淺からず。『吹けよ風あらめよ嵐いつとてかおもふ心はかはらざりけり』は、其最近の歌作なり。向島香浮園の女主人なり。現住所、府下向島隅田村香浮園。

上代たの子　明治十九年七月三日島根縣大原郡春殖村に生る。日本女子大學英文科卒業して渡米し、紐育ウエルス女子大學を了へ、マスター、オブアーアーツの學位を受く。女子大學校英文科教授。現住所、小石川雑司ヶ谷

一〇八番。

澁谷美代子　明治二十六年五月新潟市に生る。淑徳女學校に學ぶ。小說を書く。澁谷金三郎氏夫人。現住所、新潟市本町通三番町にあり。

島村きみ子　島村抱月氏令孃。明治三十二年九月二十二日牛込區飯田町に生る。大正六年度女子美術學校首席卒業。卒業製作として日本畫『太陽の下』を出品、好評あり。現住所、牛込區市ヶ谷富久町百二十番地。

松旭齋天華　奇術師。前藝名小天勝（本名は荻原君雄東京府下八王子に生る。松旭齋天勝に師事して奇術を學ぶ、現住所、東京府南葛飾郡寺島村大字寺島一九二六番地。

新　福　本名山本幸子。東京日本橋米澤町に生れパリ〳〵の江戸つ子なり。十四歳にして新橋小松家より現はれ、本年二十一歳なり。清元を家元延壽太夫に學びその才天賦なりと稱せらる。貝類を好み。市村羽左衛門を贔屓す。現住所、新橋加賀町十二小松家。

秀しげ子　本姓は小瀧。歌人。納香と號す明治二十三年八月二十日、神田區錦町二十番地に生る。日本女子大學校出身。音樂に趣味深く、戸田派武甲流薙刀に達し免許を受く帝國劇場電氣部主任秀文逸氏夫人。現住所、

芝區櫻川町八。

平塚明子　らいてうと號す。文藝批評家明治十九年二月十日、東京麴町區三番町に生る。富士見小學校、お茶の水高等女學校、及び日本女子大學家政科出身。森田草平氏の小說『煤煙』の女主人公なりと云ふ。日本に於ける代表的の新しい女なり。嘗て雜誌『青鞜』を發刊せり『圓窓より』『現代と婦人の生活』『現代の男女へ』の著あり。洋畫家奥村博氏と同棲す。長女曙生(あけみ、五歲)、長男敦史(あつふみ、四歲)二子ある。現住所、府下田端四四五。

飄　簟　新橋藝妓。姓は巴、名はすゑ。明治十七年四月生る。踊は藤間の名取り踊の技倆は新橋にて一二を爭ふ名手なり。現住所京橋區加賀町、飄平井。

森美意子　洋畫家。朱葉會員。明治廿九年三月十七日馬淵鈴太郎氏の長女に生れ、大正四年結婚す。小寺健吉氏に師事す、森正俊氏夫人。男兒一人あり。現住所、三重縣四日市市外羽澤村。

森　律子　小影と號す。明治二十三年十月三十日、京橋區日吉町に生る。跡見女學校出身。築地語學校半途退學。帝國劇場附幹部女優大正元年歐米に見學し『わらはの族』『妾の告白』の著あり。現住所、赤阪區表町二丁目十七番地。

桃江　本名野田ふく子、明治廿八年三月本鄉區森川町に生る。十九歲の時新橋より現る。女學校出身にして鏡花の小說を好み谷崎潤一郎氏に憧憬す、酒煙草を好み、長唄を吉住小米に學ぶ。現住所、新橋嗣吉三升

百瀨倭文子　讀賣新聞記者。明治二十二年九月本鄉區湯島に生る。長野縣立高等女學校、東京女子美術學校に學び。舊ピアトリス社同人、曾て五明正氏夫人たり。七歲の男兒一人あり。現住所、赤阪區表町一ノ八川村方。

森　しげ　小說家。明治十三年五月三十日、芝區西久保明舟町に生る。短篇集『あだ花』の著あり。醫文學博士森鷗外氏夫人。現住所、本鄉區駒込千駄木町二十一番地。

關　げん　明治十六年二月二十八日、千葉縣下に生る。棚橋絢子氏の塾に學ぶ。大阪市助役法學博士關一氏夫人子女六人。現住所、大阪市天王寺勝山通一丁目四四四三。

關　秀翠　名は直技。日本畫家、明治十七年四月東京に生る。池上秀畝に就きて學ぶ、現在所、京橋區南金六町一二。

瀨川鶴子　金龍館に出演せしことあり、本名島村つる子。明治三十年三月日本橋兜町二に生る。ローシー、原信子、上山草人氏を師とす。國際活動の專屬女優。現住所、日本橋本材木町一。

世良田優子　明治二十四年十月信濃上田町に生る。上田高等女學校出身。兒童の宗教教育の研究と文章の研究に心を碎く。目下下流社會の子供を完全なる幼稚園にて教育すべく盡力中。現住所、出生地に同じ。

清　光　新橋藝妓。明治三十六年九月東京に生る。築地尋常小學校出身、大正五年十一月二日お廣目をなし、嬌名嘖々たり。踊は藤間長唄は杵屋に就き、出色の譽れあり。現住所、京橋區出雲町一〇新叶家。

菅　きみ　前姓は遠藤、嘗て大阪富田屋の名妓八千代として艶名を謳はれ、菅楯彦氏の門に入りて繪畫を學ぶ。明治二十年大阪に生る。今は、菅氏と婚して家庭の人たり。

鈴木けん子　明治廿年二月十八日愛知縣に生る。女子美術學校出身。横山大觀氏に師事す。日本美術院展覽會に出品すること屢々なり。女流畫家。現住所、東京小石川白山御殿町百十六。

鈴木歌子　米國プリンマー女子大學第三回選拔留學生として渡米す。學習院女學部囑託講師。現住所、赤阪區青山高樹町十二番地

住友萬壽　明治七年十月二十八日、大阪市南區鰻谷東ノ町三十七番地に生る。相愛女學校卒業。男爵住友吉左衛門氏夫人。子女四人。現住所、大阪市南區天王寺茶臼山町。

鈴木秋子　さむしろと號す。明治十九年十一月三日、鳥取市吉方町に生る。東京女學館、國語傳習所を卒業す。『折櫛』『暗い世』『奇抜病』『惰力』等の小説の著あり。嘗て正岡藝陽氏夫人たりき。現住所、下谷區根岸笹の雪横町。

鈴木福子　帝劇女優。明治三十二年内藤新宿一丁目七十五番地の煙草屋東屋に生る。華園小學校出身一般遊藝に通じ特に長唄を能くす。現住所、出生地に同じ。

鈴木ジエツシー　西暦一八八四年三月三十一日、英國グラスゴーに生る。セールフレーザア株式會社技師鈴木四十氏夫人。二男一女あり。現住所、芝區白金三光町三〇四番地

杉田久女　明治二十三年五月二十三日、鹿兒島市に生る。明治四十年お茶の水女學校卒業。琉球臺灣等にも歴任せり。活花、茶の湯ヴアイオリン、水彩畫、油繪の趣味深くまた高濱虚子氏に就て俳句を能くす。女子二人あり。西洋畫家杉田宇内氏夫人。現住所、小倉市堺町一一一。

□大正婦人録□
編輯に就て

『大正婦人錄』は、本誌の一事業として、年々編輯し來つたもので、益々細に入り微を穿つを得るに至つたことを喜ぶのである。が、まだ中々その理想を達することが出來ないのを遺憾に思つてゐます。本誌同人は、この編輯に就いては、出來る丈けの努力をつくした積りであるが、婦人が近來大に覺醒し來つて、社會的となつた樣ですが、かうした事に當つて見ますと、自分の經歷や年齡等を公表されるを嫌ひ、なかには姓名を活字にされることすら厭がる方が多いのには驚きました。

しかし、吾々は、この婦人錄を大成することに益々努力する覺悟で居りますから、何うか、諸女史のうちで、移轉或は轉職等の場合がありましたら、次間の編纂に便とする樣御一報下されたきことを希望いたします。（四月廿一日）

や　行

ら　行

わ　行

ま 行

な　行

は　行

た　行

さ 行

か　行

人名索引

「あとがき」以降を除く本文から実在の人名を採り，姓→名の五十音順に配列した。

あ 行

著者紹介

尾形明子（おがた・あきこ）

東京に生れる。早稲田大学大学院博士課程修了。近代日本文学、特に自然主義文学と女性文学を専門とし、長谷川時雨主宰「女人芸術」「輝ク」を発掘・研究した。東京女学館大学教授を経て、現在、文芸・評論活動。おもな著書に『女人芸術の世界——長谷川時雨とその周辺』（1980）『「輝ク」の時代——長谷川時雨とその周辺』（1993、以上ドメス出版）『田山花袋というカオス』（1999、沖積社）『自らを欺かず——泡鳴と清子の愛』（2001、筑摩書房）『華やかな孤独——作家・林芙美子』（2012、藤原書店）『評伝 宇野千代』（2014、新典社）他。編著に『長谷川時雨作品集』（2009、藤原書店）他。

『女《おんな》の世界《せかい》』——大正《たいしょう》という時代《じだい》

2023年9月30日　初版第1刷発行©

著　者　尾　形　明　子

発行者　藤　原　良　雄

発行所　株式会社　藤　原　書　店

〒162-0041　東京都新宿区早稲田鶴巻町523

電　話　03（5272）0301

FAX　03（5272）0450

振　替　00160 - 4 - 17013

info@fujiwara-shoten.co.jp

印刷・製本　中央精版印刷

落丁本・乱丁本はお取替えいたします

定価はカバーに表示してあります

Printed in Japan

ISBN978-4-86578-392-6